FORBOOK
弗布克人力资源管理精细化实操手册系列

流程优化与工作分析精细化实操手册

孙宗虎 编著

2大维度进行工作分析
涵盖企业11大工作事项
设计了22个工作维度图
设计了22张工作分析表
设计11张关键考核量表
提供73个流程优化案例

中国劳动社会保障出版社

图书在版编目(CIP)数据

流程优化与工作分析精细化实操手册/孙宗虎编著. —北京：中国劳动社会保障出版社，2012

(弗布克人力资源管理精细化实操手册系列)

ISBN 978-7-5045-9973-5

Ⅰ.①流… Ⅱ.①孙… Ⅲ.①生产流程-生产管理-手册 Ⅳ.①F273-62

中国版本图书馆 CIP 数据核字(2012)第 312574 号

实用性、操作性、工具性是本书的三大主要特点。

本书以如何进行有效的流程优化为主线，以工作分析为辅线，除讲述流程优化、工作分析的操作技巧外，还针对生产、市场、销售、采购、质控、客服、研发、安全、财会、行政、人事 11 大项工作，在对每项工作进行重要程度、价值创造等维度分析的基础上，分别进行 38 个管理流程与 35 个业务流程的优化示范。

本书适用于企业中高层管理人员、企业各个部门的负责人及工作人员，也可为企业培训师、咨询师、高校师生等阅读和使用。

中国劳动社会保障出版社出版发行

(北京市惠新东街 1 号　邮政编码：100029)

出 版 人：张梦欣

*

中国铁道出版社印刷厂印刷装订　新华书店经销

787 毫米×1092 毫米　16 开本　22.5 印张　514 千字

2013 年 4 月第 1 版　　2013 年 4 月第 1 次印刷

定价：49.00 元

读者服务部电话：(010) 64929211/64921644/84643933

发行部电话：(010) 64961894

出版社网址：http://www.class.com.cn

前　言

企业如何科学地划分各职能部门的责权，避免人浮于事，遇事互相推诿的现状？

企业在明确各部门的工作事项后，对各项业务的开展如何进行有效地规范化管理？

企业在推进规范化管理的进程中，对绩效低下、问题频发的工作事项，又该如何去解决？

上述诸多问题的有效解决，不仅需要企业大力推进工作分析、明确各部门及相关人员的责权，还需企业进一步给出规范或约束行为的制度规范、流程标准等精细化实操工具，以进一步理顺企业的管理工作或业务事项。

《流程优化与工作分析精细化实操手册》立足于帮助企业解决面临的同类问题，为企业推进规范化管理、精细化管理工作提供**“拿来即用”**的工具体系而编写。本书作为流程优化与工作分析的工具书，主要有如下 4 个特点。

1. 本书设计思路新颖、体系构建完整

本书以如何进行有效的流程优化为主线，以工作分析为辅线，除讲述流程优化、工作分析的操作技巧外，还针对生产、市场、销售、采购、质控、客服、研发、安全、财会、行政、人事 11 大项工作，在进行工作分析示范的基础上，分别进行 38 个管理流程与 35 个业务流程的优化示范。

2. 本书内容按管理工作、业务工作两大维度进行设计

为了便于读者使用和参照，本书将上述 11 大事项按管理工作、业务工作进行区分，分别进行工作分析，进而梳理出每一大项工作中的关键要素，从而为管理流程、业务流程的优化工作提供优化思路。

本书的“流程优化”也是从管理流程与业务流程这两个角度展开，即将优化前后的流程进行对比，并对有问题的流程进行问题分析、给出优化思路、进行节点把控，在此基础上，给出下次优化的重点工作，为企业流程优化工作提供了完整的解决思路与解决方案。

3. 本书内容实用性、参照性兼具，可以“拿来即用”

本书从实用性的角度出发，在给出流程优化、工作分析的基本思路后，针对 11 大事项，依具体事项的重要程度、价值创造，通过案例的形式，精挑细选出 **38 个管理流程、35 个业务流程**，一一给出每个流程的优化方案，为企业开展工作分析与流程优化工作提供了**“拿来**

即用”的参照案例。

4. 案例、图表交互呈现，增强本书的可读性和实用性

本书采用图形与表格交互呈现的方式，既增强了本书内容的可读性，也方便了读者的应用。针对工作分析，按工作维度图与主要工作分析表两部分予以呈现；针对工作关键要素，分关键点表、考核量表进行设计；针对流程体系，则给出体系设计图；针对流程优化案例，则采用流程图与优化思路总表的形式，提供了大量优化案例。

在本书的编写过程中，刘井学、孙立宏、杨扬、程富建、刘伟、董连香负责资料的收集和整理，王建霞、廖应涵、王玉凤、任玉珍、李苏洋、倪沐超负责图表的编排，王胜会参与编写了本书的第一章，张俊娟参与编写了本书的第二章，姚小风参与编写了本书的第三章，滕晓丽参与编写了本书的第四章，韩伟静参与编写了本书的第五章，高玉卓、权锡哲参与编写了本书的第六、第七章，王瑞永、池永明参与编写了本书的第八、第九章，韩燕、王海燕、李慧参与编写了本书的第十、第十一章，邹晓春、郭蓉李慧参与编写了本书的第十二、第十三章，全书由孙宗虎统撰定稿。

目　录

第 1 章

流程优化

1.1 流程优化设计

流程优化设计是企业管理的重中之重，优化流程是采取最便捷、最佳的路径，用最低的成本去实现目标。按照解决问题的不同，企业内存在管理流程和业务流程。

管理流程就是把一系列的活动与满足客户需求、实现企业目标、提升企业价值联系起来，强调流程中的活动都是直接或间接地服务于企业营运过程中的一个活动，其目标都是直指客户需求、企业目标和企业价值的。管理流程主要解决“做什么”这样的方向性问题。

业务流程是对完成某项工作的先后顺序进行安排，并对每一步工作的标准、作业方式等内容做出明确的规定，主要解决“如何完成工作”这一问题。

流程是一系列连续的、有规律的活动。为便于对各类流程进行管理，通常可以将企业内部的流程分为三级，分别是企业级流程、部门级流程和岗位级流程，其主要特征如图 1—1 所示。其中，企业级流程、部门级流程归属于管理流程，而岗位级流程归属于业务流程。

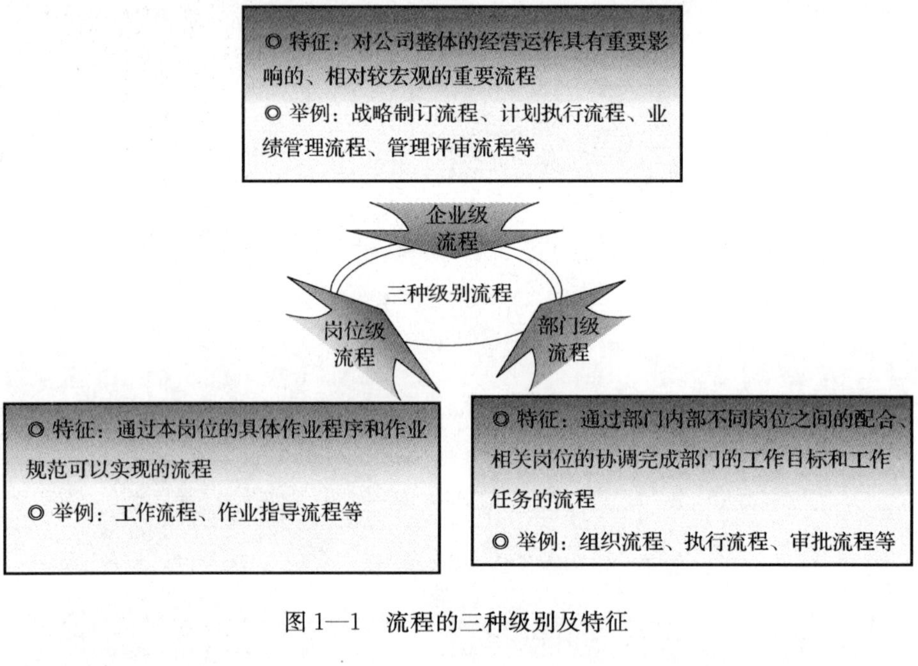

图 1—1 流程的三种级别及特征

1.1.1 流程优化模型设计

1. 流程不良症状分析

通过对流程外部不良症状和内部不良症状的分析明确企业不佳绩效与不必要成本，如图

1—2 所示。

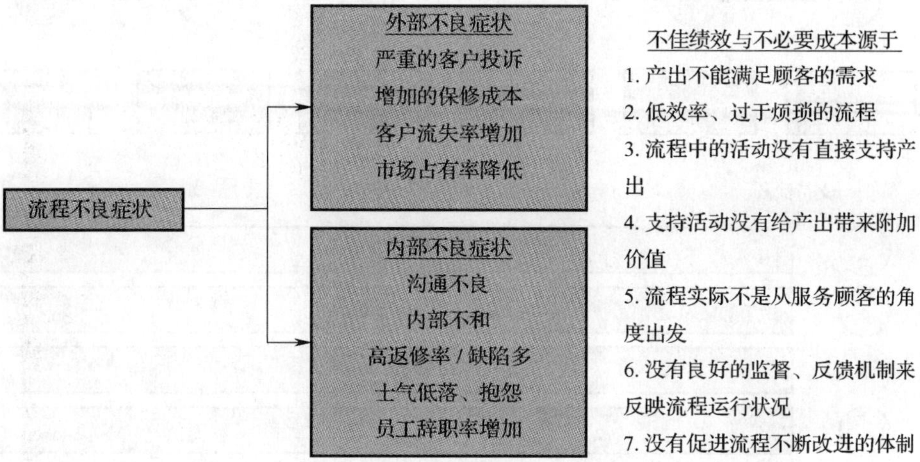

图 1—2　流程不良症状分析

2. 流程优化目标分析

通过对企业流程不良症状的分析，根据企业发展阶段、管理基础和成本等方面的综合考虑，确定流程优化管理的目标，如图 1—3 所示。

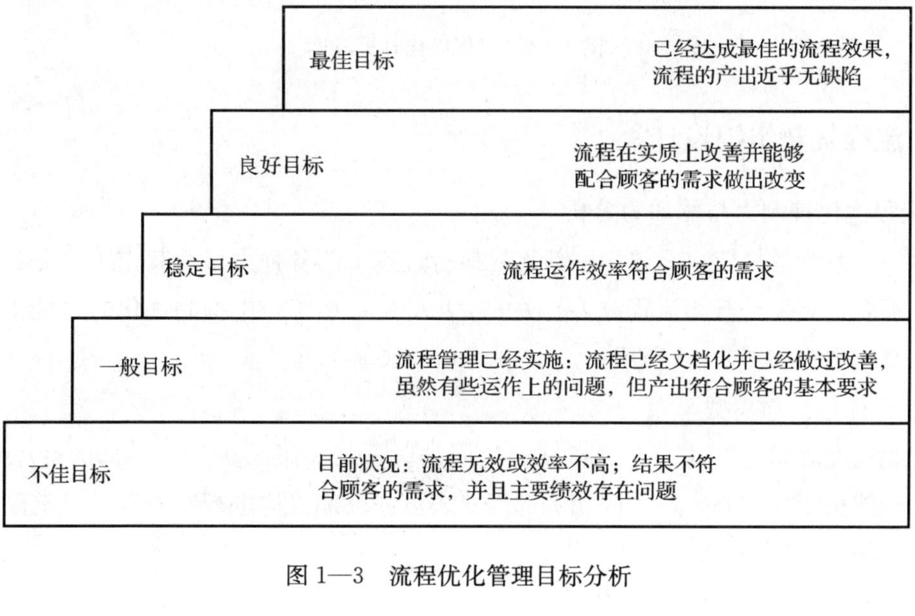

图 1—3　流程优化管理目标分析

3. 流程优化分析模型

流程优化分析模型如图 1—4 所示。

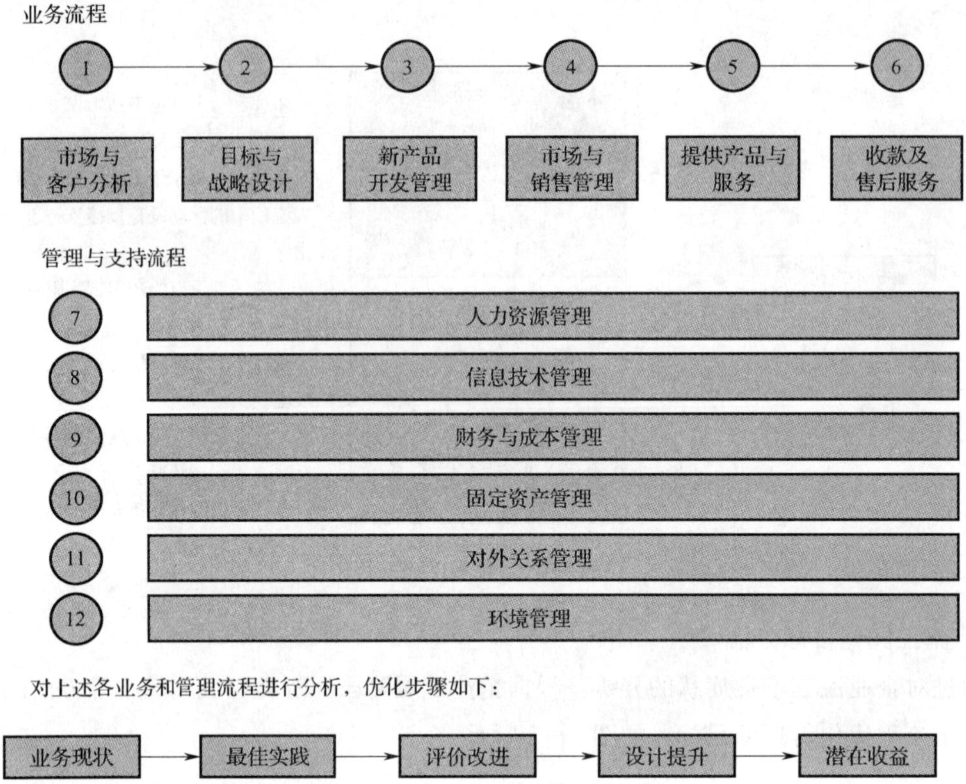

图 1—4　流程优化分析模型

1.1.2　流程优化组织设计

1. 流程优化抑制力与驱动力分析

作为一个系统的框架，有效识别新流程执行过程中的各种力量及其作用，全面展现优化流程的新面貌，需要进行与流程改善有关的信息分析：在工作中抑制优化的力量和驱动优化的力量，具体内容如图 1—5 所示。

2. 流程优化沟通模型

新流程的实施将会打破原有利益联盟之间的关系。为了减少组织内部的疑虑和外部障碍，增强全体员工的信心，必须同相关部门、人员和外部机构进行有效沟通。流程优化实施沟通模型如图 1—6 所示。

3. 流程优化配套设计

流程优化设计完成后，仅仅是完成了流程管理的初始工作，要想使设计后的流程能够顺利、正常地运作，需要进行相关的配套设计，称之为优化流程的“7 方力量”落实，这 7 方力量是“计划、部门、岗位、制度、绩效、报表、信息技术（IT）”。

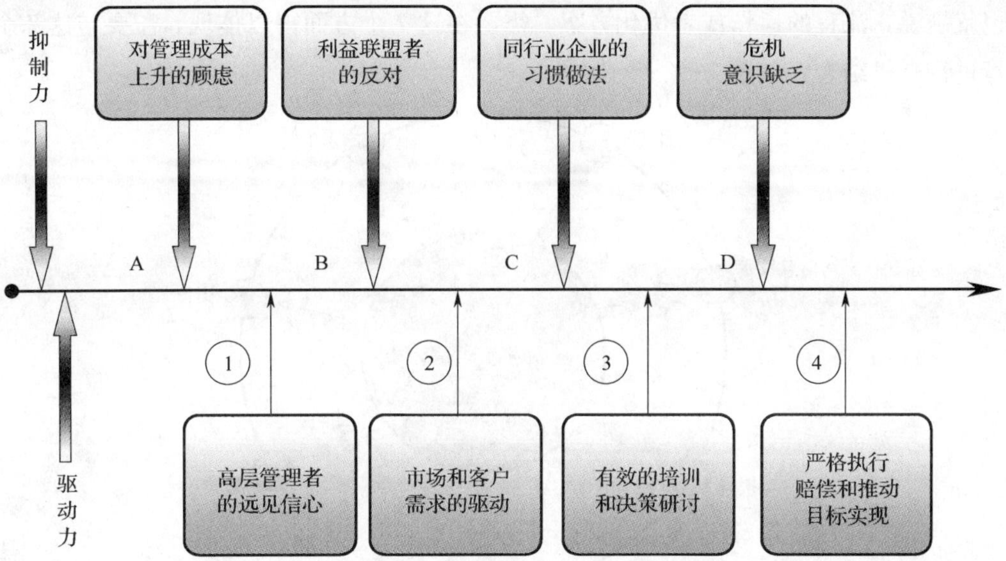

图 1—5　流程优化抑制力与驱动力箭线图

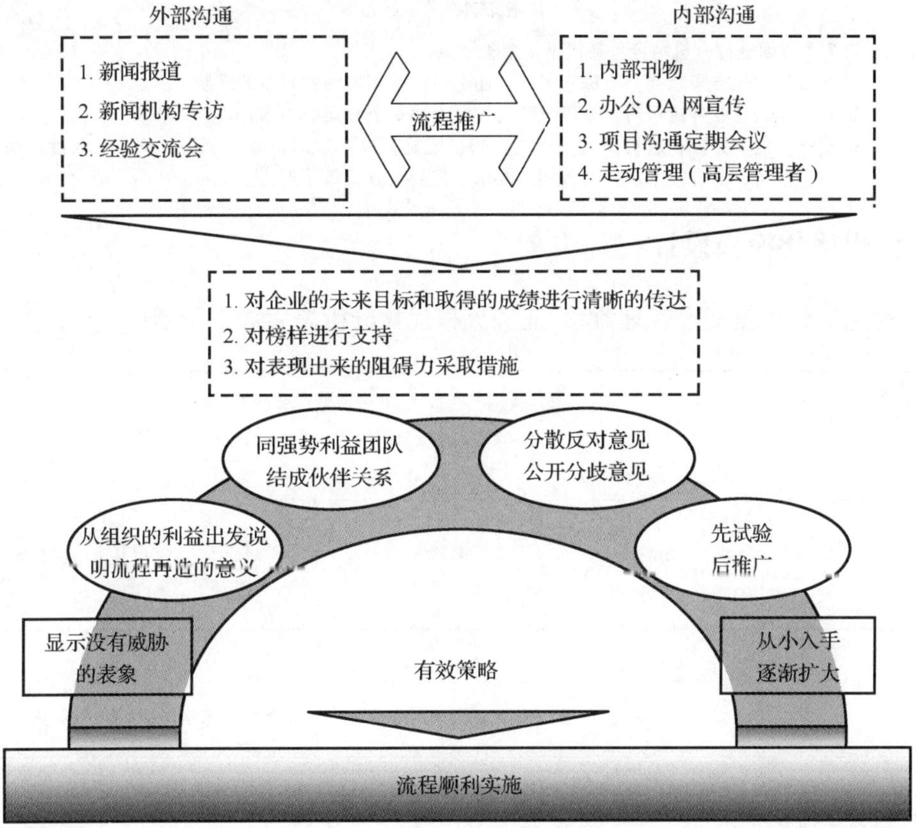

图 1—6　流程优化沟通模型

也就是说，流程的运作或者优化方案，需要在这 7 个方面得以体现，需要与这 7 个方面的力量进行有机结合，如图 1—7 所示。

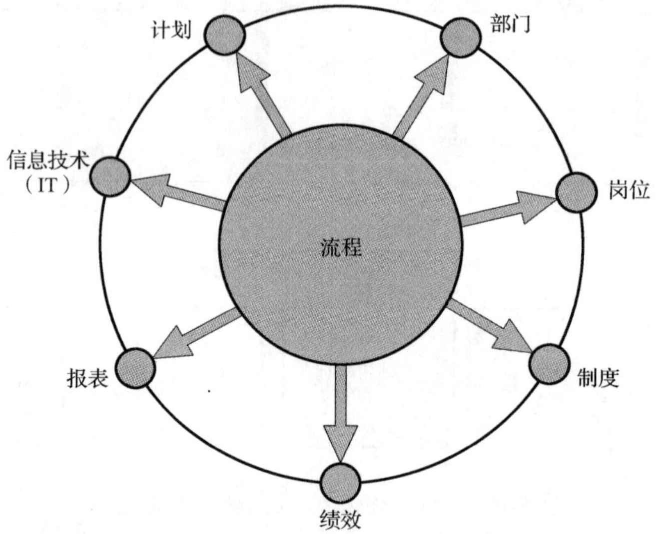

图 1—7　流程优化“7 方力量”落实

注：与 7 个方面进行有机结合包括以下 3 个关键点。

1. 在设计优化方案之前，要深入了解上述 7 个方面相关问题要点的现状；
2. 在初步设计业务流程时，积极思考流程对上述 7 个方面的要求；
3. 对初步的业务流程进行深入分析与完善，明确目标流程对计划、部门、岗位、制度、绩效、报表、信息技术（IT）提出的要求，使解决方案趋于严谨。

1.1.3　流程优化模板设计

1. 流程优化分析模板，管理流程/业务流程优化分析总表如下所示。

流程问题分析	
流程优化思路	
流程节点把控	
下次优化重点	

2. 流程梳理和流程优化后的模板相同，如下所示。

主办部门	×× 部	流程名称	×× 流程

人员 / 岗位名称	人员 / 岗位名称	人员 / 岗位名称	人员 / 岗位名称

编修部门		签发人		签发日期	

1.2　管理流程优化

管理流程是指企业为了控制风险，降低成本，提高服务质量、工作效率以及提升市场反应速度，并最终提高顾客满意度和企业市场竞争力，进而达到利润最大化和提高经济效益的路径和顺序。

1.2.1　组织中的管理流程

管理流程对外是面向客户，是提高业务流程的效率。对内应以企业目标为根本依据，提高管理流程的效率，平衡企业生产、研发、安全、物流等各方资源，控制总体效率的平衡，实现企业总体绩效。

1. 管理流程的管理事项

管理流程在用来定义和控制数据操作规程的过程中，主要管理当用户对数据进行操作时人与人之间或活动与活动之间的数据流向，以及管理在一个项目的生命周期内跟踪所有事务和数据的活动。

2. 管理流程的功能

（1）定义流程：用户可以自定义流程类型以满足企业需求。

（2）设计流程：用户可以使用工具方便简单地设计工作流程图。

（3）定义规则：用户可以在流程中触发执行自定义的脚本，完成特定的业务工作。

（4）分配任务：用户可以分配工作任务，包括系统中的一些工作任务，如登入、登出、归档等。

（5）分配人员：在每一个工作点可以分配工作人员。另外，管理者可以把工作委托给其他人完成，也可以在运行时确定工作人员。

（6）启动流程：可以选择要处理的工程图纸或文档，启动工作流程，处理后续工作。

（7）接收流程：接收本人要处理的流程。

（8）执行任务：可以利用流程信箱接收和发送流程，执行分配给自己的任务。

（9）发送流程：将流程发送到下一个节点。

（10）跟踪流程：流程图节点以不同的颜色表示当前运行情况。

（11）监控流程：流程的管理者可以及时掌握流程的情况。可以查看过期任务、解决流程运行中出现的问题。

3. 管理流程的组成

根据流程包括的功能，把整个流程分为三个部分，分别实现上述功能。

(1) 设计模块：设计流程图的工具。使用流程设计模块可以建立流程图，保存流程图，把流程图分配给流程。

(2) 运行模块（流程信箱）：启动流程、接收流程、执行任务、发送流程。

(3) 监管模块：流程管理工具。管理员可以查看和监控已经运行的流程，出现问题或过期的流程可以及时进行调整。

1.2.2 管理流程分析工具

在管理流程中，可能存在一个向他人发号施令的主管，使同一流程中的承担主体在地位和权力上不平等。基于管理流程的上述特点，在设计时注意既要直观、简洁地将活动的顺序表达清楚，还要将执行主体的不平等地位表示出来。所以，管理流程设计分析模板通常选用矩阵式流程、泳道式流程。

泳道式流程分析图是通过纵、横双向坐标来设计流程。纵向为分项工作任务，横向是承担任务的部门、岗位（即执行主体）。这种流程图样式与其他流程图类似，但在流程执行主体上，主要通过泳道（纵向条）区分出来。仓储部入库管理流程分析如图 1—8 所示。

1.2.3 管理流程优化方法

企业进行流程设计与优化，要选择“关键流程”为突破口。在选择“关键流程”时，主要看绩效是否低下、流程作业在企业整体运作体系中是否占有关键性地位、流程落实起来是否易行。寻找并理顺现有的关键流程并进行优化的常用方法是绩效一重要性矩阵法。

明确关键管理流程后再运用 ECRS 技巧进行流程优化。

1. 绩效一重要性矩阵法选择关键管理流程

绩效一重要性矩阵法首先利用漏斗原理对企业所有流程进行初步筛选，再利用绩效一重要性矩阵来识别需要优先改进的关键流程，如图 1—9 所示。

绩效一重要性矩阵以流程的绩效表现和重要性作为纵、横坐标，绩效表现分数低的和重要性程度高的流程应是首选的流程。

图 1—9 右下角的五角星重要性高、绩效表现分数低，应该是流程设计的首选，而左上角的五角星重要性低、绩效表现分数却很高，目前则不急于马上进行流程再造。

2. 流程优化 ECRS 技巧

ECRS 技巧是指 Elimination（取消）、Combination（合并）、Rearrangement（重排）和 Simplification（简化）4 种技巧，是指在现有工作方法基础上，通过“取消—合并—重排—简化”四项技术对管理流程持续改进。如图 1—10 所示。

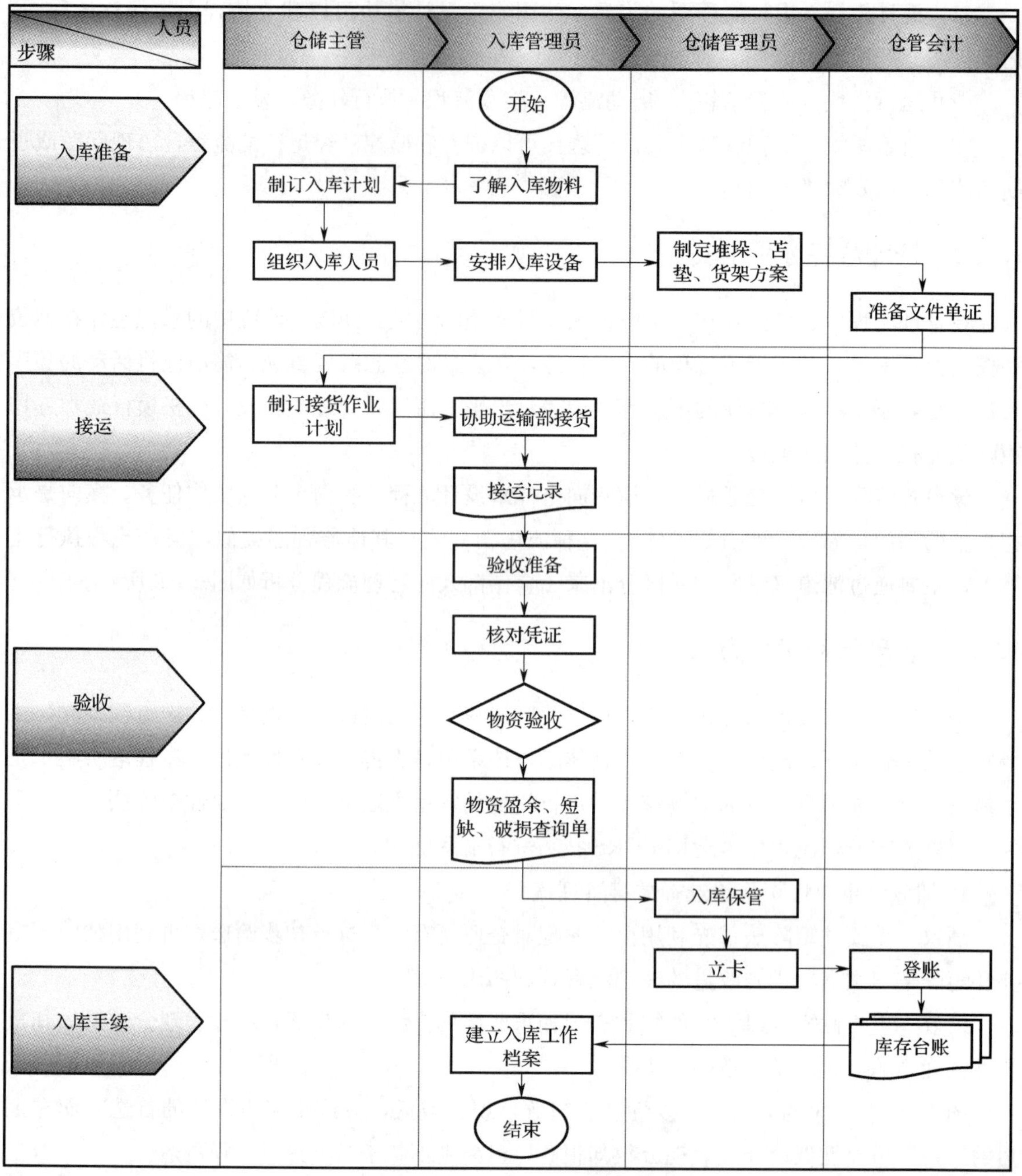

图 1—8　泳道式流程分析图样式示意图

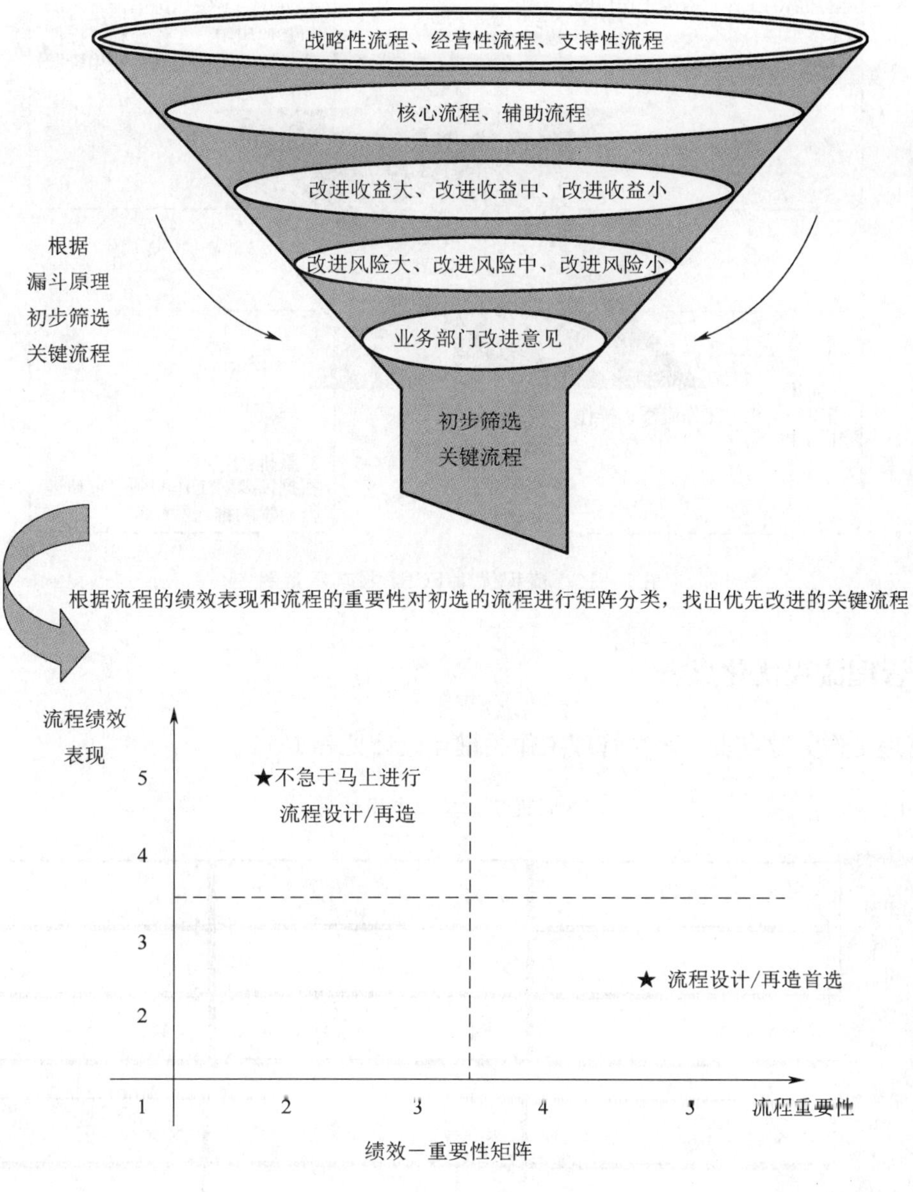

图 1—9　关键管理流程选择模型

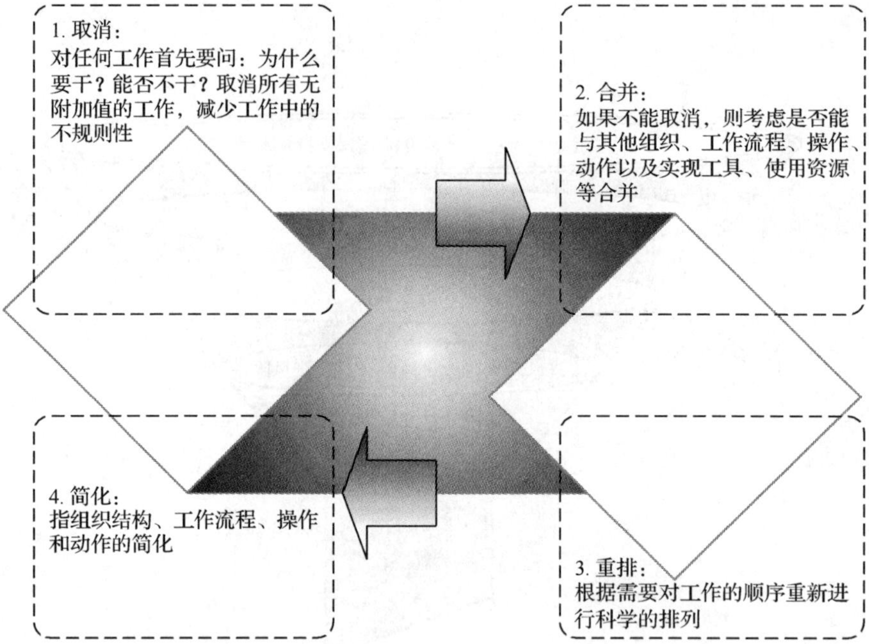

图 1—10　流程优化 ECRS 技巧示意图

1.2.4　管理流程优化点表

1. 管理工作关键点表，××管理工作关键点设计见表 1—1。

表 1—1　　**××管理工作关键点设计表**

管理工作关键点表	具体管理工作事项	××××	××	××
		××××	××	××
		×××××	××	××
		××	××	××
		××	××	××
		××	××	××

2. 管理工作考核量表，××管理工作考核指标及指标说明见表 1—2。

3. 管理流程优化设计，××管理流程体系设计如图 1—11 所示。

表 1—2　　××管理工作考核量表

考核维度	指标名称	指标说明	指标值
管理事项			
管理子事项			

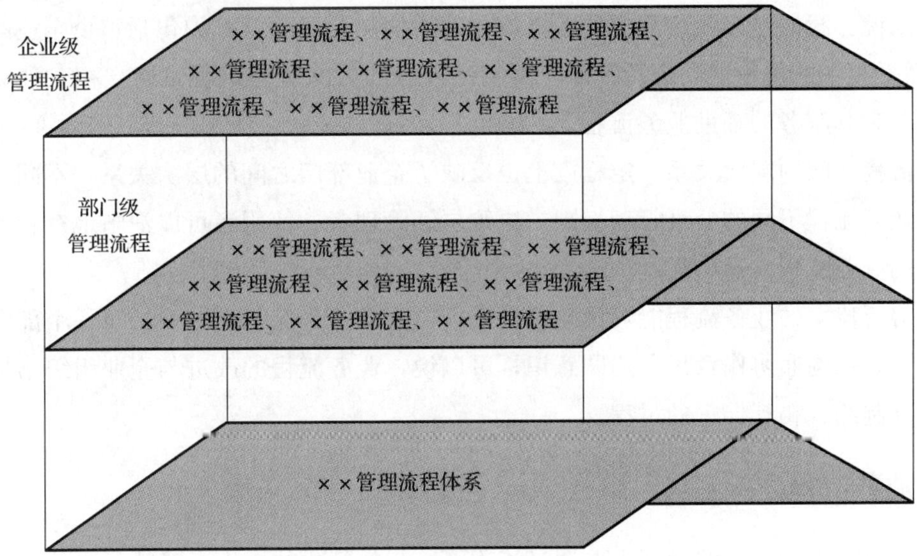

图 1—11　××管理流程体系设计

1.3 业务流程优化

业务流程是为达到特定的价值目标而由不同的人分别共同完成的一系列活动。活动之间不仅有严格的先后顺序限定，而且活动的内容、方式、责任等也都必须有明确的安排和界定，以使不同活动在不同岗位角色之间进行转手交接成为可能。活动与活动之间在时间和空间上的转移可以有较大的跨度。

1.3.1 组织中的业务流程

组织中最重要的部分是人员的工作方式以及构成他们每日操作的工作流程。人是业务流程的驱动者，通过良好的业务流程，每一个人都会有自己清晰的职责，明确自己在一个个业务流程中所担当的角色。同时对于参与其中的业务流程，每个人员都要有自己的反馈。

业务流程是有层次性的，这种层次性体现在由上至下、由整体到部分、由宏观到微观、由抽象到具体的逻辑关系中。这样一个层次关系符合人们的思维习惯，有利于企业业务模型的建立。

一般来说，我们可以先建立主要业务流程的总体运行过程（其中包括整个企业的战略规划），然后对其中的每项活动进行细化，落实到各个部门的业务过程，建立相对独立的子业务流程以及为其服务的辅助业务流程。

业务流程之间的层次关系一定程度上也反映了企业部门之间的层次关系。不同层级的部门有着对业务流程不同的分级管理权限。决策层、管理者、使用者可以清晰地查看到下属和下属部门的业务流程。

为使得所建立的业务流程能够更顺畅地运行，要求业务流程所涉及的每一个部门、每一个人具有良好的沟通协作意识和团队意识，可以说，业务流程的改进与企业组织结构的优化是一个相互制约、相互促进的过程。

1.3.2 业务流程分析工具

在业务流程中，流程的运行主要通过流程下一步执行主体向上一步执行主体提出要求和工作指令，上下执行主体都能理解这一要求和指令的含义。因此，流程活动的承担者之间能够实现一种平等、互助、尊重、关怀的关系。

基于业务流程的上述特点，在设计业务流程时，需要明确流程的上下执行主体、活动、要求及指令，并将这些要求和指令用统一的语言表达出来。所以，业务流程再造不仅是优化单个流程而是整个流程。

业务流程分析的结构与应包含的内容如图 1—12 所示。

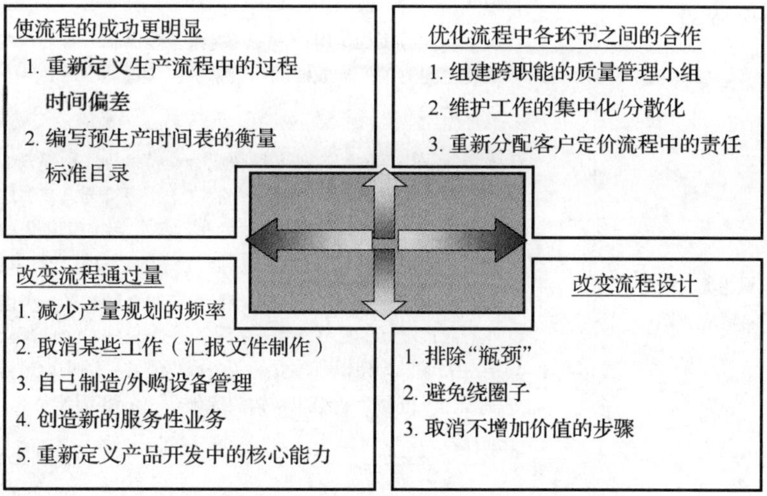

图 1—12 业务流程分析结构

1.3.3 业务流程优化方法

良好的业务流程设计是保证企业灵活运行的关键。清晰地定义业务流程之间的接口，可以降低业务之间的耦合度，使得对局部业务流程的改变不会对全局的流程产生灾难性的后果。

1. 业务流程优化方向

（1）业务需求库——达到业务目标的必要需求；

（2）业务策略库——当前的、提议的以及潜在的变革领域；

（3）内部影响和外部影响的方向陈述；

（4）设计准则。

2. 业务流程优化步骤

对整个企业的业务流程进行建模而后优化是一个相当复杂而有挑战性的工作，但是并不代表没有方法可循。一般来说，建模和优化需要按照步骤处理 3 个方面的事项，如图 1—13 所示。

1.3.4 业务流程优化点表

1. 业务工作关键点表，××业务工作关键点设计见表 1—3。

2. 业务工作考核量表，××业务工作考核指标及指标说明见表 1—4。

1. 建立主要和辅助的业务流程

◎主要的业务流程是由直接存在于企业的价值链条上的一系列活动及其业务流程之间的关系构成的。一般来说包含采购、生产、销售等活动

◎辅助的业务流程是由为主要业务流程提供服务的一系列活动及其之间的关系构成的。一般来说包含管理、后勤保障、财务等活动

2. 理顺业务流程之间的层次关系

◎业务流程之间的层次关系反映业务建模由总体到部分、由宏观到微观的逻辑关系。这样一个层次关系也符合人类的思维习惯，有利于企业业务模型的建立。一般来说，我们可以先建立主要业务流程的总体运行过程，然后对其中的每项活动进行细化，建立相对独立的子业务流程以及为其服务的辅助业务流程

◎业务流程之间的层次关系一定程度上也反映了企业部门之间的层次关系。为使得所建立的业务流程能够更顺畅地运行，业务流程的改进与企业组织结构的优化是一个相互制约、相互促进的过程

3. 构建业务流程之间的合作关系

◎企业不同的业务流程之间以及构成总体的业务流程的各个子流程之间往往存在着形式多样的合作关系。一个业务流程可以为其他的一个或多个并行的业务流程服务，也可能以其他的业务流程的执行为前提

◎可能某个业务流程是必须经过的，也可能在特定条件下是不必经过的。在组织结构上，同级的多个部门往往会构成业务流程上的合作关系

图 1—13　业务流程优化步骤和事项

表 1—3　　**××业务工作关键点设计表**

业务工作关键点表	具体业务工作事项			
		××××	××	××
		××××	××	××
		×××××	××	××
		××	××	××
		××	××	××
		××	××	××

表 1—4　　　　××业务工作考核量表

考核维度	指标名称	指标说明	指标值
业务事项			
业务子事项			

3. 业务流程优化设计，××业务流程体系设计如图 1—14 所示。

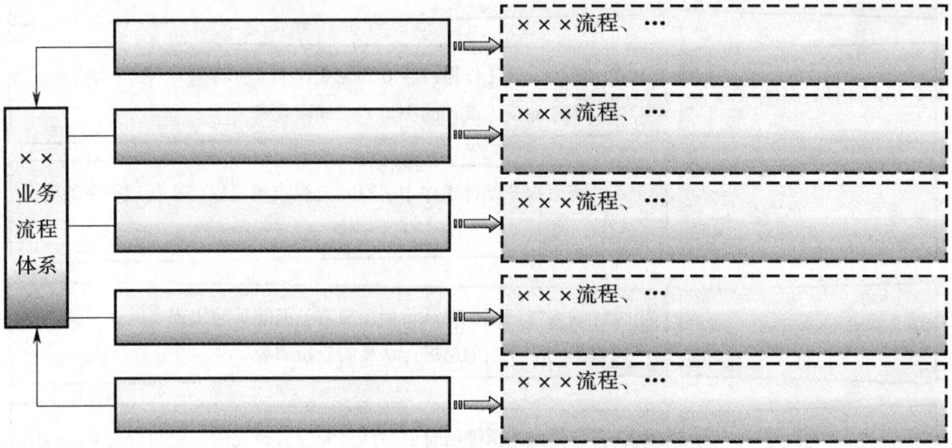

图 1—14　××业务流程体系设计

1.4　流程优化推进

1.4.1　流程优化执行流程

流程设计是将需要设计或再造的流程进行分析，确定流程的主要环节、参与部门，对其操作进行明确说明，并将最终成果用书面形式展现出来以便推进实施的过程，具体执行步骤如图 1—15 所示。

步骤	具体说明
1. 初步确定流程	◎ 理顺工作过程，找出过程中的各个环节以及它们之间的相互关系
2. 界定流程范围和参与的部门	◎ 界定流程范围，确定参与该工作过程的各个部门（或各个岗位）以及它们的职能及作用
3. 绘制流程图，并进行理解和分析	◎ 进行管理流程图的绘制 ◎ 所有与流程相关的人员认真研究理解和分析流程的准确性
4. 精调、改进流程	◎ 审核、讨论，对流程进行精调，对不适当之处进行调整和修改
5. 瞄准标杆，对比研究	◎ 找出流程设计工作做得较好的企业作为“标杆”，进行对比研究，找出本企业流程设计的不足，并加以改进
6. 流程试行，收集信息	◎ 设计的流程开始在工作中试行，注意收集流程在执行过程中的反馈信息
7. 分析研究反馈的信息	◎ 设计的流程在工作中试行半年左右，就能反映出很多问题，我们要对收集到的反馈信息进行认真的分析研究
8. 设计并实施流程改进	◎ 在对收集到的反馈信息进行认真的分析研究后，要对现有的流程图进行改进，并重新绘制
9. 最终确定流程	◎ 对经过实践考验的流程图进行最终确定，由公司管理层正式公示，并将公司所有的流程图汇集成册

图 1—15　流程优化执行步骤

1.4.2　流程优化评价流程

从企业投资者的角度来讲，好的流程设计必然是能够为企业带来较高利润的设计。因此，对流程的效益分析是评价流程的一个重要方面。这其中财务数据是最关键的数据，但这种分析也不完全是由数据支撑的，因为有些工作活动是不能量化的，比如管理效率等。

1. 流程优化成本分析

成本分析法是通过对流程的花费成本与产出价值之间的关系进行分析评价，发现企业中的绩优流程，以提高企业对现有流程的价值管控能力，提升流程的增值空间，具体如图1—16所示。图中通过对流程的成本和收益的分析，把流程分成了 4 类，对于各类流程，企业应采用合适的优化策略。

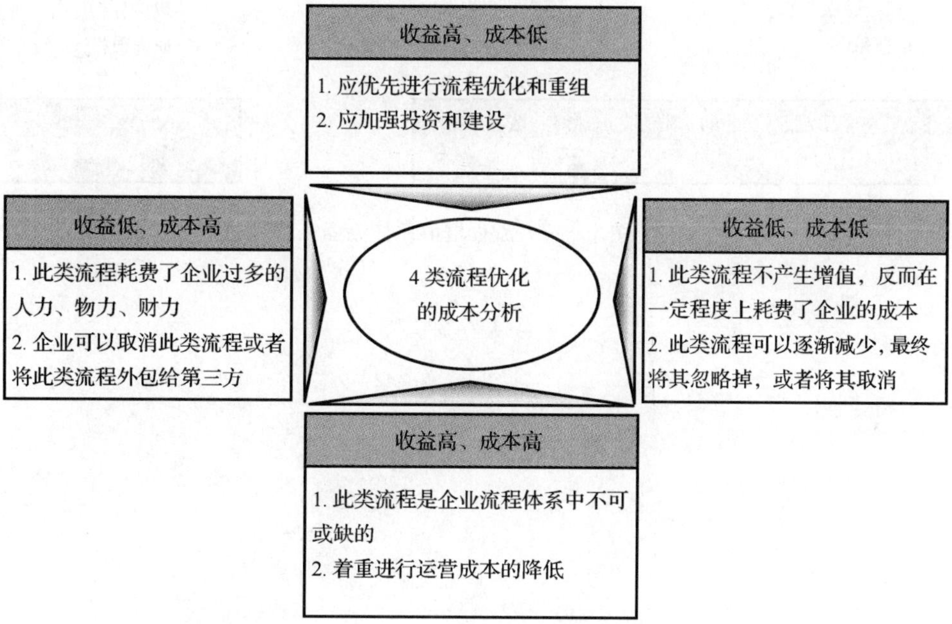

图 1—16　流程优化成本分析

2. 流程增值评估流程

流程增值评估是分析业务流程的每项作业以决定其对满足最终顾客需要所作的贡献和它的成本之间的比较，具体的流程如图 1—17 所示。

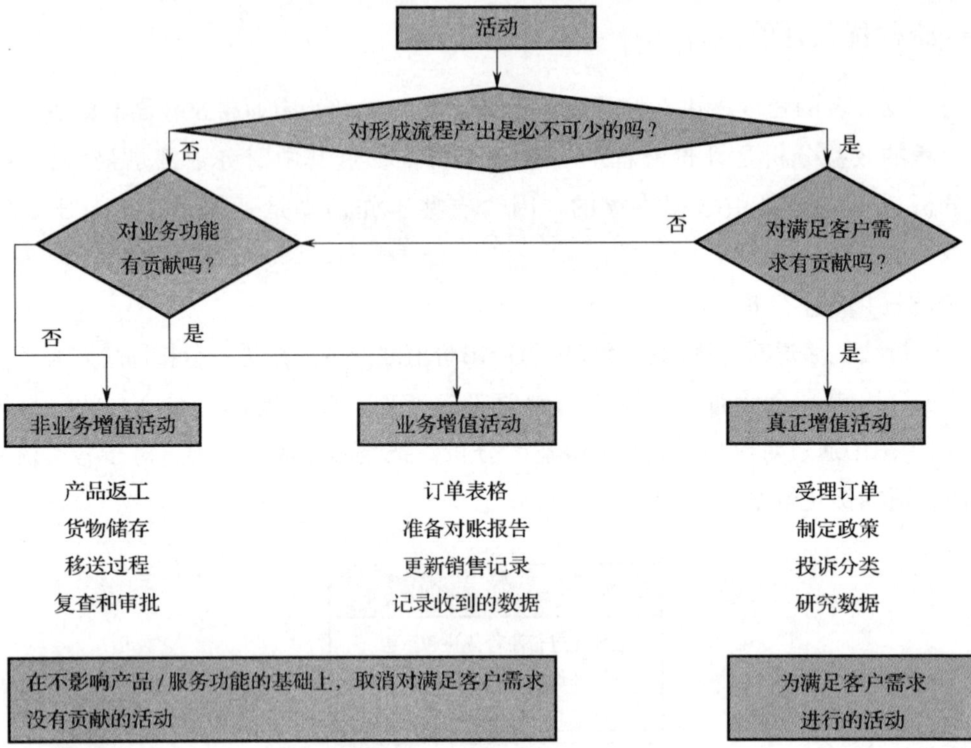

图 1—17　流程增值评估流程

第 2 章

工作分析

2.1 工作分析设计

工作分析是指通过对工作输入、工作转换过程、工作输出、工作的关联特征、工作资源、工作环境背景等的分析，系统全面地确认工作整体，以便为管理活动提供各种相关信息所进行的一系列的工作信息收集、分析和综合的过程。工作分析包括对工作内容及岗位需求的分析，对岗位、部门和组织结构的分析，以及对工作主体员工的分析。

当企业处在新建企业组织设计、人员招聘时，企业人力资源管理基础工作尚不健全时，组织变革、业务流程再造重组时，管理工作和业务随着企业岗位的调整和职能的转变而相应地变化时等几种情况下，就需要进行系统的工作分析。

在这里，工作分析主要是指对工作内容的分析，即对产品或服务实现全过程及重要的辅助过程的分析，包括工作步骤、工作流程、工作规则、工作环境、工作设备、辅助手段等相关内容的分析，尤其是对关键绩效领域产生重要影响的内容。

2.1.1 流程优化与工作分析

人力资源管理者应该从企业整体管理系统的角度来检讨流程优化问题，那么，在流程梳理、衔接、再造，直至全面优化的过程中，静态的工作分析如何作为一项工具对动态的企业运作起到辅助作用是非常重要的。

管理流程主要是通过定义流程、设计流程、定义规则、分配任务、分配人员、启动流程、接收流程、执行任务、发送流程、跟踪流程和监控流程，管理人与人之间或者活动与活动之间的数据流向，来平衡企业生产、研发、安全、物流等各方资源，所以必须通过工作分析进行横向、纵向的系统梳理、诊断，来达到控制总体效率平衡的目标。

业务流程是组织实现价值创造的过程。业务流程的运行涉及工作任务完成的先后顺序，活动的内容、方式、责任，以及部门之间、岗位之间的信息交换、协作关系、报告关系，而这些关系的梳理必须借助工作分析这项工具来实现。

2.1.2 工作分析操作 5 大步骤

做好工作分析工作，尤其是以梳理、再造和优化流程为目的的工作分析，需要按照以下 5 大步骤 14 项具体任务进行，如图 2—1 所示。

1. 资源筹划准备阶段

◎ 确定工作分析的目的与结果的使用范围。明确工作分析用来干什么，解决什么问题，即梳理流程、优化流程

◎ 确定工作分析的信息内容与方式，对工作分析的时间、费用与人力进行预算

◎ 组建工作分析小组，分配任务与权限。工作小组一般由人力资源部专业人员、工作分析咨询专家、岗位在职人员、上级主管等组成，并对工作小组人员进行工作分析的规范和操作方法的培训改进

◎ 选择、确定调查分析对象的样本，同时考虑样本的代表性和典型性

2. 信息收集调查阶段

◎ 广泛收集、研究和利用已有的相关书面资料、电子数据及其他方法获得的信息

◎ 编制调查提纲，确定调查内容和调查方法，对重点内容细致调查，并安排时间表实施过程控制

3. 资料汇总分析阶段

◎ 仔细审核收集到的信息。可与岗位的直接主管上级核对

◎ 创造性地分析、发现有关工作内容和岗位人员的关键成分

◎ 归纳、总结出工作分析结果应用的必需材料和要素

4. 结果输出完成阶段

◎ 一般工作分析的结果表现为工作描述、工作说明书、岗位规范

◎ 根据工作分析目的不同，这里的结果是针对流程优化的梳理和诊断内容

5. 应用反馈提升阶段

◎ 根据流程优化的设计和推进流程进行流程优化

◎ 需要与生产、销售、采购等涉及的各个部门保持沟通、及时反馈，再设计、再优化

◎ 反复几次后形成最终稿，管理制度、业务、技术改变后要重新进行工作分析

图2—1　工作分析操作步骤

2.1.3　工作分析注意5大事项

在工作分析过程中，由于各种主客观因素的交互作用，不可避免地会出现一些偏差或失误，为了提升工作分析的信度和效度，确保工作分析的科学合理性，应注意明确以下5大分析事项，如图2—2所示。

2.1.4　工作分析避免5大误区

1. 工作分析针对的是当前的工作而不是个人

（1）工作分析并不关心任职者的任何情况，它只关心职位。

（2）工作分析以当前工作为依据，任务是为了获取某一特定时间内的职位情况。

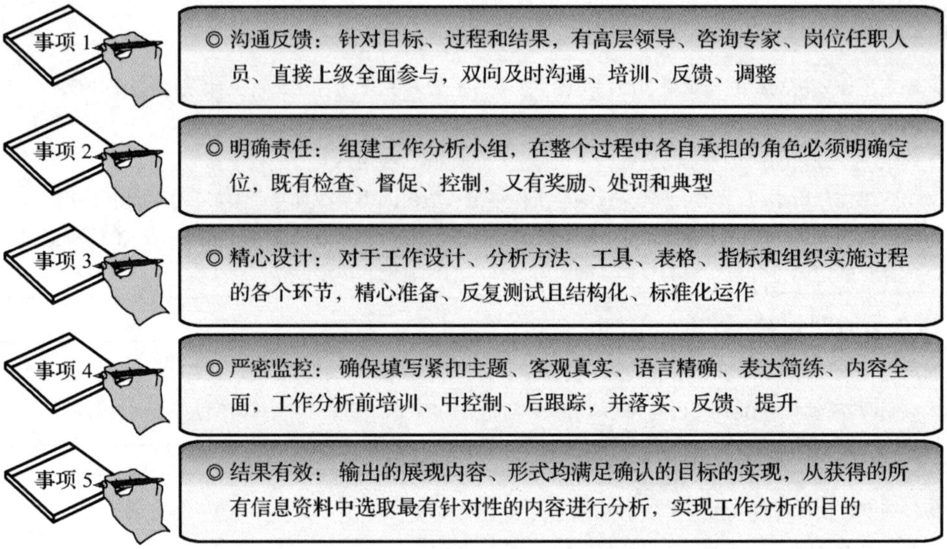

图 2—2　工作分析注意事项

(3) 目前的任职者被涉及的原因，仅仅是因为通常任职者最了解情况，并且防止分析对象夸大自己工作的重要性。

2. 依据的是事实而不是判断

(1) 工作分析人员的任务是尽可能地传递事实资料，因此，工作分析过程中不要使用非法手段获取信息，分析内容应避免任何歧视性条款。

(2) 判断的工作留给结果使用者即最终用户去做。

3. 完成的是分析而不是罗列

(1) 将工作分解为几个重要的组成部分，审查后将其重新进行组合。

(2) 绝不是任务的简单列举和罗列。

4. 区分管理责任和非管理责任

(1) 分析管理责任考虑的因素包括被管理层的人数，管理工作的性质、类型和公开程度，管理是直接的还是间接的，管理对象的熟练程度等。

(2) 分析非管理责任考虑的因素包括哪些产品或设备会遭到破坏，损坏的可能性以及发生的频率，损坏费用的估计，减少损坏可能性的措施，监督的严密程度，查处问题所需要的时间，损坏可能发生的范围、影响和频率，哪些安全措施可以减少工作人员的责任，与其他人的合作程度，工作人员之间的不合作是否会违背工作的初衷和影响产品质量等。

5. 使用专业术语，杜绝模棱两可，避免官话套话

(1) 尽可能地避免含义模糊的术语。用可以明确表述工作步骤的术语或短语。例如，当

从事“手雕木制品”的工作时，不要描述成“制作木制品”，因为“制作”远不及“手雕”含义明确。

（2）尽可能地从数量上予以描述。例如，要说“提起36千克的物体”，而不是“提起很重的物体”等。

2.2　工作分析方法设计

工作分析是梳理管理流程和业务流程并进行流程优化的基础和前提，科学的工作分析方法是工作分析成败的关键。企业在进行具体的工作分析时，需要根据工作分析的目的、不同工作分析方法的特点、不同的工作分析对象来选择不同的方法。

2.2.1　观察分析法

观察分析法指工作分析人员在工作现场通过感官或其他视听工具的协助，对特定对象的特定工作活动全面、全过程进行观察，记录相关工作的内容、形式、方法、程序、步骤、使用工具、工作环境等信息，并在此基础上分析和归纳出相关的工作要素，以达到分析目的的一种工作分析方法。

1. 观察分析法的适用

观察包括公开性观察与隐蔽性观察、他人观察与自我观察等不同形式。

观察分析法较适用于短时期的外显行为特征的分析，即大量标准化的、周期较短的以体力活动为主的常规性、重复性的工作活动，而不适用于隐蔽的心理素质的分析，以及不确定性高的、脑力活动较多或工作周期太长、工作时间和空间没有规律的工作。

2. 观察记录表的设计

在进行观察分析时，一般以标准格式记录观察到的结果，即使用观察记录提纲或表格，做到简单易行，可靠有效。对某岗位进行工作分析的观察提纲部分内容设计见表2—1。

表2—1　　某岗位工作分析观察提纲

被观察者姓名		部门	
观察者姓名		观察日期	
工作类型		岗位名称	
观察开始时间		观察结束时间	

续表

观察内容			
1. 工作前准备内容和时间			
2. 何时开始正式工作			
3. 站立时间多久			
4. 上午工作几个小时			
5. 上午休息的次数			
第一次休息时间段		第二次休息时间段	
6. 上午与同事交谈的次数			
7. 上午喝水的次数			
8. 室内温度			
……			

当观察到的大量事件被记录下来后，需要按照所描述的内容进行归类、汇总，以便于分析，见表 2—2。

表 2—2　　观察事件分析汇总表

事件类别	花费时间（分）	发生次数
打字、复印、装订等	38	5
接听电话	22	8
寻找档案、资料等	28	5
接受指令	18	2
发出指令和计划	13	4
处理来信、文件	8	1
帮办事员工作	8	2
找人	6	1
写材料	4	1
迎接参观者	3	1
总计	148	30

3. 观察分析法的操作步骤

一般来说，采用观察分析法进行工作分析主要包括 9 大步骤，如图 2—3 所示。

4. 观察分析法操作注意事项

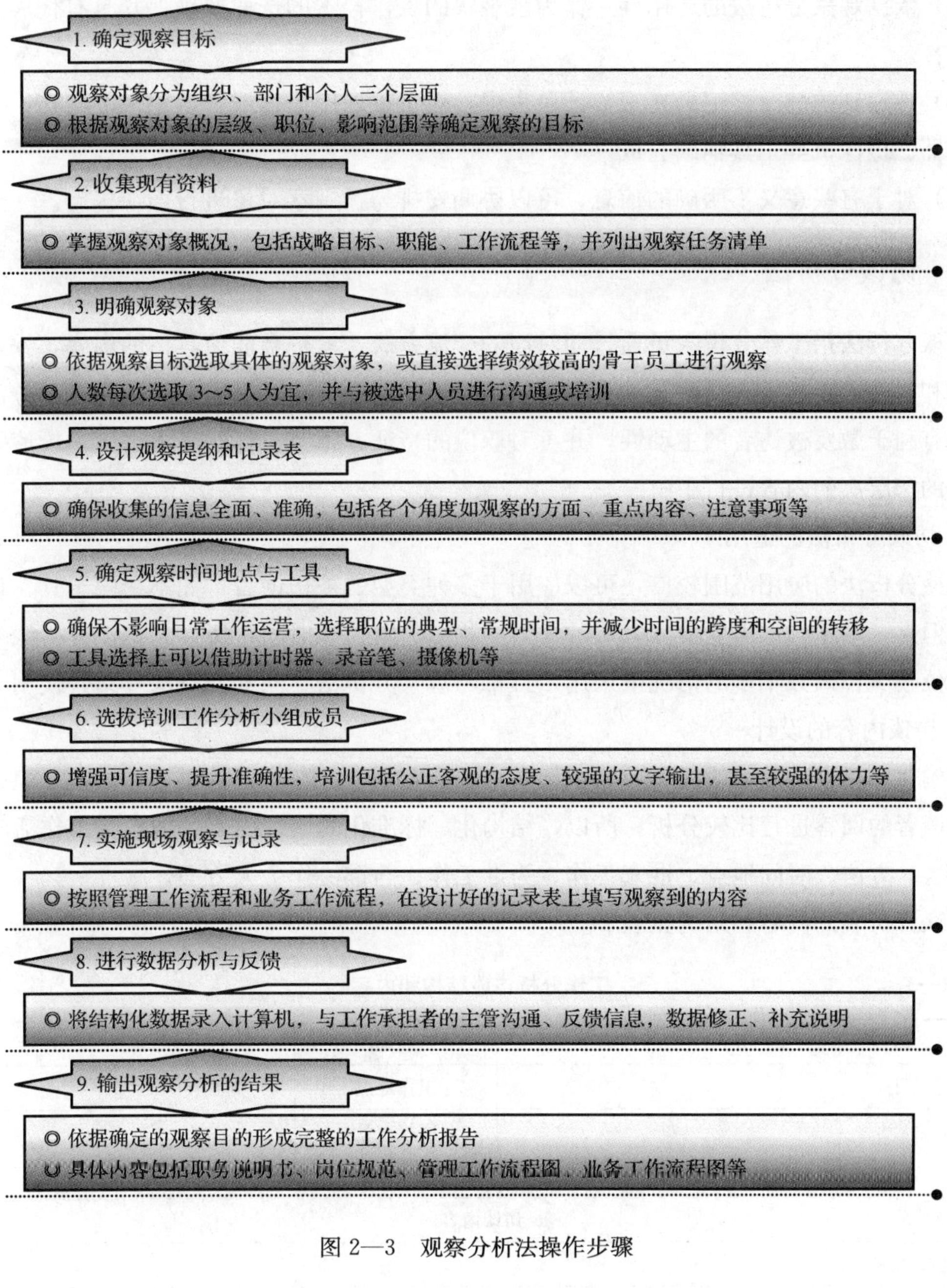

图 2—3　观察分析法操作步骤

（1）工作分析人员要有足够的实际操作经验，或者进行较为详尽、实务的工作分析实操培训，才能实现工作分析的目的，发现不合理之处，设计改进办法，提高工作效率。

（2）工作分析人员在实施过程中要尽可能避免引起被观察对象的注意，至少保证不干涉被观察对象的日常工作活动。

（3）依据观察分析法的适用性，作为被观察的工作样本的选取要确保其具有代表性和相对稳定性。

（4）观察到的情况要记录在观察记录表中，对于难以用语言或符号记录的内容，可以借助计时器、摄像机等工具辅助完成。

（5）对于有些意义不明确的信息，可以协调安排与被观察对象进行面谈提问。

2.2.2　访谈分析法

访谈分析法指工作分析人员通过面对面的交流方式，就一个职位具体的内容，深入了解任职者和与任职者相关人员的意见和看法。相对于观察分析法，访谈分析法通过双方沟通和引导，有利于激发被访者的主动性，并可对职位的特征、细节、任职者的态度、价值等与工作相关的深层次的内容进行了解。

1. 访谈分析法的适用

访谈分析法的应用范围较广，可以应用于多种类型的被访谈者，而不受限于其文化程度高低。但是，由于访谈需要投入大量的人力、物力、财力和时间，所以，访谈分析法一般在调查单位较少、人数不多的情况下采用，且常与观察分析法、问卷调查法等结合使用。

2. 访谈内容的设计

结构化、标准化的访谈提纲或访谈记录格式，有利于控制访谈的过程和对同一职务的不同被访谈者的回答进行比较分析。所以，结构化、标准化的访谈内容一般包括工作活动的目的、内容、方法、时间地点、谁来工作、为谁工作、与谁协作 7 大方面。

访谈分析表的内容和结构见表 2—3。

表 2—3　　工作分析访谈结构和内容

职位名称		所属部门	
主管部门		工作地点	
直接主管		间接主管	
监督者		访谈日期	
访谈内容			
1. 职位设置的目的			
2. 主要职责	按照本职位工作活动发生的频率高低和责任重要性记录 （1）每日必做的工作： （2）每周、每月、每季度必做的工作： （3）偶尔或临时性的工作： （4）主要职责的业务流程和步骤：		

续表

访谈内容	
3. 培训教育要求	（1）承担本职位工作所需要的专业知识： （2）具备相近专业领域的一般知识： （3）具备企业管理与财务管理方面的基础知识： （4）具备人力资源管理及其他方面的知识： （5）学校之外获得的其他相关培训或实操知识： ……
4. 工作经验要求	（1）需要　　月的工作实习期或在职培训期 （2）需要　　月相同岗位的工作实践经验 （3）需要的项目管理等其他工作经验要求： ……
5. 担负的管理责任	（1）任职者直接管理的下属人数： （2）工作分派与指导： （3）目标分解与制订计划： （4）工作监督与检查： （5）协调活动和问题解决： （6）管理工作的流程和步骤： （7）评价下属： ……
6. 工作关系	（1）内、外部工作关系： （2）上、下级工作关系：
7. 本职位所受到的监督	（直接的、严密的、一般的、有限的、自主的、宏观指导的等）
8. 本职位的决策权限	（1）决策的范围： （2）决策的具体事项： （3）决策是否需要上级审核或审批： ……
9. 本职位的错误分析	（1）本职位在工作理念上、操作上、执行流程上最易犯的错误或失误： （2）这些错误或失误的时间、具体环节、频次： （3）错误或失误纠正的障碍或关联的部分： （4）易错工作活动或环节产生的原因和造成的后果： ……
10. 本职位的保密责任	（绝对保密、一般保密、设置保密事项和内容、不保密等）
11. 工作环境	（温度、湿度、粉尘、噪声、照明、色彩、通风条件、清洁卫生等）

续表

访谈内容	
12. 心理素质要求	
13. 本职位工作活动所使用的机器或设备	
14. 补充说明事项	
……	

3. 访谈分析法的操作步骤

访谈分析法具体操作流程分为 3 个阶段、15 个步骤，如图 2—4 所示。

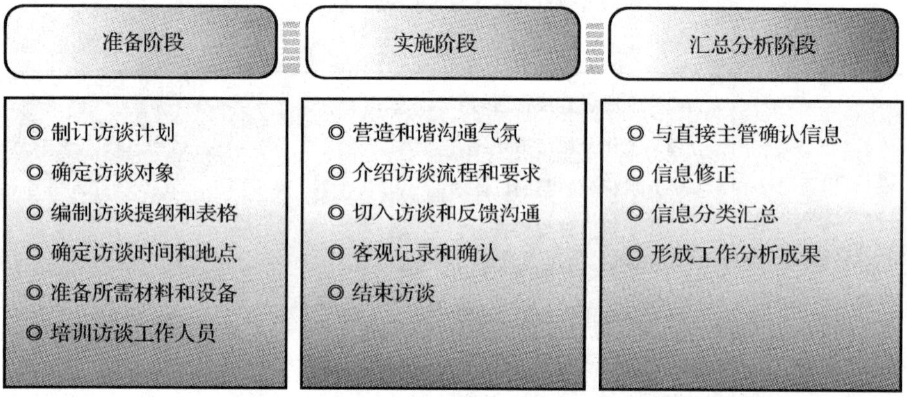

图 2—4　访谈分析法操作步骤

4. 访谈分析法操作注意事项

（1）访谈工作人员的培训。主要包括工作分析的理论、技术、方法和工具的系统训练，有利于结构化、标准化工作访谈的顺利进行。

（2）访谈问题的设计。按照访谈对象的层级、职位职责、业务活动内容等设计，每个问题的提出及记录都是针对工作分析的成果服务的，是为流程优化设计提供依据和参考的。除了访谈提纲里列举的问题，还需要设计 2 个灵活性的开放式问题。

（3）提问和记录的技巧。提出问题要明确清晰、口语表达、语气婉转、态度平和；问题本身要短小、具体，避免使用含混的、抽象的专业术语；善于运用追问和复述确认的技巧；注意双向沟通、及时反馈、记录信息确定。

2.2.3　问卷调查法

问卷调查法指通过设计、发放、回收、汇总和分析调查问卷，从被调查职位的工作人员、直接主管及其相关的人员等处获取与工作相关的信息的方法。

1. 问卷调查法的适用

结构化问卷调查的成本比较低，利用电子信息技术，可以对回收的问卷资料进行结构量化，数据读取和分析汇总速度较快，可进行大量的样本信息处理。

所以，问卷调查的适用范围较广泛，适用于各种目的、各种用途的职位分析。

2. 调查问卷的设计

工作分析调查问卷样例见表 2—4。

表 2—4　　工作分析调查问卷

<table>
<tr><td colspan="6">尊敬的员工：
您好！非常感谢您参加公司工作分析的问卷调查活动，请您根据所在岗位的具体情况如实填写以下信息，以便于为公司全面、系统地对现行各项流程进行梳理和再造提供可靠依据。如发现有遗漏或者不足之处，请您在后面附言或者与人力资源部联系。
谢谢合作！
××公司人力资源部
年　月　日</td></tr>
<tr><td colspan="6">1. 基本信息</td></tr>
<tr><td>姓名</td><td></td><td>岗位名称</td><td></td><td>职位编号</td><td></td></tr>
<tr><td>所属部门</td><td></td><td>直接上级</td><td></td><td>从事本工作时间</td><td></td></tr>
<tr><td colspan="6">2. 工作职责</td></tr>
<tr><td colspan="2">（1）职责概述</td><td colspan="4"></td></tr>
<tr><td colspan="2">（2）具体工作事项</td><td colspan="4">每日必做：
每周/每月/每季必做：
突发、临时性工作：</td></tr>
<tr><td colspan="6">3. 工作权限</td></tr>
<tr><td colspan="2">（1）人事权</td><td colspan="4"></td></tr>
<tr><td colspan="2">（2）财务权</td><td colspan="4"></td></tr>
<tr><td colspan="6">4. 工作联系</td></tr>
<tr><td colspan="2">（1）企业内部联系</td><td colspan="4"></td></tr>
<tr><td colspan="2">（2）企业外部联系</td><td colspan="4"></td></tr>
<tr><td colspan="6">5. 指导监督</td></tr>
<tr><td colspan="2">（1）您直接领导的下属人数</td><td colspan="4"></td></tr>
<tr><td colspan="2">（2）被监督的对象</td><td colspan="4"></td></tr>
</table>

续表

6. 工作失误之处及带来的影响	
（1）工作中易出现失误的地方及其原因	
（2）工作失误的影响程度	
（3）工作流程中的障碍	
7. 工作压力	
（1）作出决策的时间和频次	
（2）工作对灵活性、创造性的要求	
（3）跨部门、跨专业的知识和协调	
8. 工作时间	
（1）每天工作时间和加班情况	
（2）上项与下项工作的沟通、衔接时间	
9. 关键业绩考核指标	
（1）管理指标	
（2）业务指标	
10. 工作环境	
（1）温度、湿度等环境和条件	
（2）工作的空间和时间组织对流程的影响	
11. 工作设备	
12. 岗位任职资格	
13. 其他相关内容	
备注	

3. 问卷调查分析的操作步骤

问卷调查分析的操作步骤如图 2—5 所示。

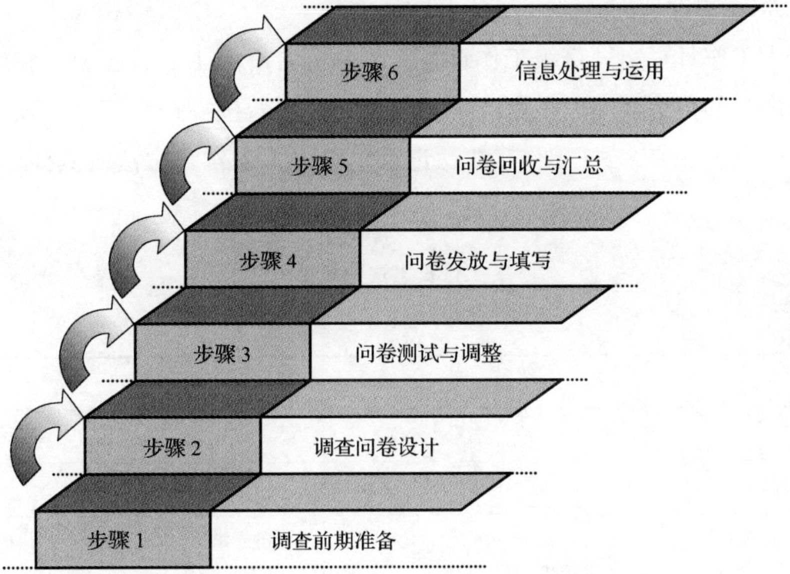

图 2—5　问卷调查分析的操作步骤

4. 问卷调查法操作注意事项

（1）问卷设计的质量监控。问卷调查法没有调查人员与调查对象面谈的机会，收集的信息质量取决于问卷本身的设计是否科学合理。所以，问卷中应该包含详细的填写说明和填写范例，设计的问题要尽量简明和易于回答，防止大量诱导式问题的出现。

（2）调查参与人员的系统培训。包括调查人员工作分析方法、技术和问卷调查法的运用，调查对象的填写辅导和规范培训。

（3）调查过程的监控。在整个调查过程中，要进行严格控制和引导，建立沟通、反馈渠道，问卷的计算机录入规范，问卷回收和分类的规范等。

2.2.4　工作日志法

工作日志法是指最了解所从事工作情况的任职者本人按工作日志的形式，依照时间顺序详细记录自己在一定工作周期内的工作内容、过程、发生频率等事项，然后经过汇总、归纳、整理、提炼，实现工作分析目的的一种方法。

1. 工作日志法的适用

工作日志法适用范围较小，只适用对于工作循环周期较短、工作状态较稳定并且工作内容无较大幅度变化的岗位的分析。同时，由于由任职者自己填写日志而产生的工作日志法的信度问题，对于组织中的核心关键岗位，其职责或重大、或稳定性差，则工作日志法不宜作为主导工作分析方法。

2. 工作日志表的设计

写实有个人工作日写实、班级工作日写实、各机台看管工作日写实、特殊工作日写实。现场调查还有测时的方法，即以工序或某一作业为对象，按操作顺序进行实地观察、记录、测量和研究工时消耗。表 2—5 工作日志法记录单给出了工作日志法的具体操作规范和应记录的内容。

表 2—5　　　　工作日志法记录单

定额名称：　　　　　　　　工作内容：

观测编号									
工人数量									
实际观测时间（分）									
序号	时间划分		时间消耗		时间消耗		时间消耗		加权平均
			分	%	分	%	分	%	
1	定额时间	准备工作时间							
		基本工作时间							
		辅助工作时间							
		合理中断时间							
		休息时间							
		结束整理时间							
2	非定额时间	施工本身造成停工时间							
		非施工本身造成停工时间							
		返工时间							
		其他浪费时间							
3	完成产量								
4	每工日产量								
备注									

3. 工作日志法的操作步骤

运用工作日志法进行工作分析，梳理在整个工作活动过程中的管理流程和业务流程，找出需要增加、减少、合并、改进等的再造关键节点，操作步骤如图 2—6 工作日志法操作 7 大步骤所示。

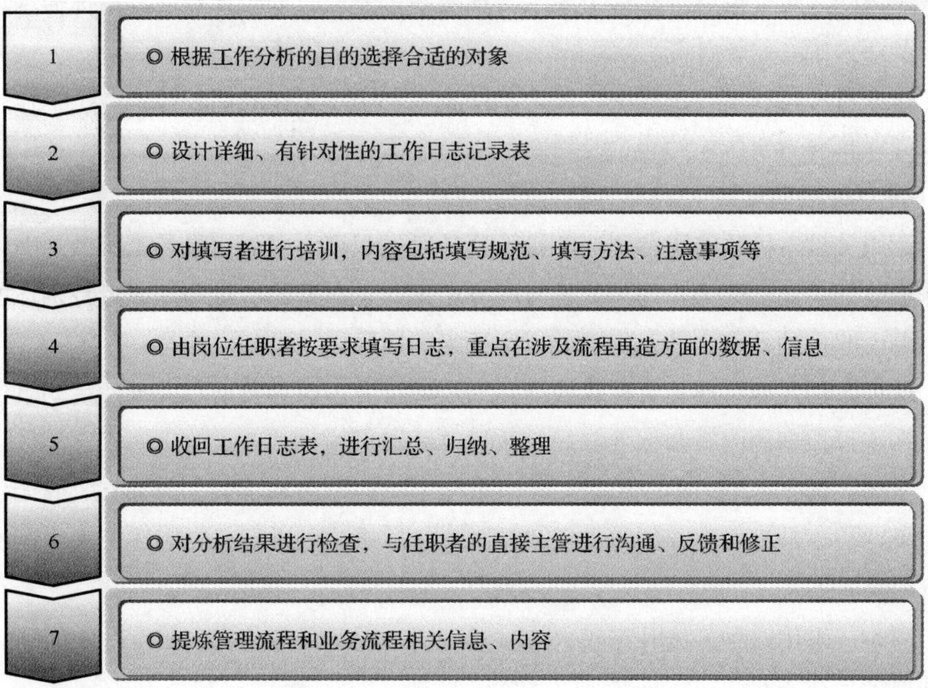

图 2—6　工作日志法操作步骤

4. 工作日志法操作注意事项

（1）工作日志记录表的设计。根据工作分析的目标和应用，设计结构化程度较高的记录表格，以利填写过程的规范化，也便于后期汇总、提炼和分析。

（2）工作日志填写人员的选择。填写者应是对此项工作的任务、内容和过程非常了解和熟悉的人员。

（3）实际操作过程的控制。工作分析人员需要与日志填写者沟通和交流，避免信息的缺失、理解的误差等；填写的内容一般由本职位的直接主管负责检查、核对。

2.2.5　关键事件法

关键事件法是由工作分析人员、任职者及其主管人员通过观察或访谈，详细记录该职位在一定时期内的关键工作事件，以及就岗位特征、工作要求、任职资格等进行具体分析的一种方法。这里的“关键事件”是指在工作过程中，对工作造成显著影响的有效的或者无效的工作行为。

1. 关键事件法的适用

由于关键事件法能有效提取对工作结果产生决定性影响的任务行为范例，所以其广泛应用于各个领域的人力资源管理和人力资源管理的各个方面，如聘任标准、培训需求评估、绩效评估以及评价中心的设计等。

在工作分析和流程梳理过程中，关键事件法主要用于工作周期较长、员工工作行为对组织任务的完成具有重要影响的岗位。

2. 关键事件法的设计

（1）运用关键事件法需要特别注意：无论是通过观察、书面记录员工所做的事项，还是有关工作成败的关键性行为，都指的是与职务相关的、典型的、特别好或者特别坏的工作行为，并且考虑职务的动态、静态特点及规定适当的期限。

（2）这种方法强调，选择具有代表最好或最差行为表现的典型和关键性活动事例，作为工作分析和流程梳理的内容和标准，并且数量要适当。

（3）描述关键事件的内容应包括：导致事件发生的原因和背景，特别有效或无效的关键行为的后果，员工自己能否或如何支配和控制上述后果，并进行分类表述，确保反映整个事件的全部信息。

（4）同时，采用这种方法具有较大的时间跨度，因此可与年度、季度计划的制订与贯彻实施密切地结合在一起。

3. 关键事件法操作步骤

关键事件法操作步骤如图 2—7 所示。

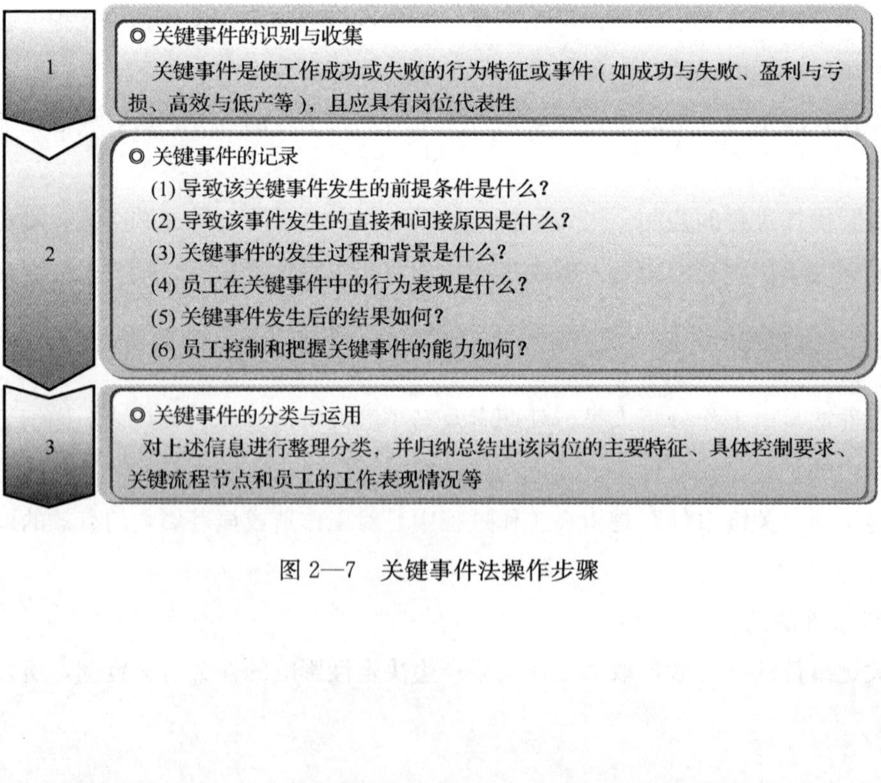

图 2—7　关键事件法操作步骤

2.3　管理工作分析

管理事务工作烦琐、冗杂，企业必须把管理事务工作中一些常规的程序流程化、标准化，把管理人员从事务性工作中解脱出来，因此管理流程化设计与执行对企业非常重要。

2.3.1　管理工作分析事项

管理工作面较宽，种类繁杂，流程步骤较多，因此企业各部门工作人员在完成自己所分担的工作时，每个人员都需要承担其他方面的协作或配合工作，这就需要了解很多相关知识，熟悉相关办公流程，才能高效、优质地完成工作。

1. 管理工作问题分析

（1）协同差、效率低；

（2）权责分配不合理；

（3）不适应技术变革；

（4）不适应组织变革、目标变化；

（5）程序过于烦琐或简单；

（6）管理流程早已过时；

（7）相关政策、市场变化对流程的影响；

（8）制度、操作标准变化对流程的影响。

2. 管理工作优化思路分析

（1）再造：对于效率低下的流程，需要完全推翻原有流程，运用重新设计的方法达成流程优化。

（2）拆分：由于环节跨领域（专业或部门）或是因工作量超过该环节上的工作人员所能承受的负担，为了提高工作效率，需要将流程环节进行拆分。

（3）合并：在工作量不超负荷及专业允许的状态下，为了提高效率可以对不必要的分工进行合并。

（4）细化：增加或细化关键（重要）环节，以具体、明确或凸显关键节点。

（5）补充：在必要的环节点上补充步骤、增加权限，以加强管理内审和内控。

（6）调整：重新梳理各环节的逻辑关系，调整不合理流向，达成流程环节间的无缝衔接。

（7）简化：简化不必要的审核审批程序，避免过多的事前串行审批，改为并行审批或者事中、事后控制。

2.3.2 管理工作分析方法

管理工作分析的方法有很多种，比较有效和常用的是鱼骨图分析法，即将造成某项结果的众多原因，以系统的方式图解之，也就是以图表的方式来表达结果（特性）与原因（要因）之间的关系。因其图形像鱼骨，故称鱼骨图。

使用鱼骨图法能够首先发现管理工作中存在的表象缺陷，然后对可能造成缺陷的因素、活动和步骤进行系统分析和梳理，以查明造成缺陷的真正原因。具体分析方法如图 2—8 和图 2—9 所示。

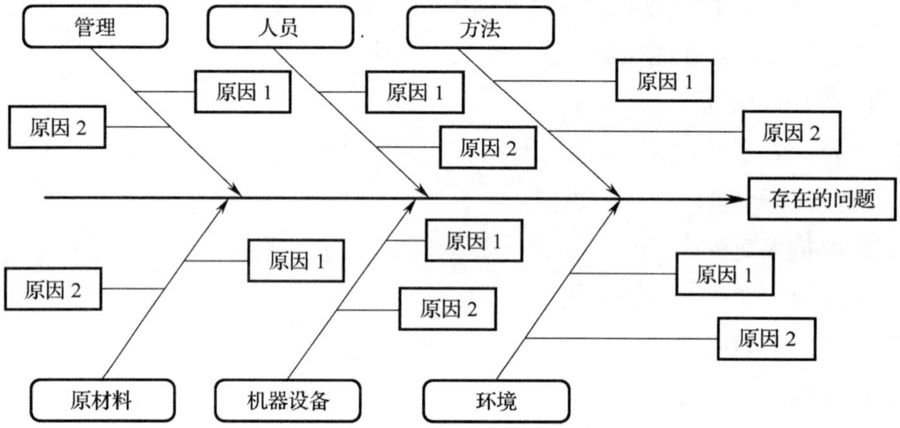

图 2—8　因果分析鱼骨图

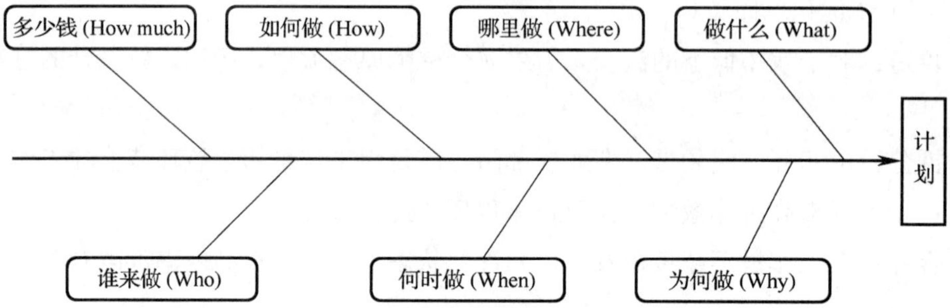

图 2—9　5W2H 鱼骨分析图

2.3.3 管理工作分析点表

1. 管理工作分析维度

管理工作分析的维度在图 2—10 所示的图形中进行分析。

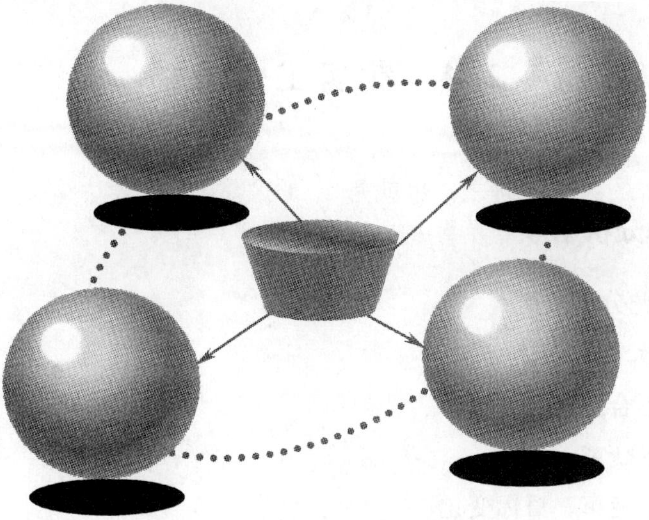

图 2—10　××管理工作维度图

2. 管理工作分析表

在表 2—6 中，将××管理工作的 N 大主要事项进行具体的工作分析。

表 2—6　　**××主要管理工作分析表**

管理大项	管理子项	重要程度（3 级）	价值创造（3 级）	优化选择
1.	①	□3 □2 □1	A B C	
	②	□3 □2 □1	A B C	
	③	□3 □2 □1	A B C	
2.	④	□3 □2 □1	A B C	
	⑤	□3 □2 □1	A B C	
	⑥	□3 □2 □1	A B C	
3.	⑦	□3 □2 □1	A D C	
	⑧	□3 □2 □1	A B C	
	⑨	□3 □2 □1	A B C	
	⑩	□3 □2 □1	A B C	

填写说明：“优化选择”栏可从以下 5 个角度进行多选：1. 组织优化；2. 职责优化；3. 权限优化；4. 分工优化；5. 流程优化。

2.4 业务工作分析

2.4.1 业务工作分析事项

1. 业务工作问题分析

（1）协同差、效率低；

（2）权责分配不合理；

（3）不适应技术变革；

（4）不适应组织变革、目标变化；

（5）程序过于烦琐或简单；

（6）业务流程早已过时；

（7）业务执行标准过于严苛；

（8）相关政策、市场变化对流程的影响；

（9）制度、操作标准变化对流程的影响。

2. 业务工作优化思路分析

（1）精简程序：取消所有不必要的工作环节和内容，精简过于复杂、烦琐的程序；

（2）重新分配权责：重新分配流程活动承担者的权责，使得权责清晰并匹配；

（3）加强环节衔接：消除对流程的人为分割，防止各自为政造成资源浪费；

（4）重新梳理程序：对流程要素的逻辑关系重排顺序，或重新安排工作程序和步骤；

（5）加强关键节点控制：对关键环节进行内容细化或权责细分，加强对关键节点的监督和控制；

（6）重新确立业务执行标准：修改过时的、落后的、过于严苛的业务执行标准，以免影响业务流程的执行效果；

（7）重新制定业务管理制度：为业务流程提供规范、标准等配套文件支持，以加强流程业务的监督、指导；

（8）重新审视组织目标：明确组织运作目标及方式，重新进行职能分解，提高流程执行效率；

（9）根据市场变化做出相应的调整：随着市场变化、业务调整以及现有业务的承接和延续性而对业务流程进行优化调整。

2.4.2　业务工作分析方法

横向思维也被称为平行思维、水平思考，它通过明显的不合逻辑的方式寻求解决问题的方法，是以一种与常规思维不同的方式去看待问题的积极方法，用于帮助个人、团队和组织解决疑难问题，并且创造新想法、新产品、新程序及新服务。

1. 横纵向思维法对比（见表 2—7）

表 2—7　　横纵向思维法对比表

纵向思维	横向思维
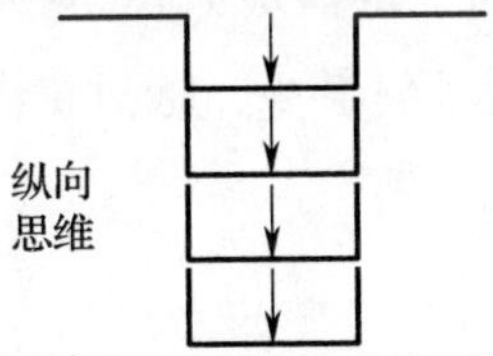 	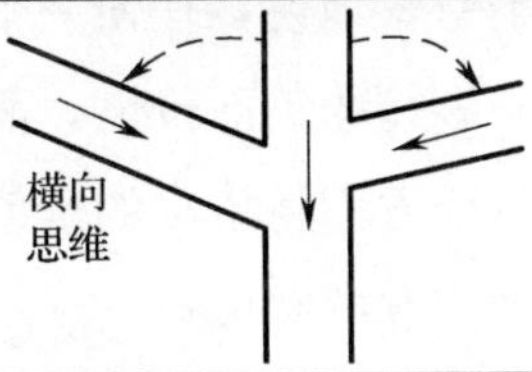
• 在挖深同一个洞 • 只有一种选择 • 寻找什么是对的 • 分析性的 • 按部就班，一件事情必须紧跟另一件事 • 注重关联，排除不相干的因素 • 朝最可能的方向前进 • 每个步骤都须正确无误	• 尝试在别处挖洞 • 多种选择 • 寻找什么是不同的 • 启发性的 • 可以进行慎重的跳跃 • 欢迎偶然性的介入 • 探讨最细微的可能性 • 步骤中允许出现错误

2. 横向思维的三种方式

（1）横向移入

跳出本专业、本行业领域，摆脱习惯性思维，将其他领域已成熟的、较好的技术方法、原理等移植过来加以利用；或者从其他领域事物的特征、属性、机理中得到启发，来解决本领域的难题。

例如，为了解决电报信号随着距离的增大而衰减的问题，想到了“驿站”传递的方法，所以引进了放大途中信号的中继装置。

（2）横向移出

将现有的设想、已取得的发明、已有的技术和产品，从现有的使用领域或对象中平移出来，将其运用到其他意想不到的领域或对象上。

例如，巴斯德消灭或隔离细菌，可以防止酒变酸、肉汤变质。李斯特将这一理论用于医学界，轻而易举地发明了外科手术消毒法。

（3）横向转换

不按最初设想或常规方法直接解决问题，而是将现有问题转换成为其他问题，或将解决问题的方法转为其他方法。例如，曹冲称象，将测量大象的重量转换为测量船入水的深度。

3. 横向思维的执行程序

（1）找到问题的相关点

问题的解决需要找到问题的相关点，如果通过纵向思考，只从正面去找，可能会百思不得其解。但是如果通过横向思维，从侧面去找，问题可能很快就会有解决办法，效果也会出奇的好。

（2）找到问题相应的价值

可以毫不夸张地说，任何一个问题的解决都是为了得到“价值最大化”，几乎每个人都可以看到某一事物的正面价值，而对其侧面价值或隐含价值了解甚少。通过横向思维触类旁通，就能从各个方面将事物的价值挖掘出来。

（3）找到问题的突破点

当纵向思维的通路已经被堵塞时，不妨再加一把锁，将这个通路彻底关闭。然后从另外的角度和方向去开拓思维、重展道路，找到问题的突破点，以达到解决问题的目的。

2.4.3 业务工作分析点表

1. 业务工作分析维度

业务工作分析的维度在图 2—11 所示的图形中进行分析。

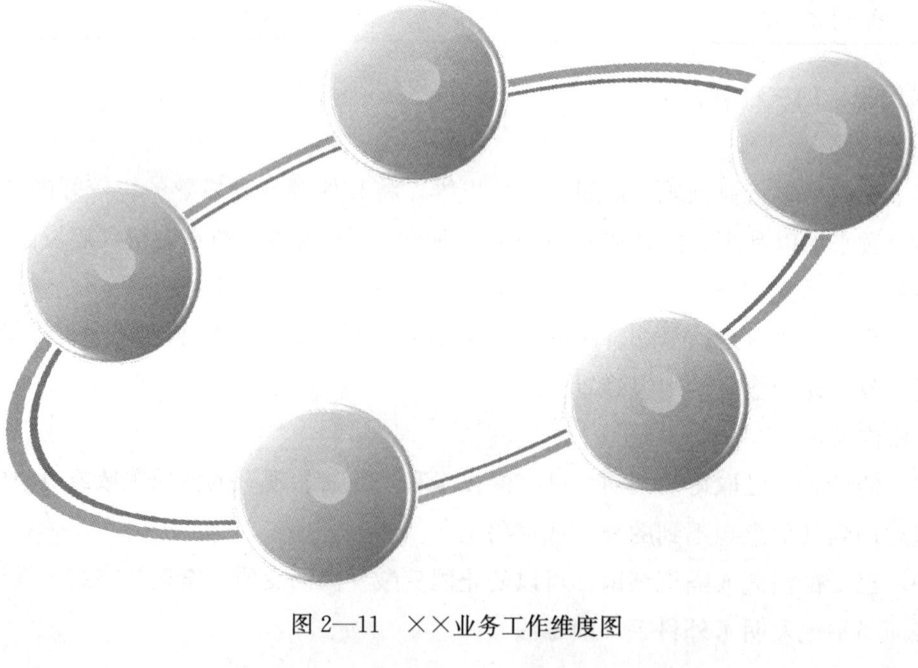

图 2—11　××业务工作维度图

2. 业务工作分析表

在表2—8中，将业务工作的几大主要事项进行具体的工作分析。

表2—8 **××主要业务工作分析表**

业务大项	业务子项	重要程度（3级）	价值创造（3级）	优化选择
1.	①	□3 □2 □1	A B C	
	②	□3 □2 □1	A B C	
	③	□3 □2 □1	A B C	
2.	④	□3 □2 □1	A B C	
	⑤	□3 □2 □1	A B C	
	⑥	□3 □2 □1	A B C	
3.	⑦	□3 □2 □1	A B C	
	⑧	□3 □2 □1	A B C	

填写说明："优化选择"栏可从以下5个角度进行多选：1. 组织优化；2. 职责优化；3. 权限优化；4. 分工优化；5. 流程优化。

第 3 章

生产流程优化设计

3.1 生产工作设计分析

3.1.1 生产管理工作分析

1. 生产管理工作维度图

生产管理工作可按下列 6 个维度进行工作分析，具体如图 3—1 所示。

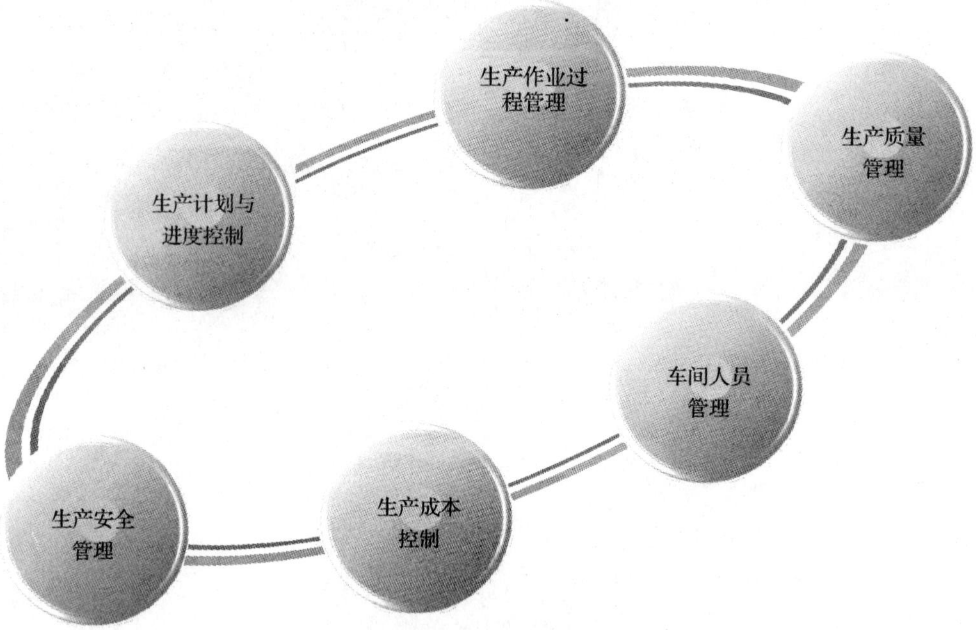

图 3—1 生产管理工作维度图

2. 主要管理工作分析表

在表 3—1 中，将生产管理工作的 6 大主要事项进行具体的工作分析。

表 3—1 生产主要管理工作分析表

管理大项	管理子项	重要程度（3 级）	价值创造（3 级）	优化选择
1. 生产计划与进度控制	1）生产计划管理	□3 □2 □1	A B C	
	2）生产进度控制	□3 □2 □1	A B C	
	3）生产调度管理	□3 □2 □1	A B C	

续表

管理大项	管理子项	重要程度（3级）	价值创造（3级）	优化选择
2. 生产作业过程管理	4）生产任务分配	□3 □2 □1	A B C	
	5）生产工时测定	□3 □2 □1	A B C	
	6）作业系统改进	□3 □2 □1	A B C	
	7）生产现场管理	□3 □2 □1	A B C	
	8）作业环境改善	□3 □2 □1	A B C	
3. 生产成本控制	9）物料成本控制	□3 □2 □1	A B C	
	10）人员成本控制	□3 □2 □1	A B C	
	11）生产成本削减	□3 □2 □1	A B C	
4. 生产质量管理	12）制程质量控制	□3 □2 □1	A B C	
	13）生产质量改进	□3 □2 □1	A B C	
	14）生产质量体系管理	□3 □2 □1	A B C	
5. 生产安全管理	15）生产安全培训	□3 □2 □1	A B C	
	16）安全检查管理	□3 □2 □1	A B C	
	17）作业安全管理	□3 □2 □1	A B C	
	18）安全隐患整改	□3 □2 □1	A B C	
	19）安全事故处理	□3 □2 □1	A B C	
6. 车间人员管理	20）车间人员培训	□3 □2 □1	A B C	
	21）车间人员绩效管理	□3 □2 □1	A B C	

填写说明："优化选择"栏可从以下5个角度进行多选：1. 组织优化；2. 职责优化；3. 权限优化；4. 分工优化；5. 流程优化。

3.1.2　生产业务工作分析

1. 生产业务工作维度图

生产业务工作可按下列7个维度进行工作分析，具体如图3—2所示。

2. 主要业务工作分析表

在表3—2中，将生产业务的7大主要事项进行具体的工作分析。

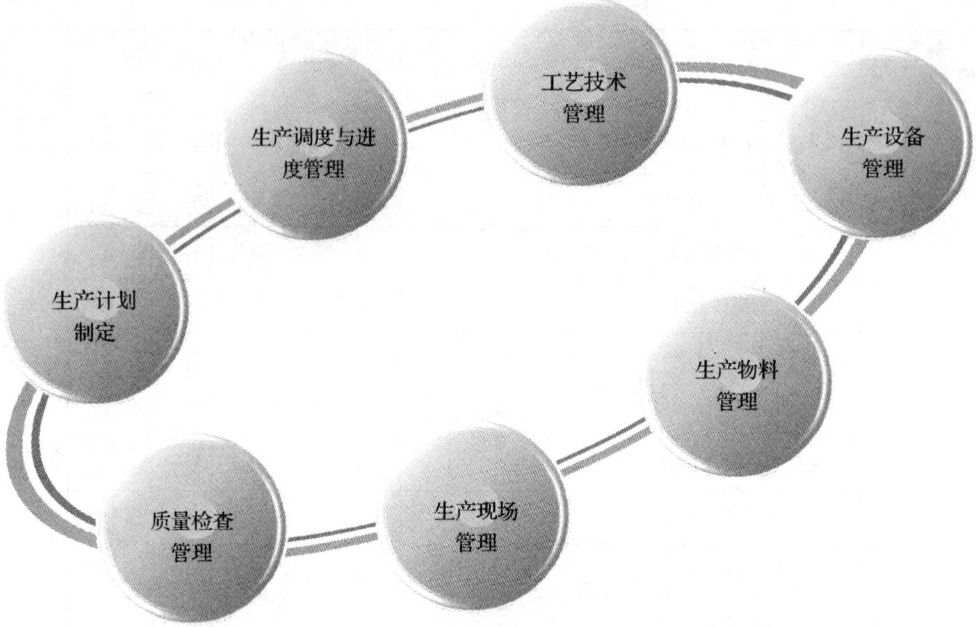

图 3—2 生产业务工作维度图

表 3—2 **生产主要业务工作分析表**

业务大项	业务子项	重要程度（3 级）	价值创造（3 级）	优化选择
1. 生产计划制定	1）产能负荷分析	□3 □2 □1	A B C	
	2）年度生产计划的编制	□3 □2 □1	A B C	
	3）生产订单的处理	□3 □2 □1	A B C	
	4）主生产计划的编制	□3 □2 □1	A B C	
2. 生产调度与进度管理	5）生产日程安排	□3 □2 □1	A B C	
	6）生产任务的执行	□3 □2 □1	A B C	
	7）生产排程单的编制	□3 □2 □1	A B C	
	8）生产指令单的编制	□3 □2 □1	A B C	
3. 工艺技术管理	9）工艺技术的开发	□3 □2 □1	A B C	
	10）工艺技术改造	□3 □2 □1	A B C	
	11）工艺文件的编制	□3 □2 □1	A B C	
	12）工艺装备设计与使用	□3 □2 □1	A B C	

续表

业务大项	业务子项	重要程度（3级）	价值创造（3级）	优化选择
4. 生产物料管理	13）编制物料需求计划	□3　□2　□1	A　B　C	
	14）现场物料搬运	□3　□2　□1	A　B　C	
	15）物料发放与使用管理	□3　□2　□1	A　B　C	
	16）现场物料暂存	□3　□2　□1	A　B　C	
	17）物料定额的执行	□3　□2　□1	A　B　C	
5. 生产设备管理	18）生产设备的日常使用	□3　□2　□1	A　B　C	
	19）设备巡检管理	□3　□2　□1	A　B　C	
	20）生产设备维护	□3　□2　□1	A　B　C	
	21）设备故障排查	□3　□2　□1	A　B　C	
6. 质量检查管理	22）生产自检	□3　□2　□1	A　B　C	
	23）生产互检	□3　□2　□1	A　B　C	
	24）工序质量检验	□3　□2　□1	A　B　C	
	25）产品质量检查	□3　□2　□1	A　B　C	
	26）检验异常处理	□3　□2　□1	A　B　C	
7. 生产现场管理	27）生产现场环境改善	□3　□2　□1	A　B　C	
	28）生产现象5S活动开展	□3　□2　□1	A　B　C	
	29）生产节约活动执行	□3　□2　□1	A　B　C	

填写说明："优化选择"栏可从以下5个角度进行多选：1. 组织优化；2. 职责优化；3. 权限优化；4. 分工优化；5. 流程优化。

3.2　生产工作关键要素

3.2.1　生产工作关键点表

生产工作关键点设计见表3—3。

表 3—3　　　　生产工作关键点设计表

生产工作关键点表			
管理工作	生产计划管理	生产进度控制	生产作业过程控制
	生产成本控制	生产质量控制	生产现场管理
	车间人员管理		
业务工作	生产计划的编制	生产排程	生产作业的执行
	工序质量检查	产品质量检查	生产现场 5S 活动开展
	设备使用与维护	工艺文件管理	物料发放与使用

3.2.2　生产工作考核量表

生产工作考核指标及指标说明见表 3—4。

表 3—4　　　　生产工作考核量表

考核维度	指标名称	指标说明	指标值
管理事项	生产总产量	在考核期内投入一定量的生产要素后的全部产量，即用实物单位衡量的产出总量	达到____
	生产总产值	一定时期内生产的产品和服务的价值总和，生产总产值＝成品产值＋对外加工费收入＋自制半成品＋在制品期末与期初差额	____万元
	生产计划编制及时率	$\frac{\text{及时编制的计划数}}{\text{需编制的生产计划总数}}\times 100\%$	____%
	在制品周转率	$\frac{\text{期间产品总值}}{\text{(期初存货总值＋期末存货总值) /2}}$	——
	生产排程准确率	$\frac{\text{排程准确的工单数}}{\text{排程工单总数}}\times 100\%$	____%
	交期达成率	$\frac{\text{订单准时交货的批次}}{\text{应交货总批次}}\times 100\%$	____%

续表

考核维度	指标名称	指标说明	指标值
管理事项	生产均衡率	$\frac{\sum\left(\frac{\text{各种产品每日实际完成数}}{\text{该种产品每日计划完成数}}\right)}{\sum \text{各种产品的生产日数}}\times 100\%$	____%
	单位生产成本	$\frac{\text{生产总成本}}{\text{产品总数量}}$	低于____元
	生产成本降低率	$\frac{\text{上期生产成本}-\text{本期生产成本}}{\text{上期生产成本}}\times 100\%$	____%
	产能利用率	$\frac{\text{实际产能}}{\text{设计产能}}\times 100\%$	____%
	安全培训覆盖率	$\frac{\text{接受安全培训的人员数}}{\text{生产员工总数量}}\times 100\%$	____%
	安全事故及时处理率	$\frac{\text{及时处理的安全事故次数}}{\text{安全事故总次数}}\times 100\%$	____%
业务事项	生产计划完成率	$\frac{\text{实际完成生产任务}}{\text{计划完成生产任务}}\times 100\%$	____%
	劳动生产率	$\frac{\text{一定时期内生产的产品数量}}{\text{生产所用时长}}$	____件/天
	补货订单达成率	$\frac{\text{当期按时按量完成的补货订单数量}}{\text{当期补货订单总数}}\times 100\%$	____%
	有效工时利用率	$\frac{\text{有效工时}}{\text{制度工时}}\times 100\%$	____%
	产品质量合格率	$\frac{\text{合格的产品数量}}{\text{产品总数量}}\times 100\%$	____%
	工时定额完成率	$\frac{\text{工艺工时定额}}{\text{工艺实际耗用工时}}\times 100\%$	____%
	产量定额完成率	$\frac{\text{实际完成的产品数}}{\text{产量定额}}\times 100\%$	____%
	产品准时交货率	$\frac{\text{准时交货的数量}}{\text{应交货总数量}}\times 100\%$	____%
	5S 现场管理达标率	$\frac{\text{生产现场 5S 检查达标的次数}}{\text{生产现场 5S 检查总次数}}\times 100\%$	____%
	违反生产工艺规程操作次数	生产人员违反生产工艺规程操作的次数	____
	安规考试合格率	$\frac{\text{安规考试合格人数}}{\text{企业员工总数}}\times 100\%$	____%

3.3 生产流程优化体系设计

3.3.1 生产管理流程体系设计

生产管理流程体系设计如图 3—3 所示。

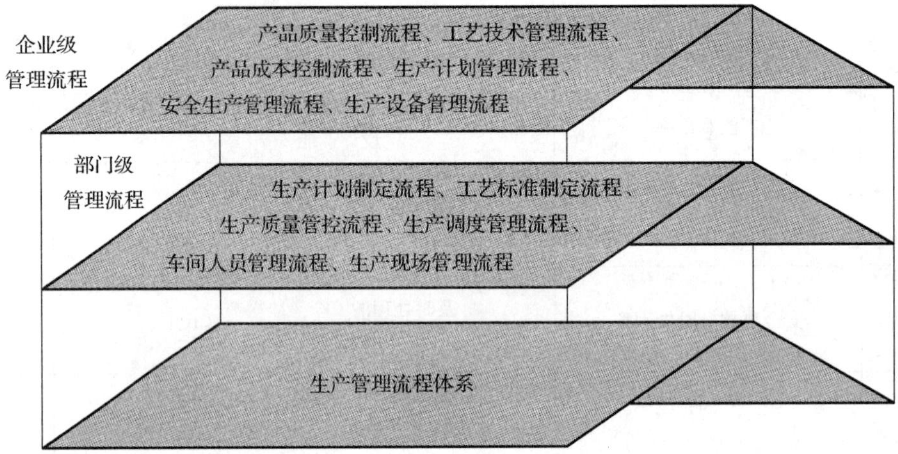

图 3—3 生产管理流程体系设计图

3.3.2 生产业务流程体系设计

生产业务管理体系如图 3—4 所示。

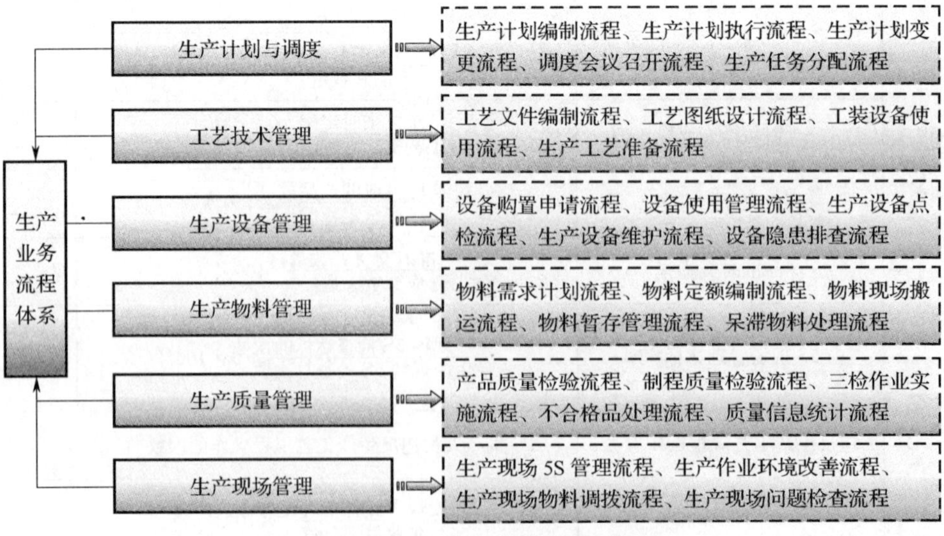

图 3—4 生产业务管理体系设计图

3.4　生产管理流程优化案例

3.4.1　生产计划管理流程优化

1. 优化前的流程

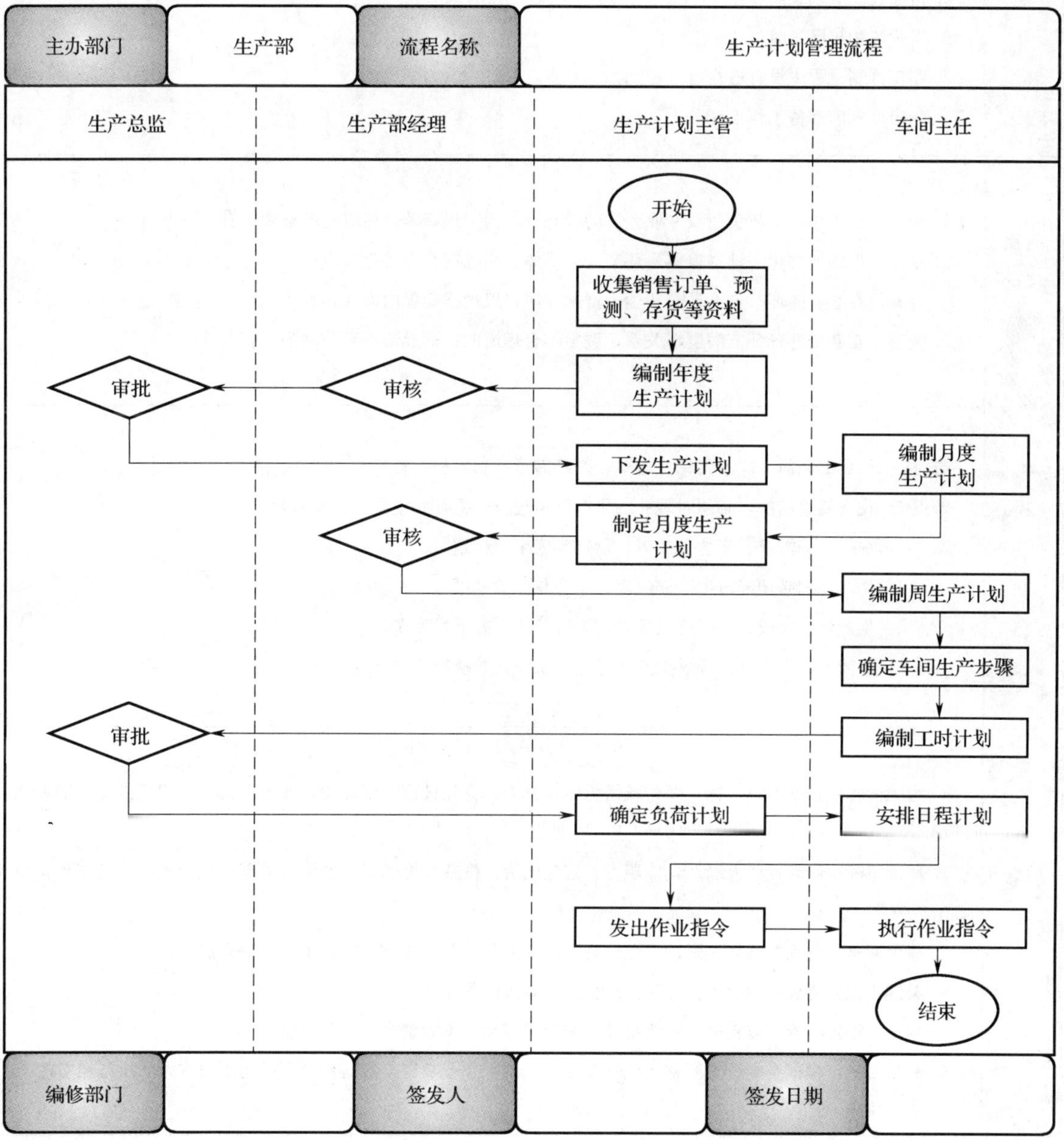

2. 流程优化分析

生产计划管理流程优化分析总表

流程问题分析	1. 协同差、效率低 ☑ 2. 权责分配不合理 ☑ 3. 不适应技术变革 ☐ 4. 不适应组织变革、目标变化 ☐ 5. 流程过于烦琐或简单 ☑ 6. 管理流程早已过时 ☐ 7. 制定计划过程中没有进行有效控制 ☑ 8. 制定计划前准备工作不充分 ☑
流程优化思路	1. 合并：在工作量不超负荷及专业允许的状态下，为了提高效率可以对不必要的分工进行合并 2. 细化：增加或细化关键（重要）环节，以具体、明确或凸显关键节点 3. 补充：在必要的环节点上补充步骤、增加权限，以加强管理内审和内控 4. 调整：重新梳理各环节的逻辑关系，调整不合理流向，达成流程环节间的无缝衔接
流程节点把控	节点 1：计划编制前，应收集销售订单、产品需求预测等相关资料 节点 2：在计划编制前，必须对现有的生产产能进行分析，确定剩余产能容量 节点 3：根据市场需求、产能负荷等，制定年度生产计划 节点 4：生产计划必须经过生产部经理、生产总监的审批 节点 5：生产计划完成后，需将其按月度进行分解，并下发到车间 节点 6：车间根据生产计划开展生产任务调度工作，并执行生产计划
下次优化重点	1. 组织变化：根据组织目标、架构或组织运作方式的变化进行流程优化，使管理流程与组织战略与职能相匹配 2. 职责清晰：明确责任人以及具体职责，避免职责模糊造成管理工作推诿使流程无法执行，或者工作重叠而造成浪费 3. 权限调整：明确并具体权限，避免流程上的权限与职责不匹配，管理工作无法开展 4. 关键步骤：明确并细化关键步骤，凸显关键节点的重要性 5. 程序衔接：对管理流程进行整体统筹，避免程序衔接不紧密或执行不顺畅 6. 政策变化：根据企业政策调整优化管理流程，确保企业政策与战略在管理层面得以有效的执行和实现

3. 优化后的流程

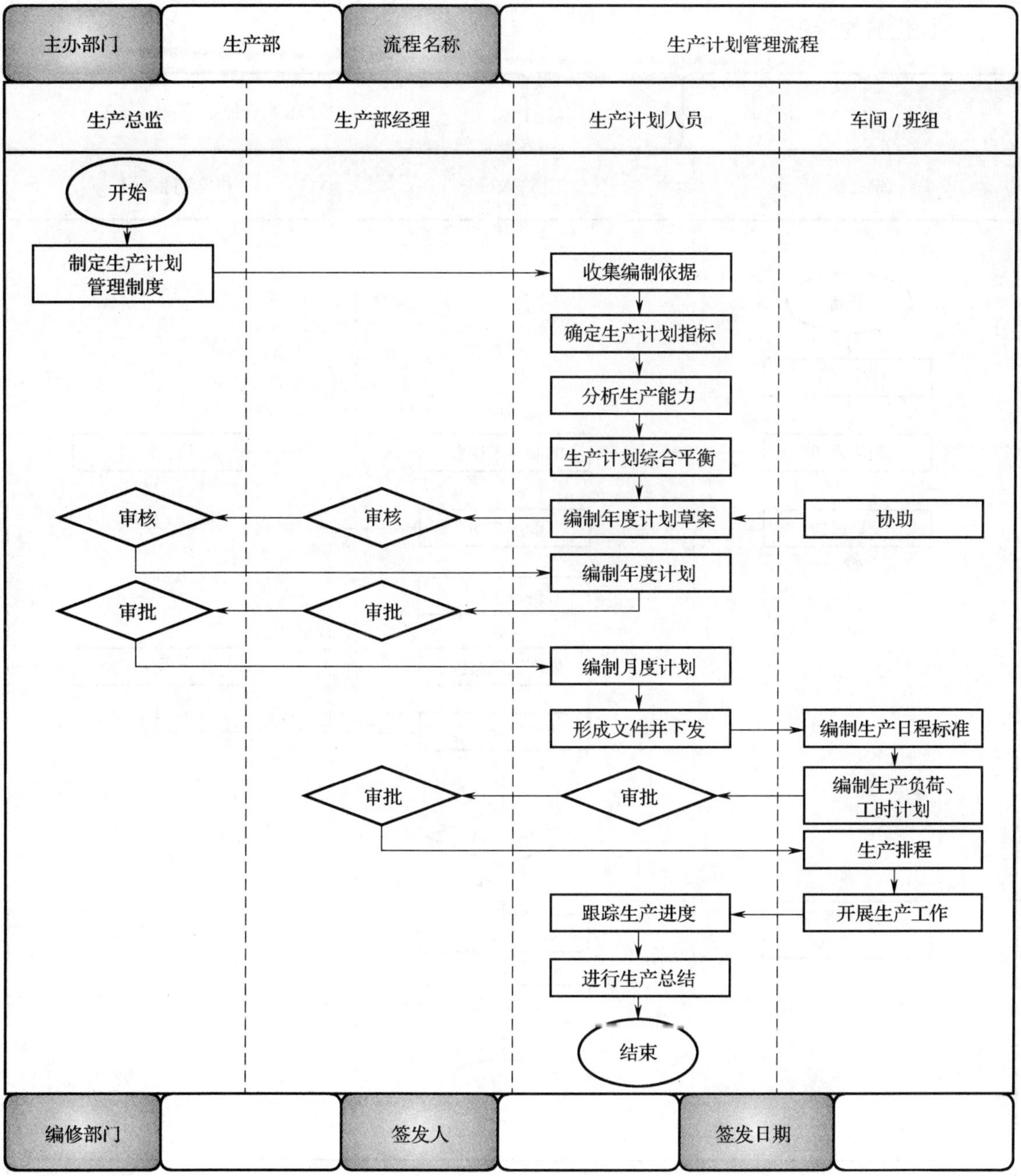
主办部门
生产部
流程名称
生产计划管理流程
生产总监
生产部经理
生产计划人员
车间/班组
开始
制定生产计划管理制度
收集编制依据
确定生产计划指标
分析生产能力
生产计划综合平衡
审核
审核
编制年度计划草案
协助
编制年度计划
审批
审批
编制月度计划
形成文件并下发
编制生产日程标准
审批
审批
编制生产负荷、工时计划
生产排程
跟踪生产进度
开展生产工作
进行生产总结
结束
编修部门
签发人
签发日期

3.4.2 生产交期管控流程优化

1. 优化前的流程

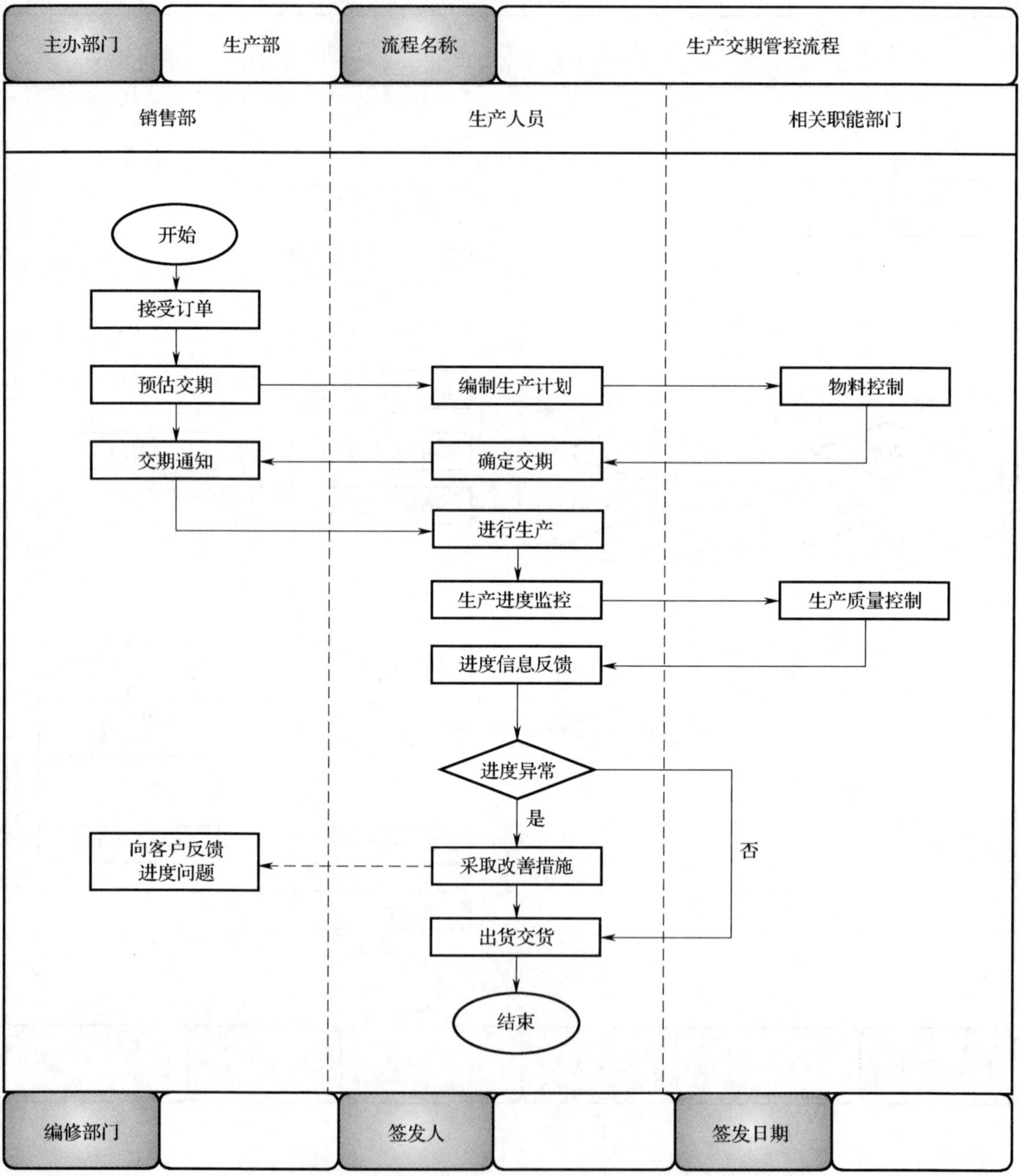

2. 流程优化分析

生产交期管控管理流程优化分析总表

流程问题分析	1. 协同差、效率低 □ 2. 权责分配不合理 ☑ 3. 不适应技术变革 □ 4. 不适应组织变革、目标变化 □ 5. 流程过于烦琐或简单 ☑ 6. 管理流程早已过时 □ 7. 相关政策、市场变化对流程的影响 □ 8. 制度、操作标准变化对流程的影响 ☑
流程优化思路	1. 再造：对于效率低下的流程，需要完全推翻原有流程，运用重新设计的方法达成流程优化 2. 细化：增加或细化关键（重要）环节，以具体、明确或凸显关键节点 3. 补充：在必要的环节点上补充步骤、增加权限，以加强管理内审和内控 4. 调整：重新梳理各环节的逻辑关系，调整不合理流向，达成流程环节间的无缝衔接
流程节点把控	节点 1：在生产工作执行之前，必须对交期进行预估和确定 节点 2：在生产过程中安排专人进行进度监控工作，应当实时收集生产信息并与预期进行比对 节点 3：在生产执行过程中对进度进行控制和比对，确保执行过程进度正常，防止因为未及时发现进度缓慢等现象，事后纠正困难或成本过高 节点 4：在执行过程中，如果出现进度异常现象，需要及时地采取有效措施，避免造成交期延误 节点 5：应增加与相关部门及客户的沟通工作，协力解决生产过程中的问题
下次优化重点	1. 组织变化：根据组织目标、架构或组织运作方式的变化进行流程优化，使管理流程与组织战略与职能相匹配 2. 职责清晰：明确责任人以及具体职责，避免职责模糊造成管理工作推诿使流程无法执行，或者工作重叠而造成浪费 3. 权限调整：明确并具体权限，避免流程上的权限与职责不匹配，管理工作无法开展 4. 关键步骤：明确并细化关键步骤，凸显关键节点的重要性 5. 部门协调：打破部门间壁垒，消除层级关卡，增强横向协作 6. 绩效提升：基于可运作的现实性和可改进的方向，最大限度地提升绩效 7. 市场变化：根据市场变化重新审视管理工作及流程，以加强管理工作与市场要求的匹配度

3. 优化后的流程

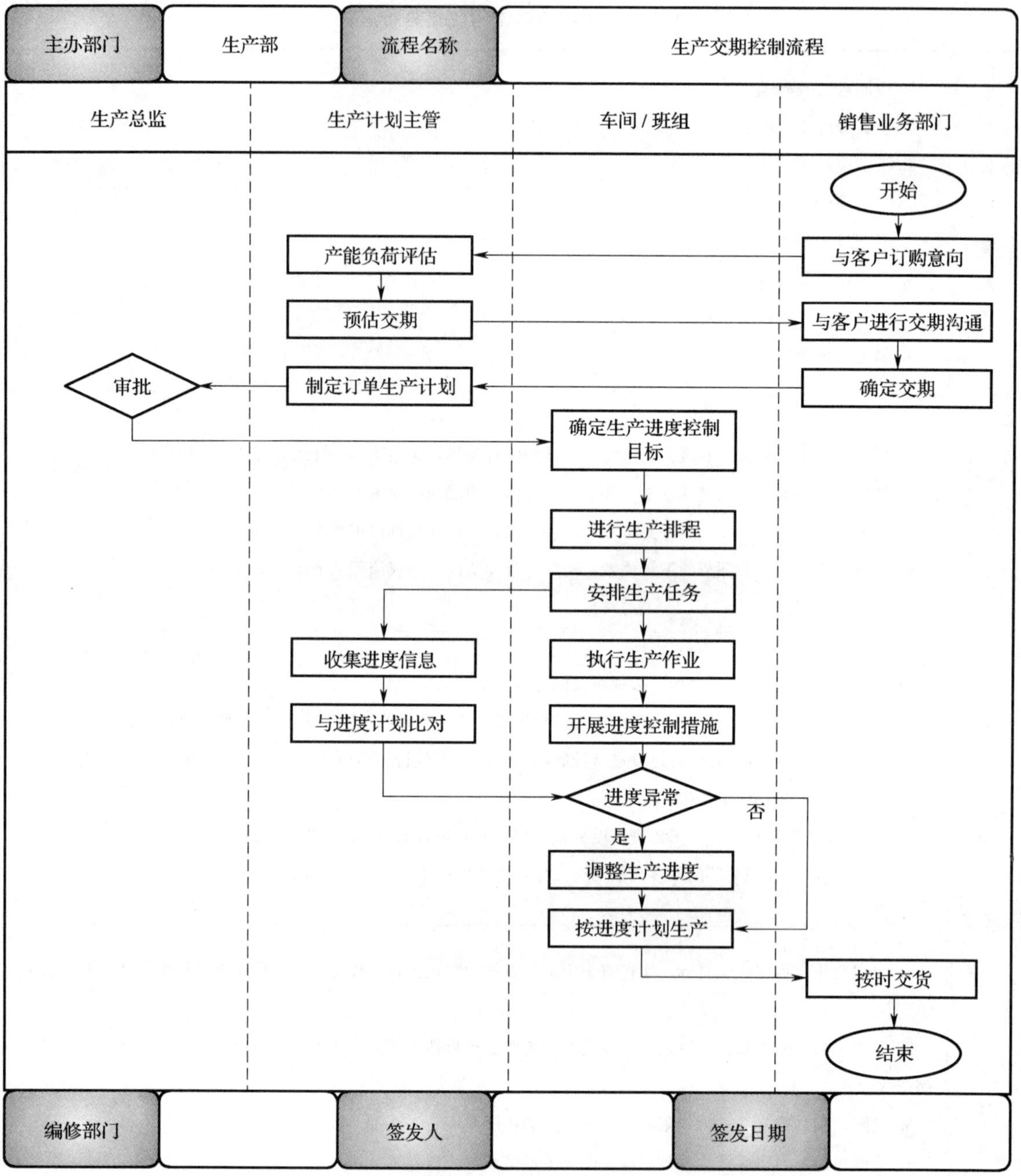
主办部门
生产部
流程名称
生产交期控制流程
生产总监
生产计划主管
车间 / 班组
销售业务部门
开始
与客户订购意向
产能负荷评估
预估交期
与客户进行交期沟通
确定交期
制定订单生产计划
审批
确定生产进度控制目标
进行生产排程
安排生产任务
收集进度信息
执行生产作业
与进度计划比对
开展进度控制措施
进度异常
否
是
调整生产进度
按进度计划生产
按时交货
结束
编修部门
签发人
签发日期

3.4.3　生产设备管理流程优化

1. 优化前的流程

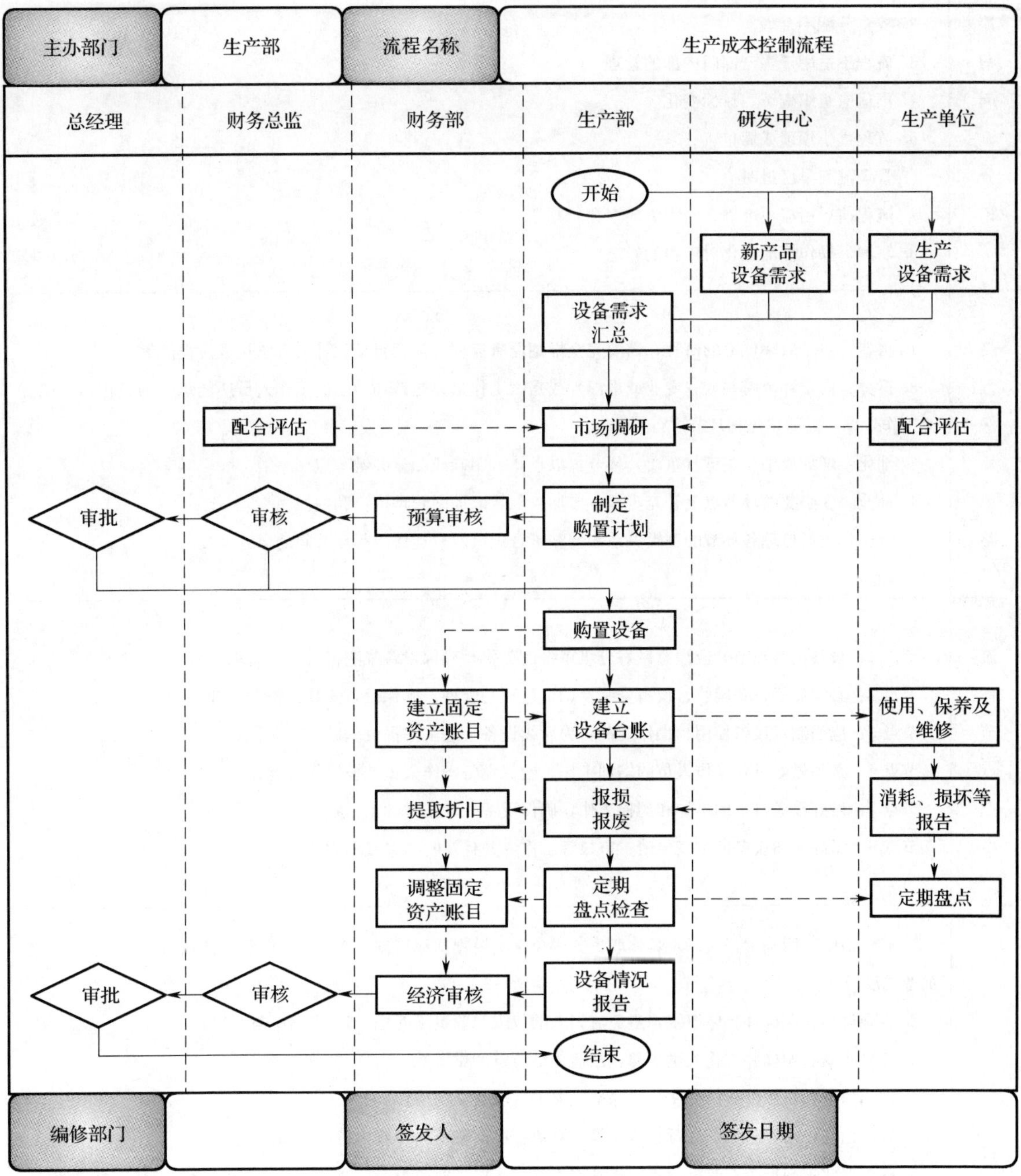

2. 流程优化分析

生产设备管理流程优化分析总表

流程问题分析	1. 协同差、效率低 □ 2. 权责分配不合理 ☑ 3. 流程不适用于生产部门内部的管理 ☑ 4. 不适应组织变革、目标变化 □ 5. 流程过于烦琐或简单 ☑ 6. 管理流程早已过时 ☑ 7. 流程前后衔接不准确，流程流向存在问题 ☑ 8. 制度、操作标准变化对流程的影响 ☑
流程优化思路	1. 再造：对于效率低下的流程，需要完全推翻原有流程，运用重新设计的方法达成流程优化 2. 拆分：由于环节跨领域（专业或部门）或是因工作量超过该环节上的工作人员所能承受的负担，为了提高工作效率，需要将流程环节进行拆分 3. 细化：增加或细化关键（重要）环节，以具体、明确或凸显关键节点 4. 补充：在必要的环节点上补充步骤、增加权限，以加强管理内审和内控 5. 调整：重新梳理各环节的逻辑关系，调整不合理流向，达成流程环节间的无缝衔接
流程节点把控	节点1：设备购置环节，应注意做好分级审批的工作，确保设备采购符合生产需求 节点2：必须做好设备验收、设备安装及调试过程的管理，确保设备安装后符合要求 节点3：应当制定设备使用、操作规范，为后续设备管理工作提供基础 节点4：必须做好设备操作人员的培训工作，确保设备操作人员掌握操作技能 节点5：做好设备日常的维护和巡检工作，确保设备处于正常的工作状态 节点6：做好老旧设备的报废申请、审核等工作，并且及时处置废旧设备
下次优化重点	1. 职责清晰：明确责任人以及具体职责，避免职责模糊造成管理工作推诿使流程无法执行，或者工作重叠而造成浪费 2. 权限调整：明确并具体权限，避免流程上的权限与职责不匹配，管理工作无法开展 3. 关键步骤：明确并细化关键步骤，凸显关键节点的重要性 4. 部门协调：打破部门间壁垒，消除层级关卡，增强横向协作 5. 程序衔接：对管理流程进行整体统筹，避免程序衔接不紧密或执行不顺畅 6. 政策变化：根据企业政策调整优化管理流程，确保企业政策与战略在管理层面得以有效的执行和实现

3. 优化后的流程

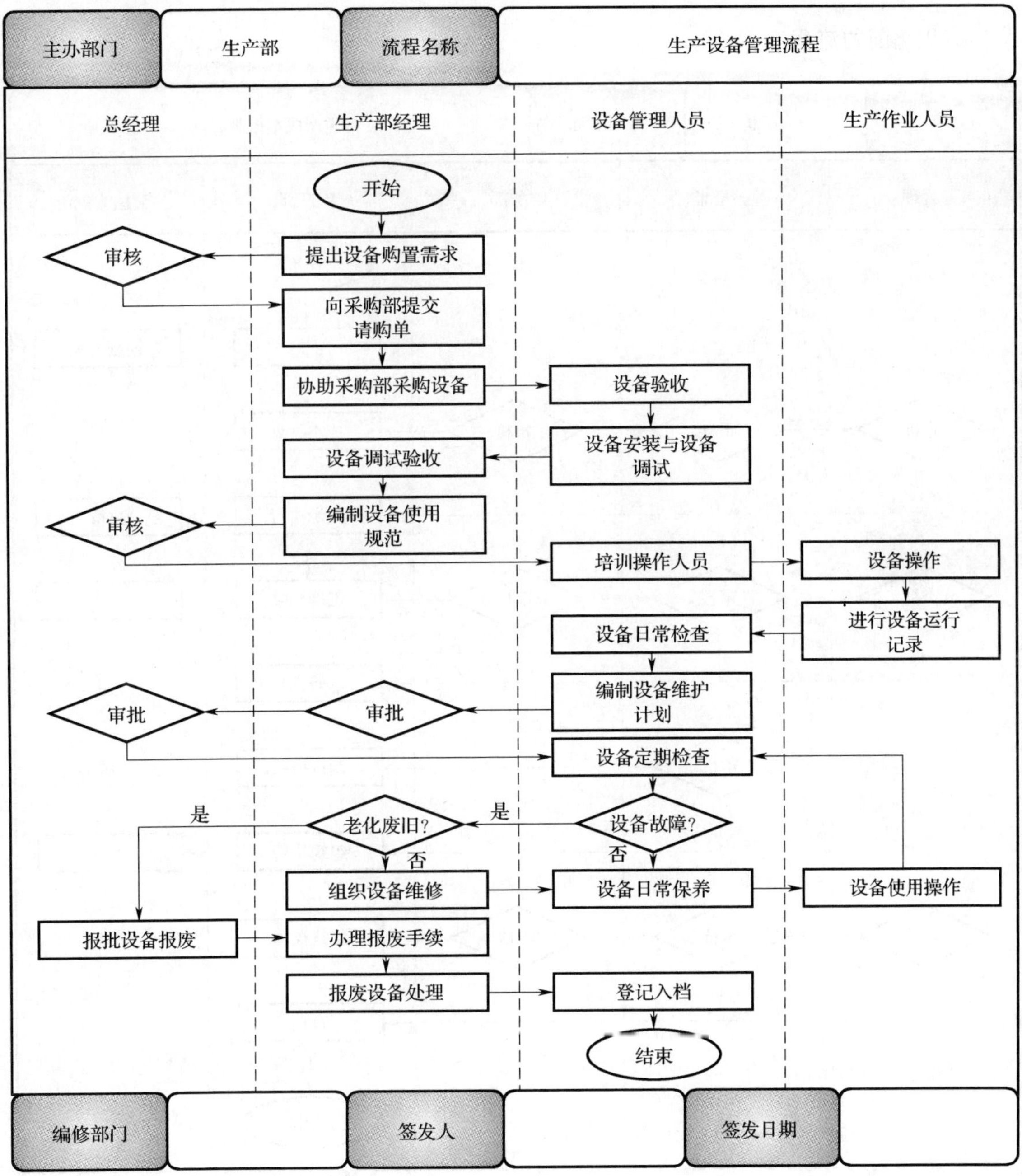
主办部门
生产部
流程名称
生产设备管理流程
总经理
生产部经理
设备管理人员
生产作业人员
开始
审核
提出设备购置需求
向采购部提交请购单
协助采购部采购设备
设备验收
设备调试验收
设备安装与设备调试
审核
编制设备使用规范
培训操作人员
设备操作
设备日常检查
进行设备运行记录
审批
审批
编制设备维护计划
设备定期检查
是
老化废旧?
是
设备故障?
否
否
组织设备维修
设备日常保养
设备使用操作
报批设备报废
办理报废手续
报废设备处理
登记入档
结束
编修部门
签发人
签发日期

3.4.4 生产成本控制流程优化

1. 优化前的流程

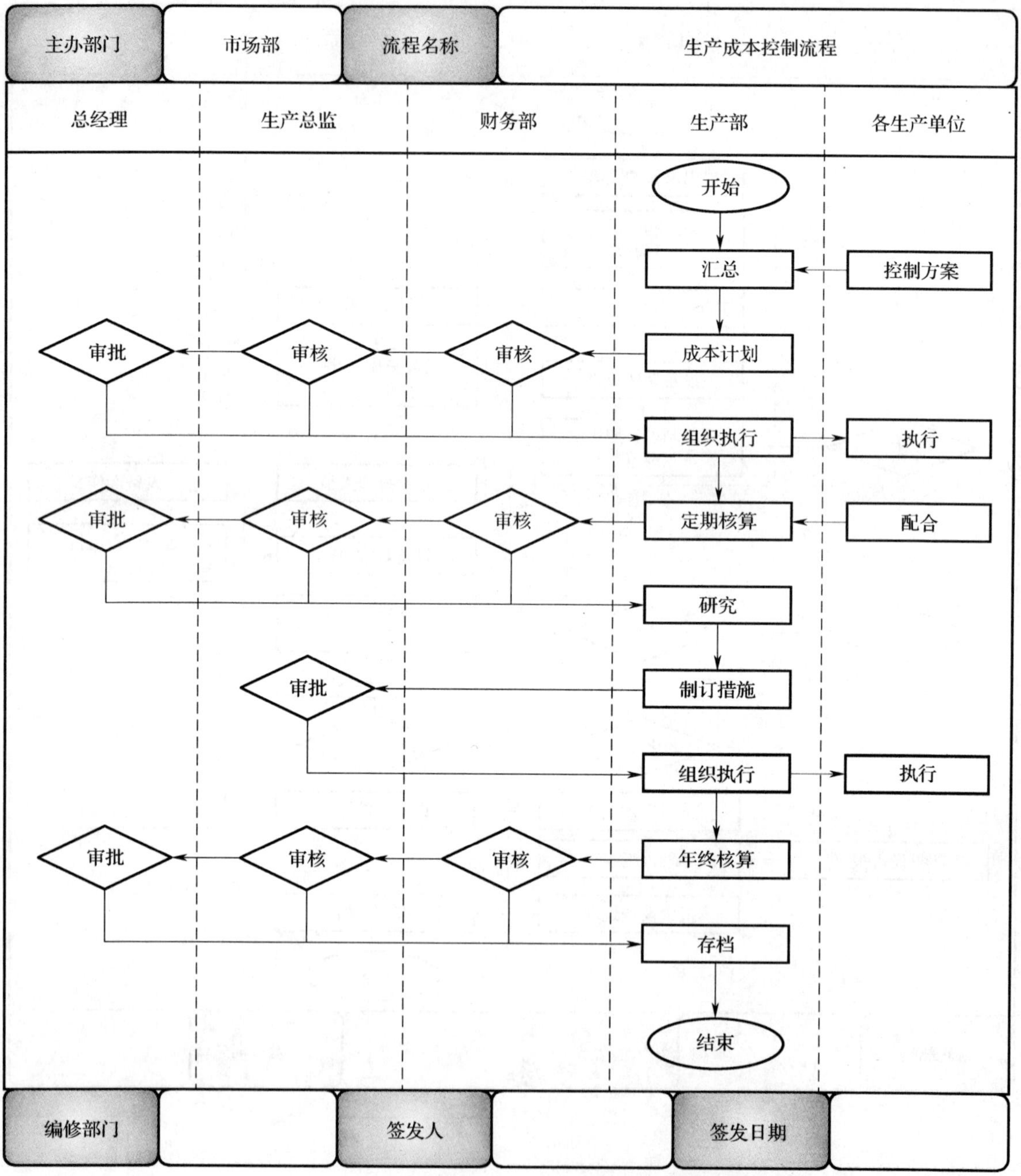

2. 流程优化分析

生产成本控制流程优化分析总表

流程问题分析	1. 协同差、效率低 ☑ 2. 权责分配不合理 □ 3. 审批层级过多，过于烦琐 ☑ 4. 不适应组织变革、目标变化 ☑ 5. 流程过于烦琐或简单 ☑ 6. 管理流程早已过时 □ 7. 制度、操作标准变化对流程的影响 □
流程优化思路	1. 再造：对于效率低下的流程，需要完全推翻原有流程，运用重新设计的方法达成流程优化 2. 合并：在工作量不超负荷及专业允许的状态下，为了提高效率可以对不必要的分工进行合并 3. 细化：增加或细化关键（重要）环节，以具体、明确或凸显关键节点 4. 补充：在必要的环节点上补充步骤、增加权限，以加强管理内审和内控 5. 调整：重新梳理各环节的逻辑关系，调整不合理流向，达成流程环节间的无缝衔接 6. 简化：简化不必要的审核审批程序，避免过多的事前串行审批，改为并行审批或者事中、事后控制
流程节点把控	节点1：生产部应制定控制生产成本的制度及计划，为生产成本控制提供重要依据 节点2：在产品设计开发环节贯彻成本概念，节约用料，基层车间制定各类作业的成本控制措施，从用料控制、工时控制等方面控制生产成本 节点3：车间等基层单位应对生产成本及发生的各类费用进行记录，为成本核算提供依据 节点4：成本管理人员应对实际生产成本和成本目标进行分析，寻找差异 节点5：制定生产成本的控制措施，并组织生产部各级人员执行
下次优化重点	1. 优化时间：企业管理人员应根据企业经营环境、组织、政策等相应的变化，于合适的时机进行流程优化工作，以使优化后的流程大力提升企业运营效率 2. 职责清晰：明确责任人以及具体职责，避免因职责模糊造成管理工作推诿使流程无法执行，或者工作重叠而造成浪费 3. 权限调整：明确并具体权限，避免流程上的权限与职责不匹配，管理工作无法开展 4. 关键步骤：明确并细化关键步骤，凸显关键节点的重要性 5. 部门协调：打破部门间壁垒，消除层级关卡，增强横向协作

3. 优化后的流程

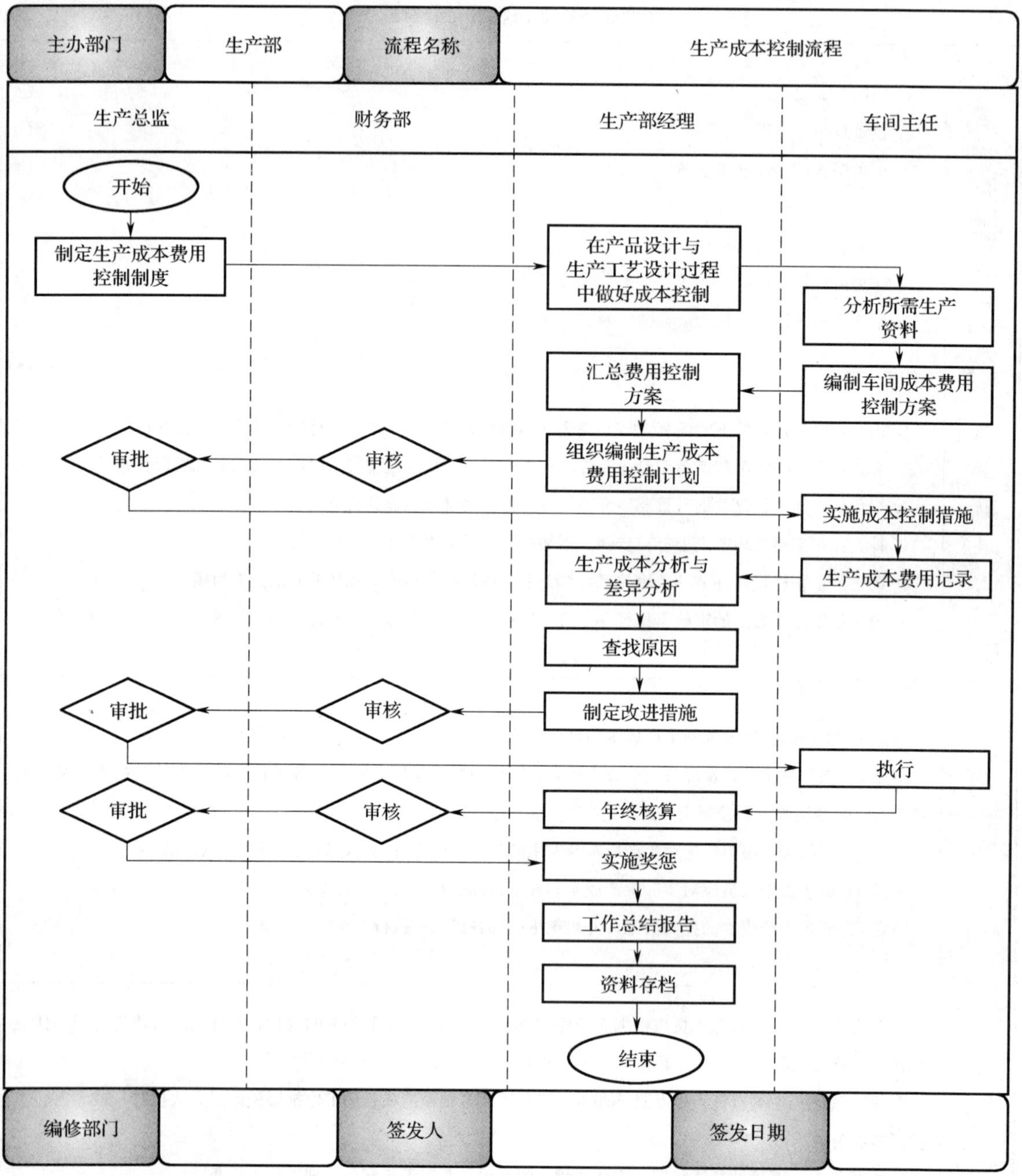
主办部门
生产部
流程名称
生产成本控制流程
生产总监
财务部
生产部经理
车间主任
开始
制定生产成本费用控制制度
在产品设计与生产工艺设计过程中做好成本控制
分析所需生产资料
编制车间成本费用控制方案
汇总费用控制方案
组织编制生产成本费用控制计划
审核
审批
实施成本控制措施
生产成本费用记录
生产成本分析与差异分析
查找原因
制定改进措施
审核
审批
执行
年终核算
审核
审批
实施奖惩
工作总结报告
资料存档
结束
编修部门
签发人
签发日期

3.5　生产业务流程优化案例

3.5.1　车间生产排程流程优化

1. 优化前的流程

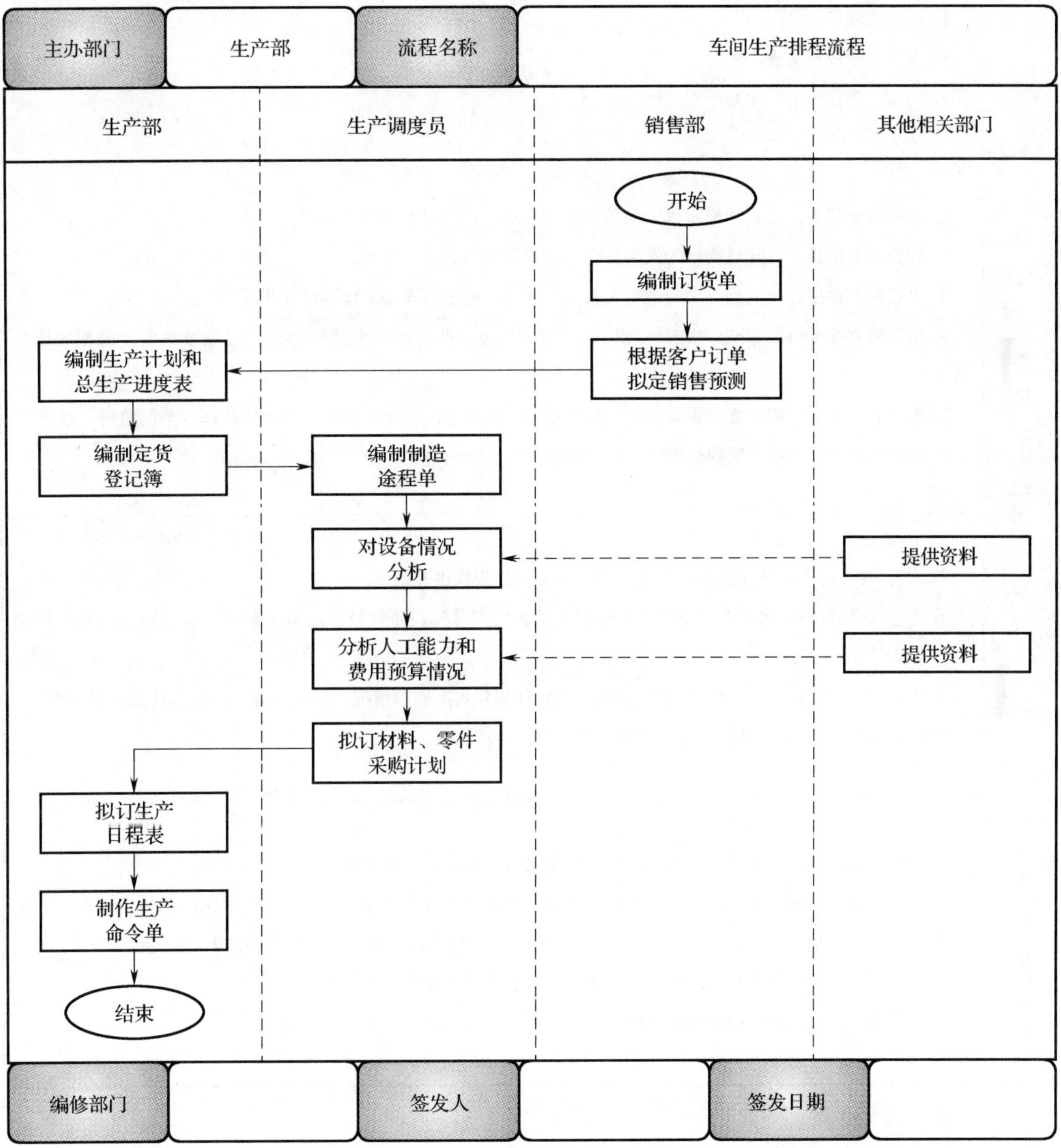

2. 流程优化分析

车间生产排程流程优化分析总表

业务问题分析	1. 协同差、效率低 ☑ 2. 权责分配不合理 ☑ 3. 不适应组织变革、目标变化 ☑ 4. 流程过于烦琐或简单 ☐ 5. 业务流程早已过时 ☑ 6. 重点步骤没有展现出来 ☑ 7. 制度、操作标准变化对流程的影响 ☑
业务优化思路	1. 重新分配权责：重新分配流程活动承担者的权责，使得权责清晰并匹配 2. 加强环节衔接：消除对流程的人为分割，防止各自为政造成浪费 3. 重新梳理程序：对流程要素的逻辑关系重新排序，或重新安排工作程序和步骤 4. 重新确立业务执行标准：修改过时的、落后的、过于严苛的业务执行标准，以免影响业务流程的执行效果 5. 重新制定业务管理制度：为业务流程提供规范、标准等配套文件支持，以加强流程业务的监督、指导 6. 重新审视组织目标：明确组织运作目标及方式，重新进行职能分解，提高流程执行效率
业务节点把控	节点 1：生产计划人员需及时编制主生产计划，为排程提供基础 节点 2：车间计划人员根据主生产计划排定车间的生产日程，并且根据设备负荷情况，制定工时和负荷计划，下发车间的排程计划 节点 3：班组计划人员了解车间排程计划、出货计划和生产插单情况，并据此编制班组的日程计划文件 节点 4：班组需要根据排程制定生产指令单，下达生产指令
下次优化重点	1. 组织变化：重新审视组织目标，根据组织变化进行流程变革或调整 2. 职责清晰：明确责任人以及具体职责，避免因职责模糊造成管理工作推诿使流程无法执行，或者工作重叠而造成浪费；明确每一业务活动的管理者、监督者、执行者以及各级责任人的具体职责 3. 关键步骤：细化并凸显关键环节和步骤，以引起重视并提供执行标准 4. 程序衔接：对管理流程进行整体统筹，避免程序衔接不紧密或执行不顺畅

3. 优化后的流程

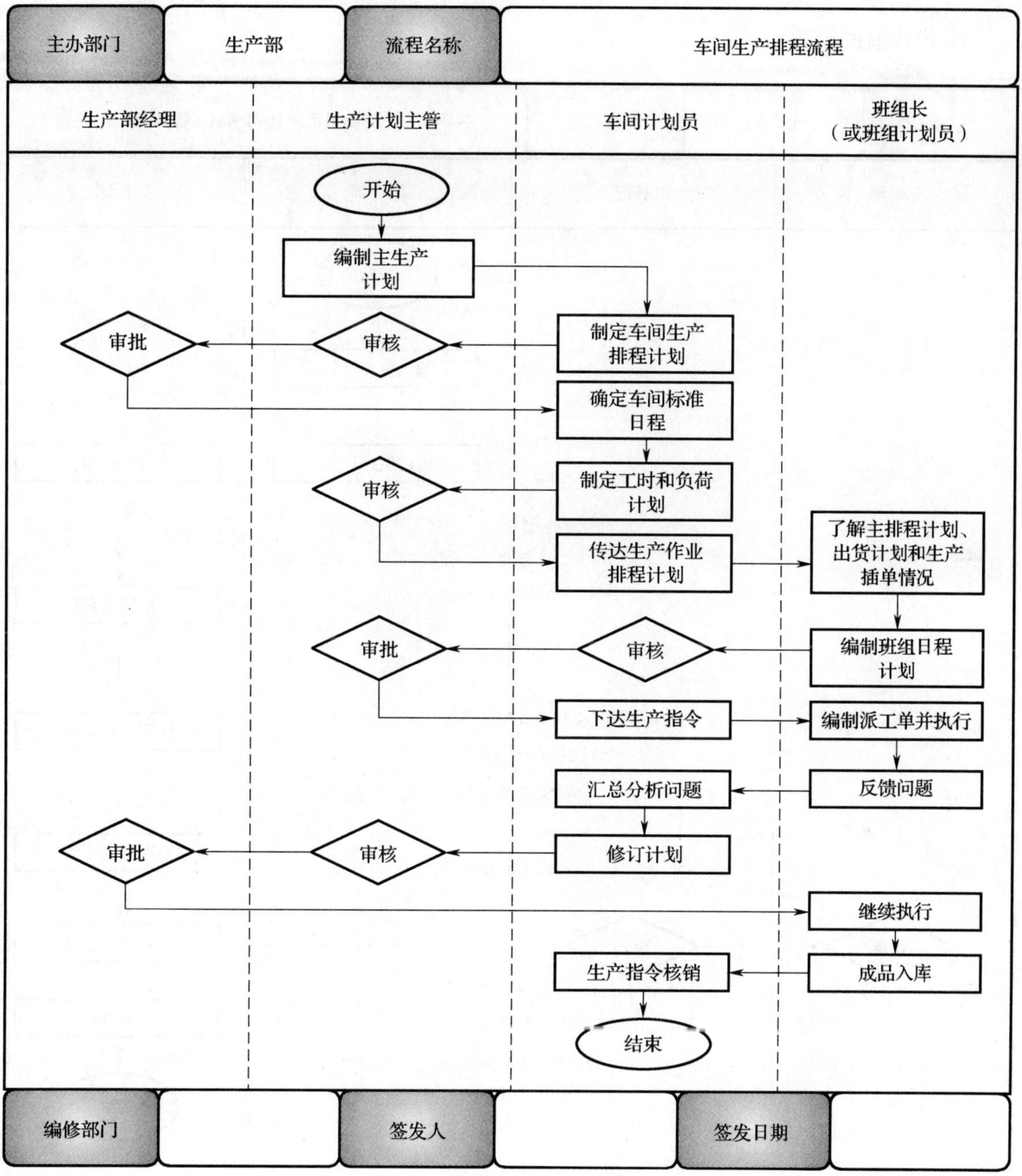
主办部门
生产部
流程名称
车间生产排程流程
生产部经理
生产计划主管
车间计划员
班组长
（或班组计划员）
开始
编制主生产计划
制定车间生产排程计划
审批
审核
确定车间标准日程
审核
制定工时和负荷计划
传达生产作业排程计划
了解主排程计划、出货计划和生产插单情况
审批
审核
编制班组日程计划
下达生产指令
编制派工单并执行
汇总分析问题
反馈问题
审批
审核
修订计划
继续执行
生产指令核销
成品入库
结束
编修部门
签发人
签发日期

3.5.2 物料需求计划编制流程优化

1. 优化前的流程

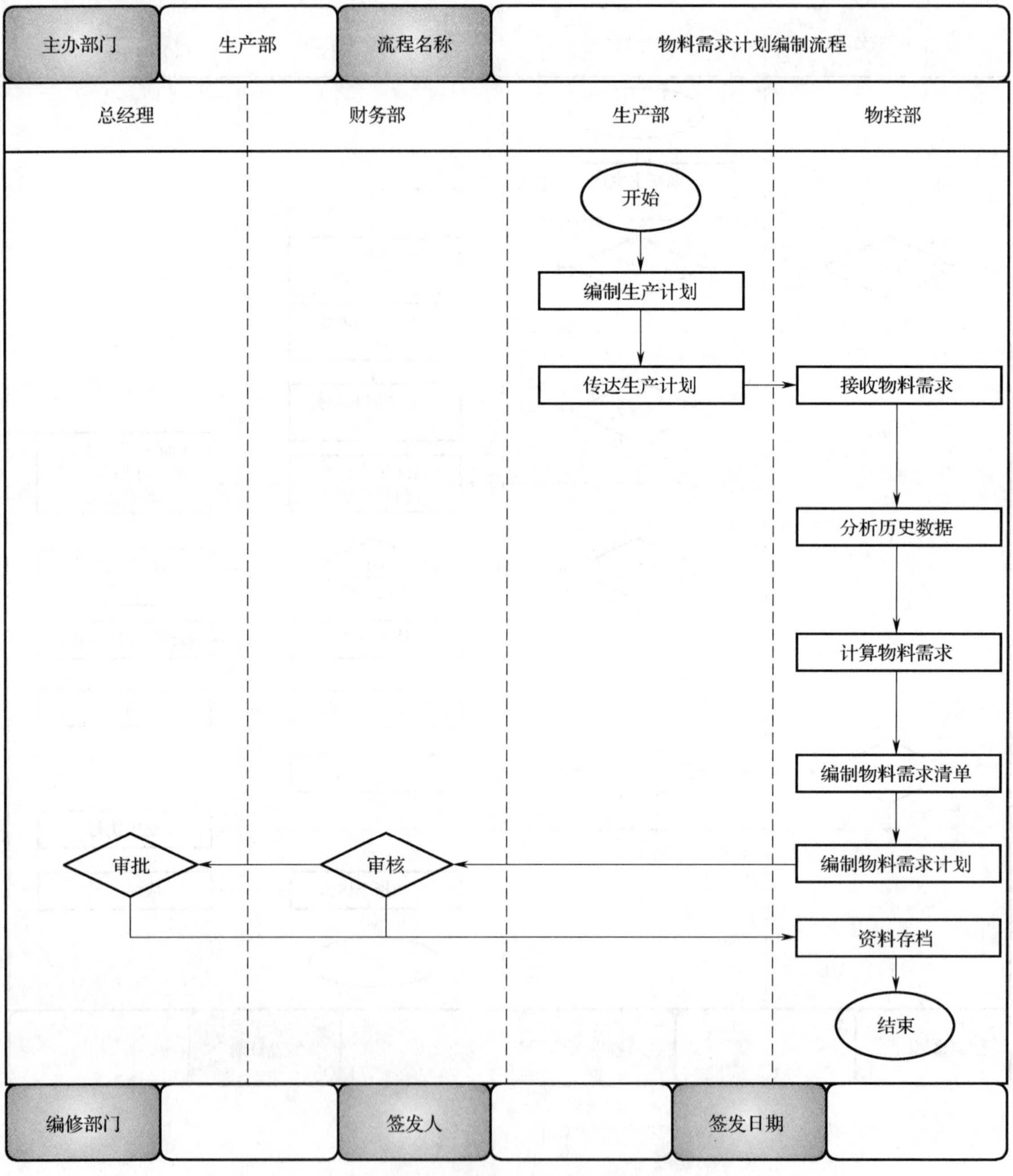

2. 流程优化分析

物料需求计划编制流程优化分析总表

业务问题分析	1. 协同差、效率低 ☑ 2. 权责分配不合理 ☑ 3. 不适应组织变革、目标变化 □ 4. 流程过于烦琐或简单 ☑ 5. 业务流程早已过时 ☑ 6. 具体的操作步骤不明朗 ☑ 7. 制度、操作标准变化对流程的影响 ☑
业务优化思路	1. 重新分配权责：重新分配流程活动承担者的权责，使得权责清晰并匹配 2. 加强环节衔接：消除对流程的人为分割，防止各自为政造成浪费 3. 加强关键节点控制：对关键环节进行内容细化或权责细分，加强对关键节点的监督和控制 4. 重新确立业务执行标准：修改过时的、落后的、过于严苛的业务执行标准，以免影响业务流程的执行效果 5. 重新制定业务管理制度：为业务流程提供规范、标准等配套文件支持，以加强流程业务的监督、指导 6. 重新审视组织目标：明确组织运作目标及方式，重新进行职能分解，提高流程执行效率
业务节点把控	节点1：生产计划人员应及时编制主生产计划，并录入系统之中 节点2：物料控制人员将产品的BOM结构清单录入系统中，并计算生产所需的总物料量；仓管人员将库存信息录入系统中，为计算物料需求数量提供依据 节点3：物料控制人员需要操作MRP系统，或手动用总需求的物料量减去库存量，计算出需要采购的物料数量 节点4：物料控制人员编制出物料需求计划，计划通过审核后提交给采购部编制采购计划
下次优化重点	1. 职责清晰：明确责任人以及具体职责，避免因职责模糊造成管理工作推诿使流程无法执行，或者工作重叠而造成浪费 2. 权限调整：明确并具体权限，避免流程上的权限与职责不匹配，管理工作无法开展 3. 部门协调：打破部门间壁垒，消除层级关卡，增强横向协作 4. 绩效提升：基于可运作的现实性和可改进的方向，最大限度地提升绩效 5. 程序衔接：对管理流程进行整体统筹，避免程序衔接不紧密或执行不顺畅

3. 优化后的流程

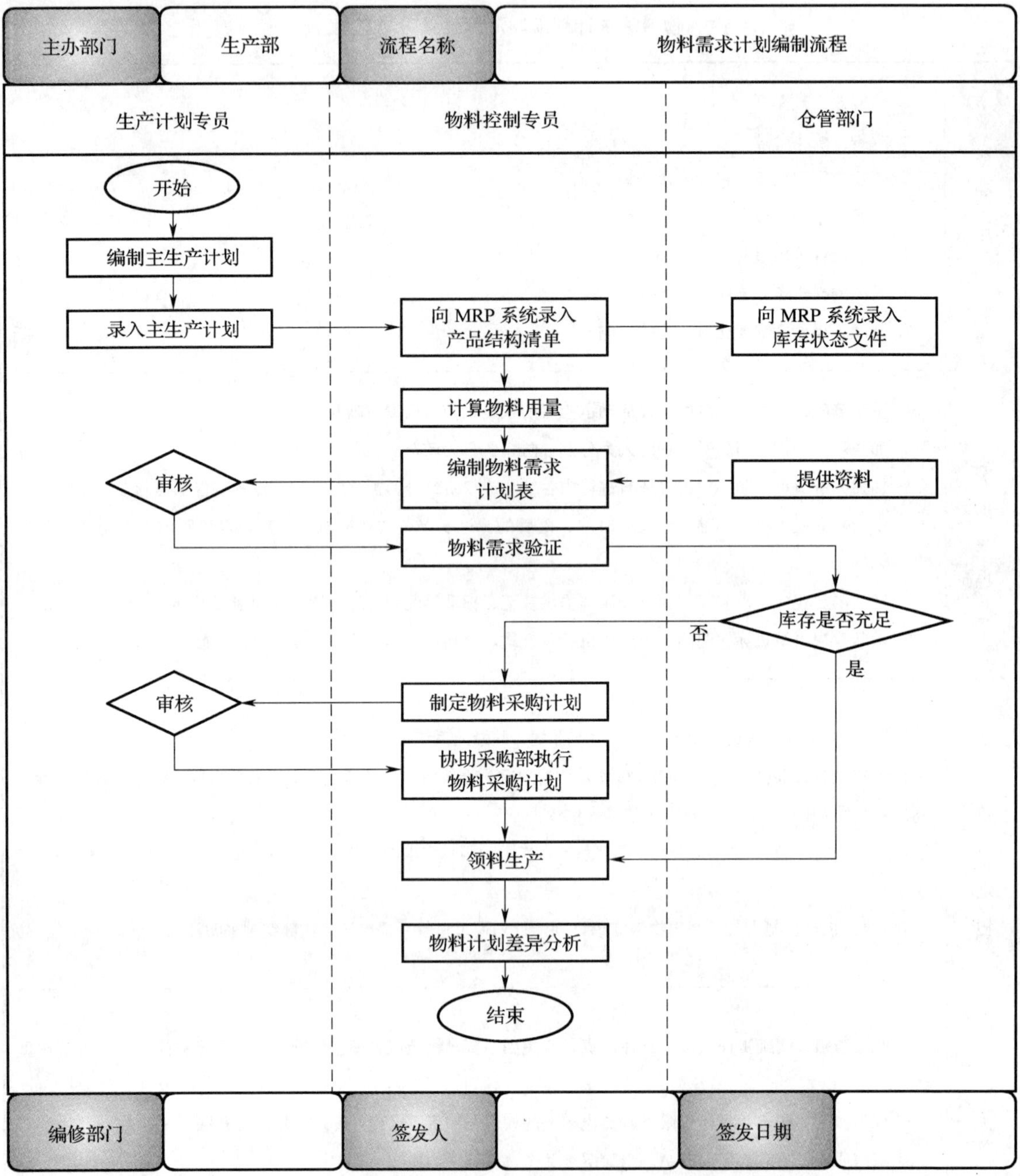
主办部门
生产部
流程名称
物料需求计划编制流程
生产计划专员
物料控制专员
仓管部门
开始
编制主生产计划
录入主生产计划
向MRP系统录入产品结构清单
向MRP系统录入库存状态文件
计算物料用量
审核
编制物料需求计划表
提供资料
物料需求验证
库存是否充足
否
是
审核
制定物料采购计划
协助采购部执行物料采购计划
领料生产
物料计划差异分析
结束
编修部门
签发人
签发日期

3.5.3　生产设备维修作业流程优化

1. 优化前的流程

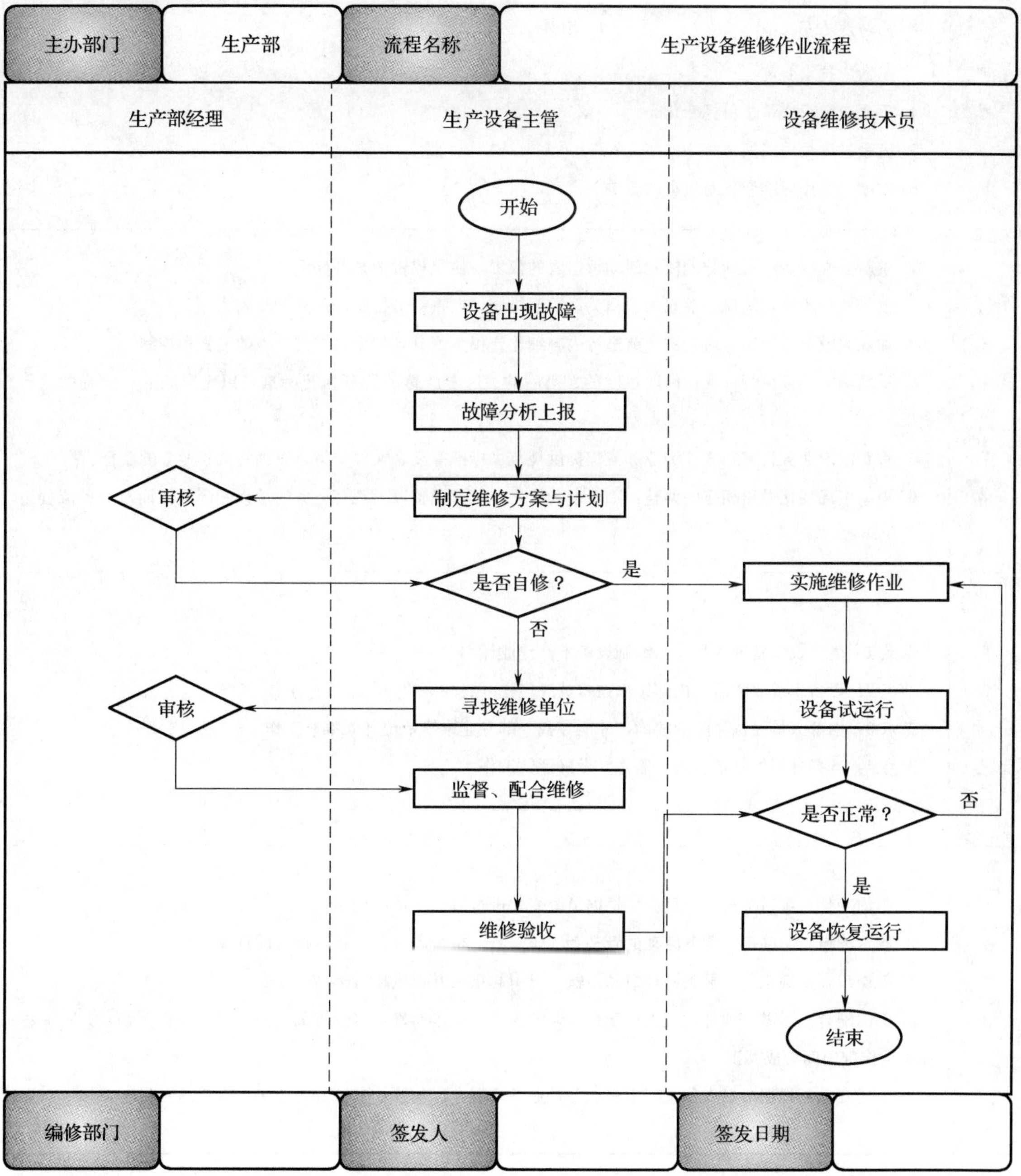

2. 流程优化分析

生产设备维修流程优化分析总表

业务问题分析	1. 协同差、效率低 ☑ 2. 权责分配不合理 ☑ 3. 不适应技术变革 □ 4. 不适应组织变革、目标变化 ☑ 5. 流程过于烦琐或简单 ☑ 6. 制度、操作标准变化对流程的影响 ☑
业务优化思路	1. 重新分配权责：重新分配流程活动承担者的权责，使得权责清晰并匹配 2. 重新梳理程序：对流程要素的逻辑关系重新排序，或重新安排工作程序和步骤 3. 加强关键节点控制：对关键环节进行内容细化或权责细分，加强对关键节点的监督和控制 4. 重新确立业务执行标准：修改过时的、落后的、过于严苛的业务执行标准，以免影响业务流程的执行效果 5. 重新制定业务管理制度：为业务流程提供规范、标准等配套文件支持，以加强流程业务的监督、指导 6. 根据市场变化做出相应的调整：随着市场变化、业务调整以及现有业务的承接和延续性而对业务流程进行优化调整
业务节点把控	节点1：生产设备管理人员应当编制设备维修作业计划 节点2：设备出现故障后，内部维修技术员应当先开展故障检查与试维修工作 节点3：内部人员无法排除的故障，才能寻找外部专业维修单位开展维修工作 节点4：选择外部维修单位时，需对其做好评估工作
下次优化重点	1. 组织变化：重新审视组织目标，根据组织变化进行流程变革或调整 2. 职责清晰：明确每一业务活动的管理者、监督者、执行者以及各级责任人的具体职责 3. 关键步骤：细化并凸显关键环节和步骤，以引起重视并提供执行标准 4. 部门配合：对需其他部门或人员配合的业务，需进一步明确，以促进部门间的沟通协作顺畅，并在流程相关运作部门间形成共识 5. 市场变化：根据市场变化重新审视业务及业务流程，以加强业务流程与市场、客户的匹配度

3. 优化后的流程

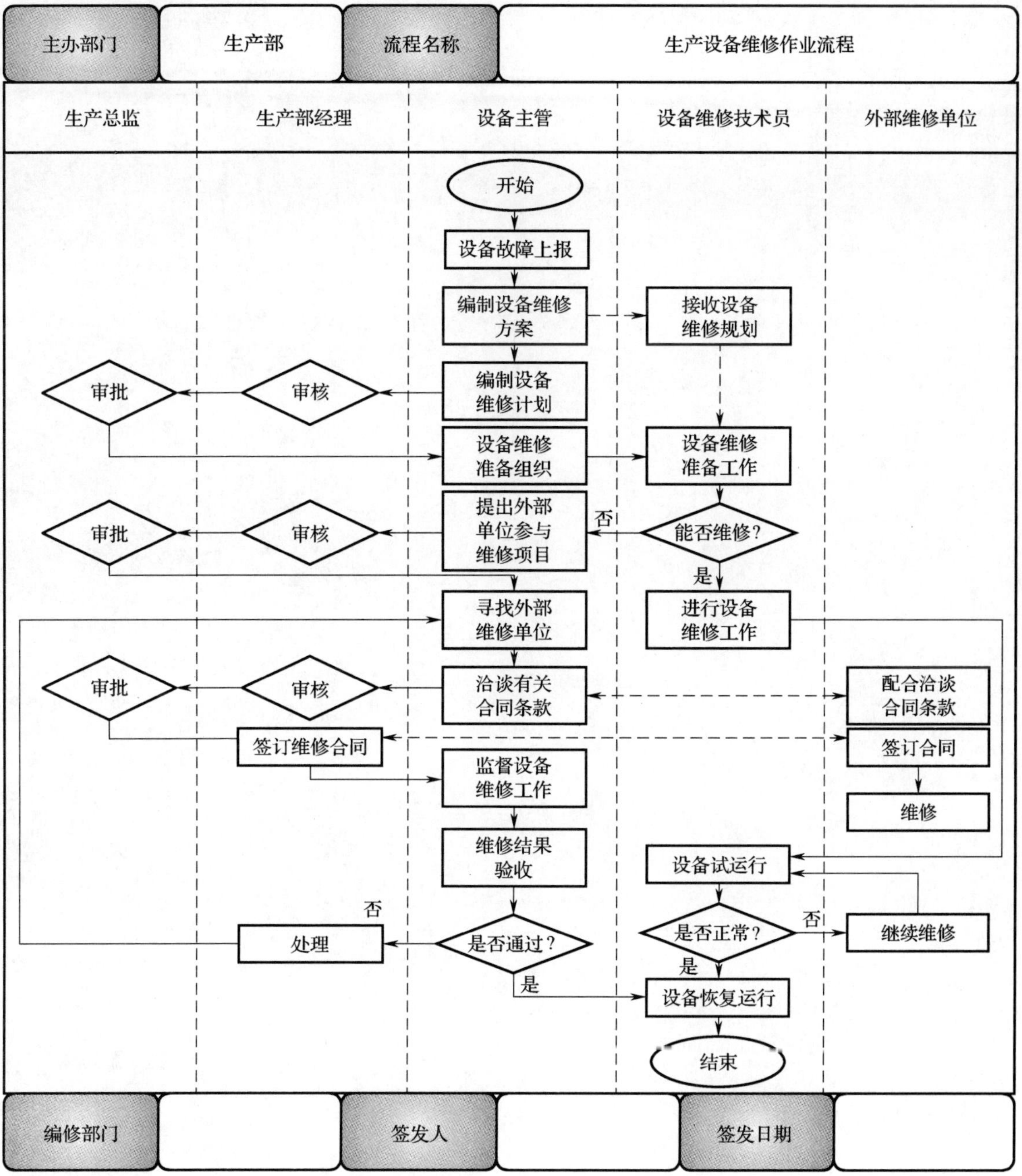
主办部门
生产部
流程名称
生产设备维修作业流程
生产总监
生产部经理
设备主管
设备维修技术员
外部维修单位
开始
设备故障上报
编制设备维修方案
接收设备维修规划
审批
审核
编制设备维修计划
设备维修准备组织
设备维修准备工作
审批
审核
提出外部单位参与维修项目
否
能否维修?
是
寻找外部维修单位
进行设备维修工作
审批
审核
洽谈有关合同条款
配合洽谈合同条款
签订维修合同
签订合同
监督设备维修工作
维修
维修结果验收
设备试运行
否
处理
是否通过?
是
是否正常?
否
继续维修
是
设备恢复运行
结束
编修部门
签发人
签发日期

第 4 章

市场流程优化设计

4.1 市场工作设计分析

4.1.1 市场管理工作分析

1. 市场管理工作维度图

市场管理工作可按下列 7 个维度进行工作分析，具体如图 4—1 所示。

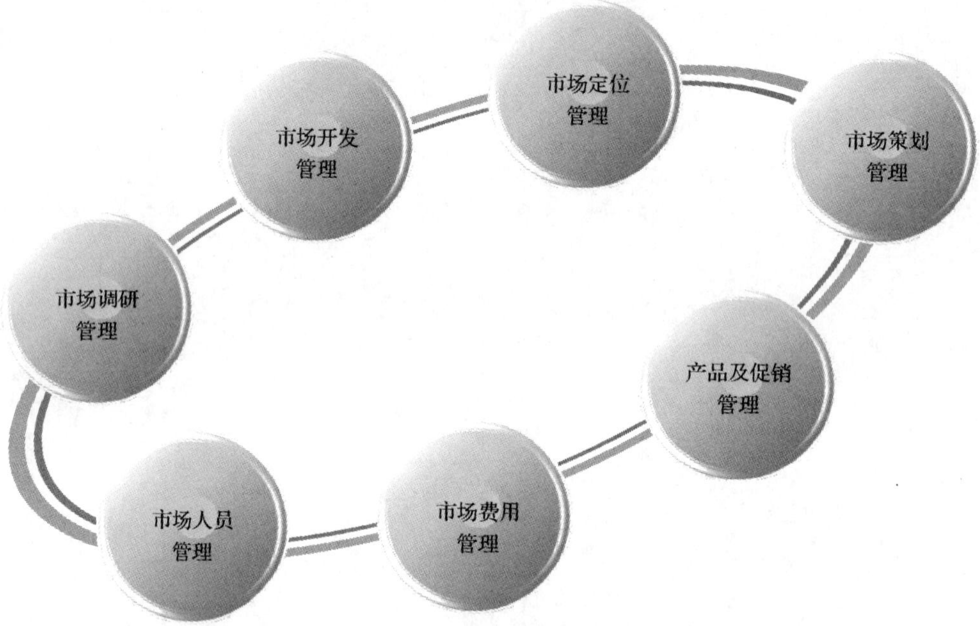

图 4—1 市场管理工作维度图

2. 主要管理工作分析表

在表 4—1 中，将市场管理工作的 4 大主要事项进行具体的工作分析。

表 4—1 市场主要管理工作分析表

管理大项	管理子项	重要程度（3 级）	价值创造（3 级）	优化选择
1. 市场调研管理	1）制定市场调研计划	□3 □2 □1	A B C	
	2）制定市场调研管理制度	□3 □2 □1	A B C	
	3）管理市场调研数据与信息	□3 □2 □1	A B C	
	4）制定、监督市场调研实施流程	□3 □2 □1	A B C	

续表

管理大项	管理子项	重要程度（3 级）	价值创造（3 级）	优化选择
2. 市场细分与定位管理	5）确定市场细分标准	□3　□2　□1	A　B　C	
	6）评估细分市场要素，选择目标市场	□3　□2　□1	A　B　C	
	7）分析目标市场，确定竞争优势	□3　□2　□1	A　B　C	
	8）审核确定市场定位方案	□3　□2　□1	A　B　C	
3. 市场开发管理	9）制定年度市场开发计划	□3　□2　□1	A　B　C	
	10）组织市场开发工作	□3　□2　□1	A　B　C	
4. 市场策划管理	11）审批各种市场策划方案	□3　□2　□1	A　B　C	
	12）组织实施市场策划活动	□3　□2　□1	A　B　C	

填写说明：“优化选择”栏可从以下 5 个角度进行多选：1. 组织优化；2. 职责优化；3. 权限优化；4. 分工优化；5. 流程优化。

4.1.2　市场业务工作分析

1. 市场业务工作维度图

市场业务工作可按下列 5 个维度进行工作分析，具体如图 4—2 所示。

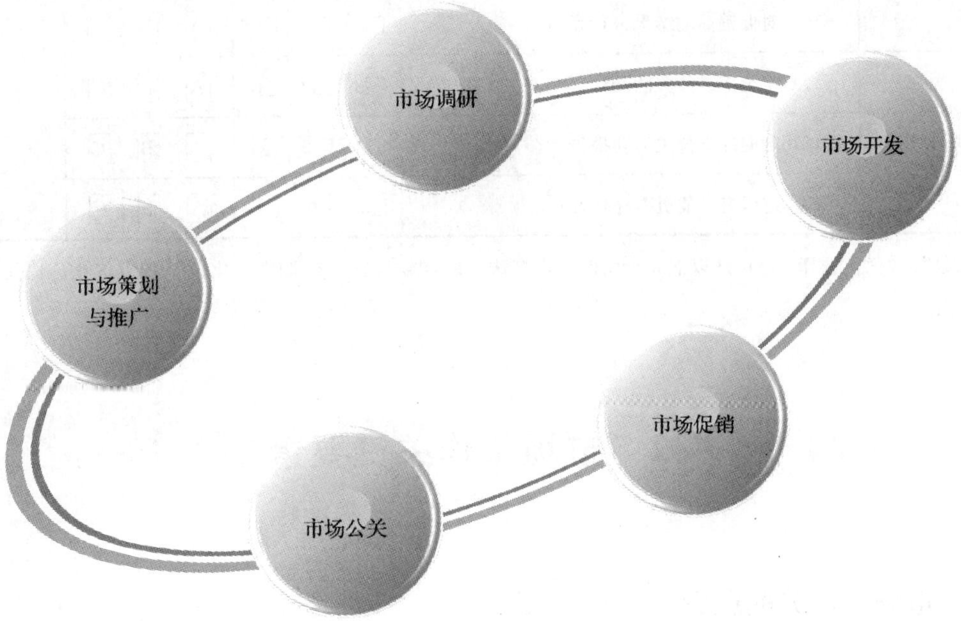

图 4—2　市场业务工作维度图

2. 主要业务工作分析表

在表 4—2 中，将市场业务的 4 大主要事项进行具体的工作分析。

表 4—2　　市场主要业务工作分析表

管理大项	管理子项	重要程度（3 级）	价值创造（3 级）	优化选择
1. 实施市场调研	1）执行市场调研计划	□3 □2 □1	A B C	
	2）汇总、分析调研数据	□3 □2 □1	A B C	
	3）编写调研报告	□3 □2 □1	A B C	
2. 实施市场策划与推广	4）编写市场策划方案	□3 □2 □1	A B C	
	5）实施市场策划活动	□3 □2 □1	A B C	
	6）执行市场推广计划	□3 □2 □1	A B C	
	7）实施市场推广活动评估	□3 □2 □1	A B C	
3. 市场促销	8）制作促销资料、礼品、广告牌等	□3 □2 □1	A B C	
	9）实施促销活动	□3 □2 □1	A B C	
	10）对促销活动结果进行评估	□3 □2 □1	A B C	
4. 市场公关	11）实施市场公关活动	□3 □2 □1	A B C	
	12）定期提交公关活动报告	□3 □2 □1	A B C	
	13）进行突发危机事件处理	□3 □2 □1	A B C	

填写说明：“优化选择”栏可从以下 5 个角度进行多选：1. 组织优化；2. 职责优化；3. 权限优化；4. 分工优化；5. 流程优化。

4.2　市场工作关键要素

4.2.1　市场工作关键点表

市场工作关键点设计见表 4—3。

表 4—3　　　　　　　　市场工作关键点设计表

市场工作关键点表				
	管理工作	制定市场战略目标	制定市场调研计划	审批调研报告
		确定市场预测目标	提出市场预测模型	选择目标市场
		重新定位市场	审核调研数据	审核市场推广策划报告
	业务工作	设计调研问卷	实施调研活动	调研数据分析
		编写调研报告	调研数据存档	实施市场促销活动
		评价市场促销效果	市场资料存档	编写市场推广方案

4.2.2　市场工作考核量表

市场工作考核指标及指标说明见表 4—4。

表 4—4　　　　　　　　市场工作考核量表

考核维度	指标名称	指标说明	指标值
管理事项	调研计划按时完成率	$\frac{\text{按时完成市场调研项目数量}}{\text{计划完成的市场调研项目数量}}\times100\%$	___%
	促销计划完成率	$\frac{\text{实际完成的促销次数}}{\text{计划完成的促销次数}}\times100\%$	___%
	（促销导致的）销售增长率	$\frac{\text{活动后月销售额或销售量}}{\text{活动前月销售额或销售量}}\times100\%$	___%
	市场占有率	$\frac{\text{当期企业某种产品的销售额或销售量}}{\text{当期该种产品市场销售总额或销售量}}\times100\%$	___%
	市场推广费用控制率	$\frac{\text{实际推广费用}}{\text{计划推广费用}}\times100\%$	___%
	品牌价值增长率	通常由第三方权威机构测评获得	___%
业务事项	调研计划按时完成率	$\frac{\text{按时完成市场调研项目数量}}{\text{计划完成的市场调研项目数量}}\times100\%$	___%
	调研报告提交及时率	$\frac{\text{按时提交市场调研报告次数}}{\text{应提交市场调研报告次数}}\times100\%$	___%
	市场策划方案推广成功率	$\frac{\text{成功的市场策划方案数量}}{\text{提交的市场策划方案总量}}\times100\%$	___%
	市场推广计划完成率	$\frac{\text{市场推广计划实际完成数}}{\text{市场推广计划计划完成数}}\times100\%$	___%
	客户开发计划完成率	$\frac{\text{实际开发的客户数量}}{\text{计划开发的客户数量}}\times100\%$	___%

4.3 市场流程优化设计

4.3.1 市场管理流程体系设计

市场管理流程体系设计如图 4—3 所示。

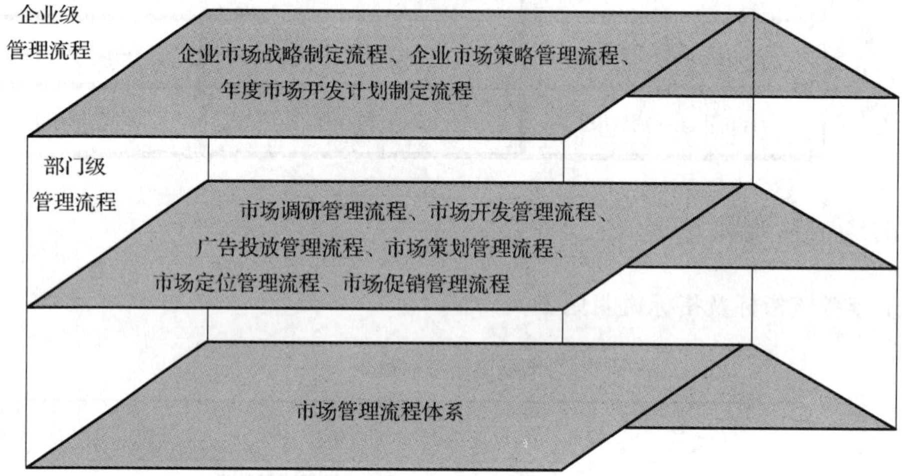

图 4—3 市场管理流程体系设计图

4.3.2 市场业务流程体系设计

市场业务流程体系如图 4—4 所示。

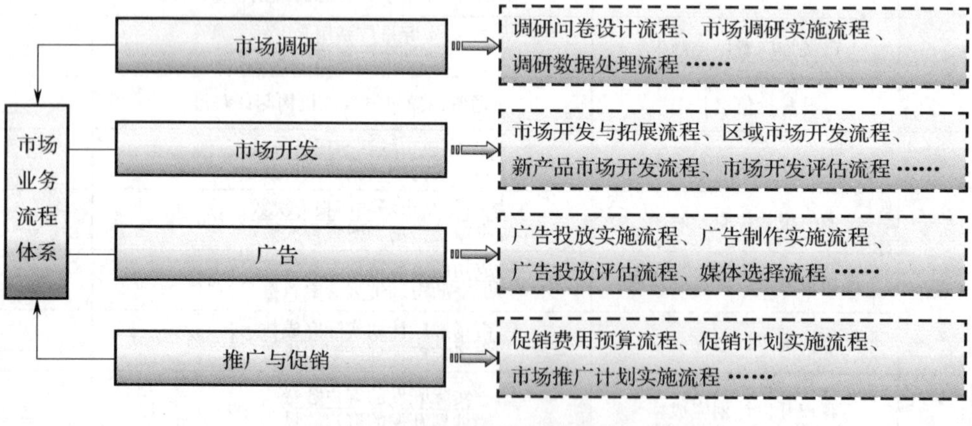

图 4—4 市场业务流程体系设计图

4.4　市场管理流程优化案例

4.4.1　调研计划制定流程优化

1. 优化前的流程

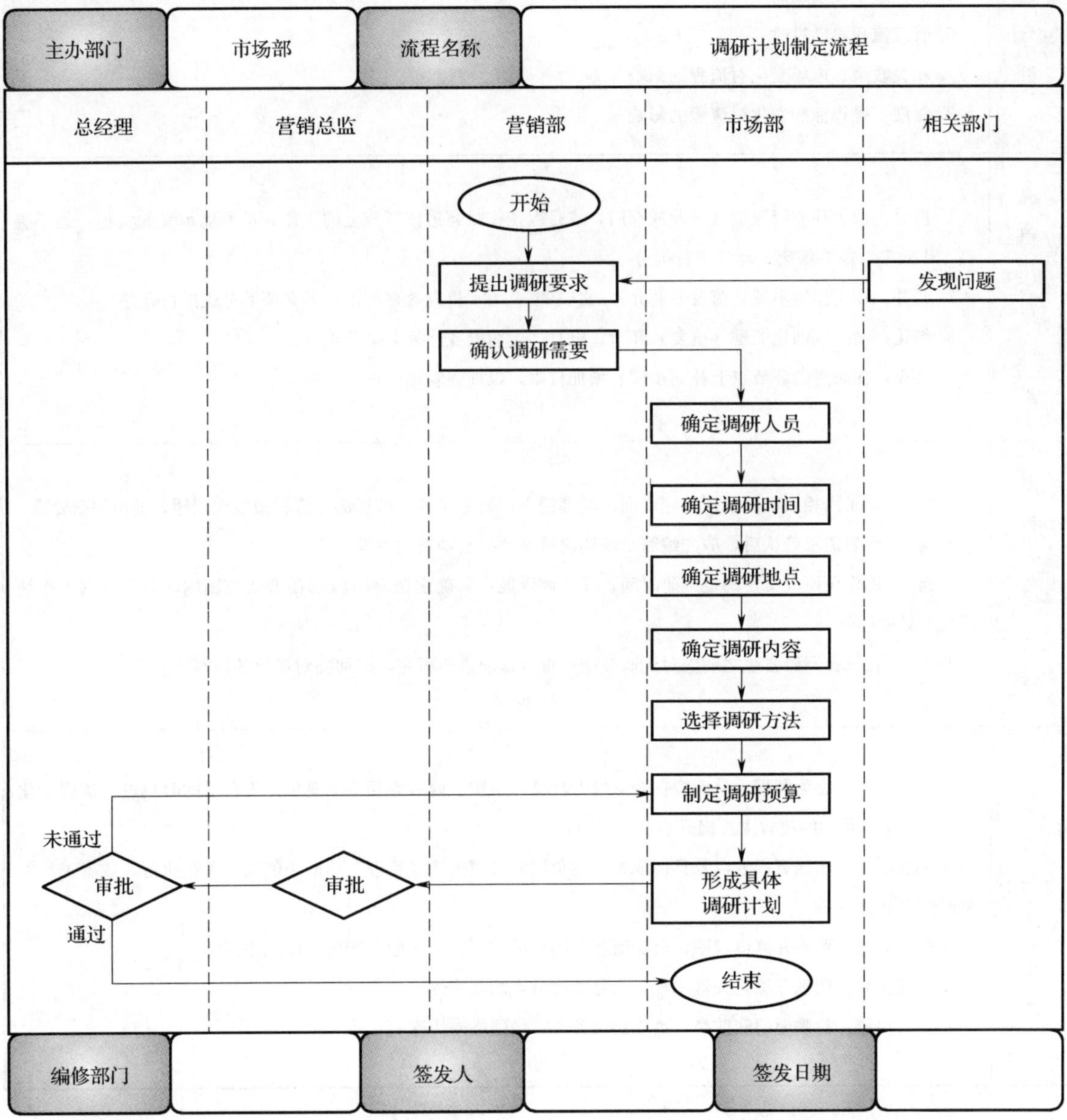

2. 流程优化分析

调研计划制定流程优化分析总表

流程问题分析	1. 协同差、效率低	☑
	2. 权责分配不合理	□
	3. 不适应技术变革	□
	4. 不适应组织变革、目标变化	□
	5. 流程过于烦琐或简单	☑
	6. 管理流程早已过时	□
	7. 相关政策、市场变化对流程的影响	□
	8. 制度、操作标准变化对流程的影响	□
流程优化思路	1. 拆分：由于环节跨领域（专业或部门）或是因工作量超过该环节上的工作人员所能承受的负担，为了提高工作效率，需要将流程环节进行拆分 2. 合并：在工作量不超负荷及专业允许的状态下，为了提高效率可以对不必要的分工进行合并 3. 细化：增加或细化关键（重要）环节，以具体、明确或凸显关键节点 4. 补充：在必要的环节点上补充步骤、增加权限，以加强管理内审和内控	
流程节点把控	节点1：除了由相关部门发现问题，向市场部提出调研要求外，市场部也应积极发现问题，提出调研要求 节点2：调研需求确认后，应先编写市场调研草案并报营销总监审批 节点3：确定调研人员，确定调研时间，确定调研地点，确定调研内容均在调研范围内，为了提高工作效率可不必进行分工 节点4：在选择调研方法之前应对调研范围和重点提前进行研究，以加强对调研的控制	
下次优化重点	1. 优化时间：企业管理人员应根据企业经营环境、组织、政策等相应的变化，于合适的时机进行流程优化工作，以使优化后的流程大力提升企业运营效率 2. 职责清晰：明确责任人以及具体职责，避免因职责模糊造成管理工作推诿使流程无法执行，或者工作重叠而造成浪费 3. 权限调整：明确并具体权限，避免流程上的权限与职责不匹配，管理工作无法开展 4. 关键步骤：明确并细化关键步骤，凸显关键节点的重要性 5. 部门协调：打破部门间壁垒，消除层级关卡，增强横向协作	

3. 优化后的流程

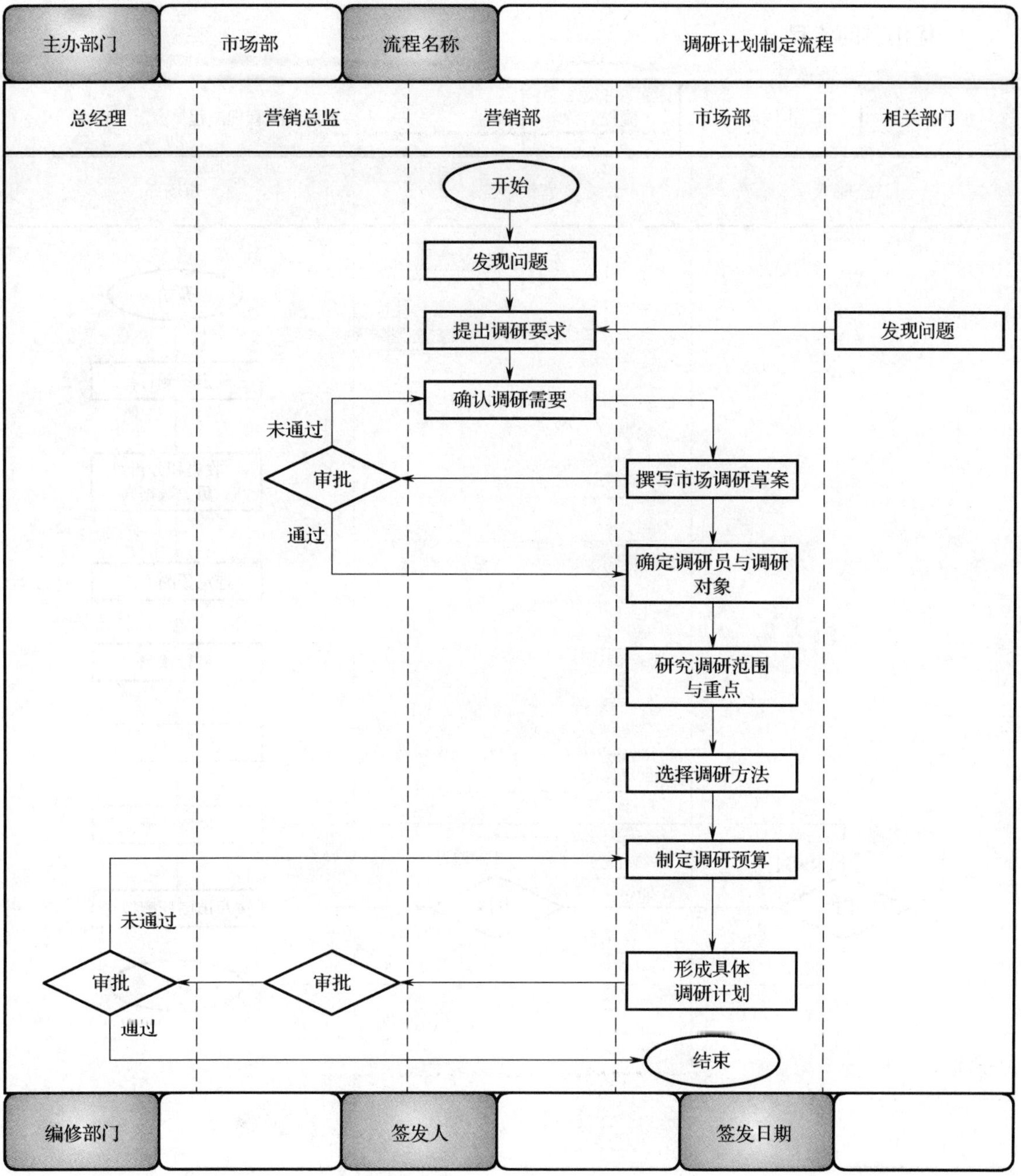
主办部门
市场部
流程名称
调研计划制定流程
总经理
营销总监
营销部
市场部
相关部门
开始
发现问题
提出调研要求
发现问题
确认调研需要
未通过
审批
撰写市场调研草案
通过
确定调研员与调研对象
研究调研范围与重点
选择调研方法
制定调研预算
未通过
审批
审批
形成具体调研计划
通过
结束
编修部门
签发人
签发日期

4.4.2 市场预测管理流程优化

1. 优化前的流程

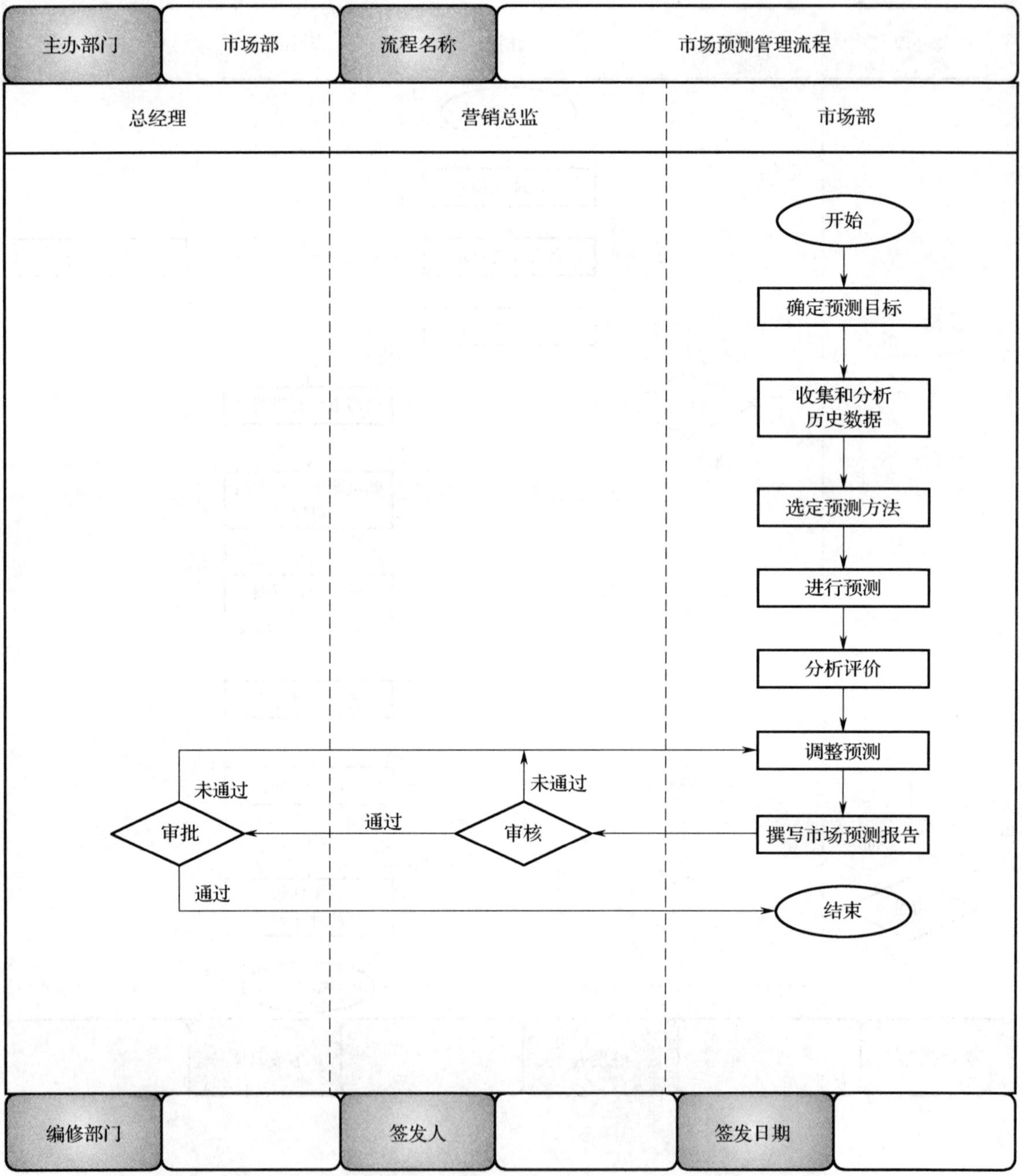

2. 流程优化分析

市场预测管理流程优化分析总表

流程问题分析	1. 协同差、效率低 ☑ 2. 权责分配不合理 □ 3. 不适应技术变革 □ 4. 不适应组织变革、目标变化 □ 5. 流程过于烦琐或简单 ☑ 6. 管理流程早已过时 ☑
流程优化思路	1. 再造：对于效率低下的流程，需要完全推翻原有流程，运用重新设计的方法达成流程优化 2. 拆分：由于环节跨领域（专业或部门）或是因工作量超过该环节上的工作人员所能承受的负担，为了提高工作效率，需要将流程环节进行拆分 3. 细化：增加或细化关键（重要）环节，以具体、明确或凸显关键节点 4. 补充：在必要的环节点上补充步骤、增加权限，以加强管理内审和内控 5. 调整：重新梳理各环节的逻辑关系，调整不合理流向，达成流程环节间的无缝衔接
流程节点把控	节点 1：预测前应建立预测模型。对定量预测建立一定的数学模型，对定性预测建立可设想的逻辑思维模型 节点 2：在进行分析评价时，应充分考虑企业内外部因素，全面掌握各种情况 节点 3：调整预测结果时，应以公司目标为依据，并考虑新情况的产生 节点 4：市场部应召集预测小组成员论证预测结果是否达到预定目标 节点 5：市场部应根据市场预测报告制定市场预测方案，为市场预测的运用提供参考
下次优化重点	1. 优化时间：企业管理人员应根据企业经营环境、组织、政策等相应的变化，于合适的时机进行流程优化工作，以使优化后的流程大力提升企业运营效率 2. 职责清晰：明确责任人以及具体职责，避免因职责模糊造成管理工作推诿使流程无法执行，或者工作重叠而造成浪费 3. 权限调整：明确并具体权限，避免流程上的权限与职责不匹配，管理工作无法开展 4. 关键步骤：明确并细化关键步骤，凸显关键节点的重要性 5. 部门协调：打破部门间壁垒，消除层级关卡，增强横向协作 6. 绩效提升：基于可运作的现实性和可改进的方向，最大限度地提升绩效 7. 程序衔接：对管理流程进行整体统筹，避免程序衔接不紧密或执行不顺畅

3. 优化后的流程

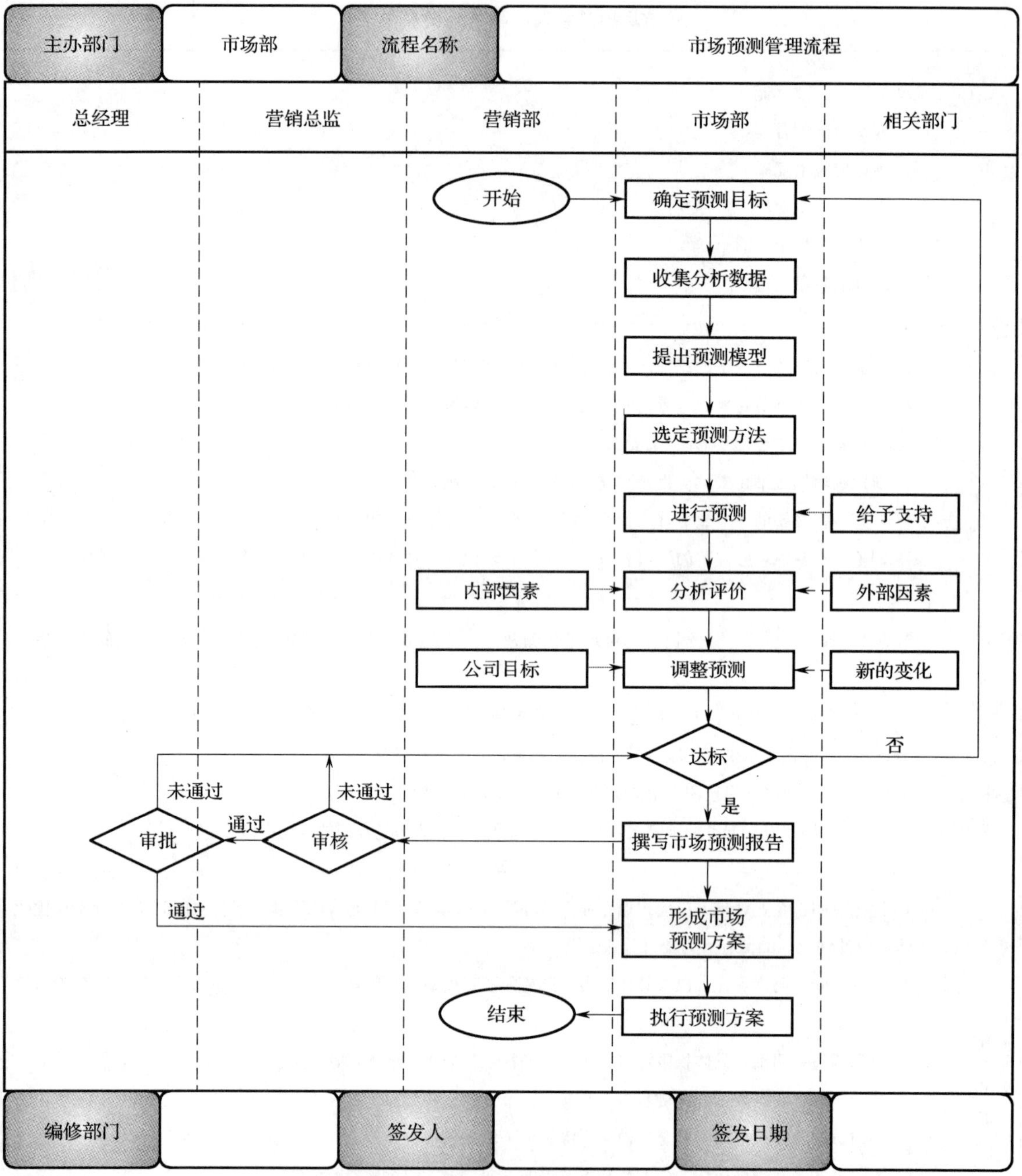
主办部门
市场部
流程名称
市场预测管理流程
总经理
营销总监
营销部
市场部
相关部门
开始
确定预测目标
收集分析数据
提出预测模型
选定预测方法
进行预测
给予支持
内部因素
分析评价
外部因素
公司目标
调整预测
新的变化
达标
否
是
未通过
未通过
通过
审批
审核
撰写市场预测报告
通过
形成市场预测方案
结束
执行预测方案
编修部门
签发人
签发日期

4.4.3　市场定位管理流程优化

1. 优化前的流程

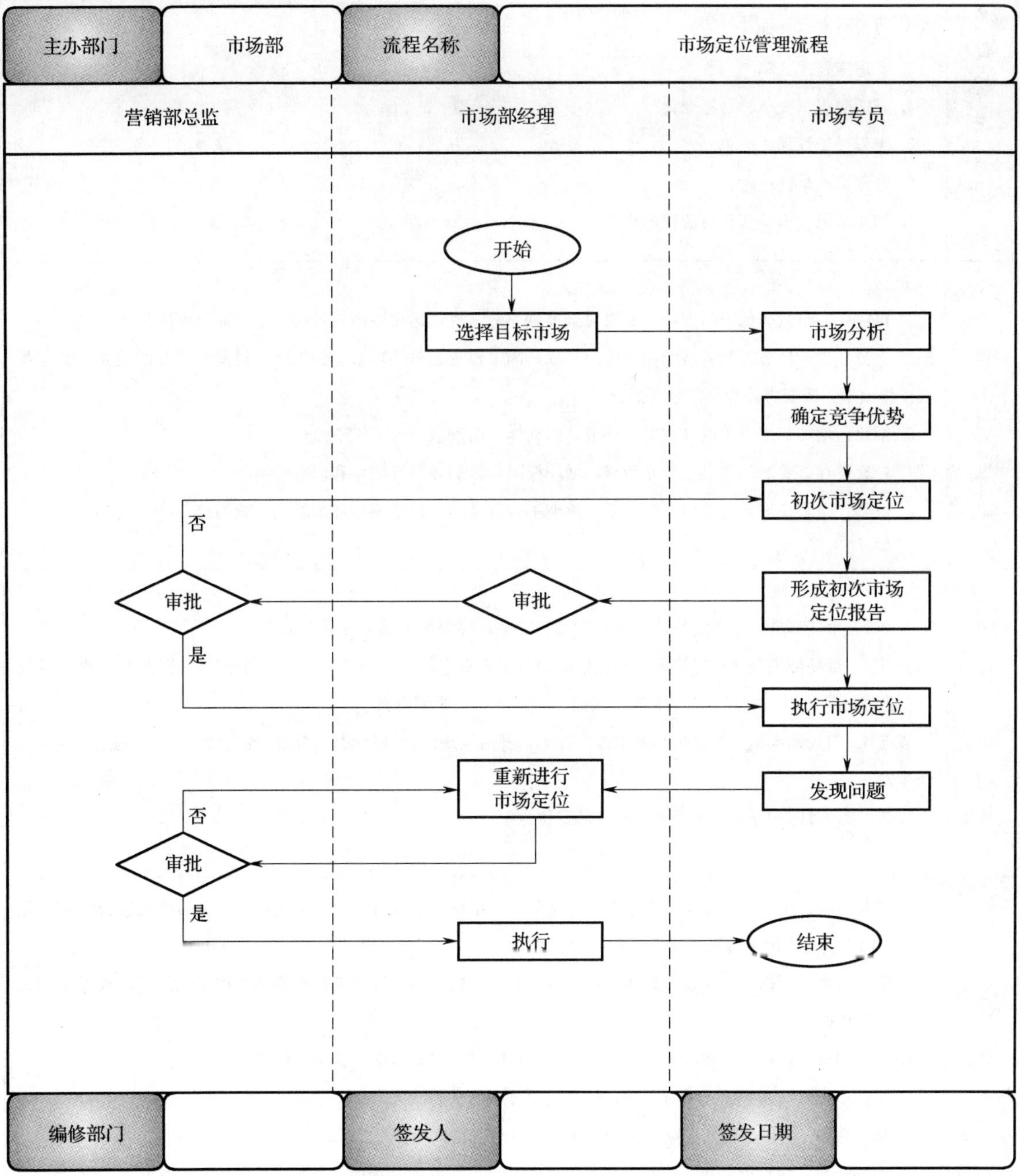

2. 流程优化分析

市场定位管理流程优化分析总表

流程问题分析	1. 协同差、效率低 ☑ 2. 权责分配不合理 ☑ 3. 不适应技术变革 □ 4. 不适应组织变革、目标变化 □ 5. 流程过于烦琐或简单 ☑ 6. 管理流程早已过时 ☑ 7. 相关政策、市场变化对流程的影响 □
流程优化思路	1. 再造：对于效率低下的流程，需要完全推翻原有流程，运用重新设计的方法达成流程优化 2. 拆分：由于环节跨领域（专业或部门）或是因工作量超过该环节上的工作人员所能承受的负担，为了提高工作效率，需要将流程环节进行拆分 3. 细化：增加或细化关键（重要）环节，以具体、明确或凸显关键节点 4. 补充：在必要的环节点上补充步骤、增加权限，以加强管理内审和内控 5. 调整：重新梳理各环节的逻辑关系，调整不合理流向，达成流程环节间的无缝衔接
流程节点把控	节点1：市场部进行市场定位管理应打破部门壁垒，得到相关部门的配合支持 节点2：市场部主要通过广告宣传和促销活动显示自身在目标市场内的独特竞争优势，因此在初次市场定位报告通过审批后，应制定广告和推广策略，并形成相关策划方案 节点3：市场部实施广告宣传和促销推广方案，及时发现问题并反馈，完成市场定位的传播、强化、纠正3个步骤 节点4：通过问题分析，市场部修改市场定位方案
下次优化重点	1. 优化时间：企业管理人员应根据企业经营环境、组织、政策等相应的变化，于合适的时机进行流程优化工作，以使优化后的流程大力提升企业运营效率 2. 职责清晰：明确责任人以及具体职责，避免因职责模糊造成管理工作推诿使流程无法执行，或者工作重叠而造成浪费 3. 权限调整：明确并具体权限，避免流程上的权限与职责不匹配，管理工作无法开展 4. 关键步骤：明确并细化关键步骤，凸显关键节点的重要性 5. 部门协调：打破部门间壁垒，消除层级关卡，增强横向协作 6. 市场变化：根据市场变化重新审视管理工作及流程，以加强管理工作与市场要求的匹配度

3. 优化后的流程

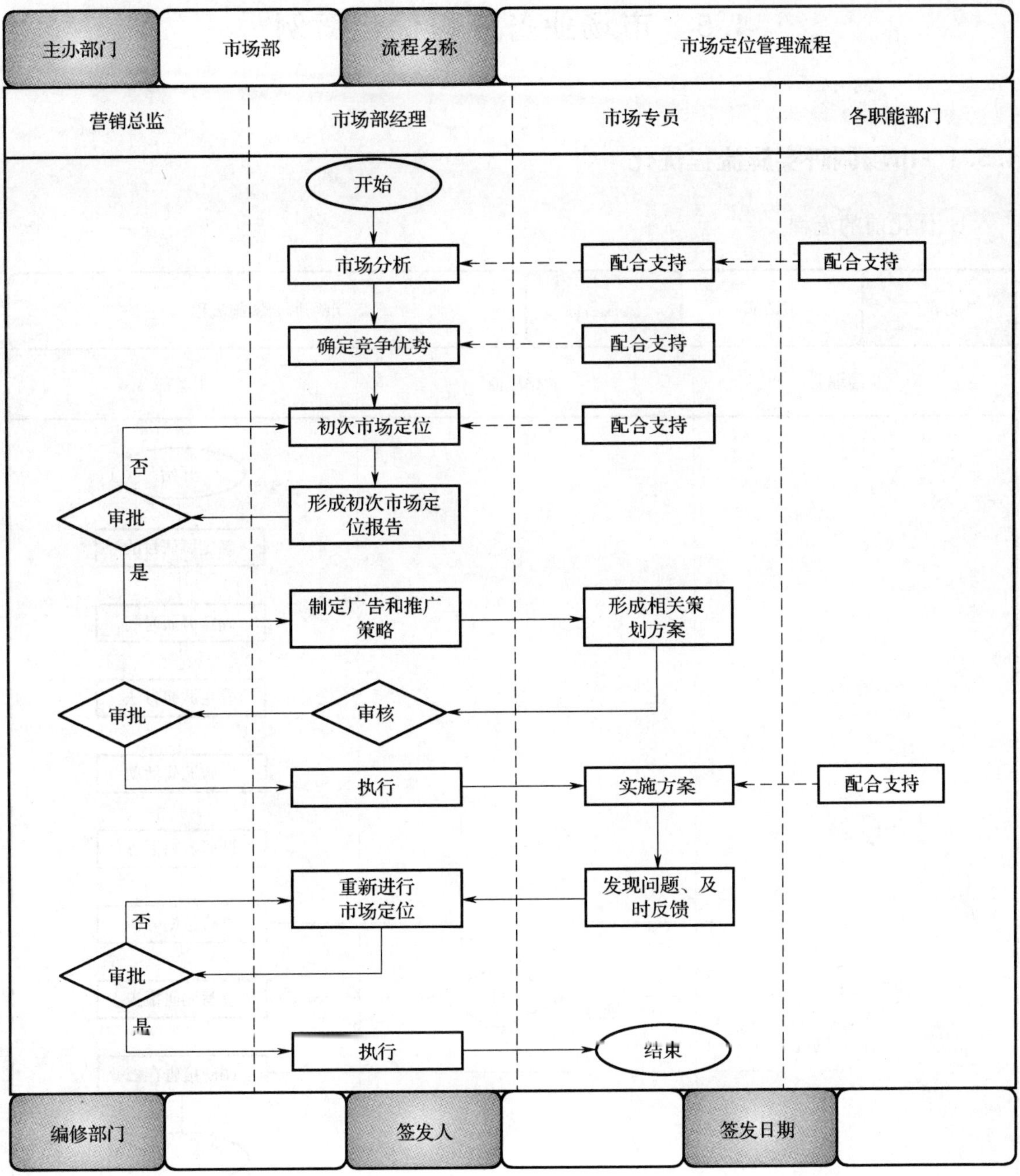
主办部门
市场部
流程名称
市场定位管理流程
营销总监
市场部经理
市场专员
各职能部门
开始
市场分析
配合支持
配合支持
确定竞争优势
配合支持
初次市场定位
配合支持
否
审批
形成初次市场定位报告
是
制定广告和推广策略
形成相关策划方案
审批
审核
执行
实施方案
配合支持
重新进行市场定位
发现问题、及时反馈
否
审批
是
执行
结束
编修部门
签发人
签发日期

4.5 市场业务流程优化案例

4.5.1 市场调研实施流程优化

1. 优化前的流程

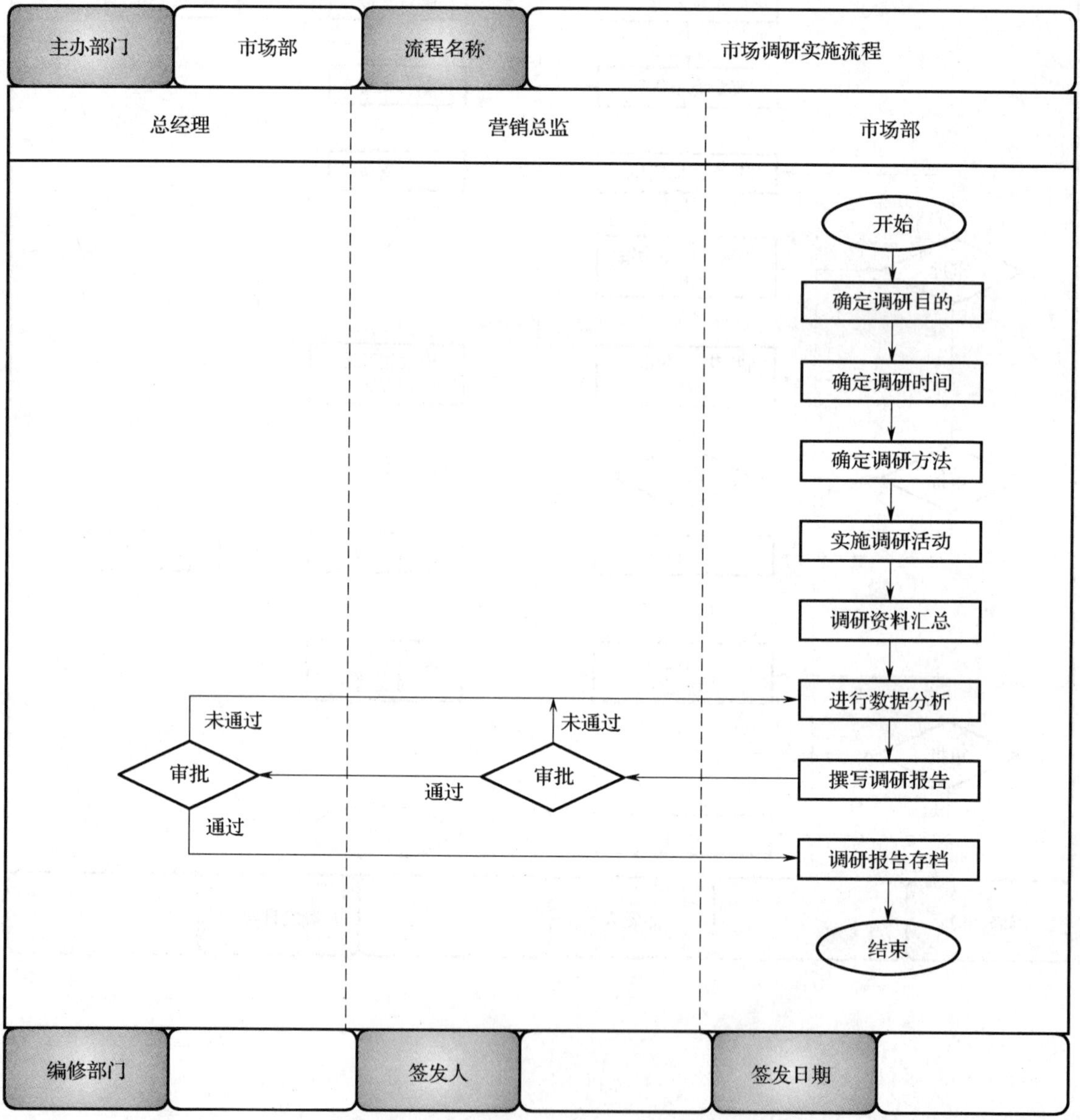

2. 流程优化分析

市场调研实施流程优化分析总表

业务问题分析	1. 协同差、效率低 ☑ 2. 权责分配不合理 ☑ 3. 不适应技术变革 ☐ 4. 不适应组织变革、目标变化 ☐ 5. 程序过于烦琐或简单 ☐ 6. 业务流程早已过时 ☐ 7. 业务执行标准过于严苛 ☐ 8. 制度、操作标准变化对流程的影响 ☐
业务优化思路	1. 精简程序：取消所有不必要的工作环节和内容，精简过于复杂、烦琐的程序 2. 重新分配权责：重新分配流程活动承担者的权责，使得权责清晰并匹配 3. 加强环节衔接：消除对流程的人为分割，防止各自为政造成浪费 4. 重新梳理程序：对流程要素的逻辑关系重新排序，或重新安排工作程序和步骤 5. 加强关键节点控制：对关键环节进行内容细化或权责细分，加强对关键节点的监督和控制
业务节点把控	节点 1：确定调研目的、时间、方法等具体工作即调研相关事宜，没有必要进行细分，以免造成资源和时间浪费 节点 2：市场部应根据不同的调研对象设计调研问卷 节点 3：对于不好把握的数据和信息，市场部可从其他相关部门获得数据和信息支持 节点 4：市场部汇集相关部门意见后，应验证调研信息和数据，进行鉴别和鉴定，再次剔除存在错误的数据和信息
下次优化重点	1. 优化时间：企业管理人员应根据企业经营环境、组织、政策等相应的变化，于合适的时机进行流程优化工作，以使优化后的流程大力提升企业运营效率 2. 职责清晰：明确每一业务活动的管理者、监督者、执行者以及各级责任人的具体职责 3. 关键步骤：细化并凸显关键环节和步骤，以引起重视并提供执行标准 4. 部门配合：对需其他部门或人员配合的业务，需进一步明确，以促进部门间的沟通协作顺畅，并在流程相关运作部门间形成共识 5. 绩效提升：在流程中体现业务与绩效考核的关联，增加业务流程执行的动力

3. 优化后的流程

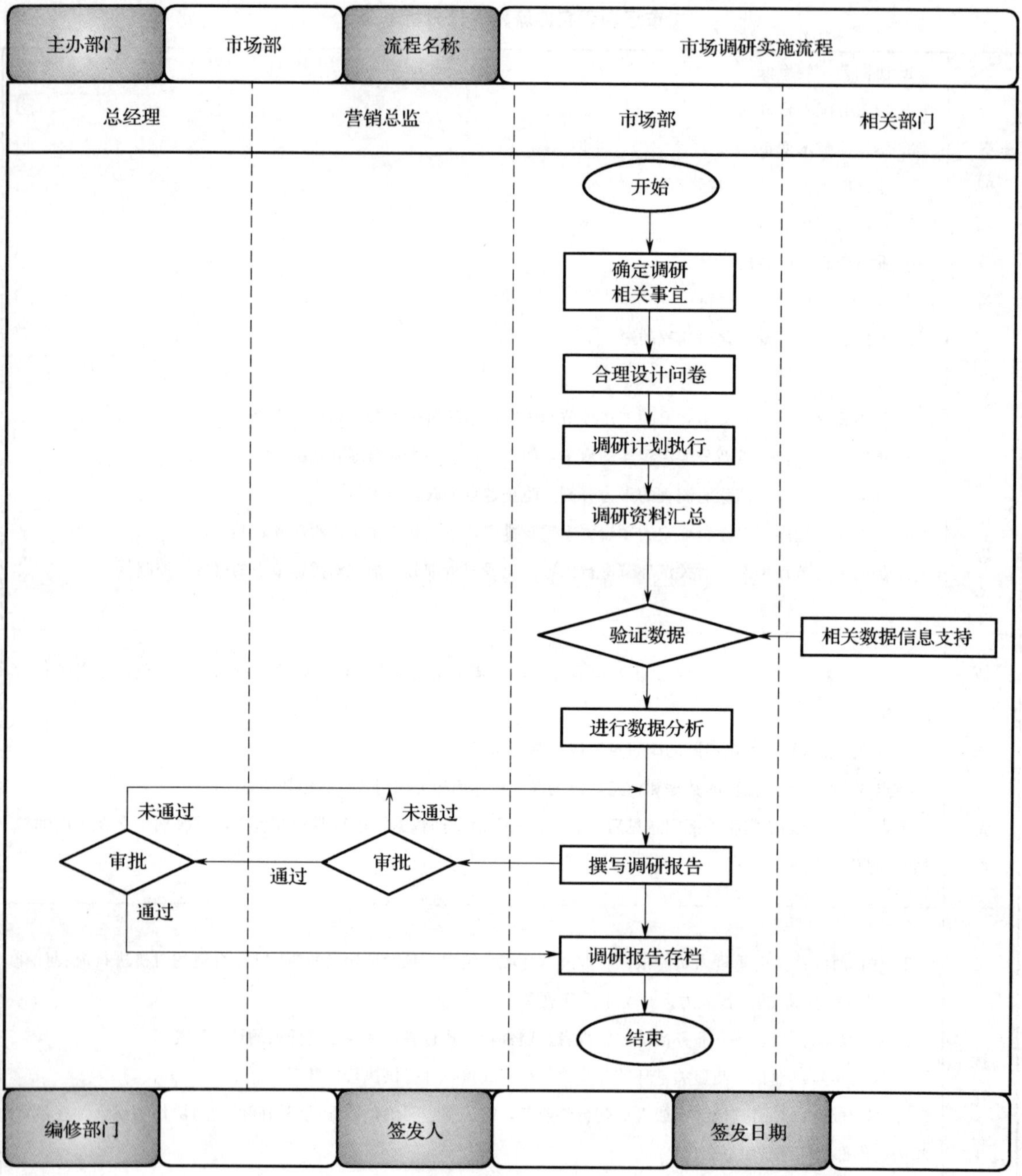

主办部门
市场部
流程名称
市场调研实施流程
总经理
营销总监
市场部
相关部门
开始
确定调研相关事宜
合理设计问卷
调研计划执行
调研资料汇总
验证数据
相关数据信息支持
进行数据分析
未通过
未通过
审批
通过
审批
撰写调研报告
通过
调研报告存档
结束
编修部门
签发人
签发日期

4.5.2　调研问卷设计流程优化

1．优化前的流程

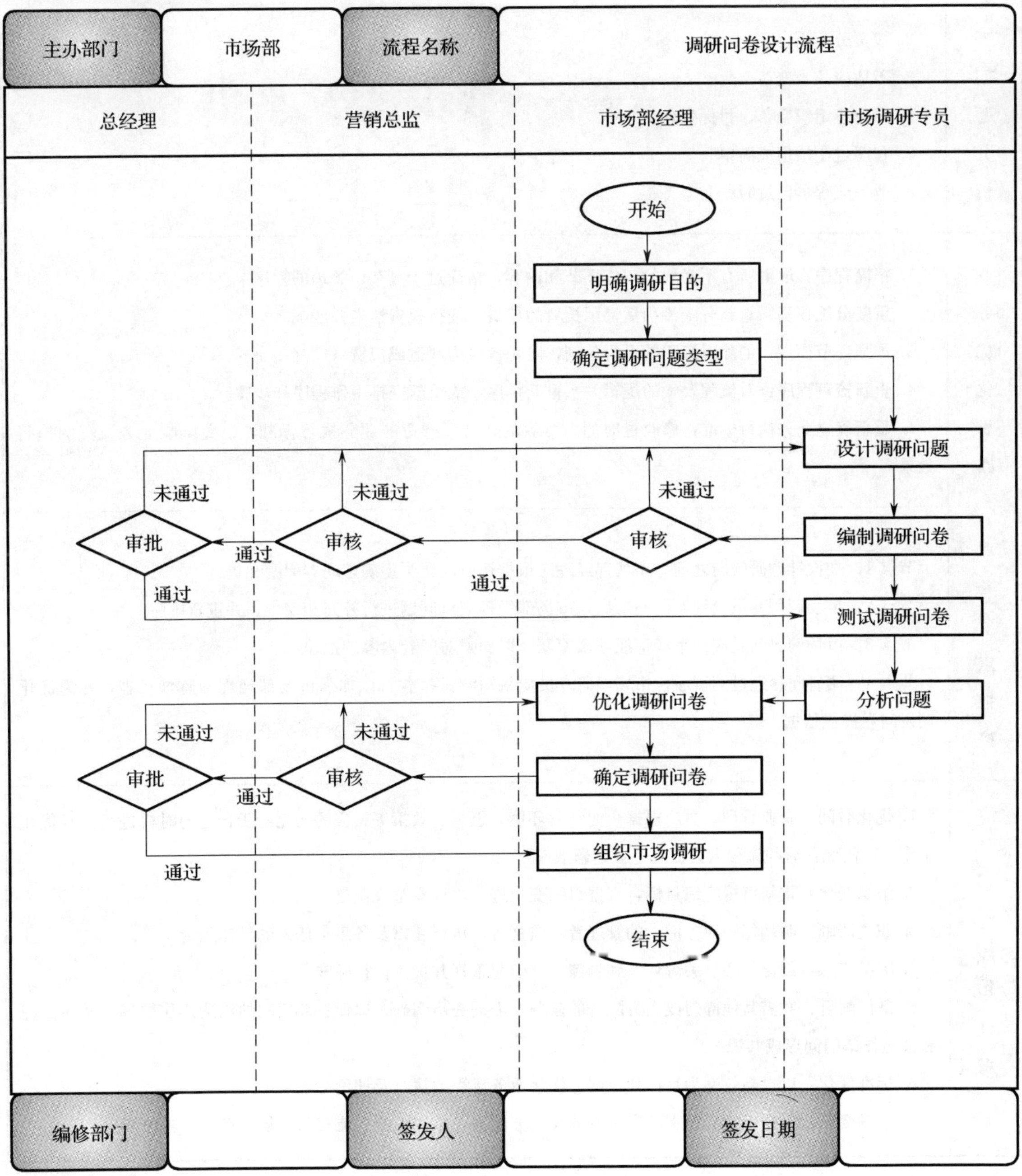

2. 流程优化分析

调研问卷设计流程优化分析总表

业务问题分析	1. 协同差、效率低 ☑ 2. 权责分配不合理 ☑ 3. 不适应技术变革 □ 4. 不适应组织变革、目标变化 □ 5. 程序过于烦琐或简单 ☑ 6. 业务流程早已过时 □
业务优化思路	1. 精简程序：取消所有不必要的工作环节和内容，精简过于复杂、烦琐的程序 2. 重新分配权责：重新分配流程活动承担者的权责，使得权责清晰并匹配 3. 加强环节衔接：消除对流程的人为分割，防止各自为政造成浪费 4. 重新梳理程序：对流程要素的逻辑关系重新排序，或重新安排工作程序和步骤 5. 重新确立业务执行标准：修改过时的、落后的、过于严苛的业务执行标准，以免影响业务流程的执行效果
业务节点把控	节点 1：在设计调研问题之前，市场部经理应根据调研问题类型确定问卷标题和提纲 节点 2：市场调研专员设计调研问题后，市场部经理应对问题进行补充和完善，并重新排序 节点 3：市场调研问卷应由市场部经理来编制，以加强对问卷内容的把控 节点 4：调研问卷经过测试后，市场调研专员应编写测试报告，以加强市场部经理的监督管理，并为优化调研问卷提供依据
下次优化重点	1. 优化时间：企业管理人员应根据企业经营环境、组织、政策等相应的变化，于合适的时机进行流程优化工作，以使优化后的流程大力提升企业运营效率 2. 组织变化：重新审视组织目标，根据组织变化进行流程变革或调整 3. 职责清晰：明确每一业务活动的管理者、监督者、执行者以及各级责任人的具体职责 4. 关键步骤：细化并凸显关键环节和步骤，以引起重视并提供执行标准 5. 部门配合：对需其他部门或人员配合的业务，需进一步明确，以促进部门间的沟通协作顺畅，并在流程相关运作部门间形成共识 6. 标准变化：以提高效率为目标和原则，优化业务流程的执行及评价标准 7. 市场变化：根据市场变化重新审视业务及业务流程，以加强业务流程与市场、客户的匹配度

3. 优化后的流程

主办部门	市场部	流程名称	调研问卷设计流程

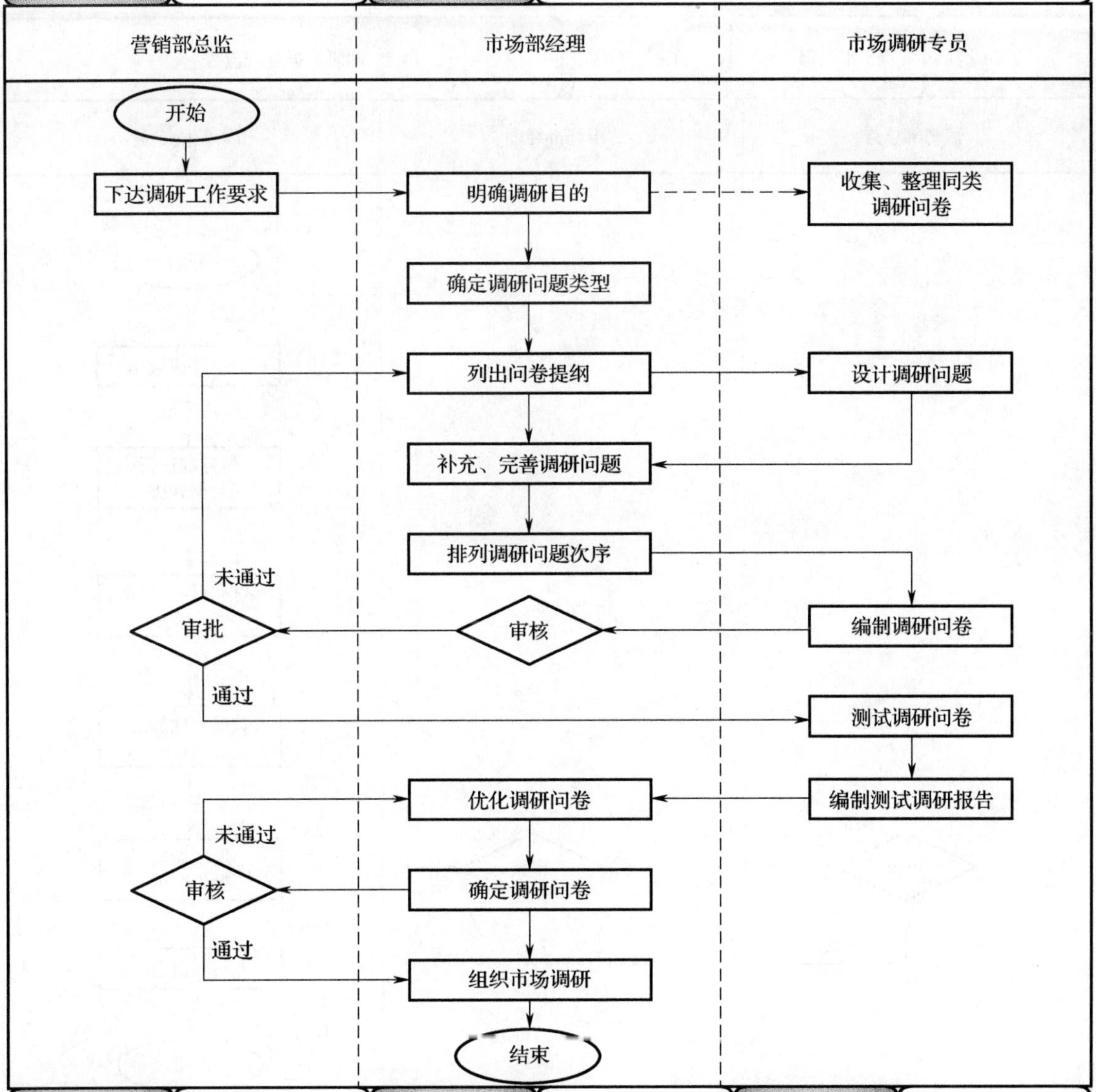

编修部门		签发人		签发日期	

4.5.3 调研数据处理流程优化

1. 优化前的流程

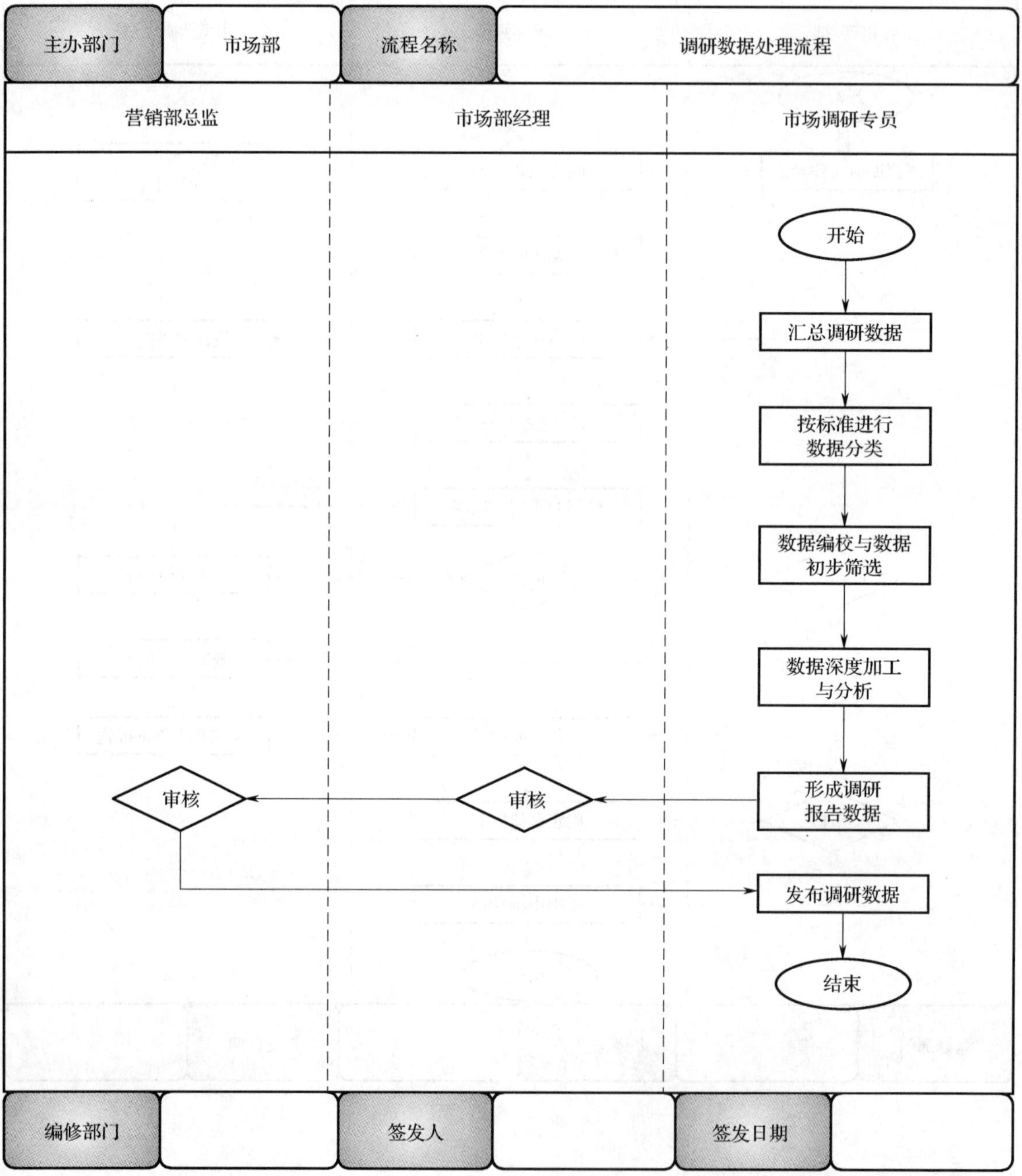

2. 流程优化分析

调研数据处理流程优化分析总表

业务问题分析	1. 协同差、效率低 ☑ 2. 权责分配不合理 ☐ 3. 不适应技术变革 ☐ 4. 不适应组织变革、目标变化 ☐ 5. 程序过于烦琐或简单 ☑ 6. 业务流程早已过时 ☐ 7. 业务执行标准过于严苛 ☐
业务优化思路	1. 精简程序：取消所有不必要的工作环节和内容，精简过于复杂、烦琐的程序 2. 重新分配权责：重新分配流程活动承担者的权责，使得权责清晰并匹配 3. 加强环节衔接：消除对流程的人为分割，防止各自为政造成浪费 4. 重新梳理程序：对流程要素的逻辑关系重新排序，或重新安排工作程序和步骤 5. 重新确立业务执行标准：修改过时的、落后的、过于严苛的业务执行标准，以免影响业务流程的执行效果
业务节点把控	节点 1：在对数据进行深度加工和分析后，市场调研专员应检查数据加工和分析的结果，并剔除偏离实际和存在误差的数据。这两个步骤很重要，为了加强过程监控，不宜合并 节点 2：其他相关部门应对数据加工和分析提供资料支持 节点 3：其他相关部门应根据发布的调研数据和信息的使用情况进行反馈，及时通知市场部 节点 4：市场调研专员应对调研数据和信息的使用进行定期监控，及时查找原因并做相应修正，修正后重新发布
下次优化重点	1. 优化时间：企业管理人员应根据企业经营环境、组织、政策等相应的变化，于合适的时机进行流程优化工作，以使优化后的流程大力提升企业运营效率 2. 职责清晰：明确每一业务活动的管理者、监督者、执行者以及各级责任人的具体职责 3. 关键步骤：细化并凸显关键环节和步骤，以引起重视并提供执行标准 4. 部门配合：对需其他部门或人员配合的业务，需进一步明确，以促进部门间的沟通协作顺畅，并在流程相关运作部门间形成共识 5. 绩效提升：在流程中体现业务与绩效考核的关联，增加业务流程执行的动力 6. 标准变化：以提高效率为目标和原则，优化业务流程的执行及评价标准

3. 优化后的流程

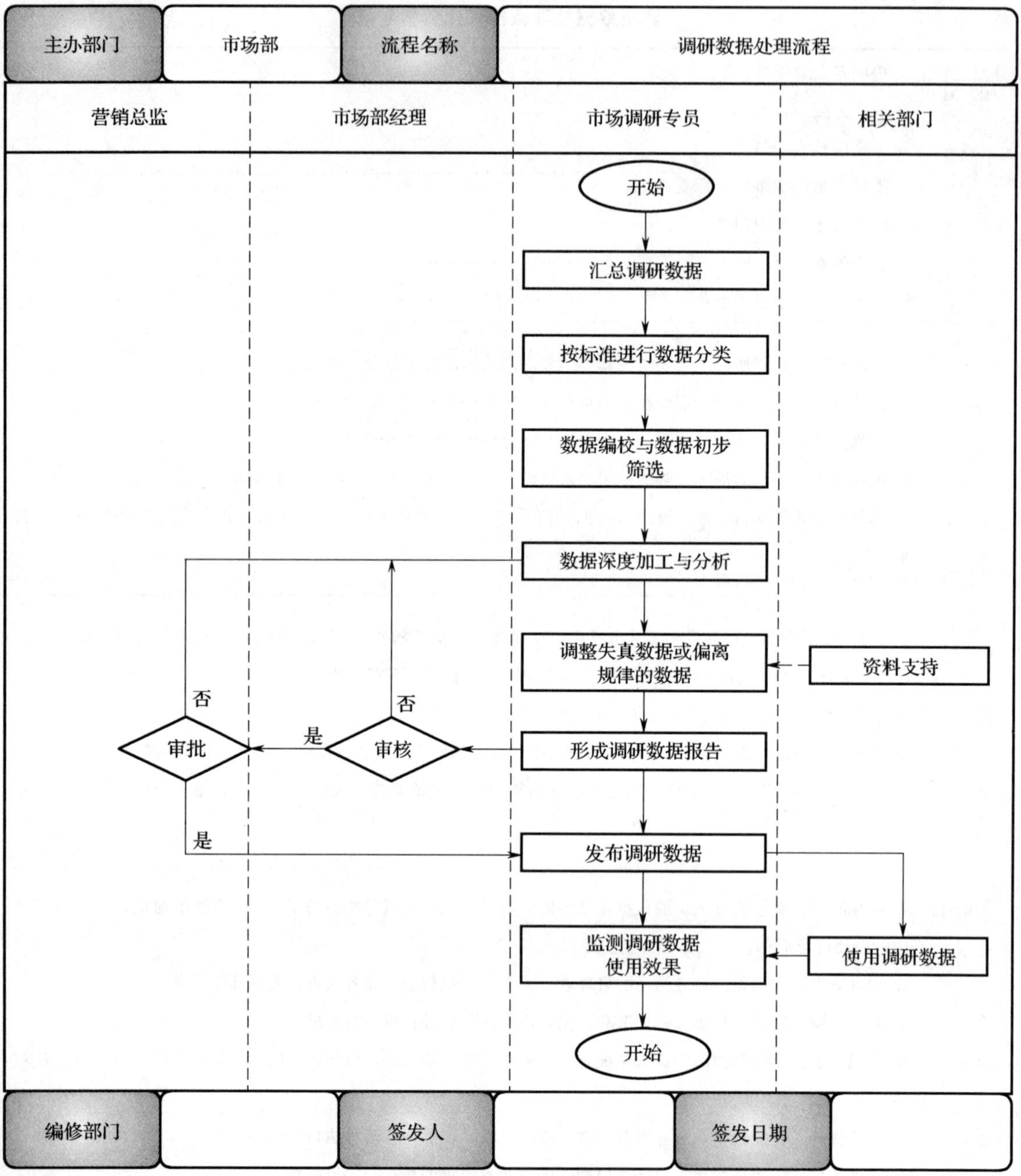
主办部门
市场部
流程名称
调研数据处理流程
营销总监
市场部经理
市场调研专员
相关部门
开始
汇总调研数据
按标准进行数据分类
数据编校与数据初步筛选
数据深度加工与分析
调整失真数据或偏离规律的数据
资料支持
形成调研数据报告
审核
是
否
审批
否
是
发布调研数据
监测调研数据使用效果
使用调研数据
开始
编修部门
签发人
签发日期

4.5.4　市场推广策划流程优化

1. 优化前的流程

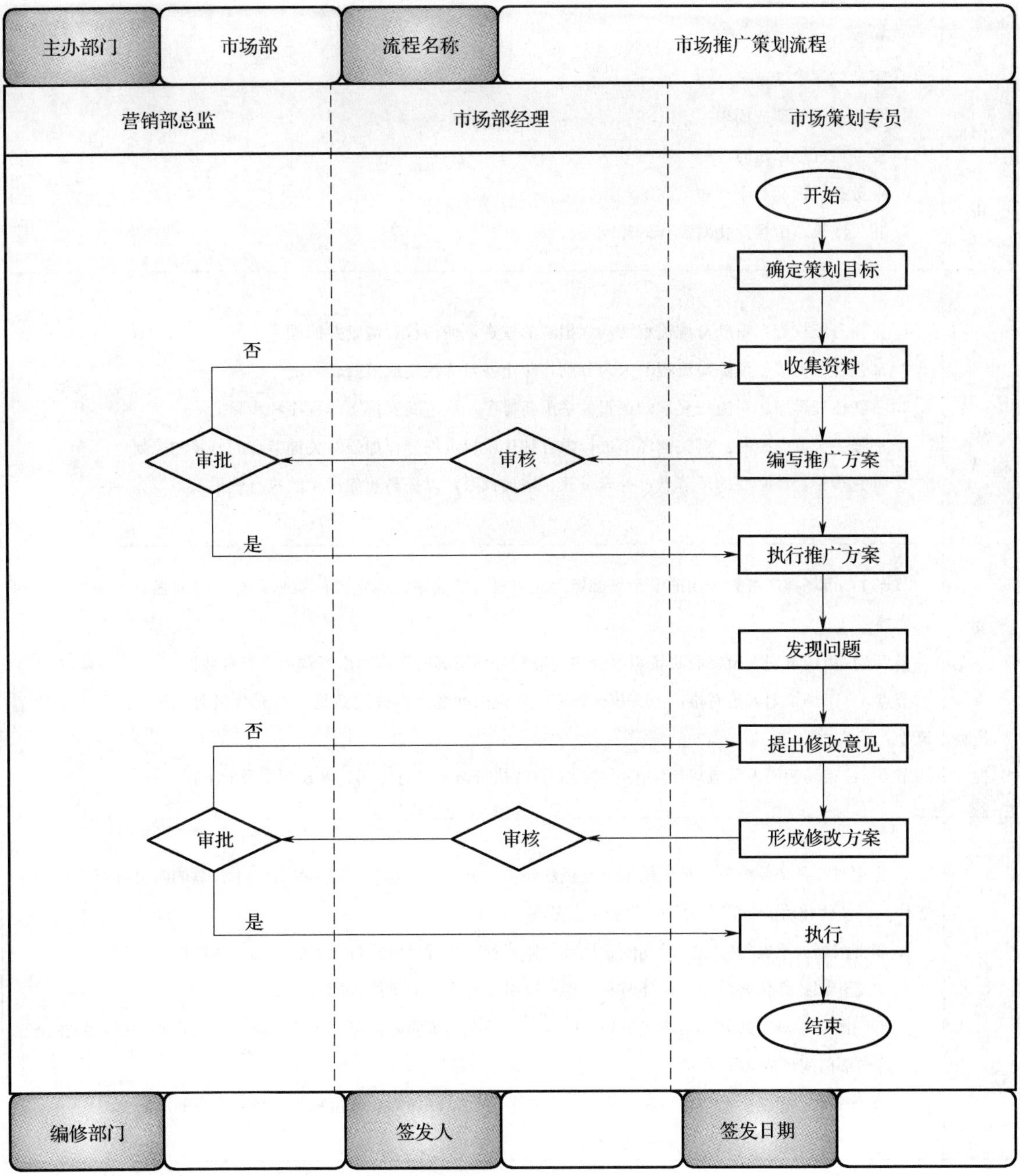

2. 流程优化分析

市场推广策划流程优化分析总表

业务问题分析	1. 协同差、效率低 ☑ 2. 权责分配不合理 ☑ 3. 不适应技术变革 □ 4. 程序过于烦琐或简单 □ 5. 业务流程早已过时 □ 6. 业务执行标准过于严苛 □ 7. 相关政策、市场变化对流程的影响 ☑
业务优化思路	1. 重新分配权责：重新分配流程活动承担者的权责，使得权责清晰并匹配 2. 加强环节衔接：消除对流程的人为分割，防止各自为政造成浪费 3. 重新梳理程序：对流程要素的逻辑关系重新排序，或重新安排工作程序和步骤 4. 加强关键节点控制：对关键环节进行内容细化或权责细分，加强对关键节点的监督和控制 5. 补充步骤：在必要的环节点上补充步骤、增加权限，以提高业务流程的执行效果
业务节点把控	节点1：市场推广策划开始前，市场部经理应明确营销战略，确定推广策划目标，以加强对市场推广策划的监控 节点2：市场策划人员在收集资料过程中，应充分利用其所掌握的市场调研信息和数据 节点3：市场策划人员对推广方案执行过程中发现的问题提出改进意见，在充分吸取市场部经理意见的基础上，达成一致 节点4：市场调研人员应对市场推广修改方案的执行情况进行监测，发现问题及时上报
下次优化重点	1. 优化时间：企业管理人员应根据企业经营环境、组织、政策等相应的变化，于合适的时机进行流程优化工作，以使优化后的流程大力提升企业运营效率 2. 职责清晰：明确每一业务活动的管理者、监督者、执行者以及各级责任人的具体职责 3. 关键步骤：细化并凸显关键环节和步骤，以引起重视并提供执行标准 4. 部门配合：对需其他部门或人员配合的业务，需进一步明确，以促进部门间的沟通协作顺畅，并在流程相关运作部门间形成共识 5. 市场变化：根据市场变化重新审视业务及业务流程，以加强业务流程与市场、客户的匹配度

3. 优化后的流程

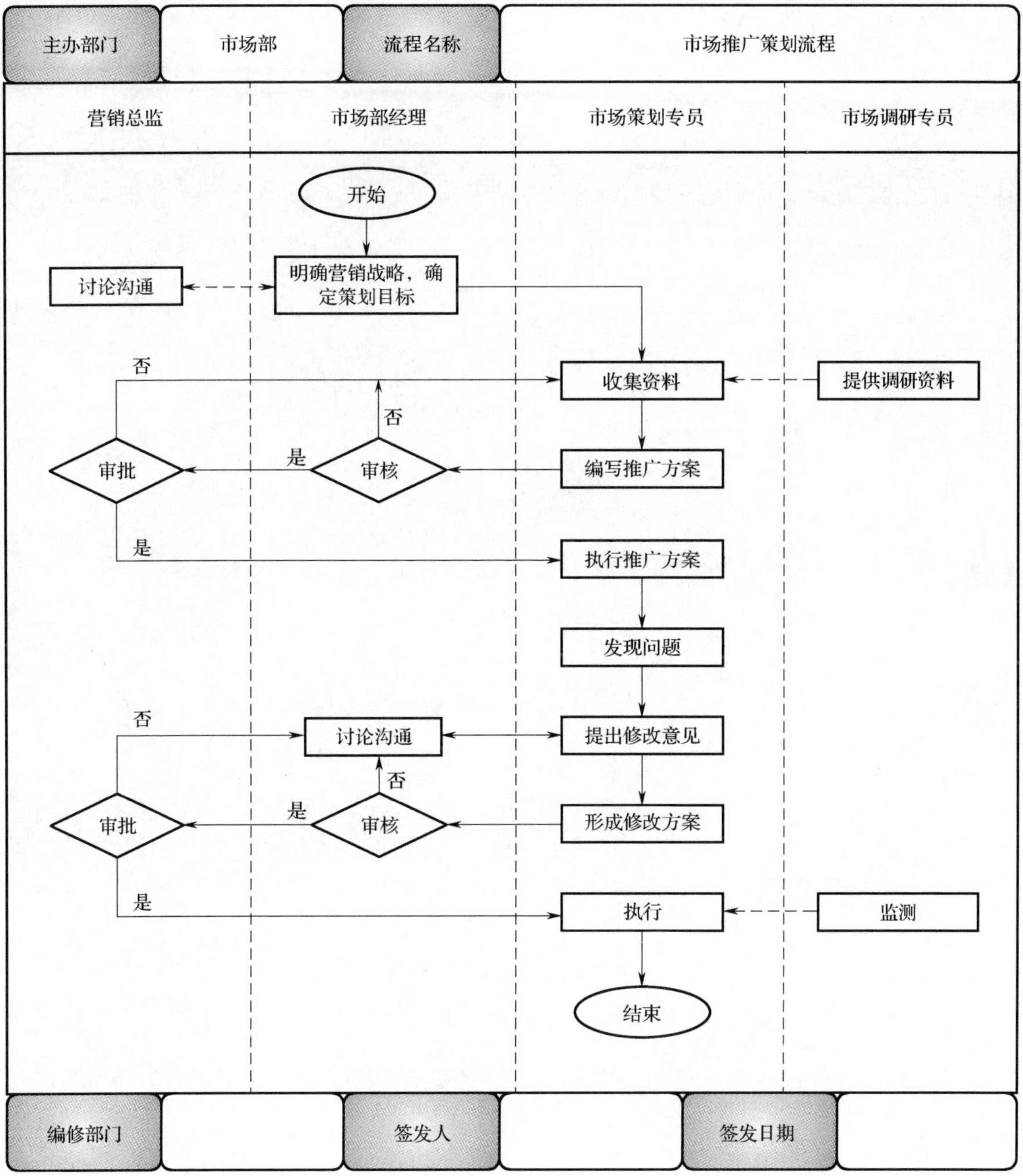
主办部门
市场部
流程名称
市场推广策划流程
营销总监
市场部经理
市场策划专员
市场调研专员
开始
讨论沟通
明确营销战略，确定策划目标
否
收集资料
提供调研资料
否
是
审批
审核
编写推广方案
是
执行推广方案
发现问题
否
讨论沟通
提出修改意见
否
是
审批
审核
形成修改方案
是
执行
监测
结束
编修部门
签发人
签发日期

第 5 章

销售流程优化设计

5.1 销售工作设计分析

5.1.1 销售管理工作分析

1. 销售管理工作维度图

销售管理工作可按下列 7 个维度进行工作分析，具体如图 5—1 所示。

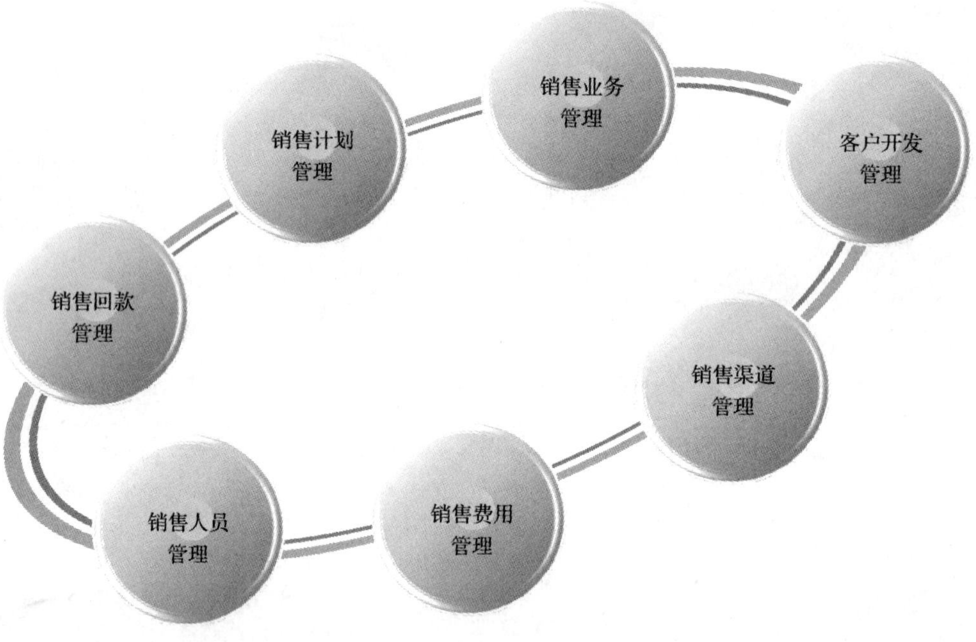

图 5—1 销售管理工作维度

2. 主要管理工作分析表

在表 5—1 中，将销售管理工作的 3 大主要事项进行具体的工作分析。

表 5—1 销售主要管理工作分析表

管理大项	管理子项	重要程度（3 级）	价值创造（3 级）	优化选择
1. 销售计划管理	1）参与制定企业营销计划、营销政策及策略	□3 □2 □1	A B C	
	2）制定企业年、季、月度销售计划	□3 □2 □1	A B C	
	3）组织实施销售计划	□3 □2 □1	A B C	
	4）监督销售计划的执行	□3 □2 □1	A B C	

续表

管理大项	管理子项	重要程度（3级）	价值创造（3级）	优化选择
2. 销售业务管理	5）监控销售业务的全过程，及时解决问题	□3　□2　□1	A　B　C	
	6）组织并参与重要销售项目的谈判	□3　□2　□1	A　B　C	
	7）审核并修订销售合同	□3　□2　□1	A　B　C	
3. 销售渠道管理	8）参与企业销售渠道战略规划，执行企业销售渠道战略	□3　□2　□1	A　B　C	
	9）制定销售渠道开发管理方案并组织实施	□3　□2　□1	A　B　C	
	10）对销售渠道成员进行评估管理	□3　□2　□1	A　B　C	
	11）制定销售渠道成员激励方案并组织实施	□3　□2　□1	A　B　C	
	12）指导销售渠道培训和支持工作	□3　□2　□1	A　B　C	

填写说明："优化选择"栏可从以下5个角度进行多选：1. 组织优化；2. 职责优化；3. 权限优化；4. 分工优化；5. 流程优化。

5.1.2　销售业务工作分析

1. 销售业务工作维度图

销售业务工作可按下列5个维度进行工作分析，具体如图5—2所示。

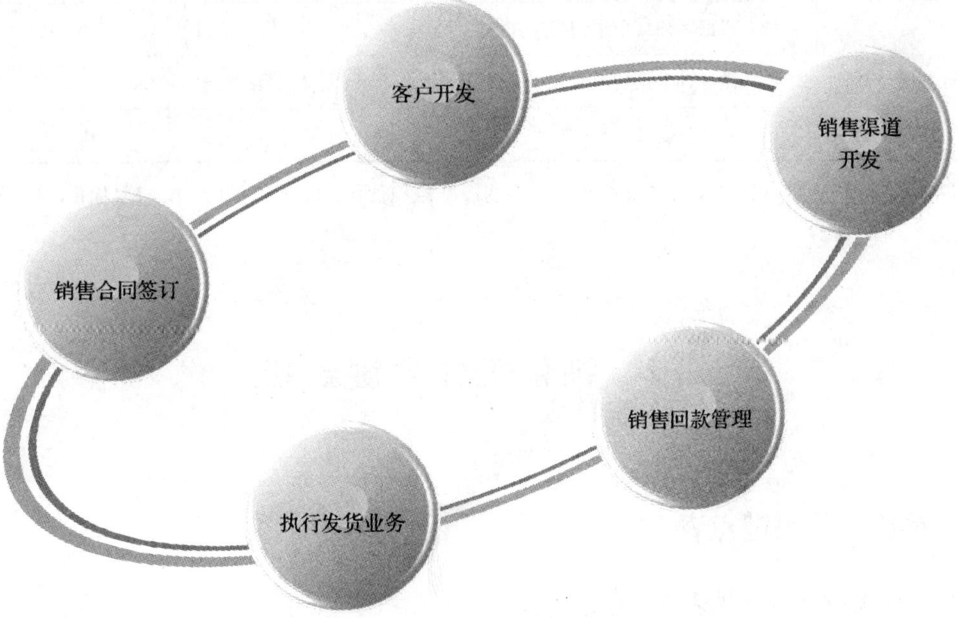

图5—2　销售业务工作维度

2. 主要业务工作分析表

在表5—2中，将销售业务的4大主要事项进行具体的工作分析。

表5—2　　　　　　　　　　销售主要业务工作分析表

业务大项	业务子项	重要程度（3级）	价值创造（3级）	优化选择
1. 客户开发	1）收集客户资料，为销售做准备	□3　□2　□1	A　B　C	
	2）执行客户拜访，完成销售额与销售量	□3　□2　□1	A　B　C	
	3）建立并维护客户关系	□3　□2　□1	A　B　C	
2. 销售渠道开发	4）开发新的销售渠道成员	□3　□2　□1	A　B　C	
	5）整理销售渠道成员信息	□3　□2　□1	A　B　C	
	6）对销售渠道成员进行培训和支持	□3　□2　□1	A　B　C	
	7）负责销售渠道成员的联络、考评、筛选和更新	□3　□2　□1	A　B　C	
3. 销售回款管理	8）做好销售业务对账工作	□3　□2　□1	A　B　C	
	9）做好应收账款核算工作	□3　□2　□1	A　B　C	
	10）定期对应收账款进行催收	□3　□2　□1	A　B　C	
	11）将收回的账款及时报账	□3　□2　□1	A　B　C	
4. 执行发货	12）根据客户订单组织发货工作	□3　□2　□1	A　B　C	
	13）做好日常发货流水账	□3　□2　□1	A　B　C	
	14）做好退换货工作	□3　□2　□1	A　B　C	

填写说明："优化选择"栏可从以下5个角度进行多选：1. 组织优化；2. 职责优化；3. 权限优化；4. 分工优化；5. 流程优化。

5.2　销售工作关键要素

5.2.1　销售工作关键点表

销售工作关键点设计见表5—3。

表 5—3　　销售工作关键点设计表

销售工作关键点表				
销售工作关键点表	管理工作	制定销售计划	制定销售控制目标	下达费用控制目标
		分解销售预算	审核销售订单	审批销售报告
		组织合同初步评审	审核销售回款	审批客户退货
	业务工作	制定销售拜访计划	编写销售拜访报告	接受客户订单
		签订销售合同	检查货款支付情况	编写销售台账
		填写发货通知	审核客户退货信息	填写退货单

5.2.2　销售工作考核量表

销售工作考核指标及指标说明见表 5—4。

表 5—4　　销售工作考核量表

考核维度	指标名称	指标说明	指标值
管理事项	销售增长率	$\frac{\text{当期销售额或销售量}}{\text{上期（或去年同期）销售额或销售量}}\times100\%-1$	____%
	销售计划达成率	$\frac{\text{实际完成的销售额或销售量}}{\text{计划完成的销售额或销售量}}\times100\%$	____%
	经销商覆盖率	$\frac{\text{签约的经销商数量}}{\text{计划开发的经销商数量}}\times100\%$	____%
	销售毛利率	$\frac{\text{销售收入}-\text{销售成本}}{\text{销售收入}}\times100\%$	____%
	销售费用节省率	$\frac{\text{销售费用预算}-\text{实际发生的销售费用}}{\text{销售费用预算}}\times100\%$	____%
	销售回款率	$\frac{\text{实际回款金额}}{\text{应回款金额}}\times100\%$	____%
	回款费用率	$\frac{\text{回款发生的费用}}{\text{实际回款额}}\times100\%$	____%
	坏账率	$\frac{\text{坏账损失}}{\text{主营业务收入}}\times100\%$	____%
	差旅费预算达成率	$\frac{\text{实际发生的差旅费}}{\text{差旅费预算}}\times100\%$	____%
	公关费费效比	$\frac{\text{实际增长的公关费}}{\text{当期增长的销售收入}}\times100\%$	____%

续表

考核维度	指标名称	指标说明	指标值
业务事项	销售目标完成率	$\frac{\text{实际销售额}}{\text{目标销售额}}\times100\%$	____%
	客户的产品首荐率	$\frac{\text{产品首荐次数}}{\text{产品调查次数}}\times100\%$	____%
	终端覆盖率	$\frac{\text{完成终端数}}{\text{规划终端数}}\times100\%$	____%
	应收账款逾期率	$\frac{\text{逾期应收账款}}{\text{合同应收账款}}\times100\%$	____%
	销售回款及时率	$\frac{\text{实际回款金额}}{\text{应收回款金额}}\times100\%$	____%
	回款任务完成率	$\frac{\text{实际回款率}}{\text{计划回款率}}\times100\%$	____%
	客户回访率	$\frac{\text{客户回访量}}{\text{客户总数}}\times100\%$	____%
	合同履约率	$\frac{\text{履约合同总数}}{\text{签订合同总数}}\times100\%$	____%
	客户流失率	$\frac{\text{顾客流失的数量}}{\text{全部服务顾客的数量}}\times100\%$	____%
	投诉解决率	$\frac{\text{解决的投诉数}}{\text{投诉总数}}\times100\%$	____%
	对客户意见在标准时间内的反馈率	$\frac{\text{在标准时间内反馈客户意见的次数}}{\text{总共需要反馈的次数}}\times100\%$	____%
	经销商流失率	$\frac{\text{主动流失的经销商数量}}{\text{所服务的经销商总数}}\times100\%$	____%
	铺货率	$\frac{\text{实际上有产品陈列的店头数量}}{\text{产品所应陈列的店头数量}}\times100\%$	____%
	销售报告及时提交率	$\frac{\text{及时提交报表的次数}}{\text{公司规定需提交报表的次数}}\times100\%$	____%

5.3 销售流程优化设计

5.3.1 销售管理流程体系设计

销售管理流程体系设计如图 5—3 所示。

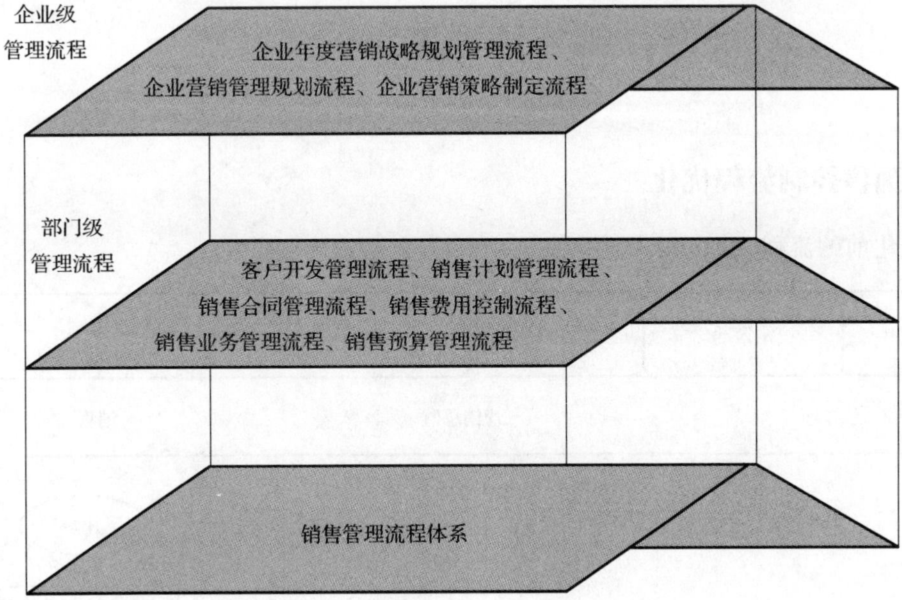

图 5—3 销售管理流程体系设计图

5.3.2 销售业务流程体系设计

销售业务流程体系如图 5—4 所示。

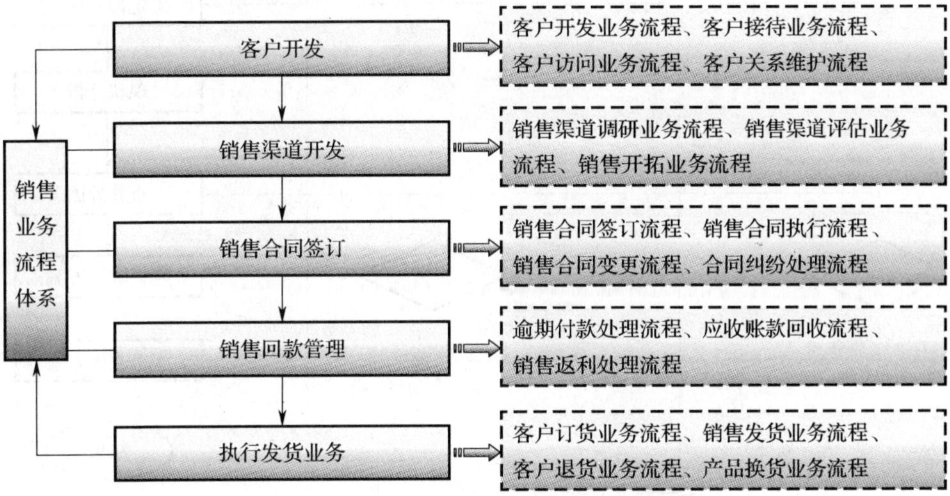

图 5—4 销售业务流程体系设计图

5.4 销售管理流程优化案例

5.4.1 销售控制流程优化

1. 优化前的流程

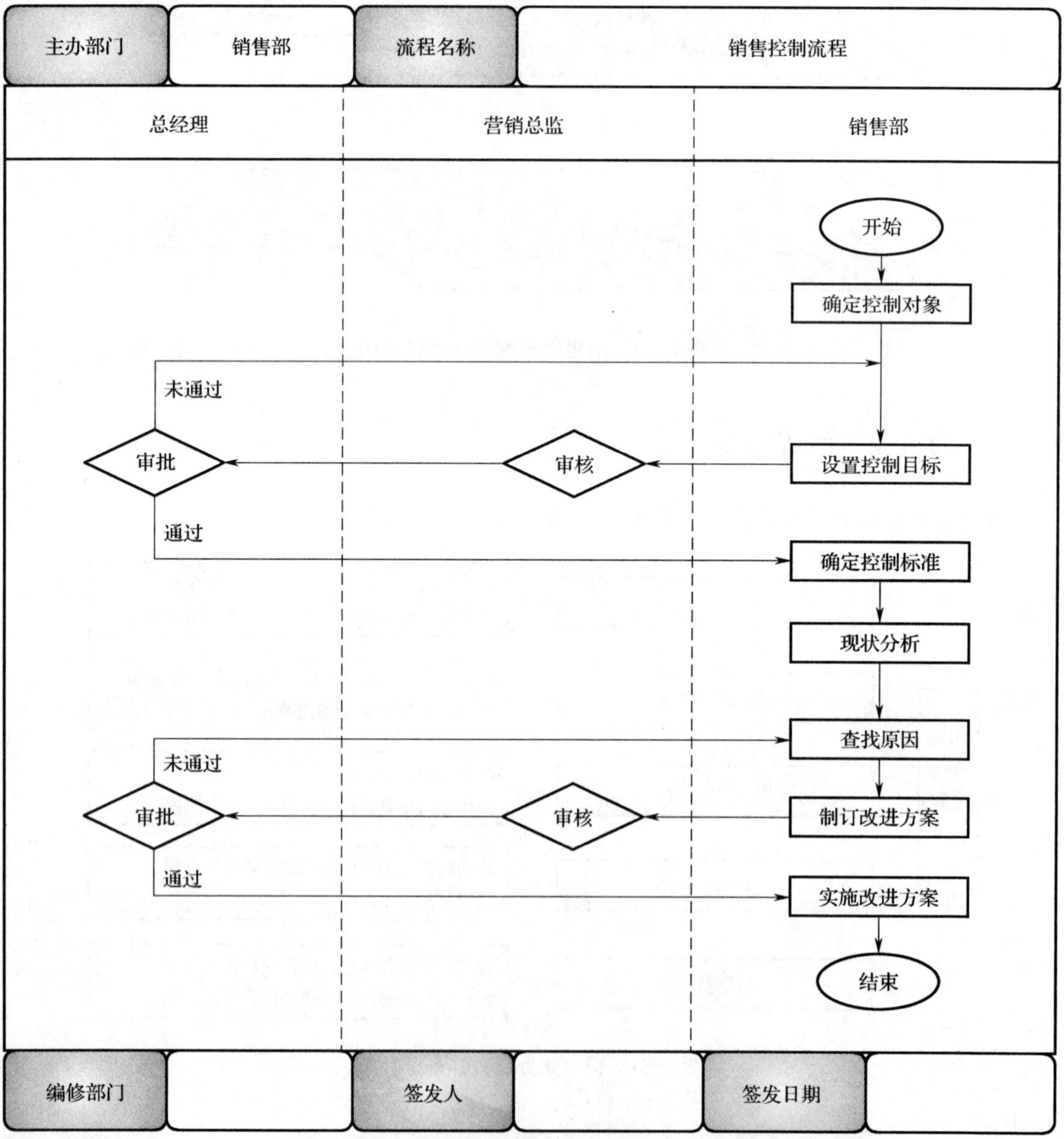

2. 流程优化分析

销售控制流程优化分析总表

流程问题分析	1. 协同差、效率低 ☑ 2. 权责分配不合理 ☑ 3. 不适应技术变革 □ 4. 不适应组织变革、目标变化 □ 5. 流程过于烦琐或简单 □ 6. 制度、操作标准变化对流程的影响 □
流程优化思路	1. 拆分：由于环节跨领域（专业或部门）或是因工作量超过该环节上的工作人员所能承受的负担，为了提高工作效率，需要将流程环节进行拆分 2. 细化：增加或细化关键（重要）环节，以具体、明确或凸显关键节点 3. 补充：在必要的环节点上补充步骤、增加权限，以加强管理内审和内控 4. 简化：简化不必要的审核审批程序，避免过多的事前串行审批，改为并行审批或者事中、事后控制
流程节点把控	节点 1：可简化对销售控制目标的审核，以避免过多的事前串行审批影响工作效率 节点 2：销售部应建立衡量控制目标是否实现或实现程度的标准，以加强管理 节点 3：在分析销售部现状时，应将工作细分，比较实际业绩与控制目标，找出实际业绩与控制目标存在的差距 节点 4：销售部应组织销售人员召开相关会议对实绩与标准的偏差进行分析
下次优化重点	1. 优化时间：企业管理人员应根据企业经营环境、组织、政策等相应的变化，于合适的时机进行流程优化工作，以使优化后的流程大力提升企业运营效率 2. 权限调整：明确并具体权限，避免流程上的权限与职责不匹配，管理工作无法开展 3. 关键步骤：明确并细化关键步骤，凸显关键节点的重要性 4. 部门协调：打破部门间壁垒，消除层级关卡，增强横向协作 5. 绩效提升：基于可运作的现实性和可改进的方向，最大限度地提升绩效 6. 程序衔接：对管理流程进行整体统筹，避免程序衔接不紧密或执行不顺畅 7. 市场变化：根据市场变化重新审视管理工作及流程，以加强管理工作与市场要求的匹配度

3. 优化后的流程

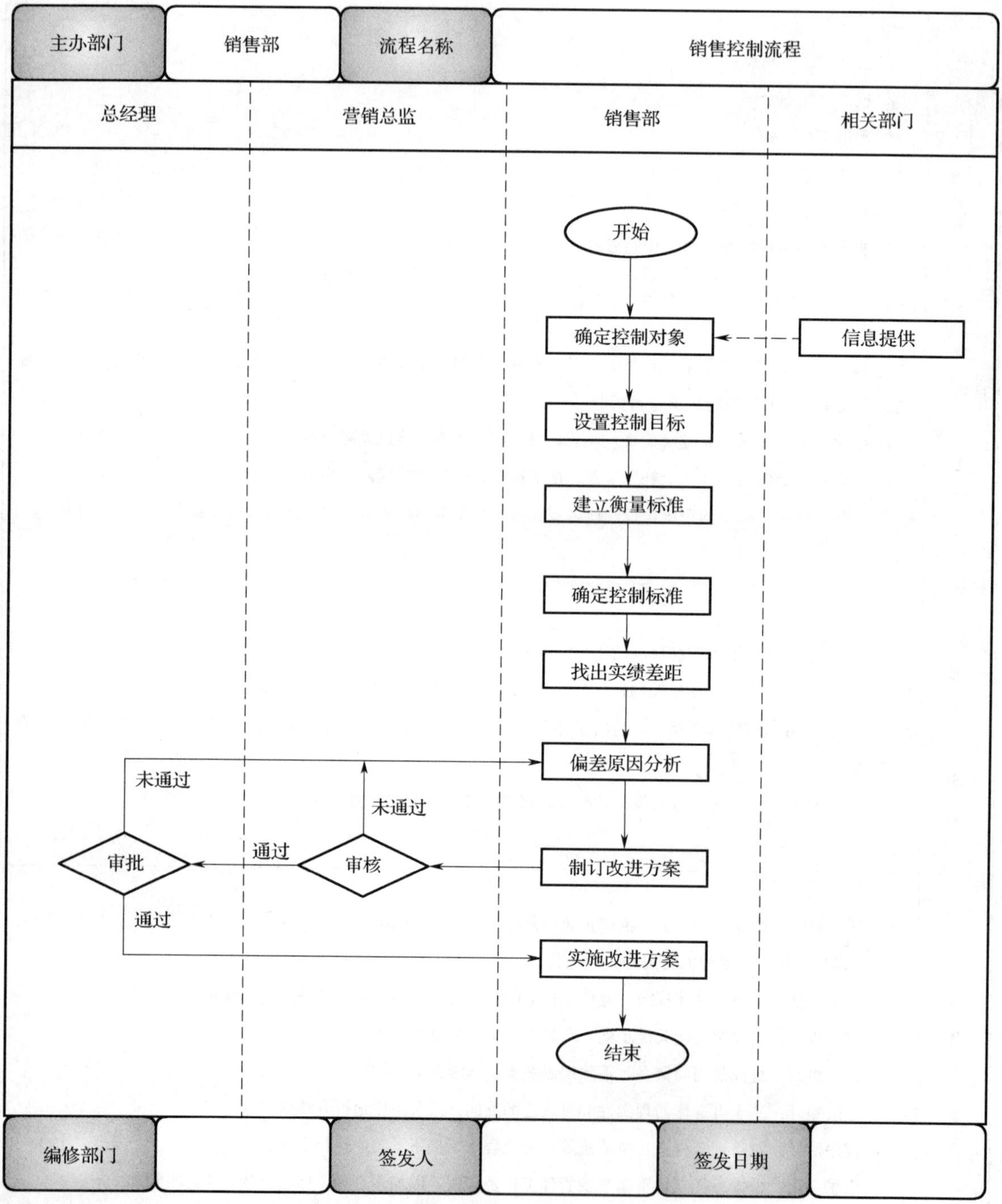
主办部门
销售部
流程名称
销售控制流程
总经理
营销总监
销售部
相关部门
开始
确定控制对象
信息提供
设置控制目标
建立衡量标准
确定控制标准
找出实绩差距
偏差原因分析
未通过
未通过
通过
审批
审核
制订改进方案
通过
实施改进方案
结束
编修部门
签发人
签发日期

5.4.2　合同评审流程优化

1. 优化前的流程

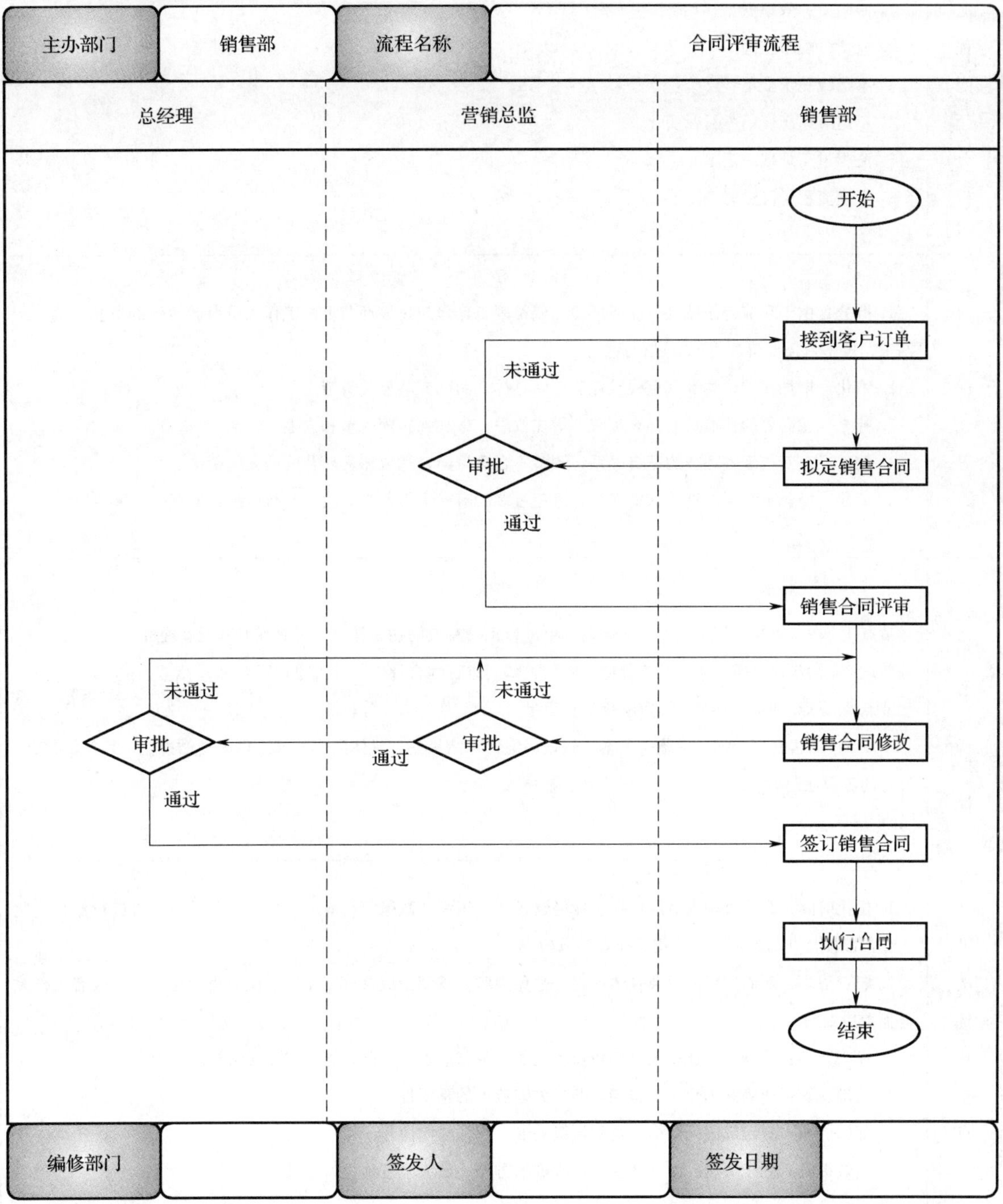

2. 流程优化分析

合同评审流程优化分析总表

流程问题分析	1. 协同差、效率低 ☑ 2. 权责分配不合理 ☑ 3. 不适应技术变革 □ 4. 不适应组织变革、目标变化 □ 5. 流程过于烦琐或简单 ☑ 6. 管理流程早已过时 ☑
流程优化思路	1. 拆分：由于环节跨领域（专业或部门）或是因工作量超过该环节上的工作人员所能承受的负担，为了提高工作效率，需要将流程环节进行拆分 2. 细化：增加或细化关键（重要）环节，以具体、明确或凸显关键节点 3. 补充：在必要的环节点上补充步骤、增加权限，以加强管理内审和内控 4. 调整：重新梳理各环节的逻辑关系，调整不合理流向，达成流程环节间的无缝衔接 5. 简化：简化不必要的审核审批程序，避免过多的事前串行审批，改为并行审批或者事中、事后控制
流程节点把控	节点 1：在获得客户订单之后，应该对订单进行正确有效的初步评审，以确保对其正确理解 节点 2：初步评审通过后，销售部应组织相关部门进行综合评审，并汇总评审意见 节点 3：总经理对各部门的评审结果进行审批 节点 4：销售合同应该采用统一范本，根据最终评审结果签订具体内容。原流程中遵循拟定、评审、修改、签订的步骤已过时
下次优化重点	1. 优化时间：企业管理人员应根据企业经营环境、组织、政策等相应的变化，于合适的时机进行流程优化工作，以使优化后的流程大力提升企业运营效率 2. 职责清晰：明确责任人以及具体职责，避免因职责模糊造成管理工作推诿使流程无法执行，或者工作重叠而造成浪费 3. 权限调整：明确并具体权限，避免流程上的权限与职责不匹配，管理工作无法开展 4. 关键步骤：明确并细化关键步骤，凸显关键节点的重要性 5. 部门协调：打破部门间壁垒，消除层级关卡，增强横向协作 6. 绩效提升：基于可运作的现实性和可改进的方向，最大限度地提升绩效

3. 优化后的流程

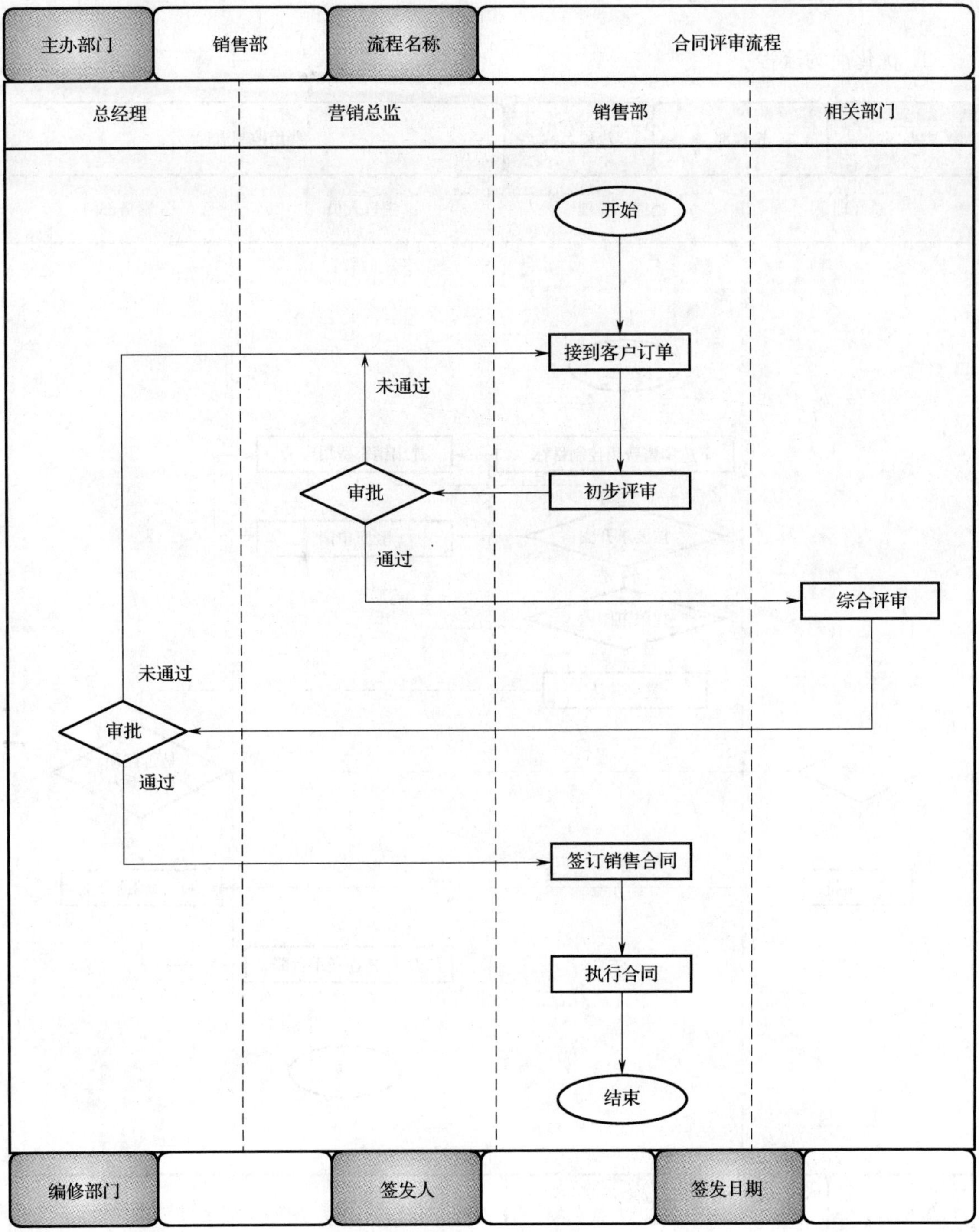
主办部门
销售部
流程名称
合同评审流程
总经理
营销总监
销售部
相关部门
开始
接到客户订单
未通过
初步评审
审批
通过
综合评审
未通过
审批
通过
签订销售合同
执行合同
结束
编修部门
签发人
签发日期

5.4.3 费用控制流程优化

1. 优化前的流程

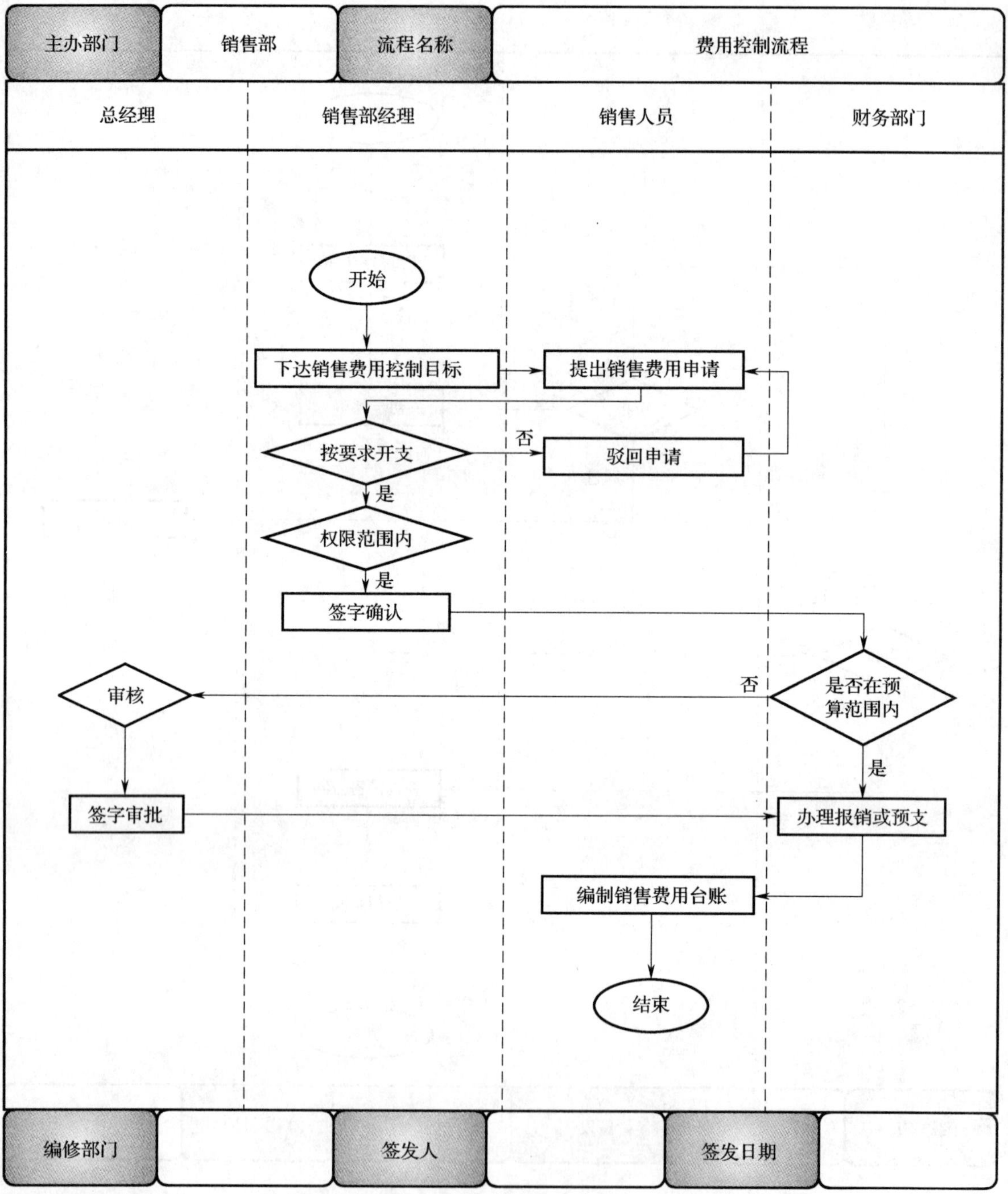

2. 流程优化分析

费用控制流程优化分析总表

流程问题分析	1. 协同差、效率低 □ 2. 权责分配不合理 ☑ 3. 不适应技术变革 □ 4. 不适应组织变革、目标变化 □ 5. 流程过于烦琐或简单 ☑ 6. 管理流程早已过时 □
流程优化思路	1. 拆分：由于环节跨领域（专业或部门）或是因工作量超过该环节上的工作人员所能承受的负担，为了提高工作效率，需要将流程环节进行拆分 2. 细化：增加或细化关键（重要）环节，以具体、明确或凸显关键节点 3. 补充：在必要的环节点上补充步骤、增加权限，以加强管理内审和内控 4. 调整：重新梳理各环节的逻辑关系，调整不合理流向，达成流程环节间的无缝衔接
流程节点把控	节点1：销售部经理应先完善销售费用管理制度，为销售费用的控制提供依据 节点2：销售部经理应先对销售费用预算进行分解，以明确销售费用控制目标 节点3：财务部审核费用时，即使费用在预算范围之内，也应经由总经理签字批准之后才能办理报销或预支 节点4：销售部经理应定期分析销售费用控制情况，并制定后续销售费用控制方案，以加强对销售费用的管理和控制
下次优化重点	1. 优化时间：企业管理人员应根据企业经营环境、组织、政策等相应的变化，于合适的时机进行流程优化工作，以使优化后的流程大力提升企业运营效率 2. 权限调整：明确并具体权限，避免流程上的权限与职责不匹配，管理工作无法开展 3. 关键步骤：明确并细化关键步骤，凸显关键节点的重要性 4. 部门协调：打破部门间壁垒，消除层级关卡，增强横向协作 5. 绩效提升：基于可运作的现实性和可改进的方向，最大限度地提升绩效 6. 程序衔接：对管理流程进行整体统筹，避免程序衔接不紧密或执行不顺畅

3. 优化后的流程

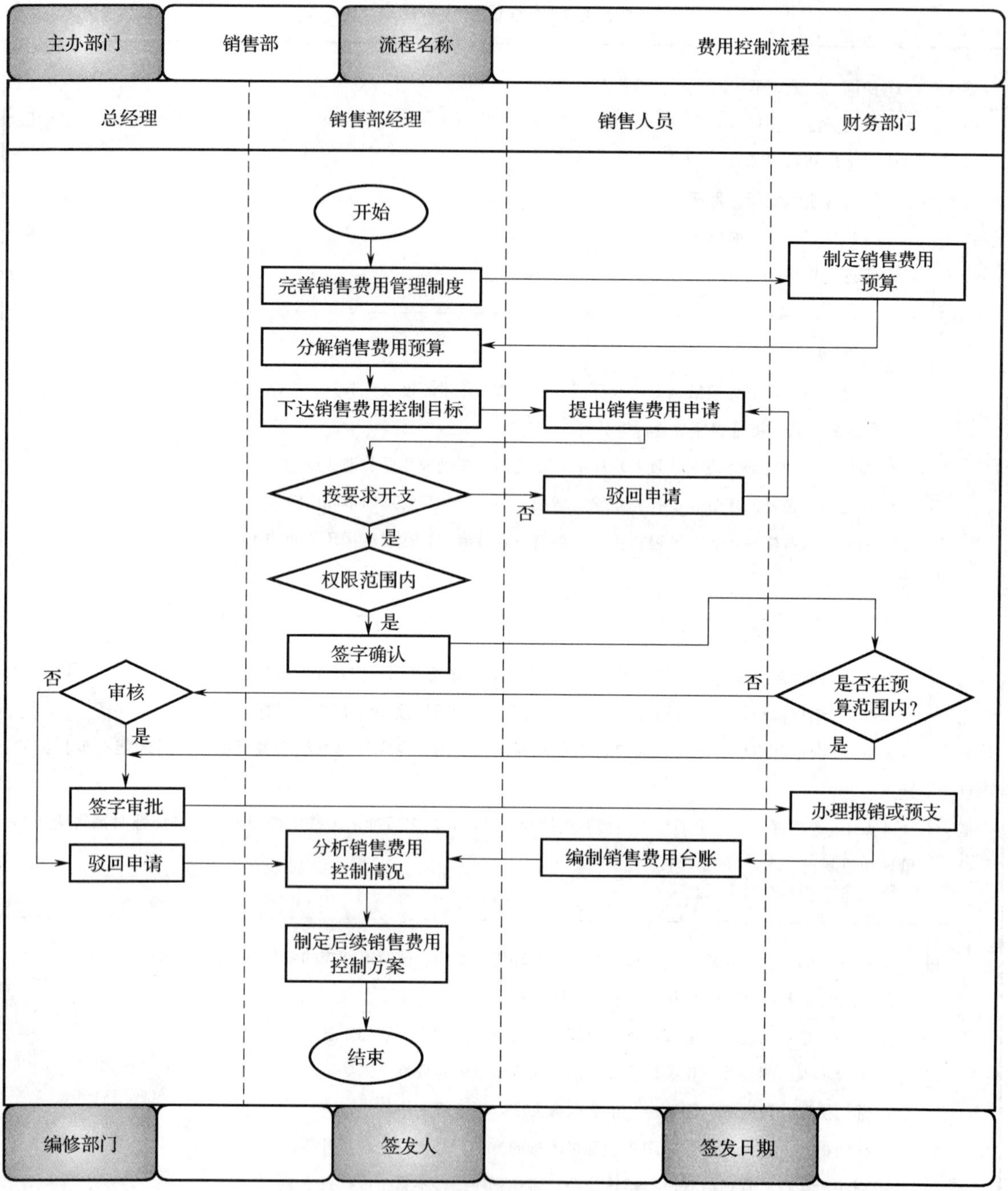
主办部门
销售部
流程名称
费用控制流程
总经理
销售部经理
销售人员
财务部门
开始
完善销售费用管理制度
制定销售费用预算
分解销售费用预算
下达销售费用控制目标
提出销售费用申请
按要求开支
否
驳回申请
是
权限范围内
是
签字确认
否
审核
否
是否在预算范围内?
是
是
签字审批
办理报销或预支
驳回申请
分析销售费用控制情况
编制销售费用台账
制定后续销售费用控制方案
结束
编修部门
签发人
签发日期

5.5　销售业务流程优化案例

5.5.1　销售拜访流程优化

1. 优化前的流程

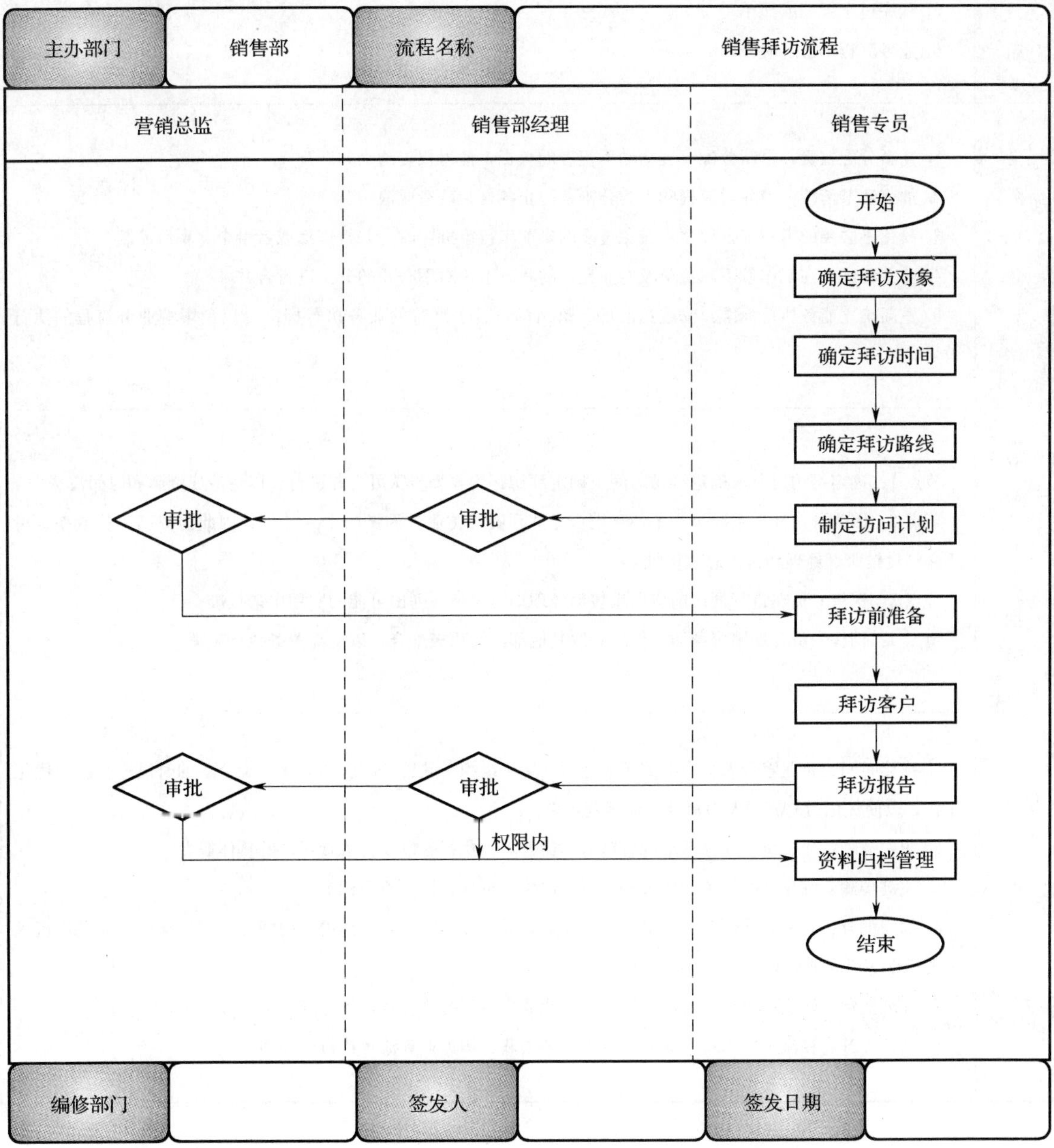

2. 流程优化分析

销售拜访流程优化分析总表

业务问题分析	1. 协同差、效率低 □ 2. 权责分配不合理 ☑ 3. 不适应技术变革 □ 4. 不适应组织变革、目标变化 □ 5. 程序过于烦琐或简单 ☑ 6. 业务流程早已过时 □
业务优化思路	1. 重新分配权责：重新分配流程活动承担者的权责，使得权责清晰并匹配 2. 加强环节衔接：消除对流程的人为分割，防止各自为政造成浪费 3. 简化不必要的审核审批程序：避免过多的事前串行审批，改为并行审批或者事中、事后控制 4. 合并程序：在工作量不超负荷及专业允许的状态下，对不必要的分工进行合并 5. 重新确立业务执行标准：修改过时的、落后的、过于严苛的业务执行标准，以免影响业务流程的执行效果
业务节点把控	节点1：确定拜访对象、确定拜访时间、确定拜访路线3个步骤可合并进行，以免造成资源和时间浪费 节点2：因为拜访计划主要是为了便于销售专员开展拜访业务而做的个人计划，因此为提高工作效率，可不必经过销售部经理和营销总监审批 节点3：销售专员在进行拜访前应向销售部经理提出申请，列出可能的费用申请批准 节点4：销售专员开展销售拜访工作应获取其他部门的积极配合，以提高业务执行效率
下次优化重点	1. 优化时间：企业管理人员应根据企业经营环境、组织、政策等相应的变化，于合适的时机进行流程优化工作，以使优化后的流程大力提升企业运营效率 2. 职责清晰：明确每一业务活动的管理者、监督者、执行者以及各级责任人的具体职责 3. 关键步骤：细化并凸显关键环节和步骤，以引起重视并提供执行标准 4. 部门配合：对需其他部门或人员配合的业务，需进一步明确，以促进部门间的沟通协作顺畅，并在流程相关运作部门间形成共识 5. 标准变化：以提高效率为目标和原则，优化业务流程的执行及评价标准 6. 绩效提升：在流程中体现业务与绩效考核的关联，增加业务流程执行的动力

3. 优化后的流程

主办部门	销售部	流程名称	销售拜访流程

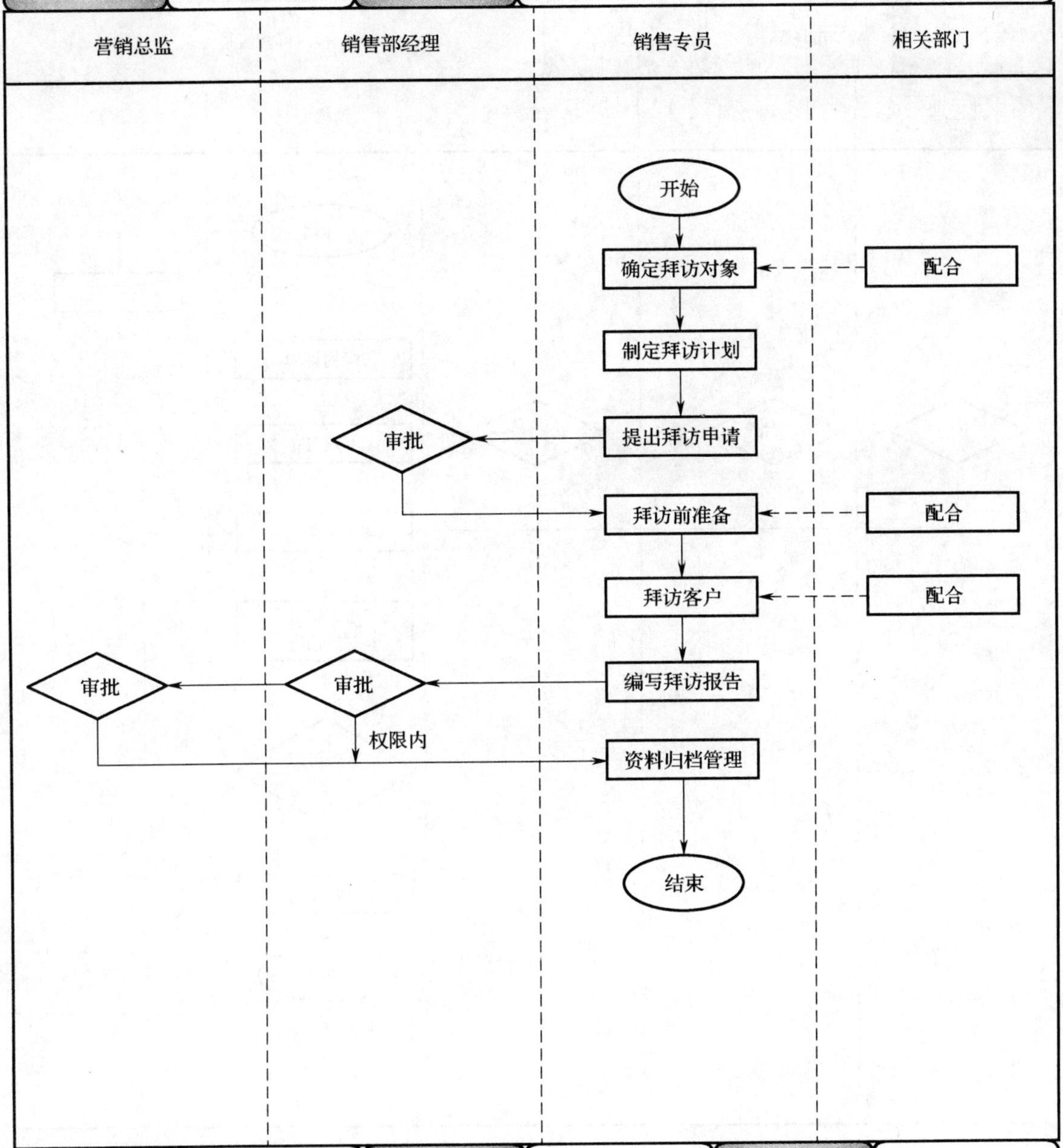

编修部门		签发人		签发日期	

5.5.2 客户订货流程优化

1. 优化前的流程

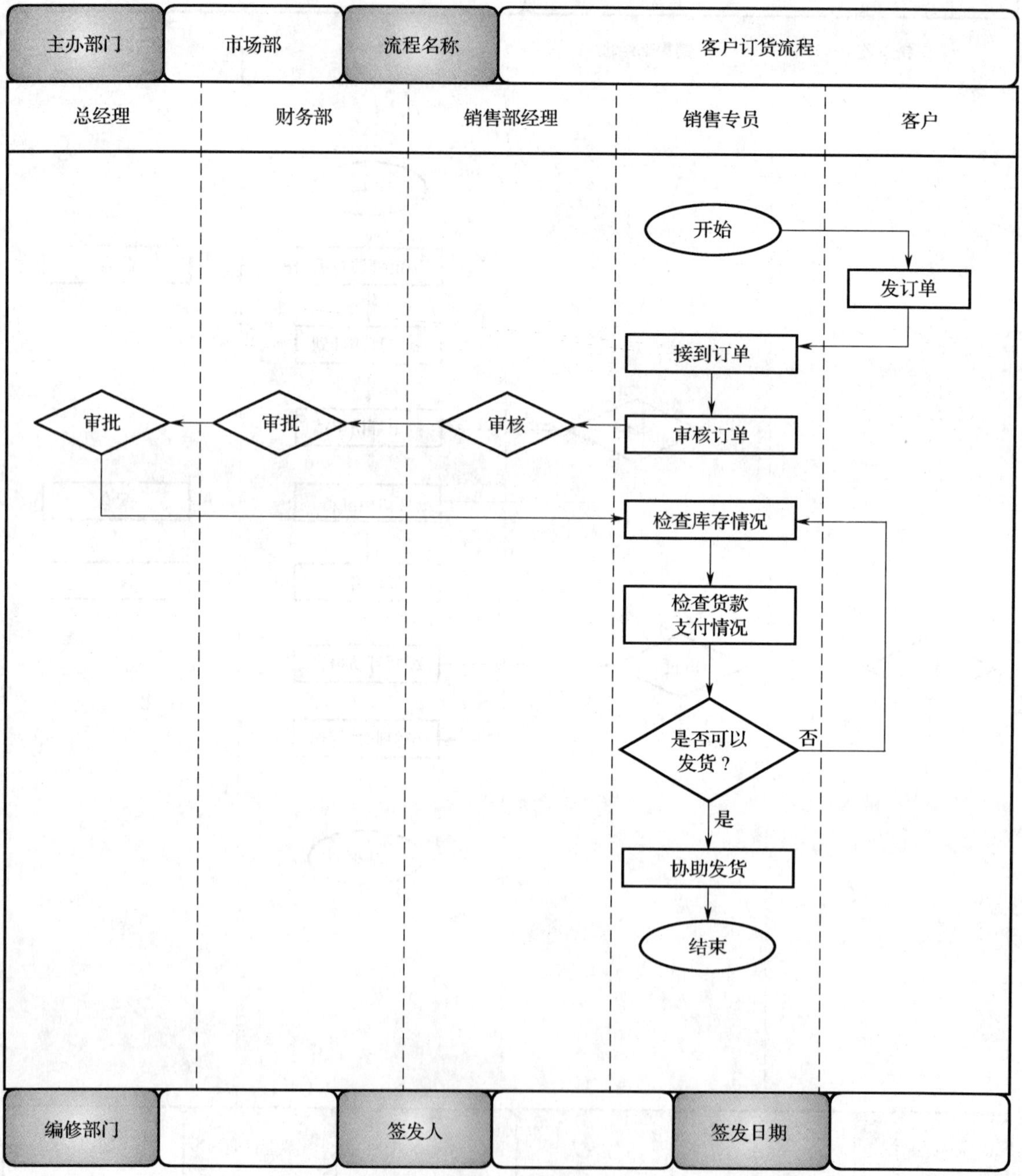

2. 流程优化分析

客户订货流程优化分析总表

业务问题分析	1. 协同差、效率低 ☑ 2. 权责分配不合理 ☑ 3. 不适应技术变革 ☐ 4. 不适应组织变革、目标变化 ☐ 5. 程序过于烦琐或简单 ☐ 6. 业务流程早已过时 ☐ 7. 业务执行标准过于严苛 ☐
业务优化思路	1. 精简程序：取消所有不必要的工作环节和内容，精简过于复杂、烦琐的程序 2. 重新分配权责：重新分配流程活动承担者的权责，使得权责清晰并匹配 3. 重新梳理程序：对流程要素的逻辑关系重新排序，或重新安排工作程序和步骤 4. 加强关键节点控制：对关键环节进行内容细化或权责细分，加强对关键节点的监督和控制 5. 重新确立业务执行标准：修改过时的、落后的、过于严苛的业务执行标准，以免影响业务流程的执行效果
业务节点把控	节点1：接到客户订单后，销售专员可对订单进行初步审核，不必在此阶段要求销售部经理、财务部、总经理审核，以免造成工作浪费 节点2：销售专员在审查、确认客户货款支付情况及信用记录时，可要求财务部配合 节点3：销售专员在确认订单数量、货款等相关事宜之后，将订单上报给销售经理审核 节点4：销售经理审核后的订单应由财务部进行货款支付方面的进一步审批，最后由总经理审批
下次优化重点	1. 优化时间：企业管理人员应根据企业经营环境、组织、政策等相应的变化，于合适的时机进行流程优化工作，以使优化后的流程大力提升企业运营效率 2. 组织变化：重新审视组织目标，根据组织变化进行流程变革或调整 3. 职责清晰：明确每一业务活动的管理者、监督者、执行者以及各级责任人的具体职责 4. 部门配合：对需其他部门或人员配合的业务，需进一步明确，以促进部门间的沟通协作顺畅，并在流程相关运作部门间形成共识 5. 绩效提升：在流程中体现业务与绩效考核的关联，增加业务流程执行的动力 6. 标准变化：以提高效率为目标和原则，优化业务流程的执行及评价标准

3. 优化后的流程

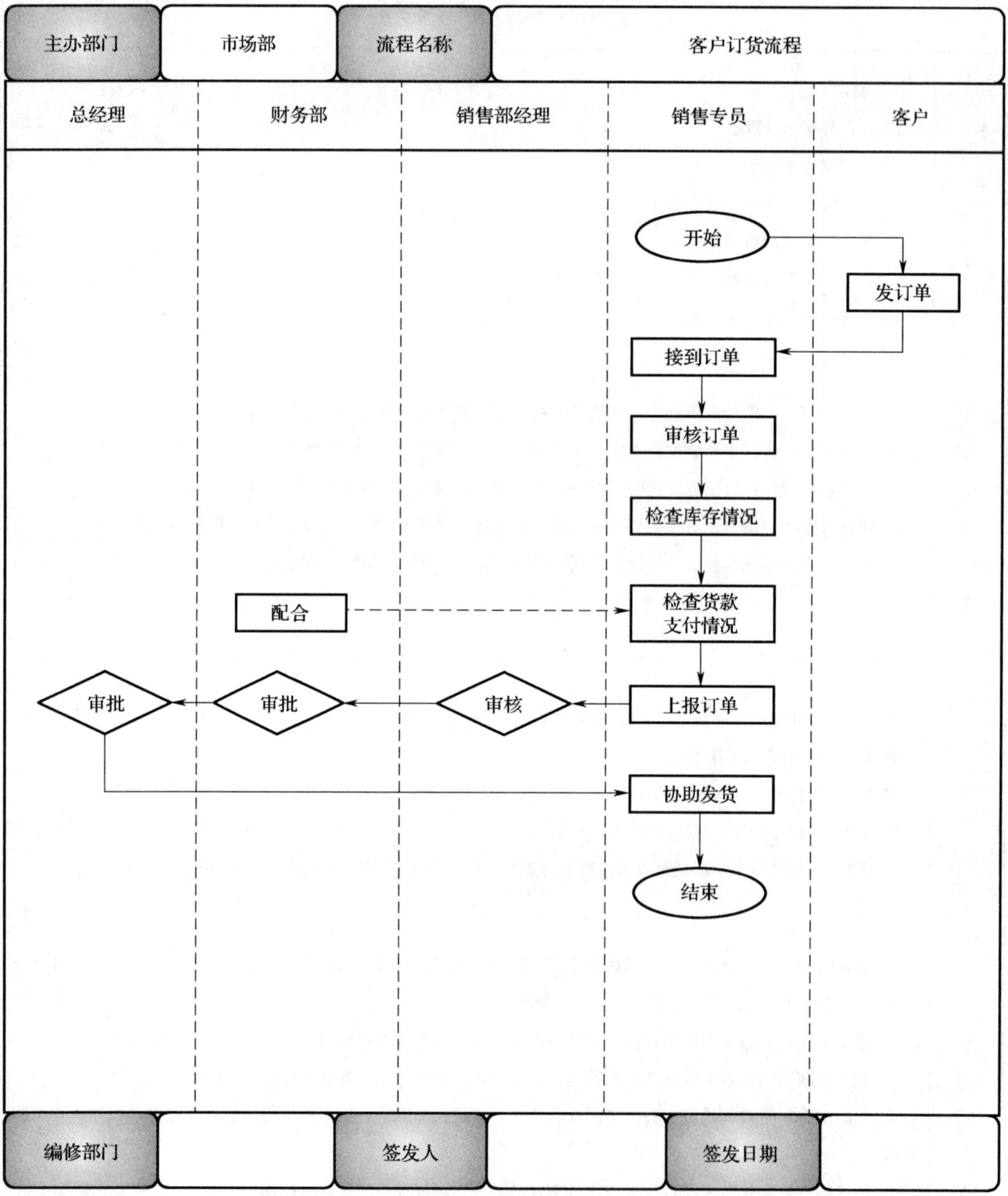
主办部门
市场部
流程名称
客户订货流程
总经理
财务部
销售部经理
销售专员
客户
开始
发订单
接到订单
审核订单
检查库存情况
配合
检查货款
支付情况
审批
审批
审核
上报订单
协助发货
结束
编修部门
签发人
签发日期

5.5.3　销售发货流程优化

1. 优化前的流程

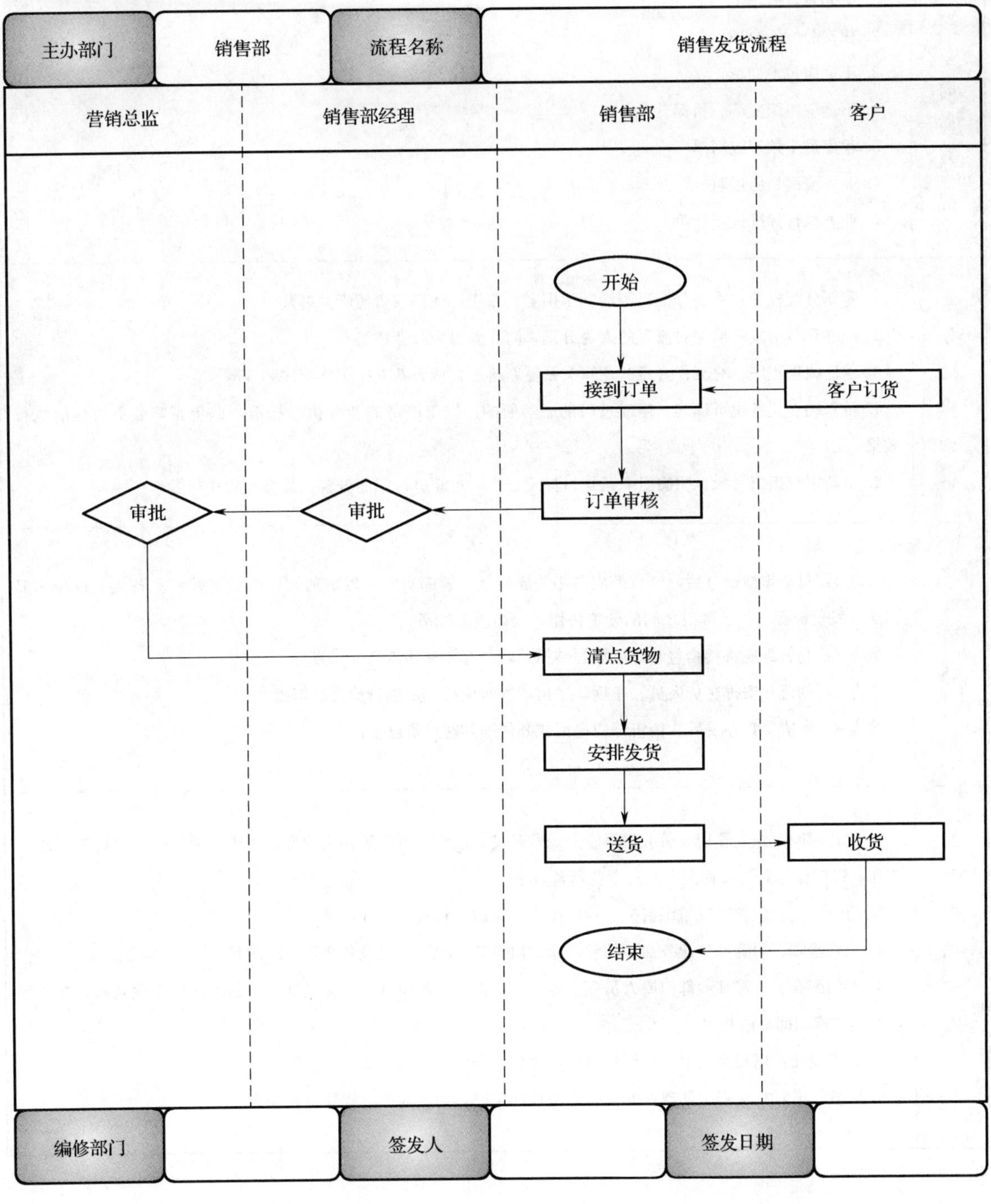

2. 流程优化分析

销售发货流程优化分析总表

业务问题分析	1. 协同差、效率低 ☑ 2. 权责分配不合理 ☑ 3. 不适应技术变革 □ 4. 不适应组织变革、目标变化 □ 5. 程序过于烦琐或简单 ☑ 6. 业务流程早已过时 ☑ 7. 业务执行标准过于严苛 □
业务优化思路	1. 重新分配权责：重新分配流程活动承担者的权责，使得权责清晰并匹配 2. 加强环节衔接：消除对流程的人为分割，防止各自为政造成浪费 3. 重新梳理程序：对流程要素的逻辑关系重新排序，或重新安排工作程序和步骤 4. 重新确立业务执行标准：修改过时的、落后的、过于严苛的业务执行标准，以免影响业务流程的执行效果 5. 重新审视组织目标：明确组织运作目标及方式，重新进行职能分解，提高流程执行效率
业务节点把控	节点 1：订单审核通过后，销售部应向相关部门（仓管部）发出发货通知，由后者按订单备货。将相关部门纳入发货流程有利于部门之间的分工协作，提高业务效率 节点 2：仓管部应将货物包装好后填写装箱单，一起转交物流部安排发货 节点 3：物流部安排送货人员、车辆，送出货物时应按规定进行检查和审批 节点 4：发货事宜办妥后，销售部应电话或邮件通知客户货已发出
下次优化重点	1. 优化时间：企业管理人员应根据企业经营环境、组织、政策等相应的变化，于合适的时机进行流程优化工作，以使优化后的流程大力提升企业运营效率 2. 组织变化：重新审视组织目标，根据组织变化进行流程变革或调整 3. 职责清晰：明确每一业务活动的管理者、监督者、执行者以及各级责任人的具体职责 4. 部门配合：对需其他部门或人员配合的业务，需进一步明确，以促进部门间的沟通协作顺畅，并在流程相关运作部门间形成共识 5. 标准变化：以提高效率为目标和原则，优化业务流程的执行及评价标准 6. 绩效提升：在流程中体现业务与绩效考核的关联，增加业务流程执行的动力

3. 优化后的流程

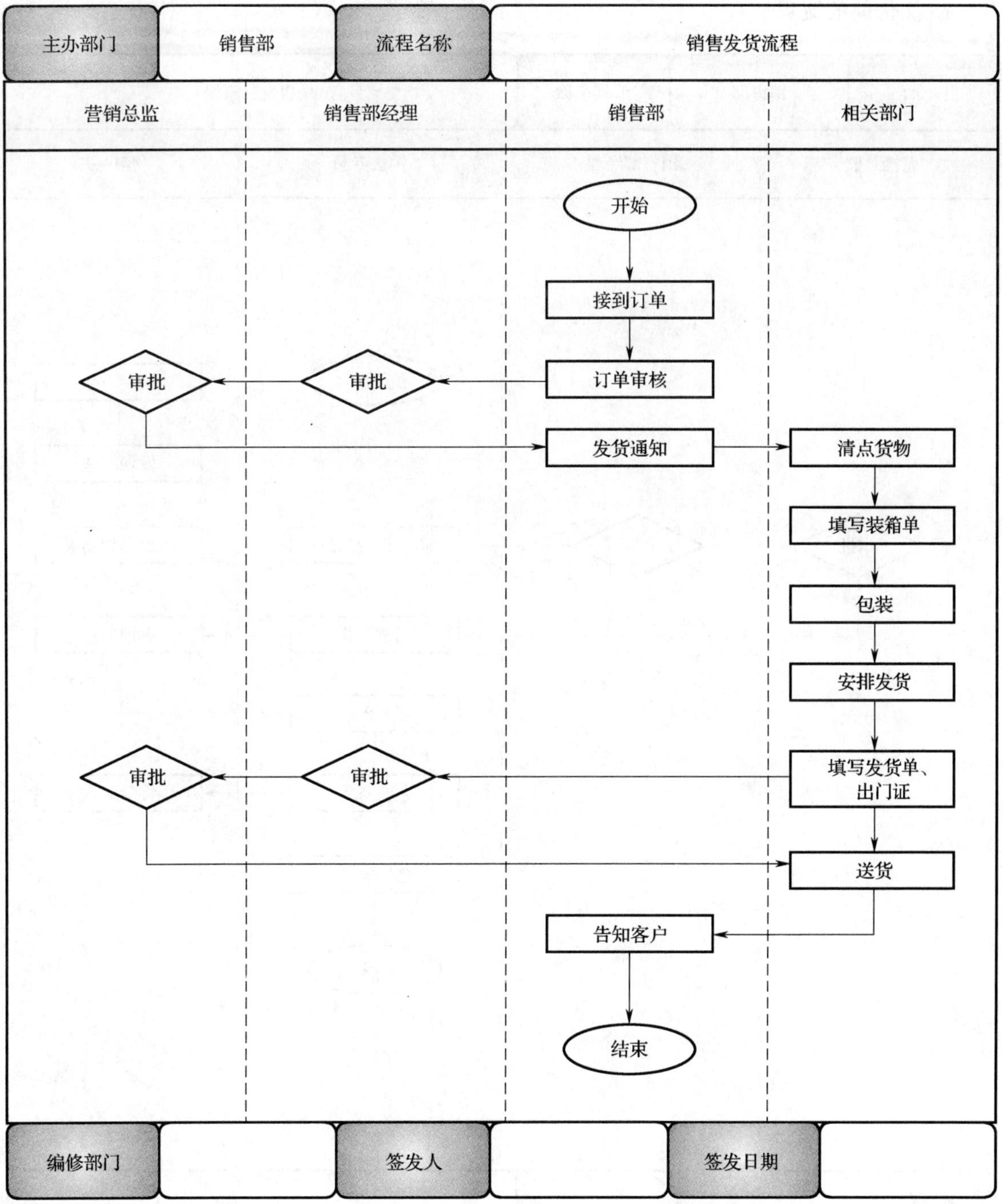
主办部门
销售部
流程名称
销售发货流程
营销总监
销售部经理
销售部
相关部门
开始
接到订单
订单审核
审批
审批
发货通知
清点货物
填写装箱单
包装
安排发货
填写发货单、出门证
审批
审批
送货
告知客户
结束
编修部门
签发人
签发日期

5.5.4 客户退货流程优化

1. 优化前的流程

主办部门	销售部	流程名称	销售发货流程

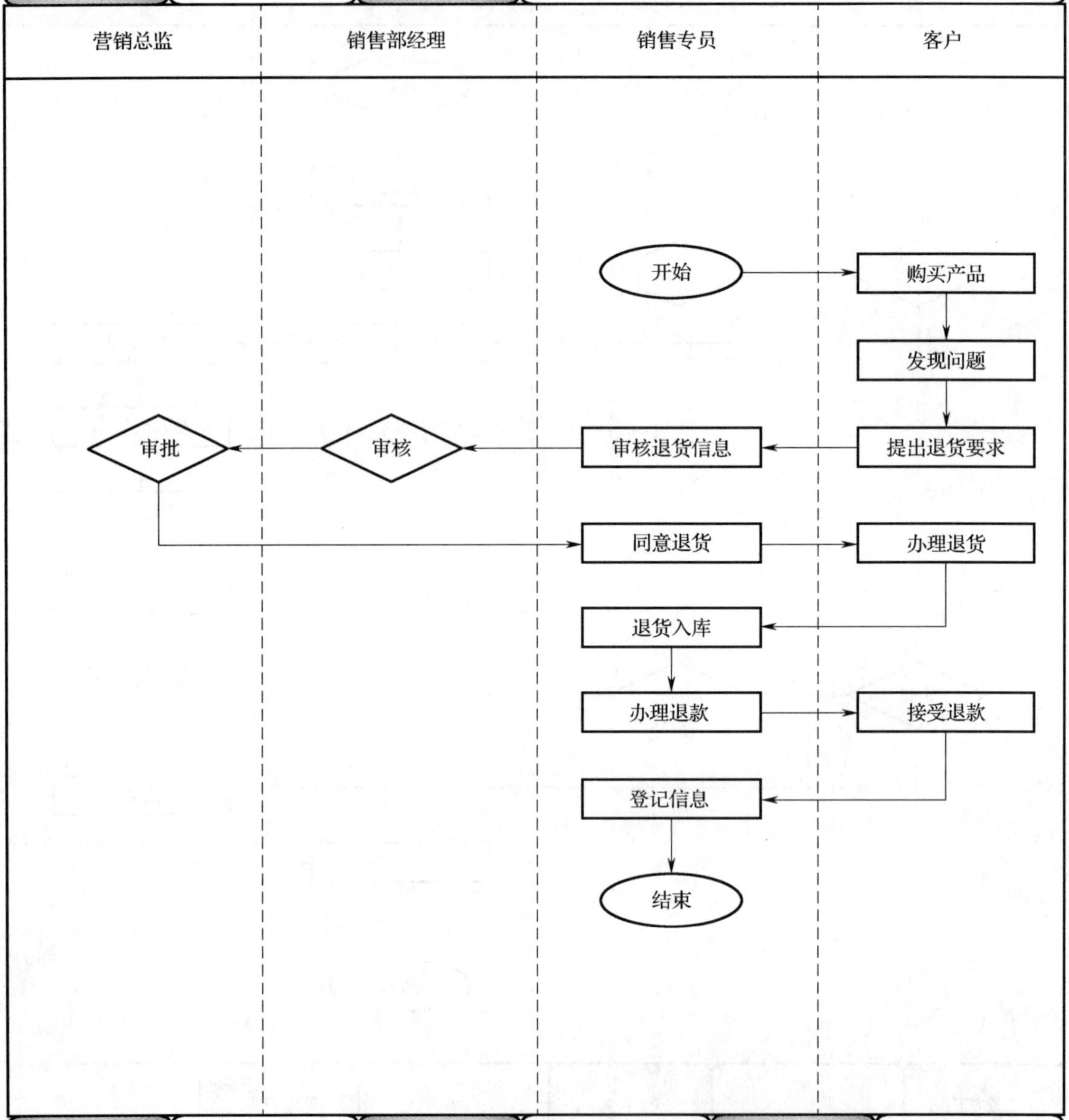

编修部门		签发人		签发日期	

2. 流程优化分析

客户退货流程优化分析总表

业务问题分析	1. 协同差、效率低 ☑ 2. 权责分配不合理 ☑ 3. 不适应技术变革 □ 4. 不适应组织变革、目标变化 □ 5. 程序过于烦琐或简单 ☑ 6. 业务流程早已过时 □ 7. 业务执行标准过于严苛 □
业务优化思路	1. 精简程序：取消所有不必要的工作环节和内容，精简过于复杂、烦琐的程序 2. 重新分配权责：重新分配流程活动承担者的权责，使得权责清晰并匹配 3. 重新审视组织目标：明确组织运作目标及方式，重新进行职能分解，提高流程执行效率 4. 重新梳理程序：对流程要素的逻辑关系重新排序，或重新安排工作程序和步骤 5. 加强关键节点控制：对关键环节进行内容细化或权责细分，加强对关键节点的监督和控制
业务节点把控	节点 1：销售专员根据客户退货信息进行退货原因初步判断后，如确实是企业产品存在问题，应进行合同审核，由销售部经理最终确认是否为己方问题 节点 2：销售专员根据销售部经理判断认定可以退货之后，填写客户退货单并上报营销总监审批 节点 3：营销总监审批确认可以退货之后，销售专员将同意退货的信息传递给客户 节点 4：客户办理退货后，由相关部门对货物进行相应处理。将相关部门纳入发货流程有利于部门之间的分工协作，提高业务效率
下次优化重点	1. 优化时间：企业管理人员应根据企业经营环境、组织、政策等相应的变化，于合适的时机进行流程优化工作，以使优化后的流程大力提升企业运营效率 2. 组织变化：重新审视组织目标，根据组织变化进行流程变革或调整 3. 职责清晰：明确每一业务活动的管理者、监督者、执行者以及各级责任人的具体职责 4. 关键步骤：细化并凸显关键环节和步骤，以引起重视并提供执行标准 5. 部门配合：对需其他部门或人员配合的业务，需进一步明确，以促进部门间的沟通协作顺畅，并在流程相关运作部门间形成共识 6. 绩效提升：在流程中体现业务与绩效考核的关联，增加业务流程执行的动力

3. 优化后的流程

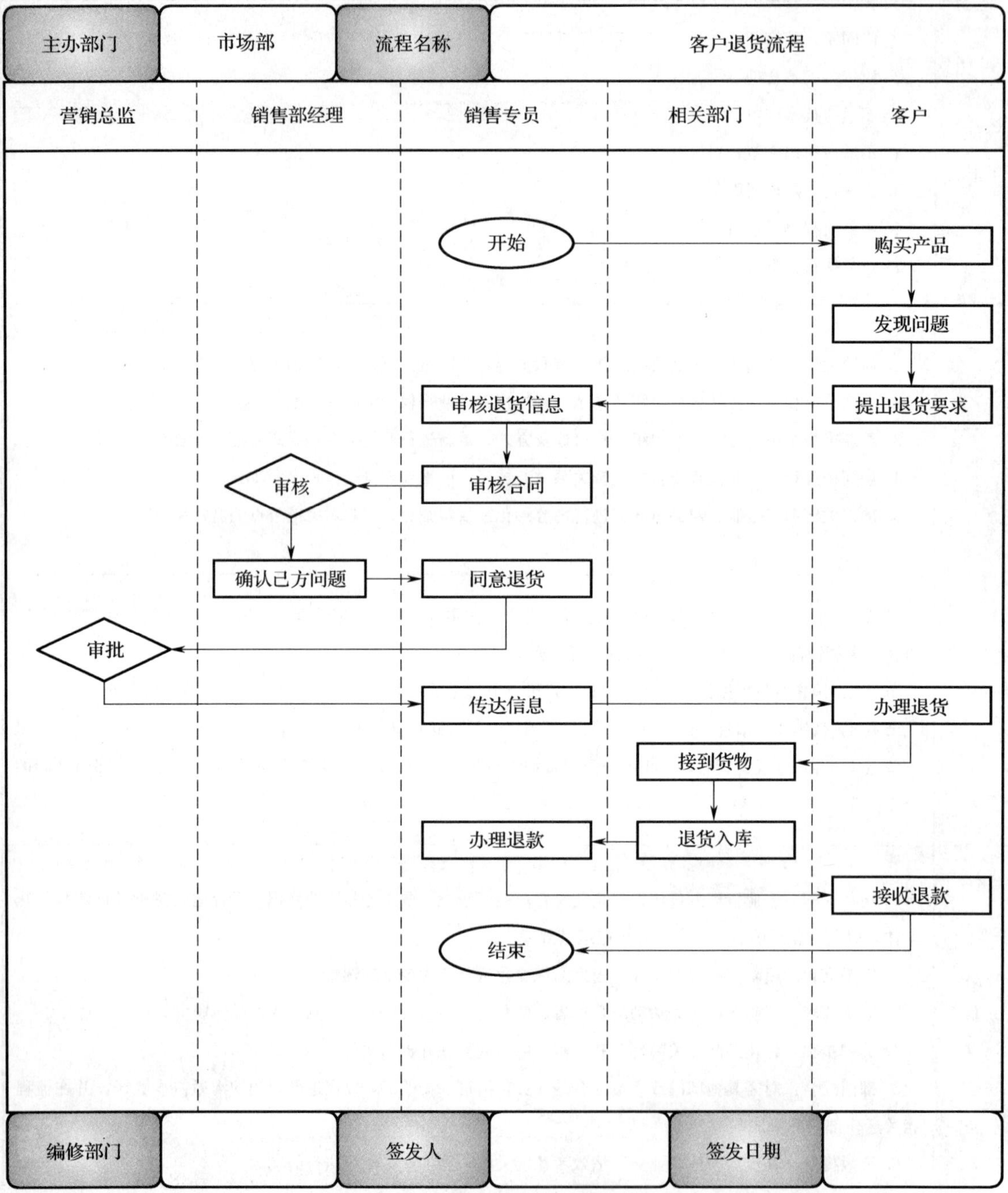
主办部门
市场部
流程名称
客户退货流程
营销总监
销售部经理
销售专员
相关部门
客户
开始
购买产品
发现问题
提出退货要求
审核退货信息
审核合同
审核
确认己方问题
同意退货
审批
传达信息
办理退货
接到货物
退货入库
办理退款
接收退款
结束
编修部门
签发人
签发日期

第 6 章

采购流程优化设计

6.1 采购工作设计分析

6.1.1 采购管理工作分析

1. 采购管理工作维度图

采购管理工作可按下列 9 个维度进行工作分析，具体如图 6—1 所示。

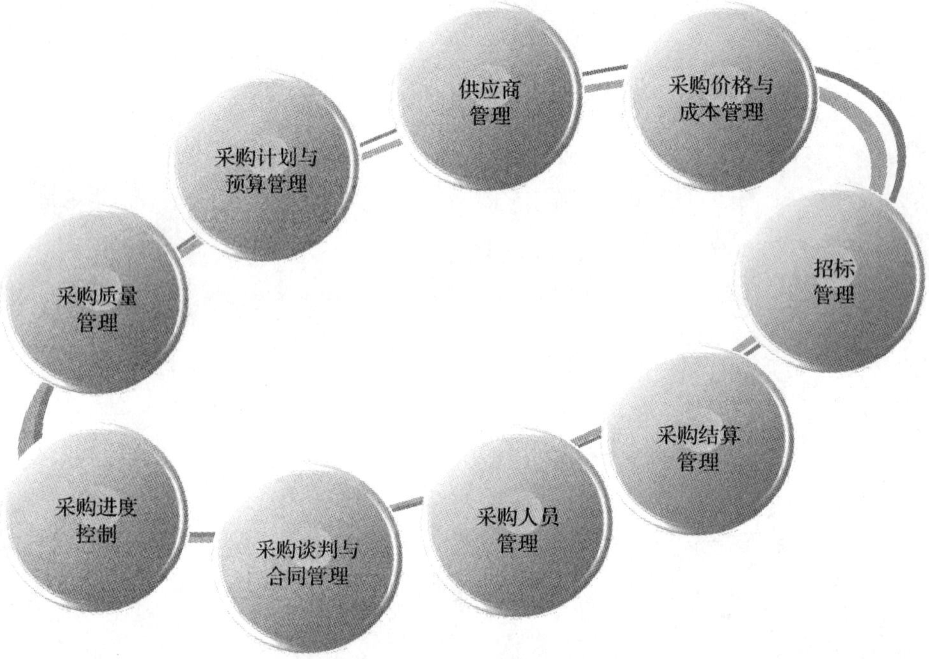

图 6—1 采购管理工作维度图

2. 主要管理工作分析表

在表 6—1 中，将采购管理工作的 9 大主要事项进行具体的工作分析。

表 6—1 生产主要管理工作分析表

管理大项	管理子项	重要程度（3 级）	价值创造（3 级）	优化选择
1. 采购计划与预算管理	1）采购计划制定与评审	□3 □2 □1	A B C	
	2）采购预算制定与评审	□3 □2 □1	A B C	
	3）采购资金的审批	□3 □2 □1	A B C	

续表

管理大项	管理子项	重要程度（3 级）	价值创造（3 级）	优化选择
2. 供应商管理	4）供应商评审	□3　□2　□1	A　B　C	
	5）供应商考核与评价	□3　□2　□1	A　B　C	
	6）供应商认证	□3　□2　□1	A　B　C	
3. 采购谈判与合同管理	7）采购谈判工作的组织实施	□3　□2　□1	A　B　C	
	8）采购合同评审与签订	□3　□2　□1	A　B　C	
	9）合同履行过程的监控	□3　□2　□1	A　B　C	
4. 采购招标管理	10）招标项目规划	□3　□2　□1	A　B　C	
	11）招标过程监督	□3　□2　□1	A　B　C	
	12）招标过程保密管理	□3　□2　□1	A　B　C	
	13）招标文件评审	□3　□2　□1	A　B　C	
5. 采购价格与成本管理	14）采购价格管理	□3　□2　□1	A　B　C	
	15）采购价格审控	□3　□2　□1	A　B　C	
	16）采购成本分析	□3　□2　□1	A　B　C	
	17）采购成本控制	□3　□2　□1	A　B　C	
6. 采购进度控制	18）订单处理周期管控	□3　□2　□1	A　B　C	
	19）订单状态监管	□3　□2　□1	A　B　C	
	20）采购交期控制	□3　□2　□1	A　B　C	
7. 采购质量管理	21）采购质量标准的制定	□3　□2　□1	A　B　C	
	22）采购质量的管控	□3　□2　□1	A　B　C	
8. 采购结算管理	23）结算方式审查	□3　□2　□1	A　B　C	
	24）付款审核及追查	□3　□2　□1	A　B　C	
9. 采购人员管理	25）采购人员绩效管理	□3　□2　□1	A　B　C	
	26）采购人员稽核管理	□3　□2　□1	A　B　C	
	27）采购审计管理	□3　□2　□1	A　B　C	

填写说明："优化选择"栏可从以下 5 个角度进行多选：1. 组织优化；2. 职责优化；3. 权限优化；4. 分工优化；5. 流程优化。

6.1.2　采购业务工作分析

1. 采购业务工作维度图

采购业务工作可按下列 9 个维度进行工作分析，具体如图 6—2 所示。

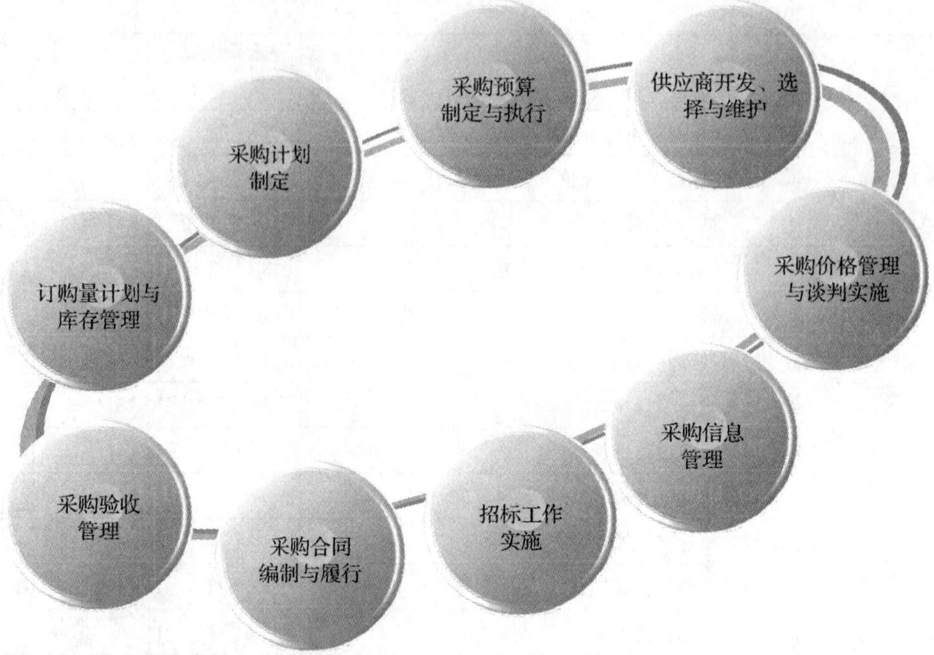

图 6—2 采购业务工作维度图

2. 主要业务工作分析表

在表 6—2 中，将生产业务的 8 大主要事项进行具体的工作分析。

表 6—2　　生产主要业务工作分析表

业务大项	业务子项	重要程度（3 级）	价值创造（3 级）	优化选择
1. 采购计划制定	1）请购单的接收与汇总	□3 □2 □1	A B C	
	2）物料需求计划的制定	□3 □2 □1	A B C	
	3）采购计划的编制	□3 □2 □1	A B C	
	4）采购订单计划的编制	□3 □2 □1	A B C	
2. 采购预算制定与执行	5）采购预算的编制	□3 □2 □1	A B C	
	6）采购资金预算的编制	□3 □2 □1	A B C	
	7）采购用款的申请	□3 □2 □1	A B C	
3. 供应商开发、选择与维护	8）供应商调查与开发	□3 □2 □1	A B C	
	9）供应商评审	□3 □2 □1	A B C	
	10）供应商选择	□3 □2 □1	A B C	
	11）供应商维护	□3 □2 □1	A B C	

续表

业务大项	业务子项	重要程度（3级）	价值创造（3级）	优化选择
4. 采购价格管理与谈判实施	12）采购价格信息调查	□3　□2　□1	A　B　C	
	13）询价	□3　□2　□1	A　B　C	
	14）价格分析与议价	□3　□2　□1	A　B　C	
	15）谈判计划的制定	□3　□2　□1	A　B　C	
	16）谈判会议的召开	□3　□2　□1	A　B　C	
5. 招标工作实施	17）招标文件的编制	□3　□2　□1	A　B　C	
	18）投标文件的接收	□3　□2　□1	A　B　C	
	19）开标、评标工作实施	□3　□2　□1	A　B　C	
	20）中标信息的发布	□3　□2　□1	A　B　C	
6. 采购合同编制与履行	21）采购合同编制	□3　□2　□1	A　B　C	
	22）采购合同存档与保管	□3　□2　□1	A　B　C	
	23）订单处理	□3　□2　□1	A　B　C	
	24）订单状态跟踪	□3　□2　□1	A　B　C	
	25）订单异常处理	□3　□2　□1	A　B　C	
	26）进料质量验收及结果处理	□3　□2　□1	A　B　C	
7. 订购量计划与库存管理	27）经济订货批量的确定	□3　□2　□1	A　B　C	
	28）订购量与订购周期的计算	□3　□2　□1	A　B　C	
	29）库存周转速度管理	□3　□2　□1	A　B　C	
8. 采购信息管理	30）采购信息的收集	□3　□2　□1	A　B　C	
	31）采购信息分析与处理	□3　□2　□1	A　B　C	

填写说明："优化选择"栏可从以下5个角度进行多选：1. 组织优化；2. 职责优化；3. 权限优化；4. 分工优化；5. 流程优化。

6.2　采购工作关键要素

6.2.1　采购工作关键点表

采购工作关键点设计见表6—3。

表 6—3　　采购工作关键点设计表

生产工作关键点表				
	管理工作	采购计划管理与审批	采购预算管理与审批	供应商管理
		采购谈判和合同控制	采购价格控制	采购进度控制
		采购成本控制	采购质量控制	采购人员管理
	业务工作	生产计划的编制	采购预算的编制	供应商开发与选择
		招标实施与招标文件编制	采购价格调查与议价	采购合同编制与履行
		采购质量检验	采购订单编制	

6.2.2　采购工作考核量表

采购工作考核指标及指标说明见表 6—4。

表 6—4　　生产工作考核量表

考核维度	指标名称	指标说明	指标值
管理事项	采购费用预算差异率	$\left(1-\frac{\text{实际采购成本费用}}{\text{预算采购成本费用}}\right)\times100\%$	____%
	采购计划编制及时率	$\frac{\text{考核期内及时编制的采购计划数量}}{\text{同期应编制的采购计划总量}}\times100\%$	____%
	采购费用率	$\frac{\text{采购费用}}{\text{采购总金额}}\times100\%$	低于____%
	采购成本降低率	$\frac{\text{上期采购成本}-\text{本期采购成本}}{\text{上期采购成本}}\times100\%$	____%
	供应商一次交验合格率	$\frac{\text{不合格品数量}}{\text{交验批次总数量}}\times100\%$	____%
	交货延迟损失	交货延迟损失＝停工待料损失＋加班费用＋顾客订单流失损失＋交货紧急运输费用＋延迟期间货物调价损失＋其他因延迟交货造成的损失	低于____元
	采购招标时间效益	指采购招标工作完成时间与计划完成时间的偏差值	____天

续表

考核维度	指标名称	指标说明	指标值
业务事项	采购计划完成率	$\frac{\text{考核期内采购总金额（数量）}}{\text{同期计划采购金额（数量）}}\times 100\%$	___%
	紧急订单响应率	$\frac{\text{一定期限内完成交付的产品数}}{\text{已接紧急订单内规定的产品总数}}\times 100\%$	___%
	订单差错率	$\frac{\text{出错的订单数量}}{\text{订单总数量}}\times 100\%$	低于___%
	采购物资合格率	$\frac{\text{合格采购批数}}{\text{采购总批数}}\times 100\%$	___%
	缺货率	$\frac{\text{缺货损失金额}}{\text{实际销售额}+\text{缺货损失金额}}\times 100\%$	低于___%
	交货差错率	$\frac{\text{期内交货差错数}}{\text{期内交货总数}}\times 100\%$	低于___%
	平均验收时间	$\frac{\Sigma\ \text{各批验收天数}}{\text{验收总批数}}$	___%
	呆废货品率	$\frac{\text{呆废货品件数}}{\text{平均库存量}}\times 100\%$	低于___%
	订单变化接受率	$\frac{\text{订单增加或减少的交货数量}}{\text{原定订单交货数量}}\times 100\%$	___%
	供应商开发计划完成率	$\frac{\text{新开发的供应商数量}}{\text{期内计划开发的新供应商数}}\times 100\%$	0
	供应商资料完善率	$\frac{\text{已收集整理的供应商资料数量}}{\text{应收集的供应商资料数量}}\times 100\%$	___%
	准时交货率	$\frac{\text{准时交货的次数}}{\text{应交货总次数}}\times 100\%$	___%

6.3 采购流程优化设计

6.3.1 采购管理流程体系设计

采购管理流程体系设计如图6—3所示。

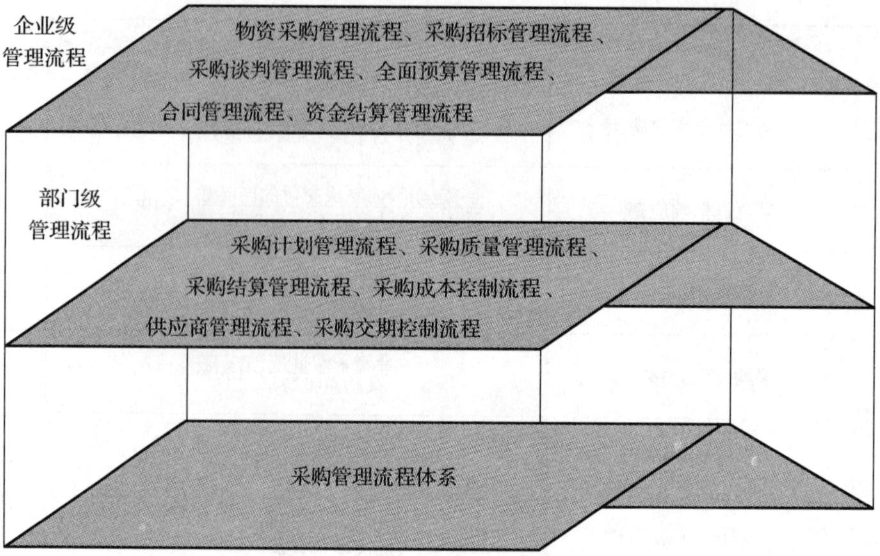

图 6—3　采购管理流程体系设计图

6.3.2　采购业务流程体系设计

采购业务管理体系如图 6—4 所示。

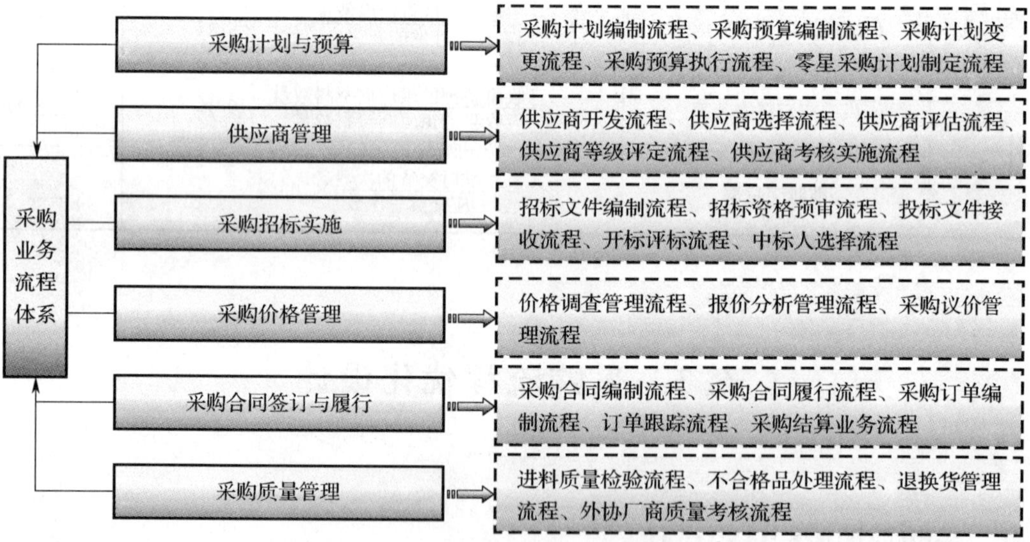

图 6—4　采购业务管理体系设计图

6.4　采购管理流程优化案例

6.4.1　采购管理流程优化

1. 优化前的流程

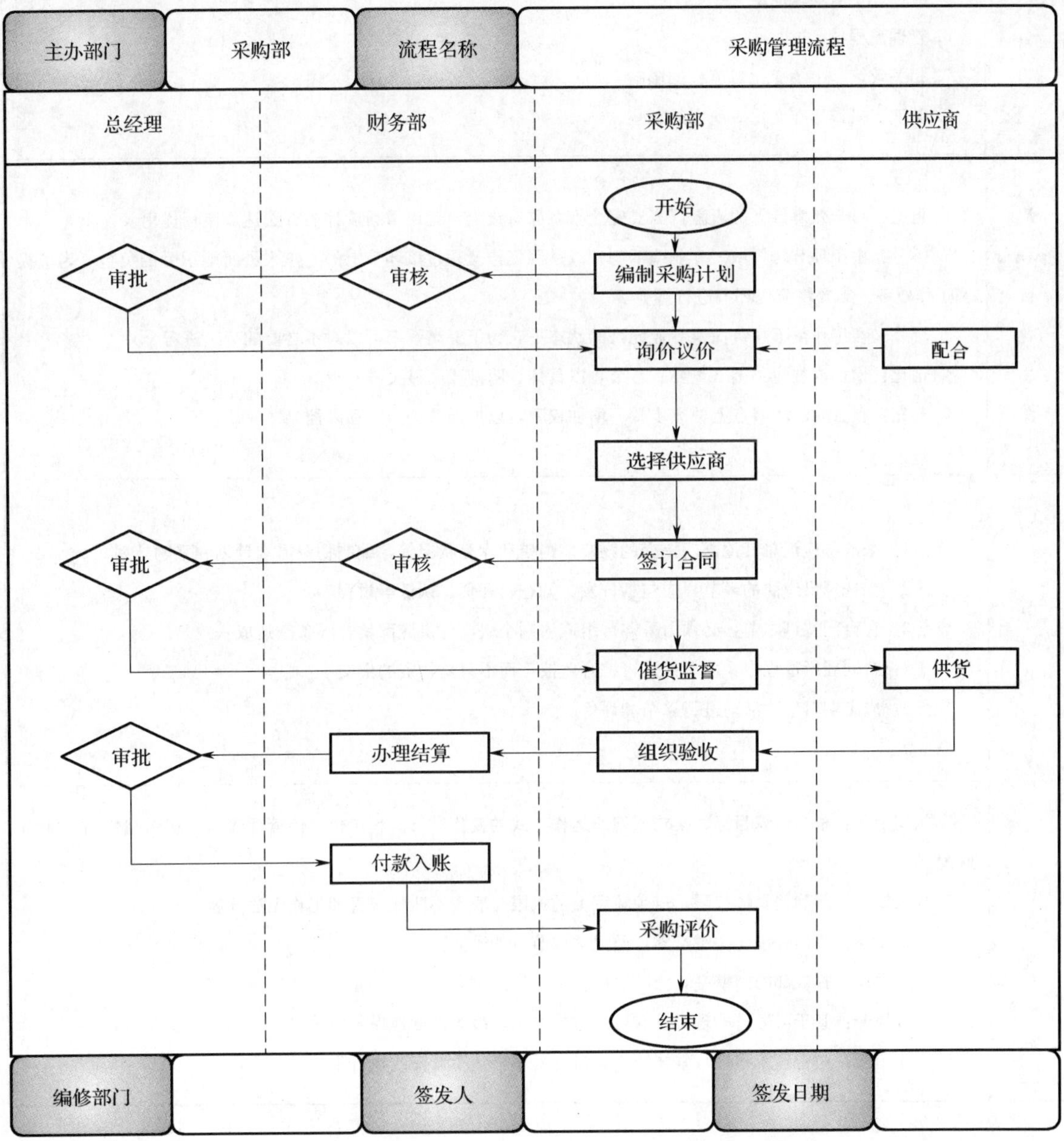

2. 流程优化分析

采购管理流程优化分析总表

流程问题分析	1. 协同差、效率低 ☑ 2. 权责分配不合理 ☑ 3. 不适应技术变革 □ 4. 不适应组织变革、目标变化 ☑ 5. 流程过于烦琐或简单 ☑ 6. 管理流程早已过时 ☑ 7. 相关政策、市场变化对流程的影响 □ 8. 制度、操作标准变化对流程的影响 ☑
流程优化思路	1. 再造：对于效率低下的流程，需要完全推翻原有流程，运用重新设计的方法达成流程优化 2. 拆分：由于环节跨领域（专业或部门）或是因工作量超过该环节上的工作人员所能承受的负担，为了提高工作效率，需要将流程环节进行拆分 3. 合并：在工作量不超负荷及专业允许的状态下，为了提高效率可以对不必要的分工进行合并 4. 细化：增加或细化关键（重要）环节，以具体、明确或凸显关键节点 5. 补充：在必要的环节点上补充步骤、增加权限，以加强管理内审和内控
流程节点把控	节点1：采购部应汇总其他部门提交的物资请购单和库存状况等，编制物资需求计划和采购计划 节点2：在选择供应商的环节，应包括开发、调查、评估、认证等过程 节点3：在合同签订之前，必须由采购部组成谈判小组，与供应商就合同条款达成一致 节点4：合同履行过程中，应对其进行综合监控，而不只是物资的催交 节点5：应定期对采购活动进行总结和评价
下次优化重点	1. 组织变化：根据组织目标、架构或组织运作方式的变化进行流程优化，使管理流程与组织战略与职能相匹配 2. 权限调整：明确并具体权限，避免流程上的权限与职责不匹配，管理工作无法开展 3. 关键步骤：明确并细化关键步骤，凸显关键节点的重要性 4. 部门协调：打破部门间壁垒，消除层级关卡，增强横向协作 5. 绩效提升：基于可运作的现实性和可改进的方向，最大限度地提升绩效 6. 程序衔接：对管理流程进行整体统筹，避免程序衔接不紧密或执行不顺畅

3. 优化后的流程

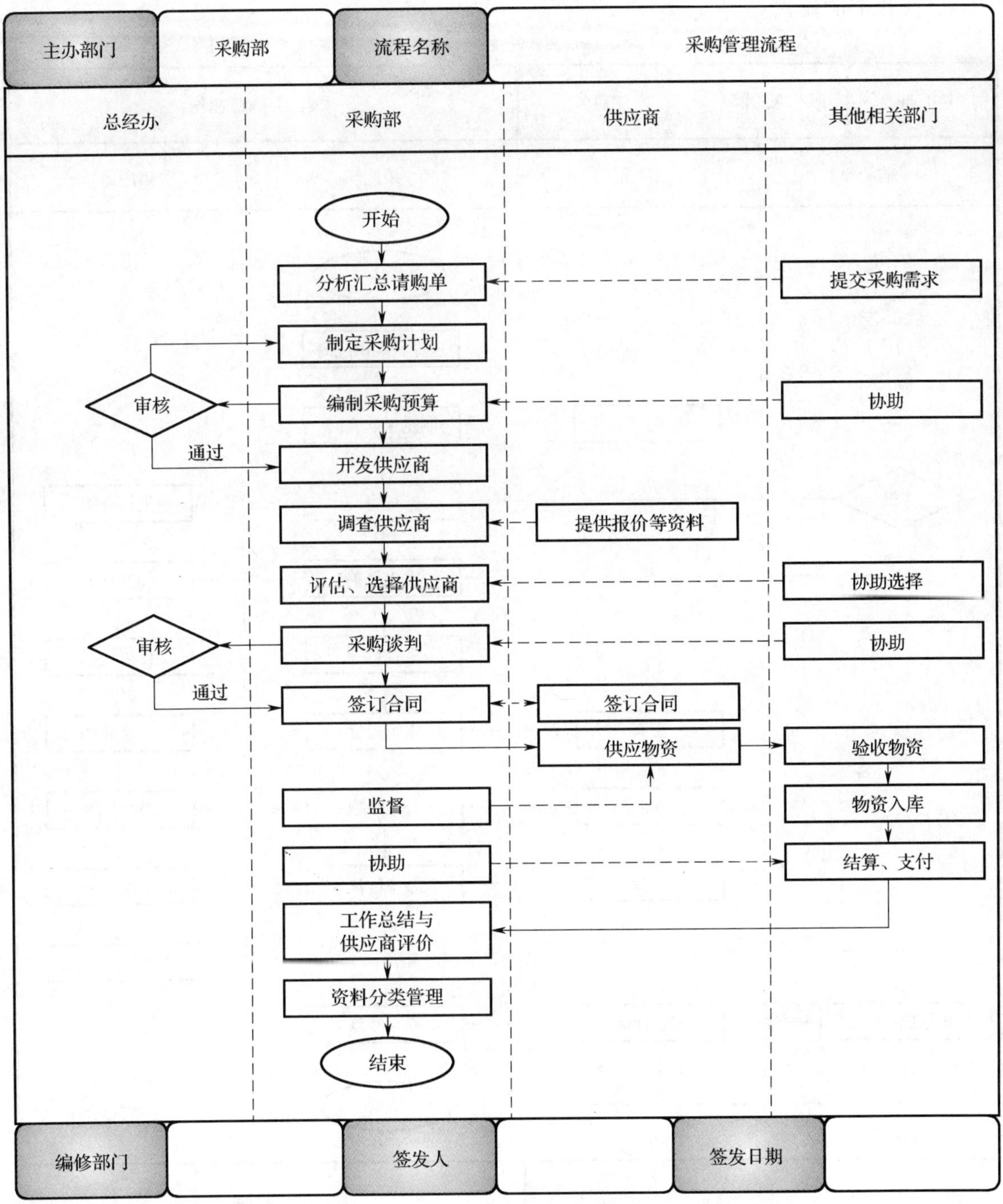
主办部门
采购部
流程名称
采购管理流程
总经办
采购部
供应商
其他相关部门
开始
分析汇总请购单
提交采购需求
制定采购计划
审核
编制采购预算
协助
通过
开发供应商
调查供应商
提供报价等资料
评估、选择供应商
协助选择
审核
采购谈判
协助
通过
签订合同
签订合同
供应物资
验收物资
监督
物资入库
协助
结算、支付
工作总结与供应商评价
资料分类管理
结束
编修部门
签发人
签发日期

6.4.2 采购合同管理流程优化

1. 优化前的流程

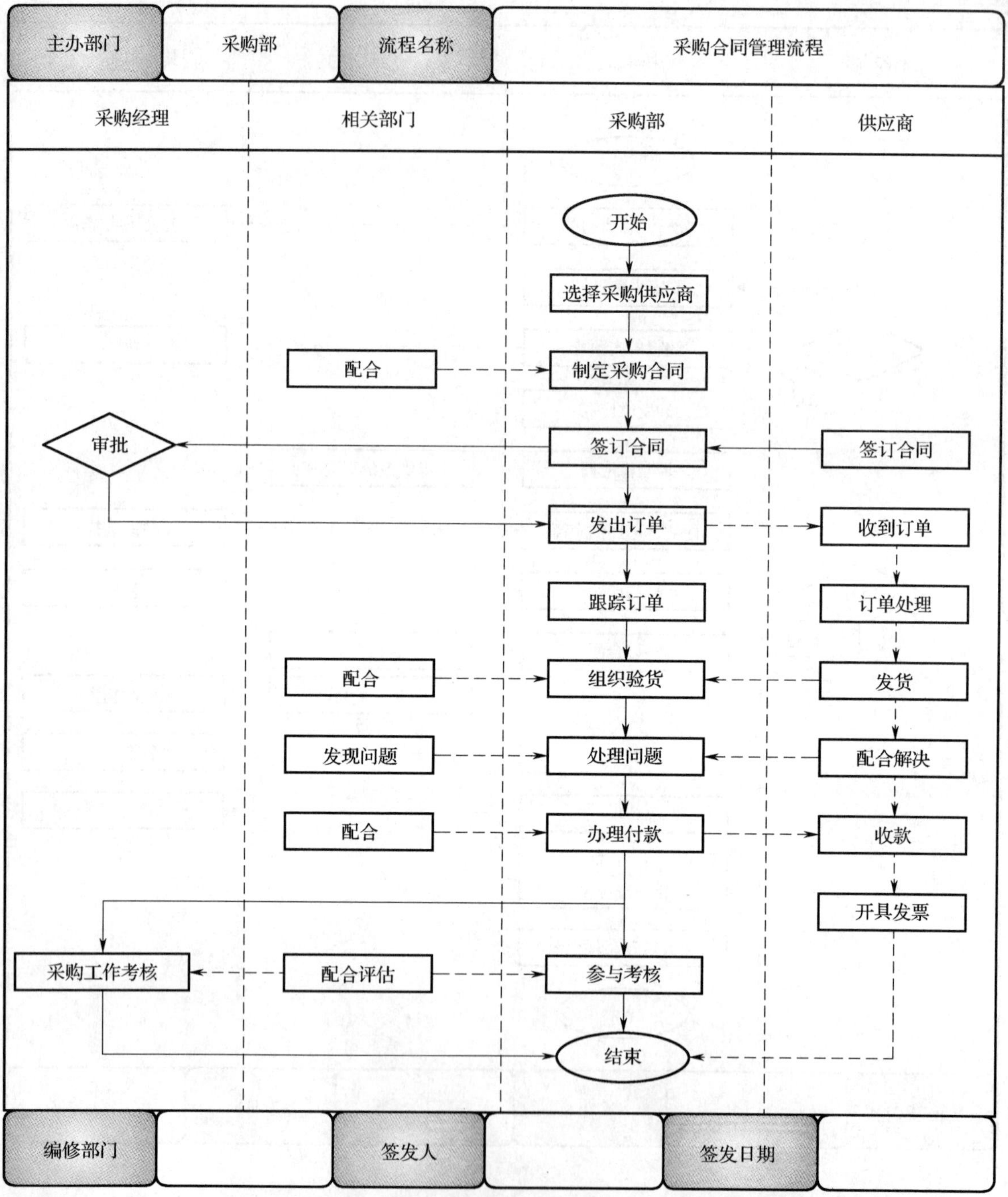

2. 流程优化分析

采购合同管理流程优化分析总表

流程问题分析	1. 协同差、效率低 ☑ 2. 权责分配不合理 ☑ 3. 不适应技术变革 □ 4. 不适应组织变革、目标变化 ☑ 5. 流程过于繁琐或简单 □ 6. 管理流程早已过时 □ 7. 制度、操作标准变化对流程的影响 ☑
流程优化思路	1. 再造：对于效率低下的流程，需要完全推翻原有流程，运用重新设计的方法达成流程优化 2. 拆分：由于环节跨领域（专业或部门）或是因工作量超过该环节上的工作人员所能承受的负担，为了提高工作效率，需要将流程环节进行拆分 3. 合并：在工作量不超负荷及专业允许的状态下，为了提高效率可以对不必要的分工进行合并 4. 细化：增加或细化关键（重要）环节，以具体、明确或凸显关键节点 5. 补充：在必要的环节点上补充步骤、增加权限，以加强管理内审和内控 6. 职责划分：将其中由高层人员承担的某些责任拆分出来，并加强把控工作
流程节点把控	节点 1：缺乏合同综合管理的制定过程，难以对合同管理形成全面把控 节点 2：合同制定过程应包括起草、审查、修改、确定的过程，并且有相关部门的参与 节点 3：合同编制、评审过程中缺乏高层人员的参与 节点 4：采购部经理与采购部属于同一组织，在组织结构上设置不合理 节点 5：办理付款完成后，流程走向不明朗，考核工作应由采购部人员协同完成
下次优化重点	1. 组织变化：根据组织目标、架构或组织运作方式的变化进行流程优化，使管理流程与组织战略与职能相匹配 2. 职责清晰：明确责任人以及具体职责，避免因职责模糊造成管理工作推诿使流程无法执行，或者工作重叠而造成浪费 3. 权限调整：明确并具体权限，避免流程上的权限与职责不匹配，管理工作无法开展 4. 部门协调：打破部门间壁垒，消除层级关卡，增强横向协作 5. 程序衔接：对管理流程进行整体统筹，避免程序衔接不紧密或执行不顺畅

3. 优化后的流程

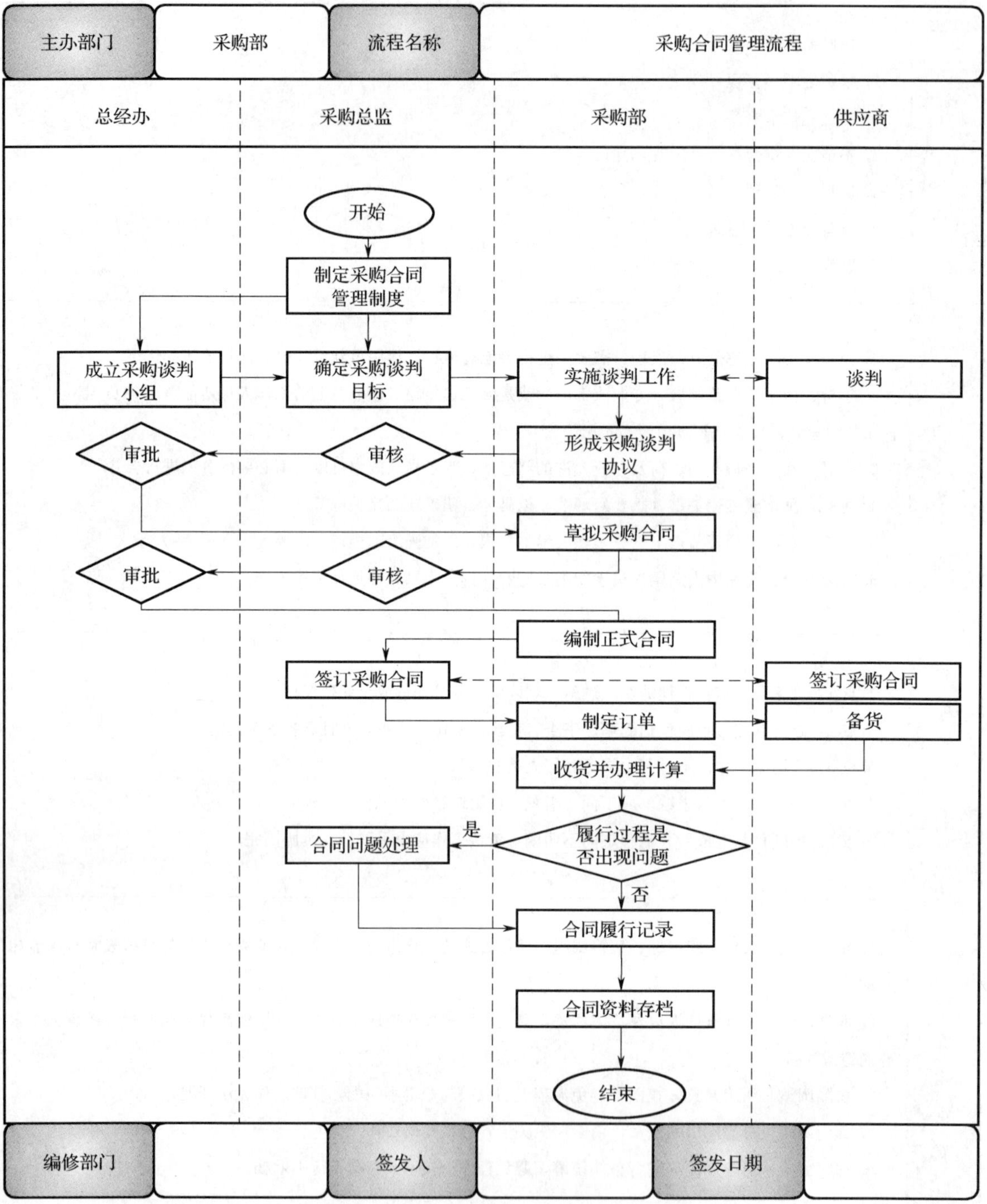
主办部门
采购部
流程名称
采购合同管理流程
总经办
采购总监
采购部
供应商
开始
制定采购合同管理制度
成立采购谈判小组
确定采购谈判目标
实施谈判工作
谈判
审批
审核
形成采购谈判协议
草拟采购合同
审批
审核
编制正式合同
签订采购合同
签订采购合同
制定订单
备货
收货并办理计算
是
合同问题处理
履行过程是否出现问题
否
合同履行记录
合同资料存档
结束
编修部门
签发人
签发日期

6.4.3 商业贿赂处理流程优化

1. 优化前的流程

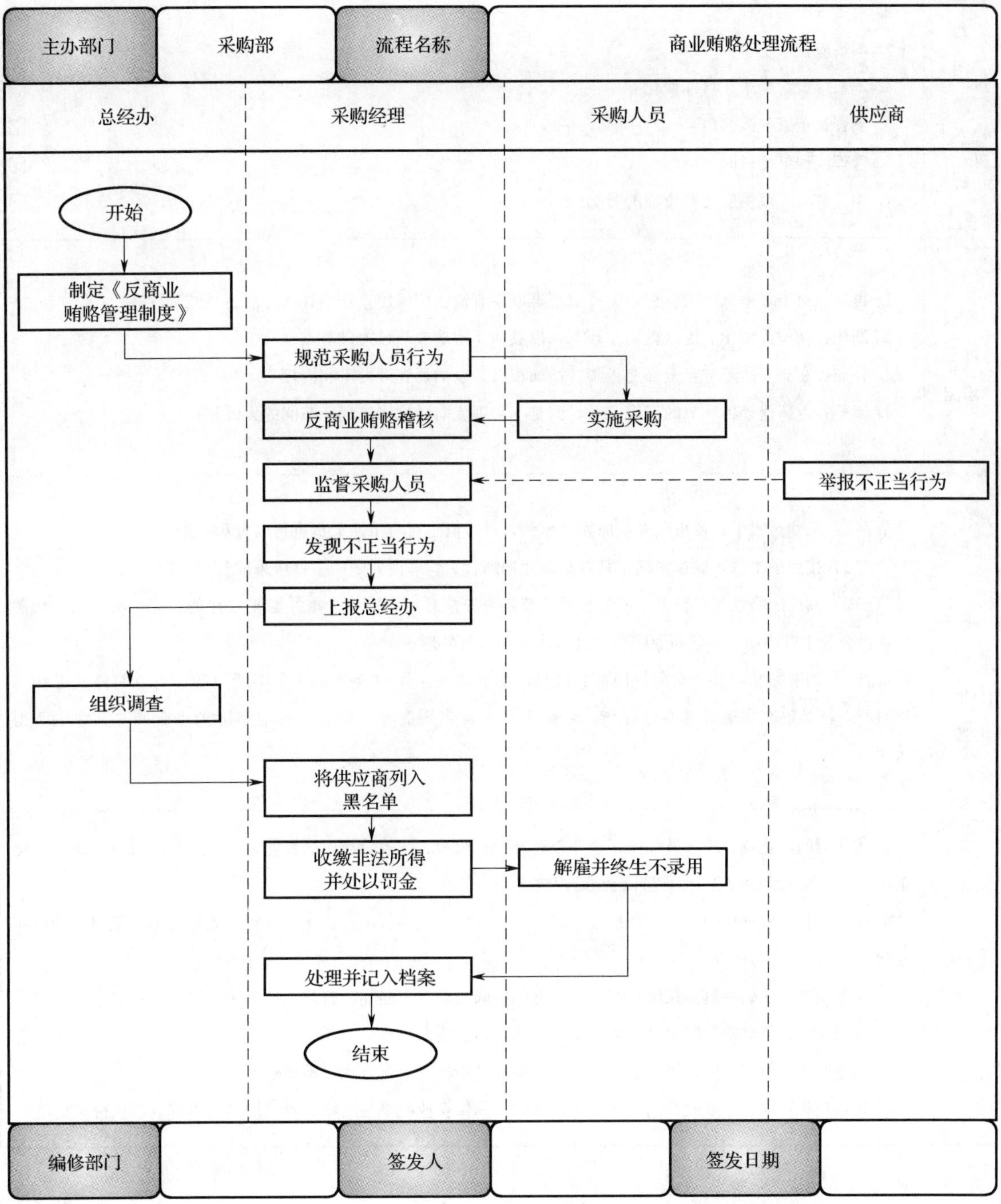

2. 流程优化分析

商业贿赂处理流程优化分析总表

流程问题分析	1. 协同差、效率低 ☑ 2. 权责分配不合理 ☑ 3. 不适应技术变革 □ 4. 不适应组织变革、目标变化 ☑ 5. 流程过于繁琐或简单 □ 6. 管理流程早已过时 ☑ 7. 相关政策、市场变化对流程的影响 ☑
流程优化思路	1. 再造：对于效率低下的流程，需要完全推翻原有流程，运用重新设计的方法达成流程优化 2. 细化：增加或细化关键（重要）环节，以具体、明确或凸显关键节点 3. 补充：在必要的环节点上补充步骤、增加权限，以加强管理内审和内控 4. 调整：重新梳理各环节的逻辑关系，调整不合理流向，达成流程环节间的无缝衔接
流程节点把控	节点1：采购过程中，各采购人员应相互监督，供应商也可对采购人员进行监督和举报 节点2：接到举报后，应首先确定是否是商业贿赂行为，非商业贿赂事件应采取其他处理方式 节点3：商业贿赂处理过程中，应分析其情节是否非常恶劣，情节严重并触犯法律的，应当移交司法机关处理，企业予以协助；一般商业贿赂事件可由企业自行处理 节点4：商业贿赂行为严重的供应商，应列入黑名单终生不再合作，情节不严重的，可以暂停其采购三年时间，待其整改完毕后可再行合作；采购人员一旦出现商业受贿行为，应解除劳动合同，并终生不得录用
下次优化重点	1. 优化时间：企业管理人员应根据企业经营环境、组织、政策等相应的变化，于合适的时机进行流程优化工作，以使优化后的流程大力提升企业运营效率 2. 组织变化：根据组织目标、架构或组织运作方式的变化进行流程优化，使管理流程与组织战略与职能相匹配 3. 权限调整：明确并具体权限，避免流程上的权限与职责不匹配，管理工作无法开展 4. 部门协调：打破部门间壁垒，消除层级关卡，增强横向协作 5. 程序衔接：对管理流程进行整体统筹，避免程序衔接不紧密或执行不顺畅 6. 政策变化：根据企业政策调整优化管理流程，确保企业政策与战略在管理层面得以有效地执行和实现

3. 优化后的流程

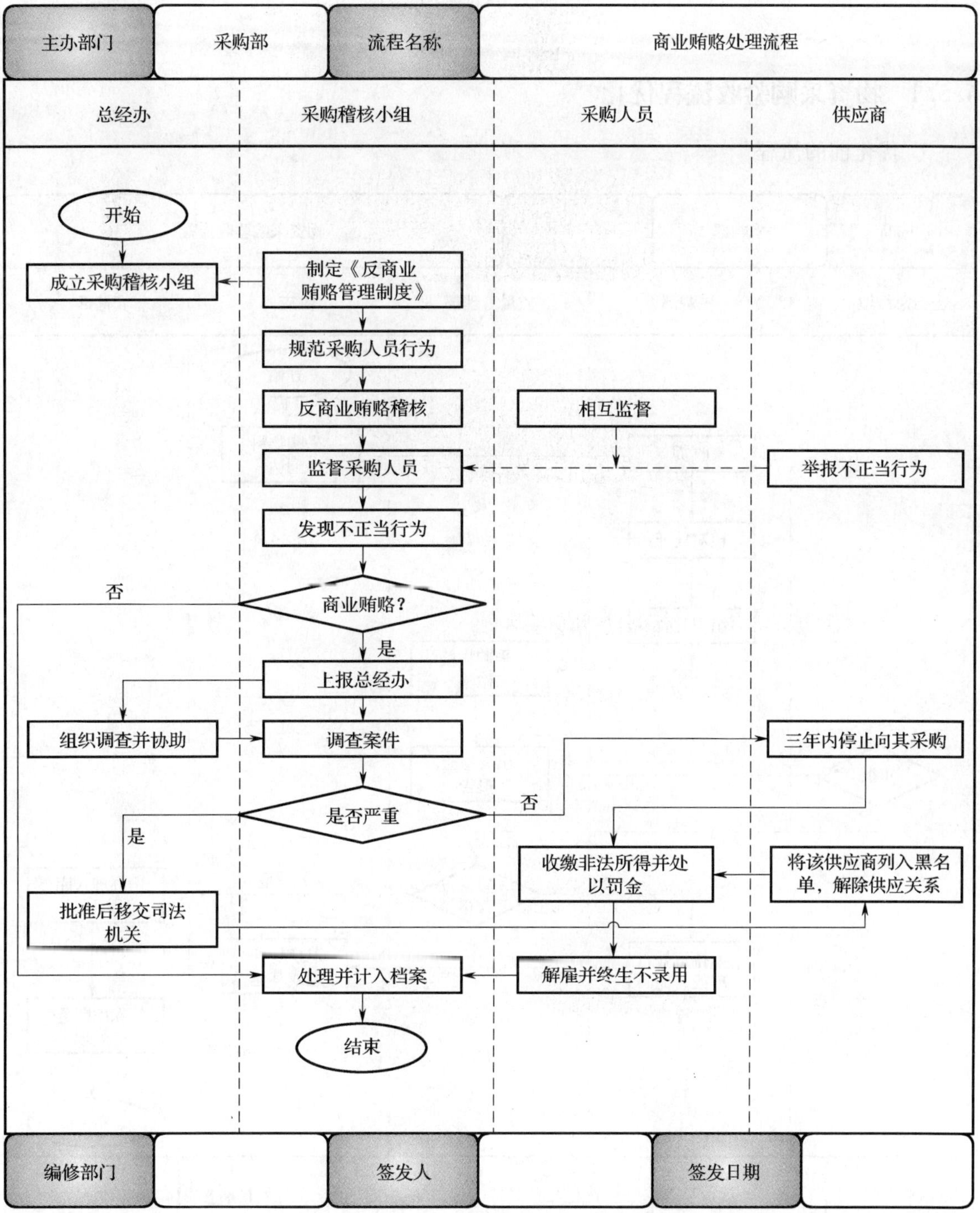
主办部门
采购部
流程名称
商业贿赂处理流程
总经办
采购稽核小组
采购人员
供应商
开始
成立采购稽核小组
制定《反商业贿赂管理制度》
规范采购人员行为
反商业贿赂稽核
相互监督
监督采购人员
举报不正当行为
发现不正当行为
商业贿赂？
否
是
上报总经办
组织调查并协助
调查案件
三年内停止向其采购
是否严重
否
是
收缴非法所得并处以罚金
将该供应商列入黑名单，解除供应关系
批准后移交司法机关
处理并计入档案
解雇并终生不录用
结束
编修部门
签发人
签发日期

6.5 采购业务流程优化案例

6.5.1 物资采购验收流程优化

1. 优化前的流程

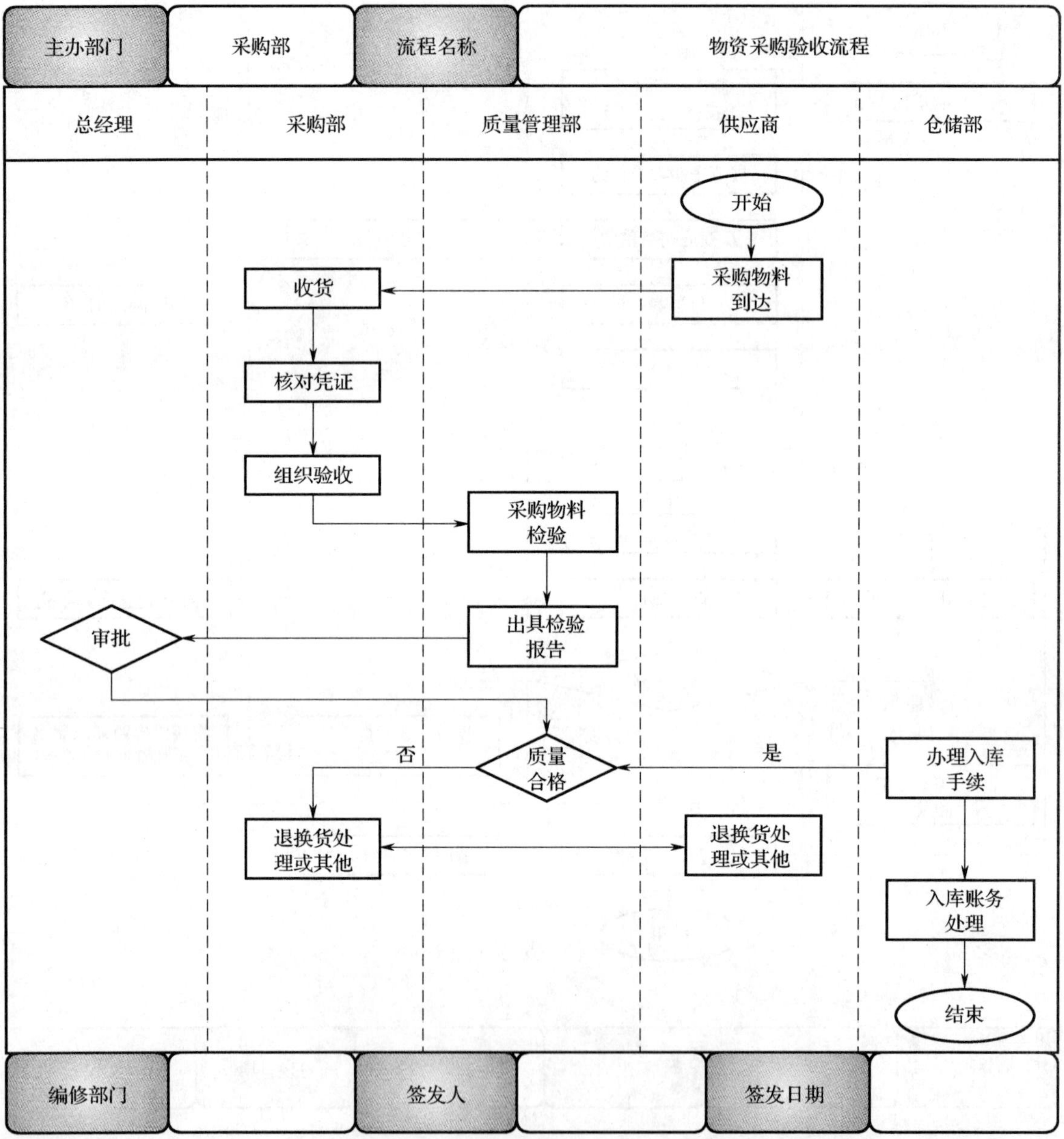

2. 流程优化分析

物资采购验收业务流程优化分析总表

业务问题分析	1. 协同差、效率低 ☑ 2. 权责分配不合理 ☐ 3. 不适应技术变革 ☐ 4. 不适应组织变革、目标变化 ☑ 5. 程序过于繁琐或简单 ☑ 6. 业务执行标准过于严苛 ☐ 7. 制度、操作标准变化对流程的影响 ☑
业务优化思路	1. 重新分配权责：重新分配流程活动承担者的权责，使得权责清晰并匹配 2. 加强环节衔接：消除对流程的人为分割，防止各自为政造成浪费 3. 重新梳理程序：对流程要素的逻辑关系重新排序，或重新安排工作程序和步骤 4. 加强关键节点控制：对关键环节进行内容细化或权责细分，加强对关键节点的监督和控制 5. 重新确立业务执行标准：修改过时的、落后的、过于严苛的业务执行标准，以免影响业务流程的执行效果 6. 重新制定业务管理制度：为业务流程提供规范、标准等配套文件支持，以加强流程业务的监督、指导
业务节点把控	节点1：缺乏验收前准备工作 节点2：组织验收工作应当在整个验收工作的前面，而不是核对凭证后才组织验收 节点3：流程流向存在问题，退换货处理完成后流程断掉
下次优化重点	1. 组织变化：重新审视组织目标，根据组织变化进行流程变革或调整 2. 职责清晰：明确每一业务活动的管理者、监督者、执行者以及各级责任人的具体职责 3. 关键步骤：细化并凸显关键环节和步骤，以引起重视并提供执行标准 4. 部门配合：对需其他部门或人员配合的业务，需进一步明确，以促进部门间的沟通协作顺畅，并在流程相关运作部门间形成共识 5. 绩效提升：在流程中体现业务与绩效考核的关联，增加业务流程执行的动力

3. 优化后的流程

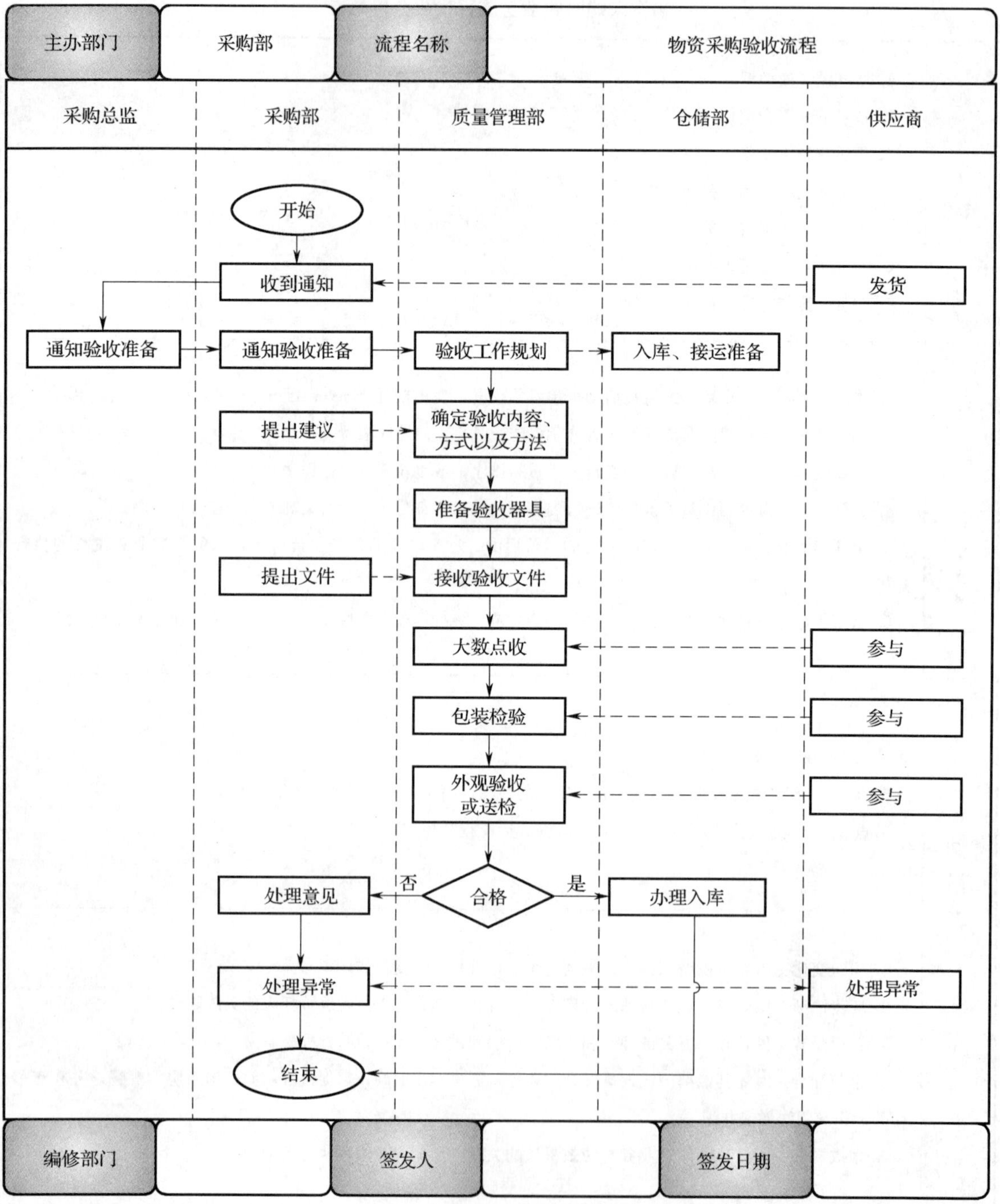
主办部门
采购部
流程名称
物资采购验收流程
采购总监
采购部
质量管理部
仓储部
供应商
开始
收到通知
发货
通知验收准备
通知验收准备
验收工作规划
入库、接运准备
提出建议
确定验收内容、方式以及方法
准备验收器具
提出文件
接收验收文件
大数点收
参与
包装检验
参与
外观验收或送检
参与
否
合格
是
处理意见
办理入库
处理异常
处理异常
结束
编修部门
签发人
签发日期

6.5.2　采购结算业务流程优化

1. 优化前的流程

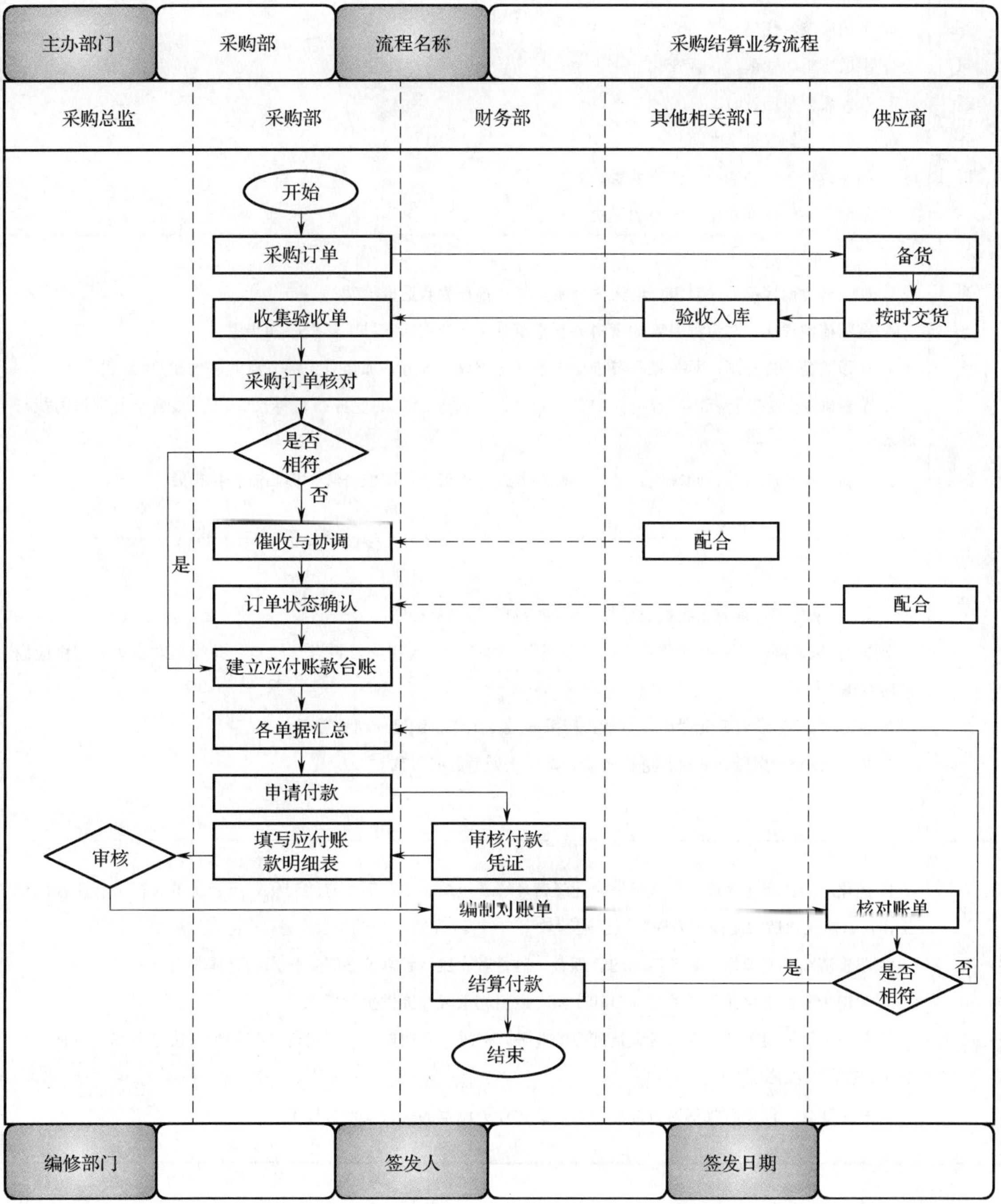

2. 流程优化分析

采购结算业务流程优化分析总表

业务问题分析	1. 协同差、效率低 ☑ 2. 权责分配不合理 ☑ 3. 不适应技术变革 ☐ 4. 不适应组织变革、目标变化 ☐ 5. 业务流程早已过时 ☑ 6. 业务执行标准过于严苛 ☐ 7. 相关政策、市场变化对流程的影响 ☑ 8. 制度、操作标准变化对流程的影响 ☑
业务优化思路	1. 加强环节衔接：消除对流程的人为分割，防止各自为政造成浪费 2. 重新梳理程序：对流程要素的逻辑关系重新排序，或重新安排工作程序和步骤 3. 加强关键节点控制：对关键环节进行内容细化或权责细分，加强对关键节点的监督和控制 4. 重新确立业务执行标准：修改过时的、落后的、过于严苛的业务执行标准，以免影响业务流程的执行效果 5. 重新审视组织目标：明确组织运作目标及方式，重新进行职能分解，提高流程执行效率
业务节点把控	节点1：采购部日常应当收集业务往来明细资料，为结算提供依据 节点2：采购部对订单及交货状况进行整理后，财务部应与相关资料进行核对，并编制对账单，与供应商开展对账工作 节点3：与供应商对账无误后，方能进行采购过账工作，编制应付账款明细表 节点4：收到发票后，应对其进行校验，确认无误后方能付款
下次优化重点	1. 优化时间：企业管理人员应根据企业经营环境、组织、政策等相应的变化，于合适的时机进行流程优化工作，以使优化后的流程大力提升企业运营效率 2. 职责清晰：明确每一业务活动的管理者、监督者、执行者以及各级责任人的具体职责 3. 关键步骤：细化并凸显关键环节和步骤，以引起重视并提供执行标准 4. 部门配合：对需其他部门或人员配合的业务，需进一步明确，以促进部门间的沟通协作顺畅，并在流程相关运作部门间形成共识 5. 标准变化：以提高效率为目标和原则，优化业务流程的执行及评价标准

3. 优化后的流程

主办部门	采购部	流程名称	采购结算业务流程

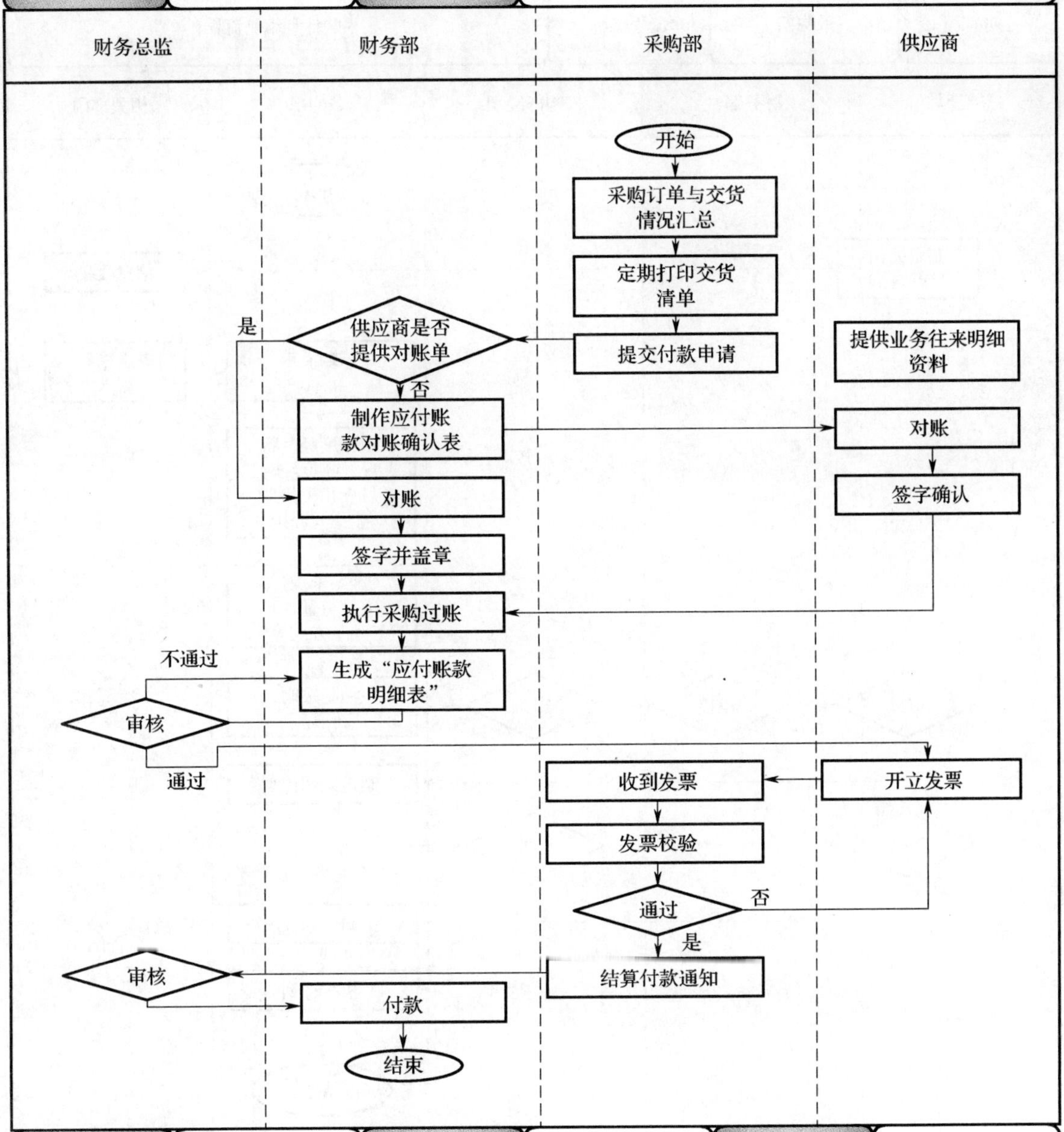

编修部门		签发人		签发日期	

6.5.3 采购计划编制流程优化

1. 优化前的流程

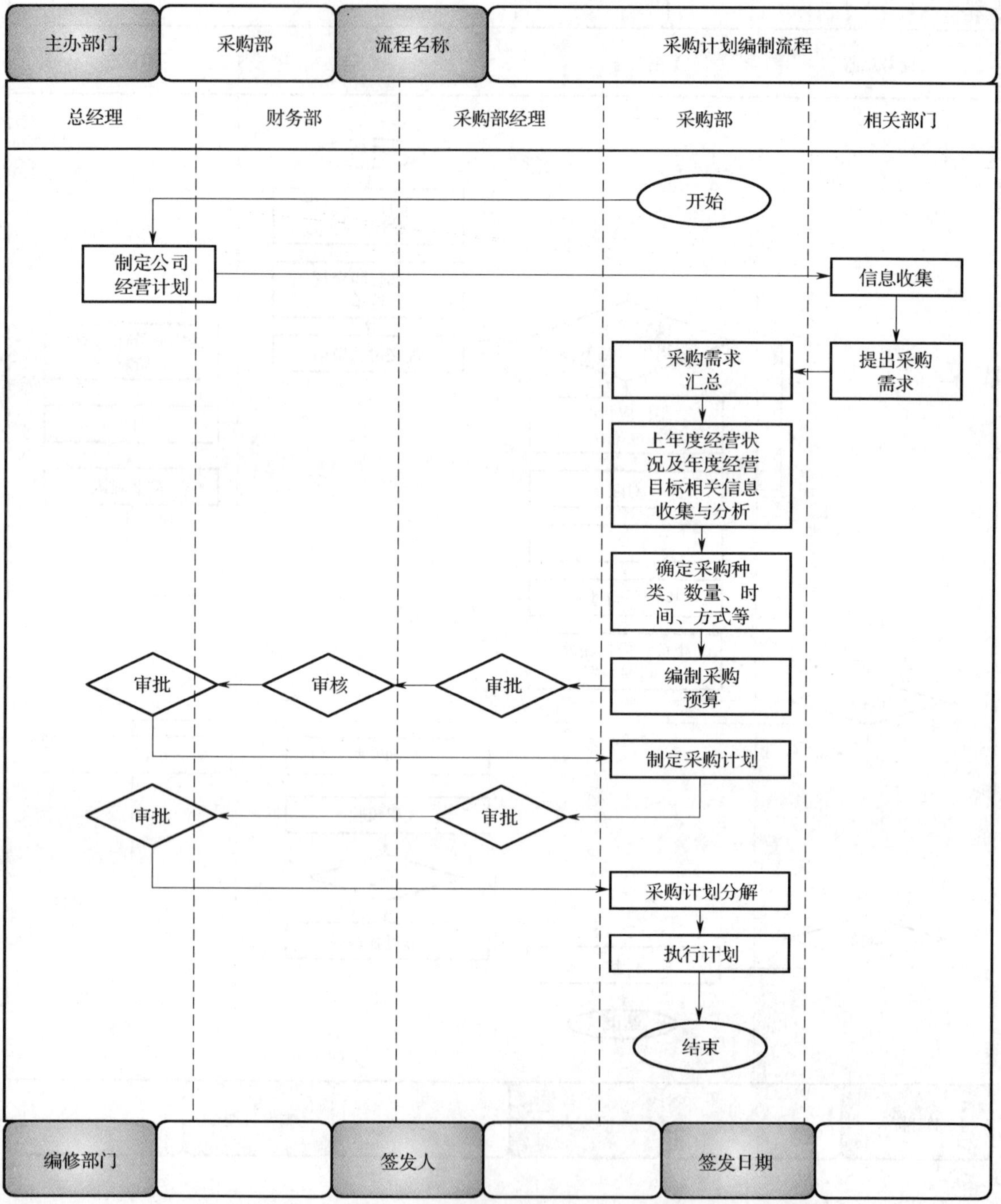

2. 流程优化分析

采购计划编制流程优化分析总表

业务问题分析	1. 协同差、效率低 ☑ 2. 权责分配不合理 ☑ 3. 不适应技术变革 □ 4. 不适应组织变革、目标变化 ☑ 5. 程序过于烦琐或简单 □ 6. 业务流程早已过时 ☑ 7. 业务执行标准过于严苛 □ 8. 制度、操作标准变化对流程的影响 ☑
业务优化思路	1. 精简程序：取消所有不必要的工作环节和内容，精简过于复杂、烦琐的程序 2. 重新分配权责：重新分配流程活动承担者的权责，使得权责清晰并匹配 3. 加强环节衔接：消除对流程的人为分割，防止各自为政造成浪费 4. 重新梳理程序：对流程要素的逻辑关系重新排序，或重新安排工作程序和步骤 5. 加强关键节点控制：对关键环节进行内容细化或权责细分，加强对关键节点的监督和控制 6. 重新审视组织目标：明确组织运作目标及方式，重新进行职能分解，提高流程执行效率
业务节点把控	节点 1：在编制年度采购计划时，各部门提出的采购需求是预测得来的 节点 2：缺乏对计划编制过程的审控工作 节点 3：计划制定完成后，缺乏对执行过程的反馈环节 节点 4：缺乏采购作业计划的编制过程
下次优化重点	1. 优化时间：企业管理人员应根据企业经营环境、组织、政策等相应的变化，于合适的时机进行流程优化工作，以使优化后的流程大力提升企业运营效率 2. 组织变化：重新审视组织目标，根据组织变化进行流程变革或调整 3. 职责清晰：明确每一业务活动的管理者、监督者、执行者以及各级责任人的具体职责 4. 关键步骤：细化并凸显关键环节和步骤，以引起重视并提供执行标准 5. 部门配合：对需其他部门或人员配合的业务，需进一步明确，以促进部门间的沟通协作顺畅，并在流程相关运作部门间形成共识

3. 优化后的流程

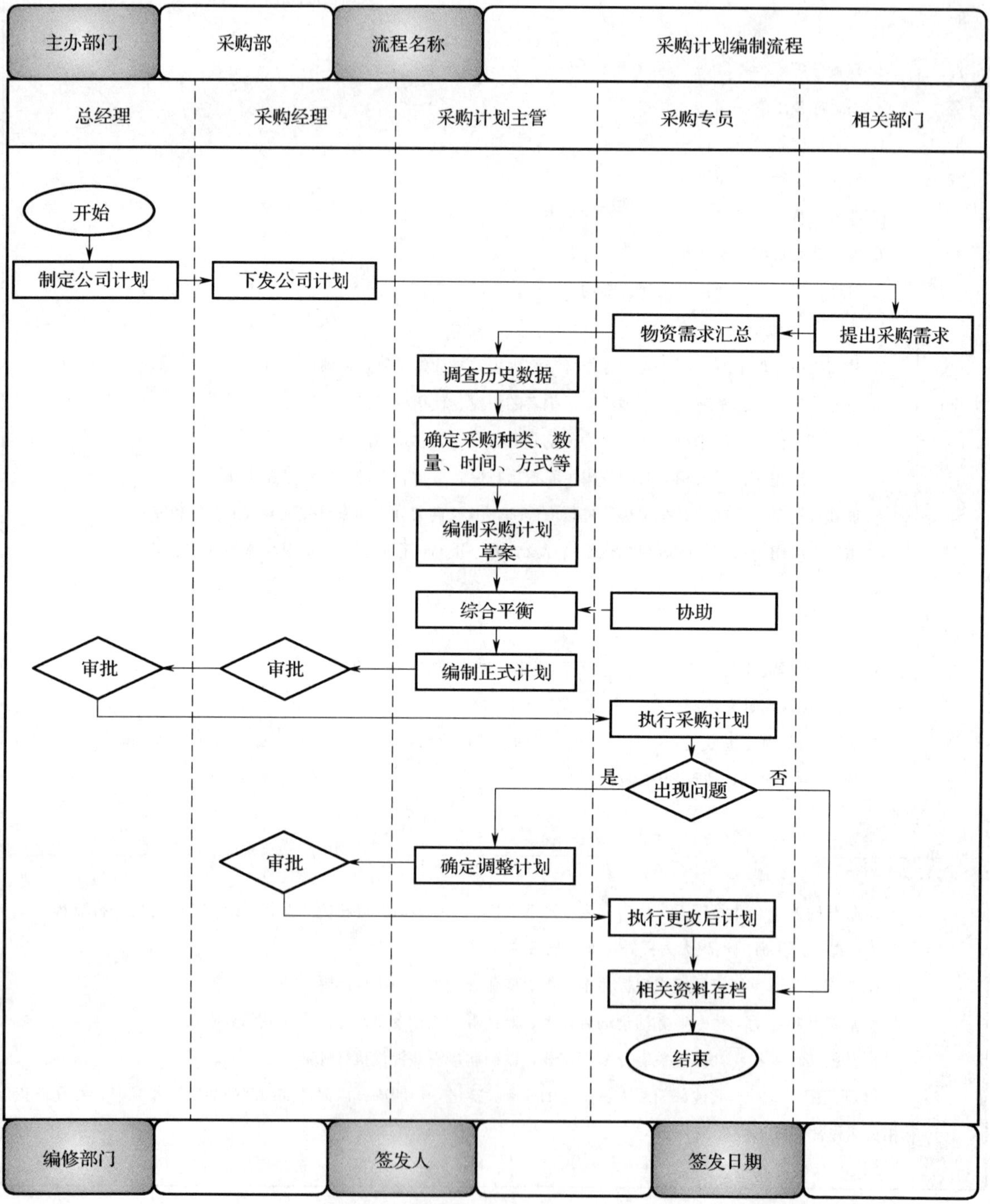
主办部门
采购部
流程名称
采购计划编制流程
总经理
采购经理
采购计划主管
采购专员
相关部门
开始
制定公司计划
下发公司计划
提出采购需求
物资需求汇总
调查历史数据
确定采购种类、数量、时间、方式等
编制采购计划草案
综合平衡
协助
编制正式计划
审批
审批
执行采购计划
出现问题
是
否
确定调整计划
审批
执行更改后计划
相关资料存档
结束
编修部门
签发人
签发日期

第 7 章

质控流程优化设计

7.1 质控工作设计分析

7.1.1 质控管理工作分析

1. 质控管理工作维度图

质控管理工作可按下列 5 个维度进行工作分析，具体如图 7—1 所示。

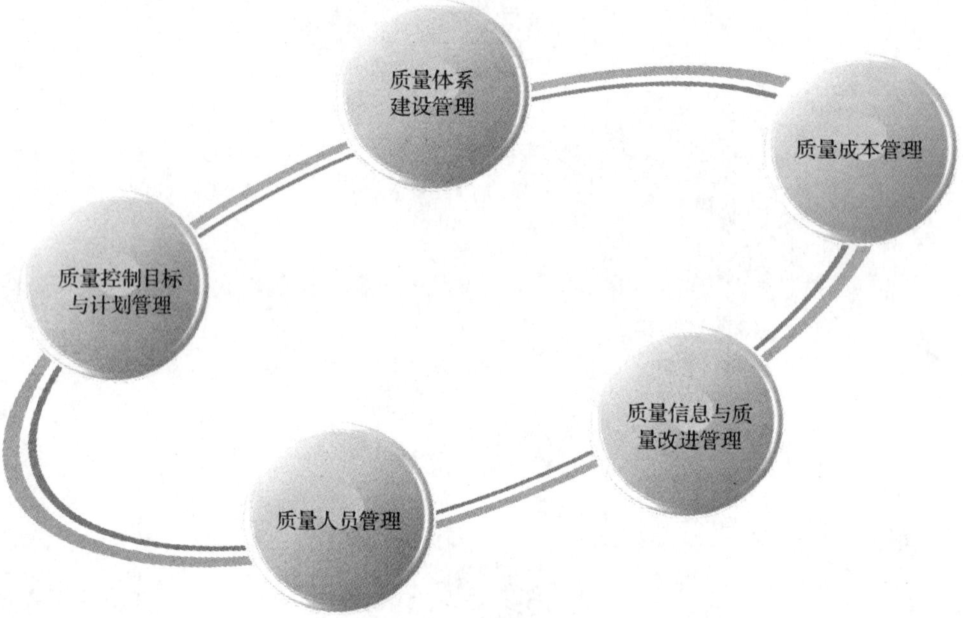

图 7—1 质控管理工作维度图

2. 主要管理工作分析表

在表 7—1 中，将质控管理工作的 5 大主要事项进行具体的工作分析。

表 7—1 **质控主要管理工作分析表**

管理大项	管理子项	重要程度（3 级）	价值创造（3 级）	优化选择
1. 质量控制目标与计划管理	1）质量方针的制定	□3 □2 □1	A B C	
	2）质量目标的制定	□3 □2 □1	A B C	
	3）质量计划的制定	□3 □2 □1	A B C	

续表

管理大项	管理子项	重要程度（3 级）	价值创造（3 级）	优化选择
2. 质量体系建设管理	4）质量管理体系的建立	□3　□2　□1	A　B　C	
	5）质量管理体系的运行	□3　□2　□1	A　B　C	
	6）质量管理体系的完善	□3　□2　□1	A　B　C	
	7）质量管理体系的内审与外审	□3　□2　□1	A　B　C	
3. 质量成本管理	8）质量成本预算控制	□3　□2　□1	A　B　C	
	9）质量成本计划控制	□3　□2　□1	A　B　C	
	10）质量成本核算控制	□3　□2　□1	A　B　C	
	11）质量成本费用的使用控制	□3　□2　□1	A　B　C	
4. 质量信息与质量改进管理	12）质量改进计划	□3　□2　□1	A　B　C	
	13）质量预防措施管理	□3　□2　□1	A　B　C	
	14）质量改进效果跟踪验证	□3　□2　□1	A　B　C	
	15）质量信息传递	□3　□2　□1	A　B　C	
	16）日常质量信息处理	□3　□2　□1	A　B　C	
5. 质量人员管理	17）质量培训计划的制定	□3　□2　□1	A　B　C	
	18）合理建议被采纳次数	□3　□2　□1	A　B　C	
	19）质量人员的离职	□3　□2　□1	A　B　C	
	20）质量人员的绩效考核	□3　□2　□1	A　B　C	
	21）质量人员的违纪行为	□3　□2　□1	A　B　C	

填写说明："优化选择"栏可从以下 5 个角度进行多选：1. 组织优化；2. 职责优化；3. 权限优化；4. 分工优化；5. 流程优化。

7.1.2　质控业务工作分析

1. 质控业务工作维度图

质控业务工作可按下列 4 个维度进行工作分析，具体如图 7—2 所示。

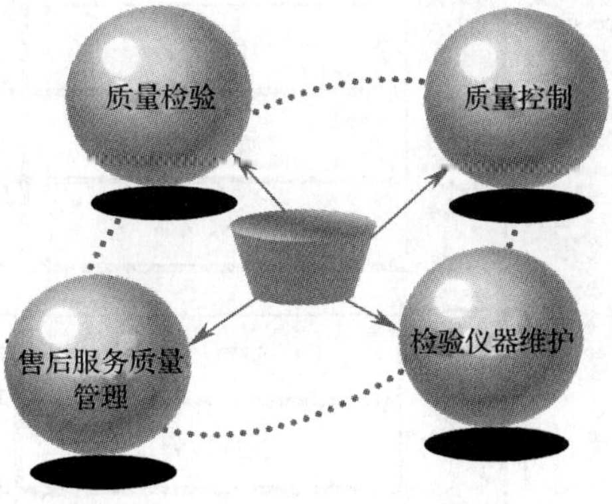

图 7—2　质控业务工作维度图

2. 主要业务工作分析表

在表 7—2 中，将质控业务的 4 大主要事项进行具体的工作分析。

表 7—2 ××主要业务工作分析表

业务大项	业务子项	重要程度（3级）	价值创造（3级）	优化选择
1. 质量检验	1）进料检验管理	□3 □2 □1	A B C	
	2）制程检验管理	□3 □2 □1	A B C	
	3）成品检验管理	□3 □2 □1	A B C	
2. 质量控制	4）生产质量控制	□3 □2 □1	A B C	
	5）工序质量控制	□3 □2 □1	A B C	
	6）质量记录控制	□3 □2 □1	A B C	
	7）产品质量处罚	□3 □2 □1	A B C	
3. 检验仪器设备	8）质量仪器的请购	□3 □2 □1	A B C	
	9）质量仪器的保养	□3 □2 □1	A B C	
	10）质量仪器的借用与使用	□3 □2 □1	A B C	
	11）质量仪器的校正与报废	□3 □2 □1	A B C	
4. 售后服务质量管理	12）售后服务质量监督	□3 □2 □1	A B C	
	13）售后服务失败补救	□3 □2 □1	A B C	

填写说明："优化选择"栏可从以下 5 个角度进行多选：1. 组织优化；2. 职责优化；3. 权限优化；4. 分工优化；5. 流程优化。

7.2 质控工作关键要素

7.2.1 质控工作价值点表

质控工作关键点设计见表 7—3。

表 7—3 质控工作关键点设计表

质控工作关键点表	管理工作	质量目标	质量方针	产品质量设计
		质量信息	质量改进	质量体系
		质量成本	质量人员管理	××××
	业务工作	进料检验	设备检验	制程检验
		工序检验	成品检验	售后服务质量
		检验仪器设备	××××	××××

7.2.2　质控工作考核量表

质控工作考核指标及指标说明见表 7—4。

表 7—4　　质控工作考核量表

考核维度	指标名称	指标说明	指标值
管理事项	产品质量合格率	$\frac{\text{合格的产品数量}}{\text{产品总数量}}\times100\%$	___%
	产品质量原因退货率	$\frac{\text{质量原因产品退货数量}}{\text{交付的产品总数量}}\times100\%$	___%
	质量体系推行工作按计划完成率	$\frac{\text{实际完成的质量体系推行工作项数}}{\text{计划的质量体系推行工作项数}}\times100\%$	___%
	质量成本占销售额比率	$\frac{\text{质量成本}}{\text{销售额}}\times100\%$	___%
	质量体系认证一次性通过率	$\frac{\text{质量体系认证一次性通过的次数}}{\text{质量体系认证申请总次数}}\times100\%$	___%
	产品免检认证通过率	$\frac{\text{通过免检认证的产品品种}}{\text{产品免检认证申请总次数}}\times100\%$	___%
业务事项	质检完成及时率	$\frac{\text{及时完成的质检次数}}{\text{应完成的检验总次数}}\times100\%$	___%
	检验错检次数	——	___%
	产品质量原因退货率	$\frac{\text{质量原因产品退货数量}}{\text{交付的产品总数量}}\times100\%$	___%
	质量检验仪器完好率	$\frac{\text{完好的检验仪器台数}}{\text{在用检验仪器台数}}\times100\%$	___%
	客户投诉改善率	$\frac{\text{客户投诉按时改善的件数}}{\text{客户投诉总件数}}\times100\%$	___%
	在用质检仪器受检率	$\frac{\text{质检仪器受检台数}}{\text{在用质检仪器总台数}}\times100\%$	___%

7.3　质控流程优化设计

7.3.1　质控管理流程体系设计

质控管理流程体系设计如图 7—3 所示。

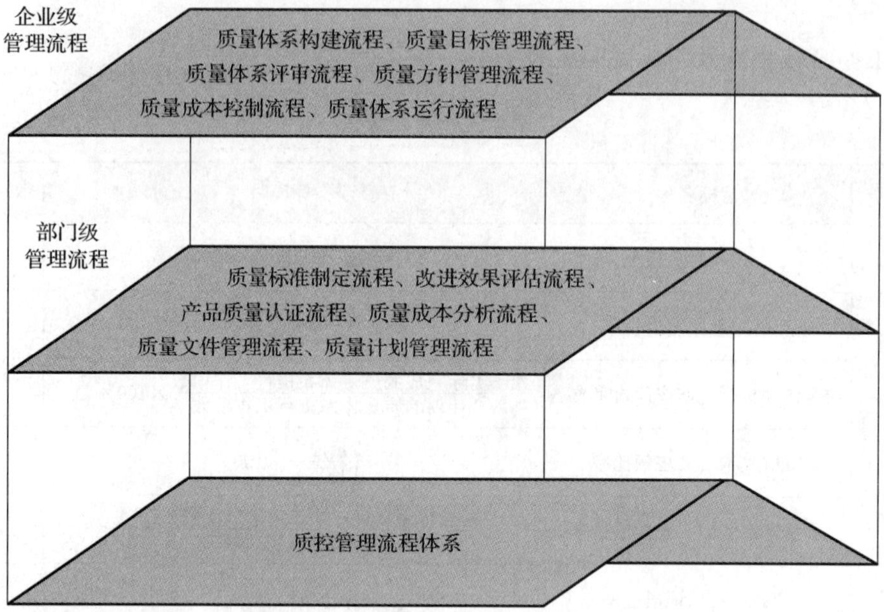

图 7—3　质控管理流程体系设计图

7.3.2　质控业务流程体系设计

质控业务流程体系如图 7—4 所示。

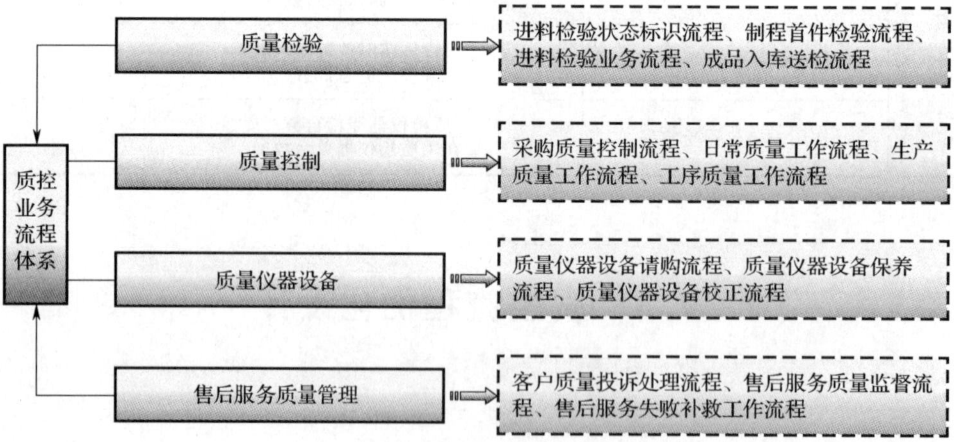

图 7—4　质控管理流程体系设计图

7.4　质控管理流程优化案例

7.4.1　工序质量控制流程优化

1. 优化前的流程

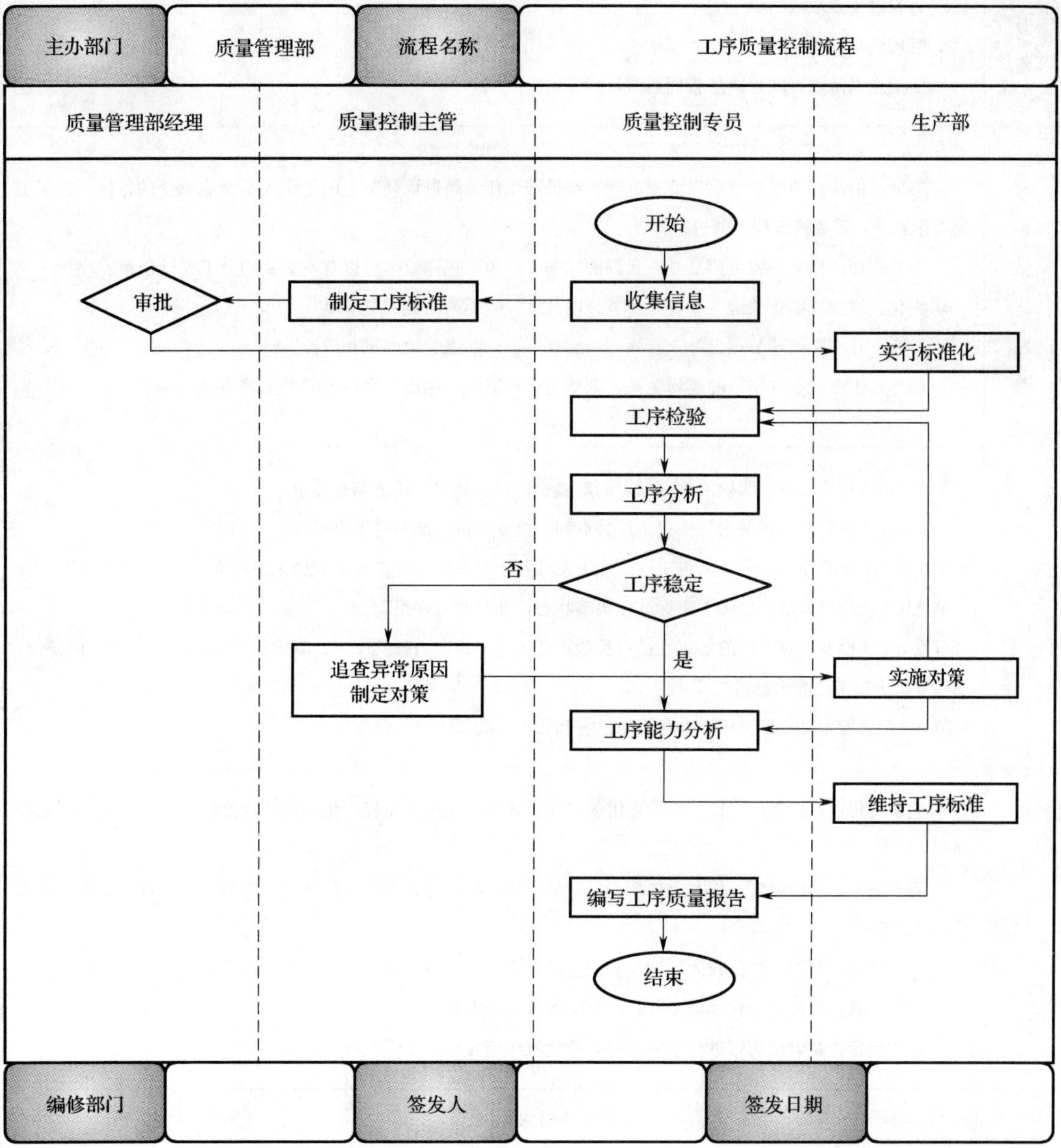

2. 流程优化分析

工序质量控制流程优化分析总表

流程问题分析	1. 协同差、效率低 □ 2. 权责分配不合理 □ 3. 不适应技术变革 ☑ 4. 不适应组织变革、目标变化 □ 5. 流程过于烦琐或简单 ☑ 6. 管理流程早已过时 □ 7. 质量意识薄弱，缺少质量管理经营目标 ☑
流程优化思路	1. 拆分：由于环节跨领域（专业或部门）或是因工作量超过该环节上的工作人员所能承受的负担，为了提高工作效率，需要将流程环节进行拆分 2. 合并：在工作量不超负荷及专业允许的状态下，为了提高效率可以对不必要的分工进行合并 3. 细化：增加或细化关键（重要）环节，以具体、明确或凸显关键节点 4. 补充：在必要的环节点上补充步骤、增加权限，以加强管理内审和内控 5. 调整：重新梳理各环节的逻辑关系，调整不合理流向，达成流程环节间的无缝衔接
流程节点把控	节点 1：质量控制专员明确质量目标，制定调查计划，对工序质量调查分析 节点 2：质量管理部相关人员根据工序特点和本企业质量标准制定工序标准 节点 3：质量管理部相关人员将工序标准下发到各生产车间，并按要求实施工序标准 节点 4：质检专员跟踪分析工序标准化实施状态，并及时做好跟踪记录 节点 5：质检专员对工序的稳定性进行检验，若工序不稳定追查其原因。制定相关改善措施；若工序稳定，质检专员进行工序能力分析 节点 6：质检专员根据工序标准化实施过程和结果，编写工序质量报告
下次优化重点	1. 组织变化：根据组织目标、架构或组织运作方式的变化进行流程优化，使管理流程与组织战略与职能相匹配 2. 职责清晰：明确责任人以及具体职责，避免因职责模糊造成管理工作推诿使流程无法执行，或者工作重叠而造成浪费 3. 权限调整：明确并具体权限，避免流程上的权限与职责不匹配，管理工作无法开展 4. 关键步骤：明确并细化关键步骤，凸显关键节点的重要性 5. 程序衔接：对管理流程进行整体统筹，避免程序衔接不紧密或执行不顺畅

3. 优化后的流程

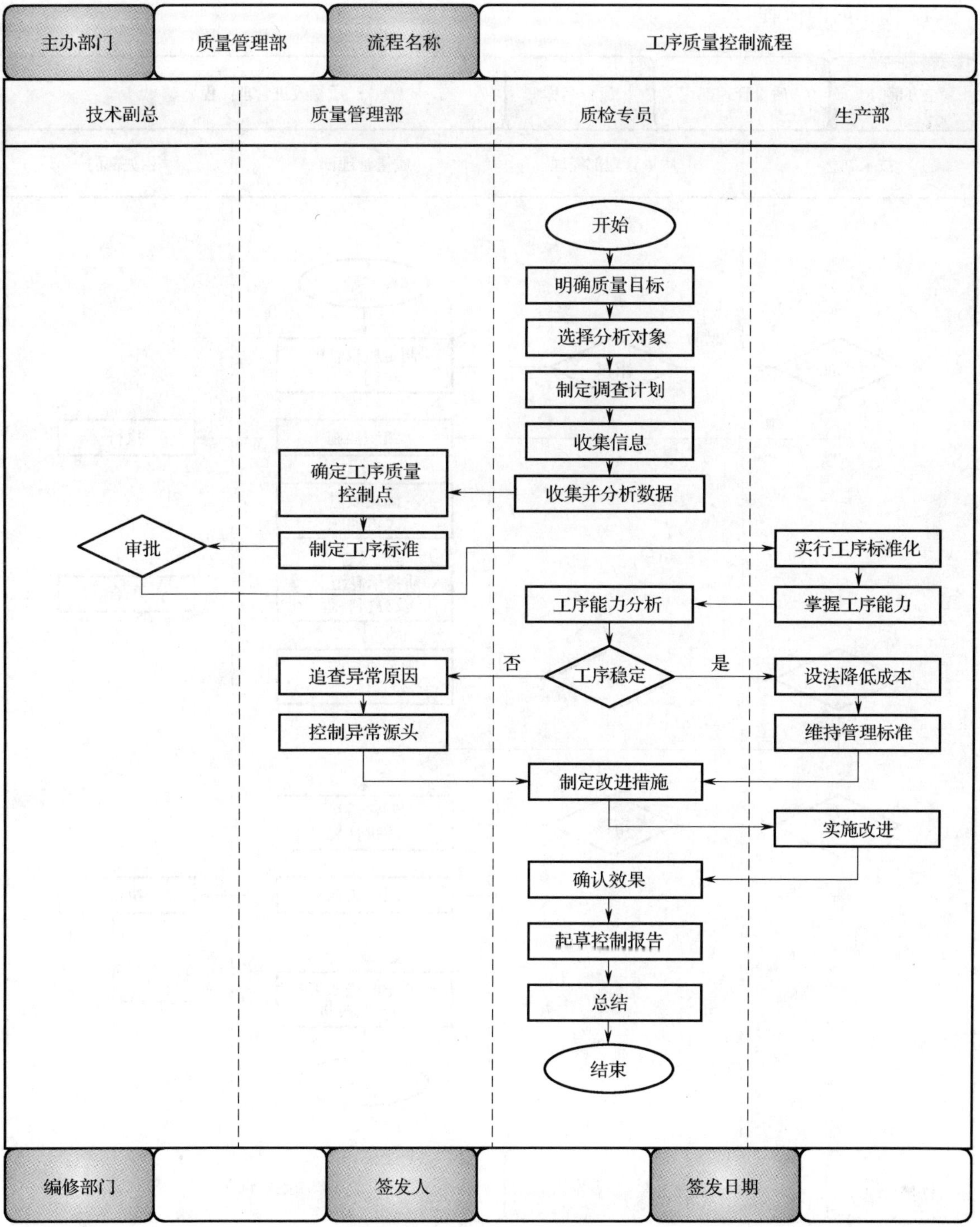
主办部门
质量管理部
流程名称
工序质量控制流程
技术副总
质量管理部
质检专员
生产部
开始
明确质量目标
选择分析对象
制定调查计划
收集信息
收集并分析数据
确定工序质量控制点
制定工序标准
审批
实行工序标准化
掌握工序能力
工序能力分析
工序稳定
否
是
追查异常原因
控制异常源头
设法降低成本
维持管理标准
制定改进措施
实施改进
确认效果
起草控制报告
总结
结束
编修部门
签发人
签发日期

7.4.2 质量改进管理流程优化

1. 优化前的流程

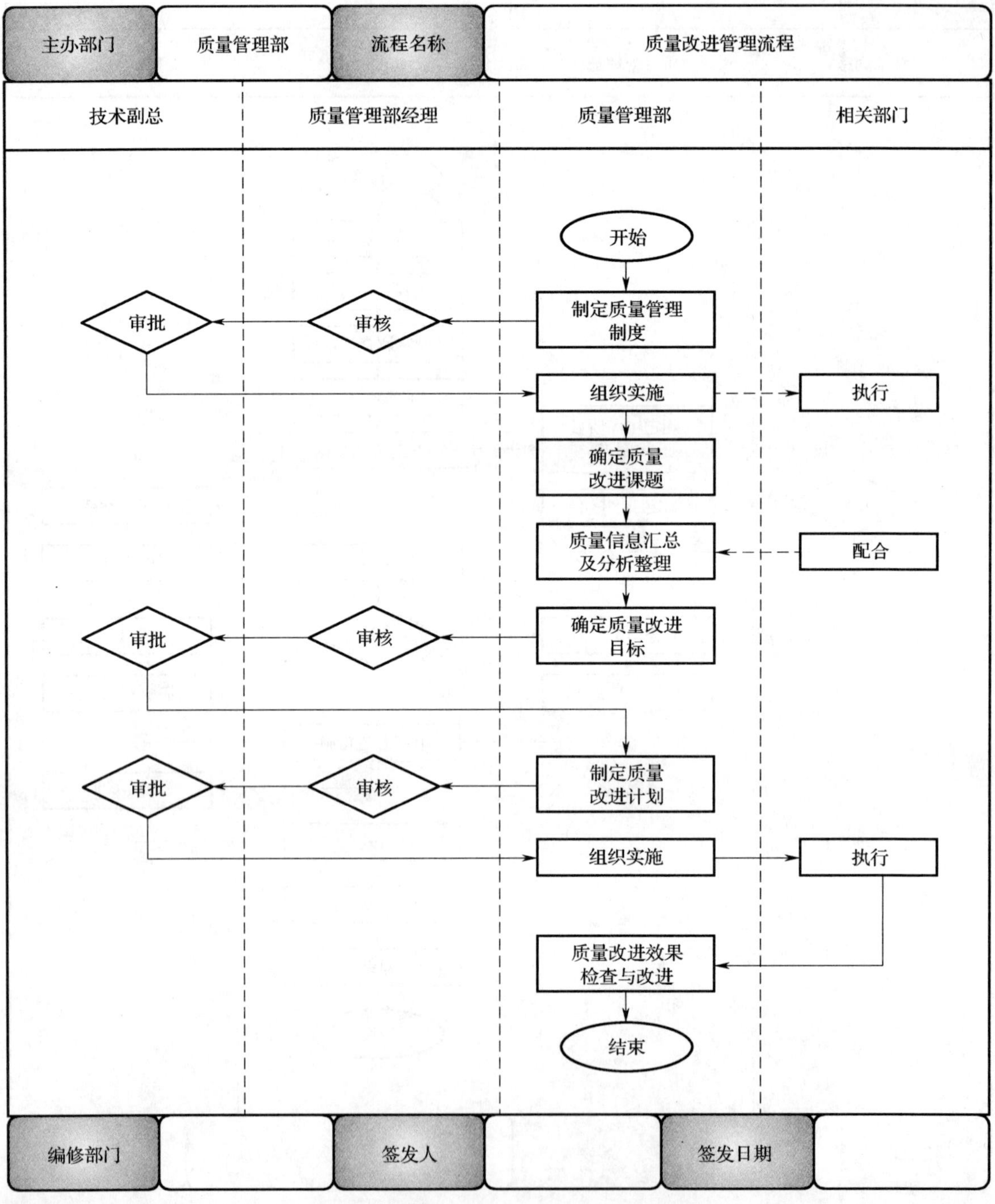

2. 流程优化分析

质量改进管理流程优化分析总表

流程问题分析	1. 协同差、效率低 □ 2. 权责分配不合理 □ 3. 组织结构不适宜、管理职能不明确 □ 4. 流程过于烦琐或简单 ☑ 5. 关键步骤的疏忽 ☑ 6. 质量管理培训工作没有明确目标 ☑ 7. 制度、操作标准变化对流程的影响 □
流程优化思路	1. 再造：对于效率低下的流程，需要完全推翻原有流程，运用重新设计的方法达成流程优化 2. 合并：在工作量不超负荷及专业允许的状态下，为了提高效率可以对不必要的分工进行合并 3. 细化：增加或细化关键（重要）环节，以具体、明确或凸显关键节点 4. 调整：重新梳理各环节的逻辑关系，调整不合理流向，达成流程环节间的无缝衔接 5. 简化：简化不必要的审核审批程序，避免过多的事前串行审批，改为并行审批或者事中、事后控制
流程节点把控	节点 1：根据企业质量管理的执行情况，质量管理部确定企业质量管理需要改进的提案 节点 2：确定企业质量改进的目标，改进目标要与企业总体经营目标紧密结合，突出过程质量与客户满意度的提升效果和效率 节点 3：结合企业的实际情况，编制质量改进计划，改进计划要求合理的编制质改流程设计、人员安排、成本预算等 节点 4：质量改进的实施要严格按照质量改进方案的要求开展工作 节点 5：实施质量改进后，质量管理部对改进的效果进行评价与确认，提出相关的防范措施
下次优化重点	1. 职责清晰：明确责任人以及具体职责，避免因职责模糊造成管理工作推诿使流程无法执行，或者工作重叠而造成浪费 2. 权限调整：明确并具体权限，避免流程上的权限与职责不匹配，管理工作无法开展 3. 关键步骤：明确并细化关键步骤，凸显关键节点的重要性 4. 部门协调：打破部门间壁垒，消除层级关卡，增强横向协作 5. 绩效提升：基于可运作的现实性和可改进的方向，最大限度地提升绩效 6. 程序衔接：对管理流程进行整体统筹，避免程序衔接不紧密或执行不顺畅

3. 优化后的流程

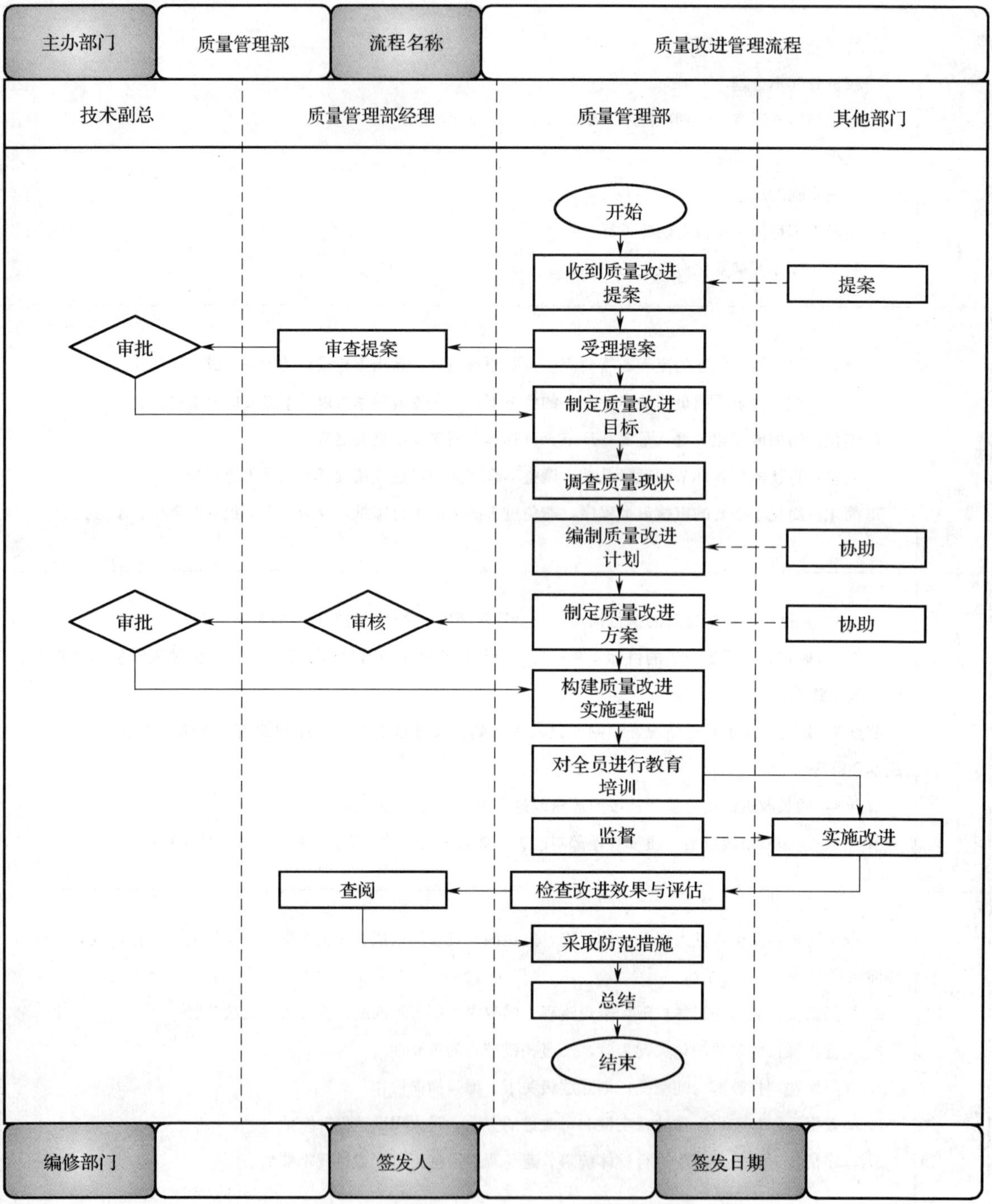
主办部门
质量管理部
流程名称
质量改进管理流程
技术副总
质量管理部经理
质量管理部
其他部门
开始
收到质量改进提案
提案
审批
审查提案
受理提案
制定质量改进目标
调查质量现状
编制质量改进计划
协助
审批
审核
制定质量改进方案
协助
构建质量改进实施基础
对全员进行教育培训
监督
实施改进
查阅
检查改进效果与评估
采取防范措施
总结
结束
编修部门
签发人
签发日期

7.4.3　质量体系认证流程优化

1. 优化前的流程

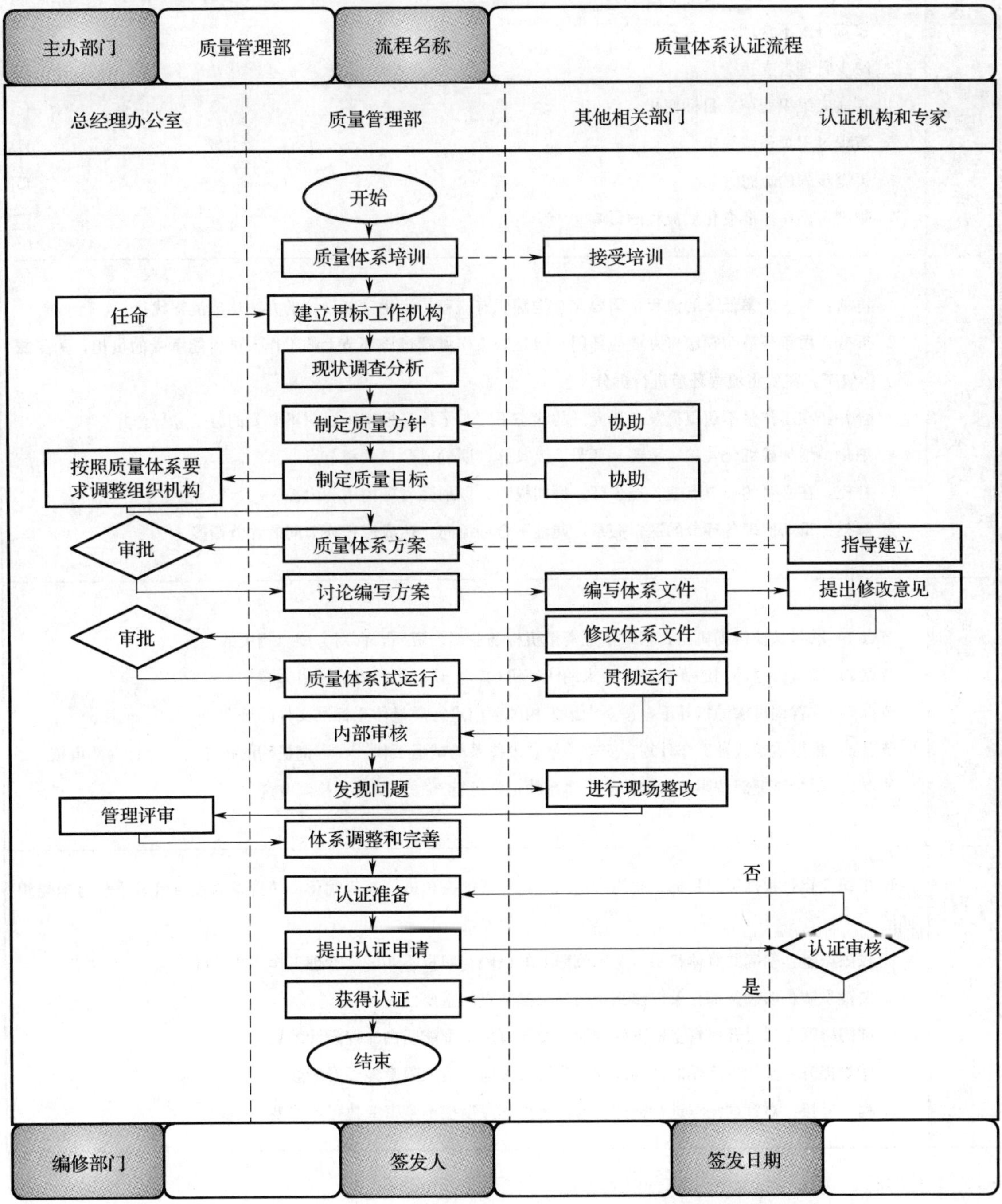

2. 流程优化分析

质量体系认证流程优化分析总表

流程问题分析	1. 组织结构不适宜、管理职能不明确 ☑ 2. 权责分配不合理 □ 3. 缺少管理者支持 ☑ 4. 不适应组织变革、目标变化 □ 5. 流程过于烦琐或简单 □ 6. 关键步骤的疏忽 ☑ 7. 制度、操作标准变化对流程的影响 □
流程优化思路	1. 再造：对于效率低下的流程，需要完全推翻原有流程，运用重新设计的方法达成流程优化 2. 拆分：由于环节跨领域（专业或部门）或是因工作量超过该环节上的工作人员所能承受的负担，为了提高工作效率，需要将流程环节进行拆分 3. 合并：在工作量不超负荷及专业允许的状态下，为了提高效率可以对不必要的分工进行合并 4. 细化：增加或细化关键（重要）环节，以具体、明确或凸显关键节点 5. 补充：在必要的环节点上补充步骤、增加权限，以加强管理内审和内控 6. 调整：重新梳理各环节的逻辑关系，调整不合理流向，达成流程环节间的无缝衔接
流程节点把控	节点1：联系认证咨询机构，索取认证资格机构的业绩、资质，向对方提出相关的要求 节点2：质量管理部门选择最符合要求的认证机构，由认证机构提供项目方案 节点3：在咨询机构的指导下，按要求组织相关部门进行质量体系标准文件的培训 节点4：根据质量认证工作计划，安排质量管理体系的试运工作，在咨询机构的指导下，进行内部审核 节点5：质量管理部按照要求维护质量体系的正常运行，并对其进行持续改进
下次优化重点	1. 组织变化：根据组织目标、架构或组织运作方式的变化进行流程优化，使管理流程与组织战略与职能相匹配 2. 权限调整：明确并具体权限，避免流程上的权限与职责不匹配，管理工作无法开展 3. 关键步骤：明确并细化关键步骤，凸显关键节点的重要性 4. 部门协调：通过开展自上而下的沟通，使所有员工都能明白流程设计的目标 5. 绩效提升：基于可运作的现实性和可改进的方向，最大限度地提升绩效 6. 程序衔接：对管理流程进行整体统筹，避免程序衔接不紧密或执行不顺畅

3. 优化后的流程

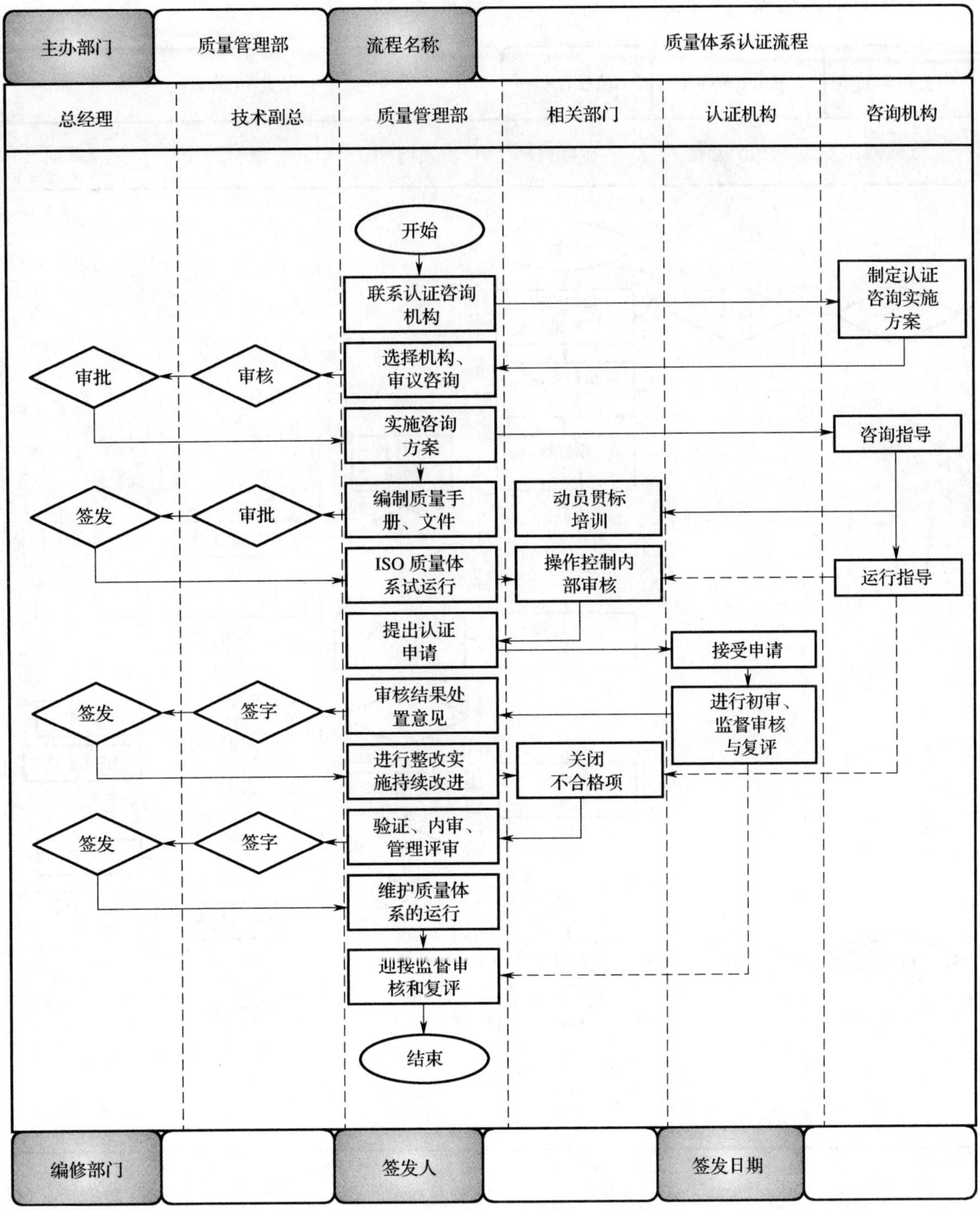

主办部门
质量管理部
流程名称
质量体系认证流程
总经理
技术副总
质量管理部
相关部门
认证机构
咨询机构
开始
联系认证咨询机构
制定认证咨询实施方案
审批
审核
选择机构、审议咨询
实施咨询方案
咨询指导
签发
审批
编制质量手册、文件
动员贯标培训
ISO 质量体系试运行
操作控制内部审核
运行指导
提出认证申请
接受申请
签发
签字
审核结果处置意见
进行初审、监督审核与复评
进行整改实施持续改进
关闭不合格项
签发
签字
验证、内审、管理评审
维护质量体系的运行
迎接监督审核和复评
结束
编修部门
签发人
签发日期

7.4.4 产品质量管理流程优化

1. 优化前的流程

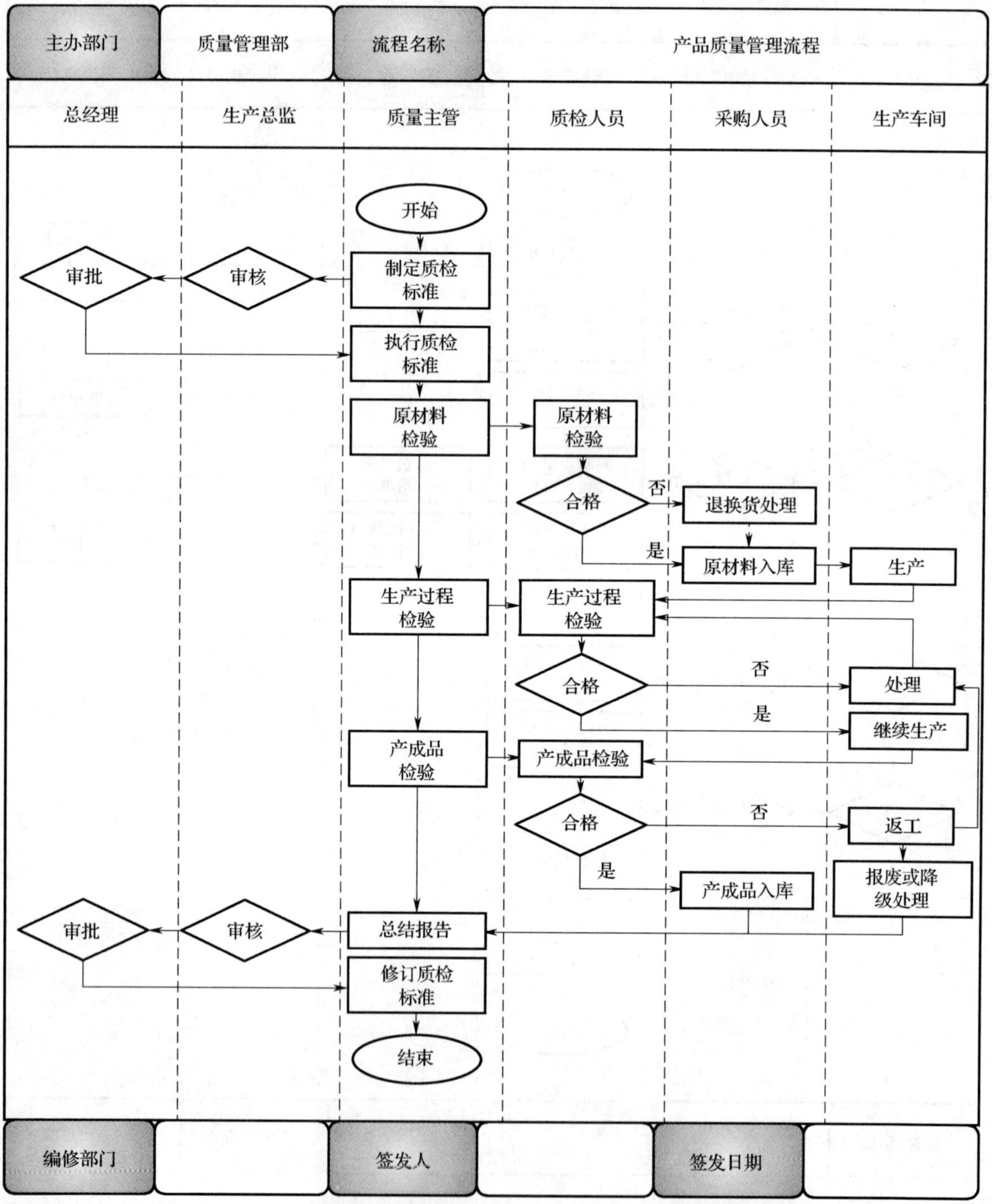

2. 流程优化分析

产品质量管理流程优化分析总表

流程问题分析	1. 协同差、效率低 ☐ 2. 权责分配不合理 ☑ 3. 不适应技术变革 ☐ 4. 不适应组织变革、目标变化 ☐ 5. 流程过于烦琐或简单 ☑ 6. 相关政策、市场变化对流程的影响 ☐ 7. 制度、操作标准变化对流程的影响 ☑
流程优化思路	1. 再造：对于效率低下的流程，需要完全推翻原有流程，运用重新设计的方法达成流程优化 2. 拆分：由于环节跨领域（专业或部门）或是因工作量超过该环节上的工作人员所能承受的负担，为了提高工作效率，需要将流程环节进行拆分 3. 合并：在工作量不超负荷及专业允许的状态下，为了提高效率可以对不必要的分工进行合并 4. 细化：增加或细化关键（重要）环节，以具体、明确或凸显关键节点 5. 补充：在必要的环节点上补充步骤、增加权限，以加强管理内审和内控 6. 调整：重新梳理各环节的逻辑关系，调整不合理流向，达成流程环节间的无缝衔接
流程节点把控	节点 1：质量管理部制定本企业的质量管理标准、执行办法、程序等质量文件 节点 2：由质量管理部按照国际、行标、企标等制定产品质量标准，并组织执行质量管理标准 节点 3：质检专员对原材料进行检验，在不合格品上贴上不合格标签，办理退货处理 节点 4：质检人员对生产过程进行检验，将不合格的产品执行返工处理 节点 5：质检人员应用相应的检验方法，对产成品进行质量检验，填写产成品检验报告 节点 6：质量管理部按照企业纠正、预防措施管控程序，修订企业质量检验标准
下次优化重点	1. 组织变化，根据组织目标、架构或组织运作方式的变化进行流程优化，使管理流程与组织战略与职能相匹配 2. 职责清晰：明确责任人以及具体职责，避免因职责模糊造成管理工作推诿使流程无法执行，或者工作重叠而造成浪费 3. 权限调整：明确并具体权限，避免流程上的权限与职责不匹配，管理工作无法开展 4. 关键步骤：明确并细化关键步骤，凸显关键节点的重要性 5. 部门协调：打破部门间壁垒，消除层级关卡，增强横向协作

3. 优化后的流程

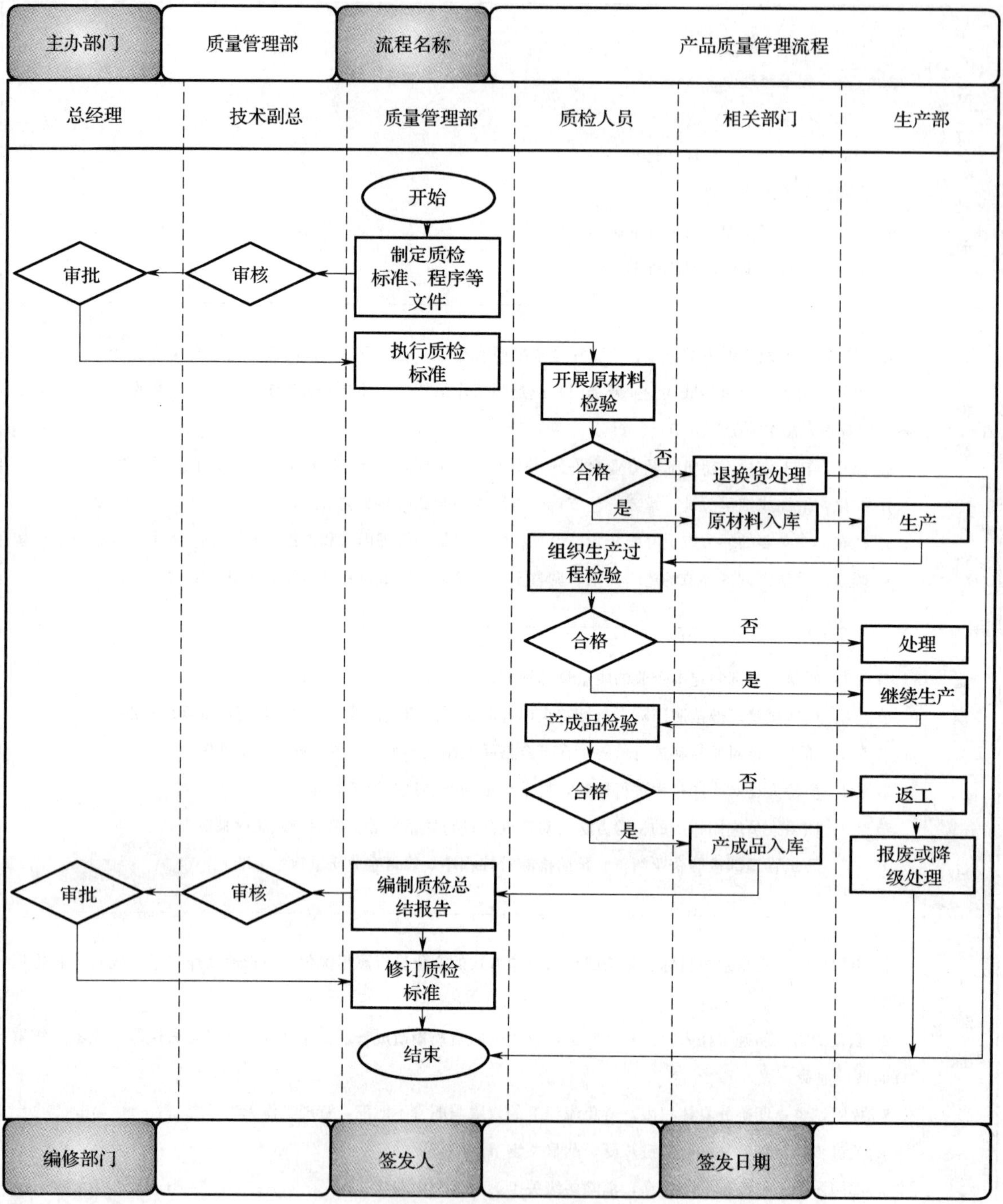
主办部门
质量管理部
流程名称
产品质量管理流程
总经理
技术副总
质量管理部
质检人员
相关部门
生产部
开始
制定质检标准、程序等文件
审核
审批
执行质检标准
开展原材料检验
合格
否
退换货处理
是
原材料入库
生产
组织生产过程检验
合格
否
处理
是
继续生产
产成品检验
合格
否
返工
是
产成品入库
报废或降级处理
编制质检总结报告
审核
审批
修订质检标准
结束
编修部门
签发人
签发日期

7.5　质控业务流程优化案例

7.5.1　进料检验工作流程优化

1. 优化前的流程

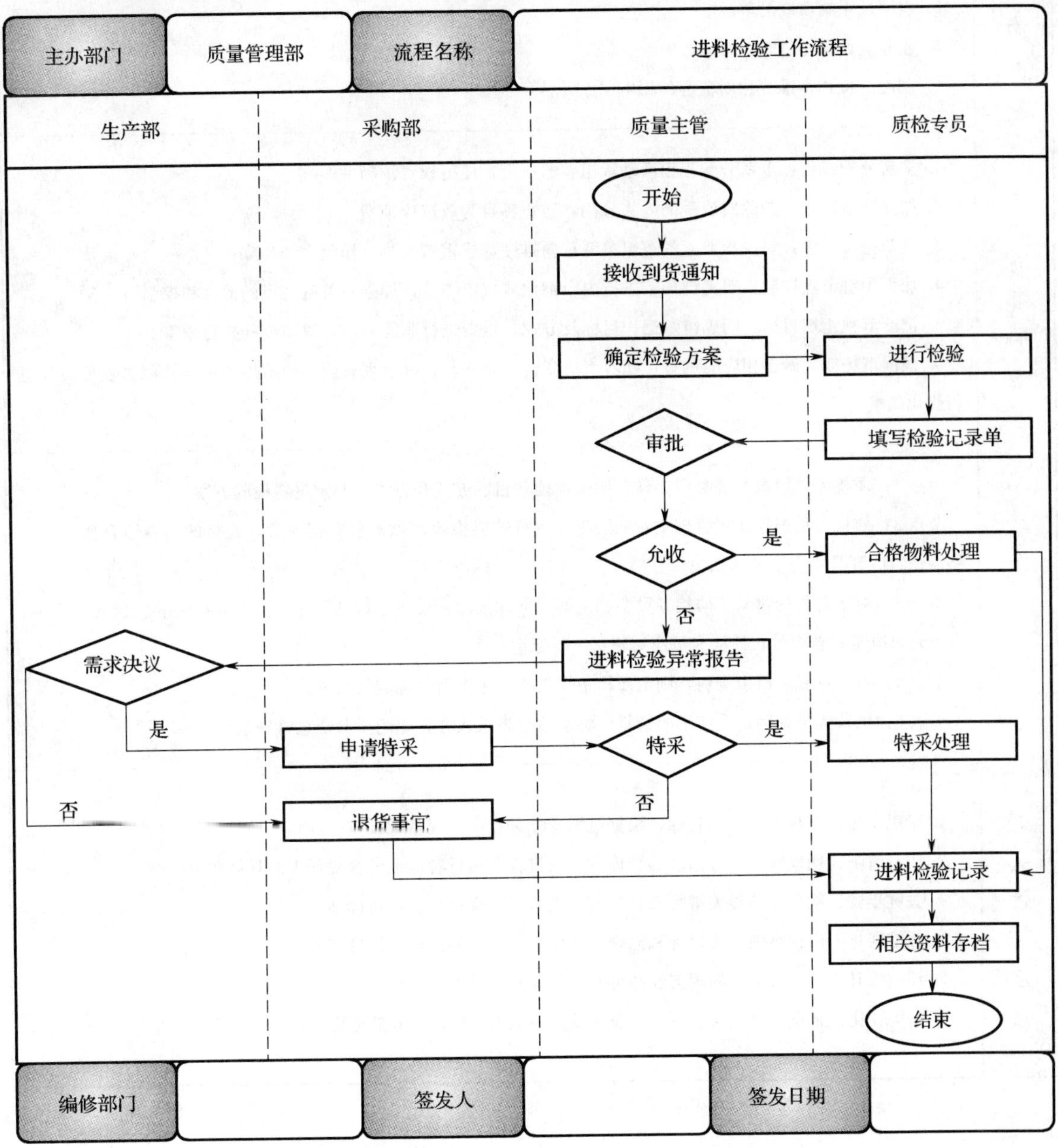

2. 流程优化分析

进料检验工作流程优化分析总表

业务问题分析	1. 协同差、效率低 ☑ 2. 权责分配不合理 ☑ 3. 不适应技术变革 □ 4. 不适应组织变革、目标变化 □ 5. 程序过于烦琐或简单 □ 6. 业务流程早已过时 □ 7. 制度、操作标准变化对流程的影响 ☑
业务优化思路	1. 重新分配权责：重新分配流程活动承担者的权责，使得权责清晰并匹配 2. 加强环节衔接：消除对流程的人为分割，防止各自为政造成浪费 3. 重新梳理程序：对流程要素的逻辑关系重新排序，或重新安排工作程序和步骤 4. 加强关键节点控制：对关键环节进行内容细化或权责细分，加强对关键节点的监督和控制 5. 重新审视组织目标：明确组织运作目标及方式，重新进行职能分解，提高流程执行效率 6. 根据市场变化做出相应的调整：随着市场变化、业务调整以及现有业务的承接和延续性而对业务流程进行优化调整
业务节点把控	节点 1：质检专员做好相关准备工作，明确检验项目、方式和方法，制定进料检验方案 节点 2：质检专员根据质量管理主管的安排，执行进料检验，填入检验记录表，合格的物料填合格，不合格的物料应开具不合格品通知单 节点 3：对于合格的物料，质检专员交相关部门办理入库；质量管理部经理根据企业规定的质量允收水平，做出允收决定，若允收，质检专员应对物料进行标记 节点 4：若出现紧急需求物料，则由质检主管提出特采申请，确定特采方式 节点 5：质检人员处理特采使用的物料，将检验结果录入办企业的质量信息管理系统
下次优化重点	1. 组织变化：重新审视组织目标，根据组织变化进行流程变革或调整 2. 职责清晰：明确每一业务活动的管理者、监督者、执行者以及各级责任人的具体职责 3. 关键步骤：细化并凸显关键环节和步骤，以引起重视并提供执行标准 4. 标准变化：以提高效率为目标和原则，优化业务流程的执行及评价标准 5. 绩效提升：基于可运作的现实性和可改进的方向，最大限度地提升绩效 6. 市场变化：根据市场变化重新审视业务及业务流程，以加强业务流程与市场、客户的匹配度

3. 优化后的流程

主办部门	质量管理部	流程名称	进料检验工作流程

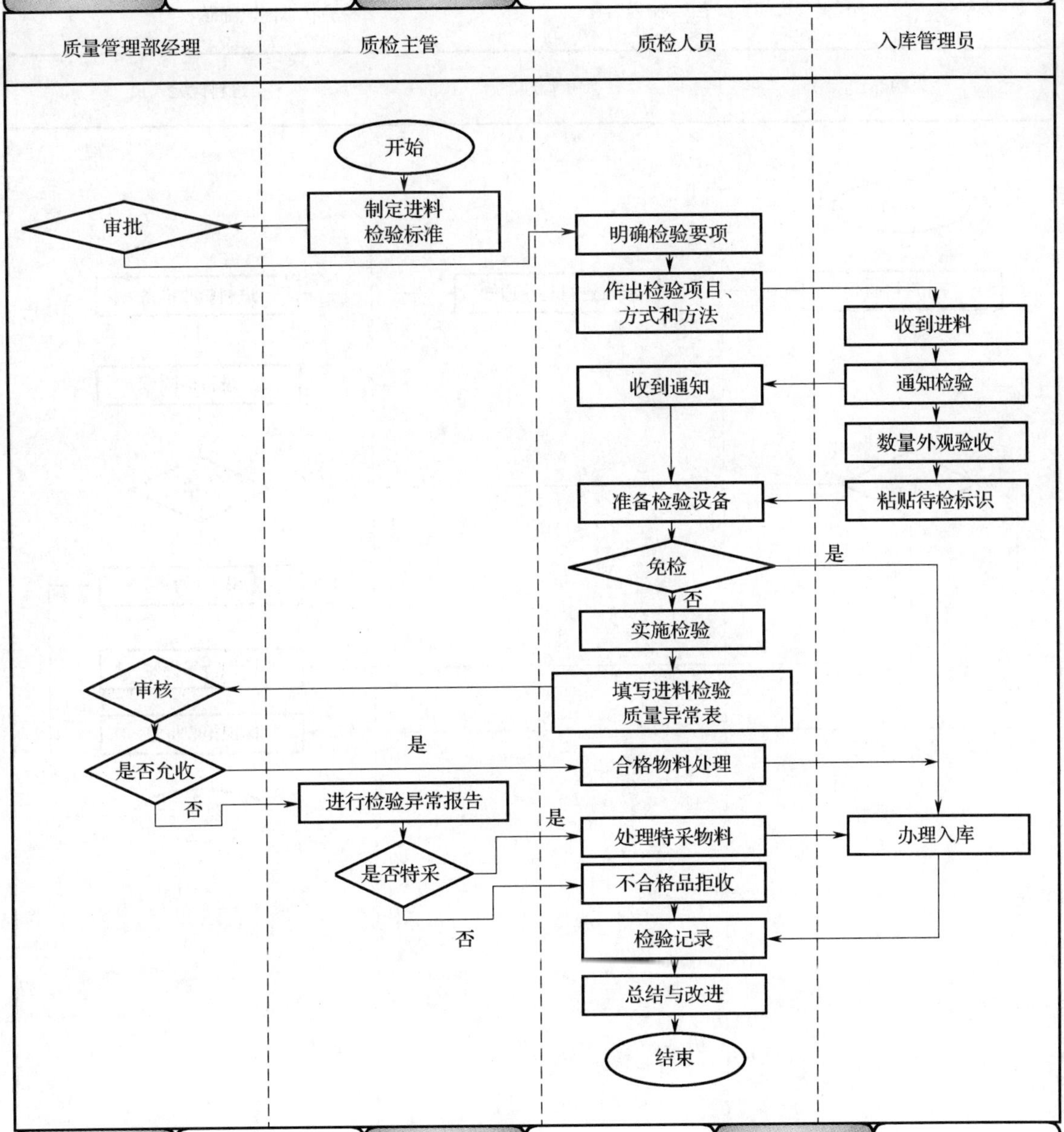

编修部门		签发人		签发日期	

7.5.2 检验状态标识流程优化

1. 优化前的流程

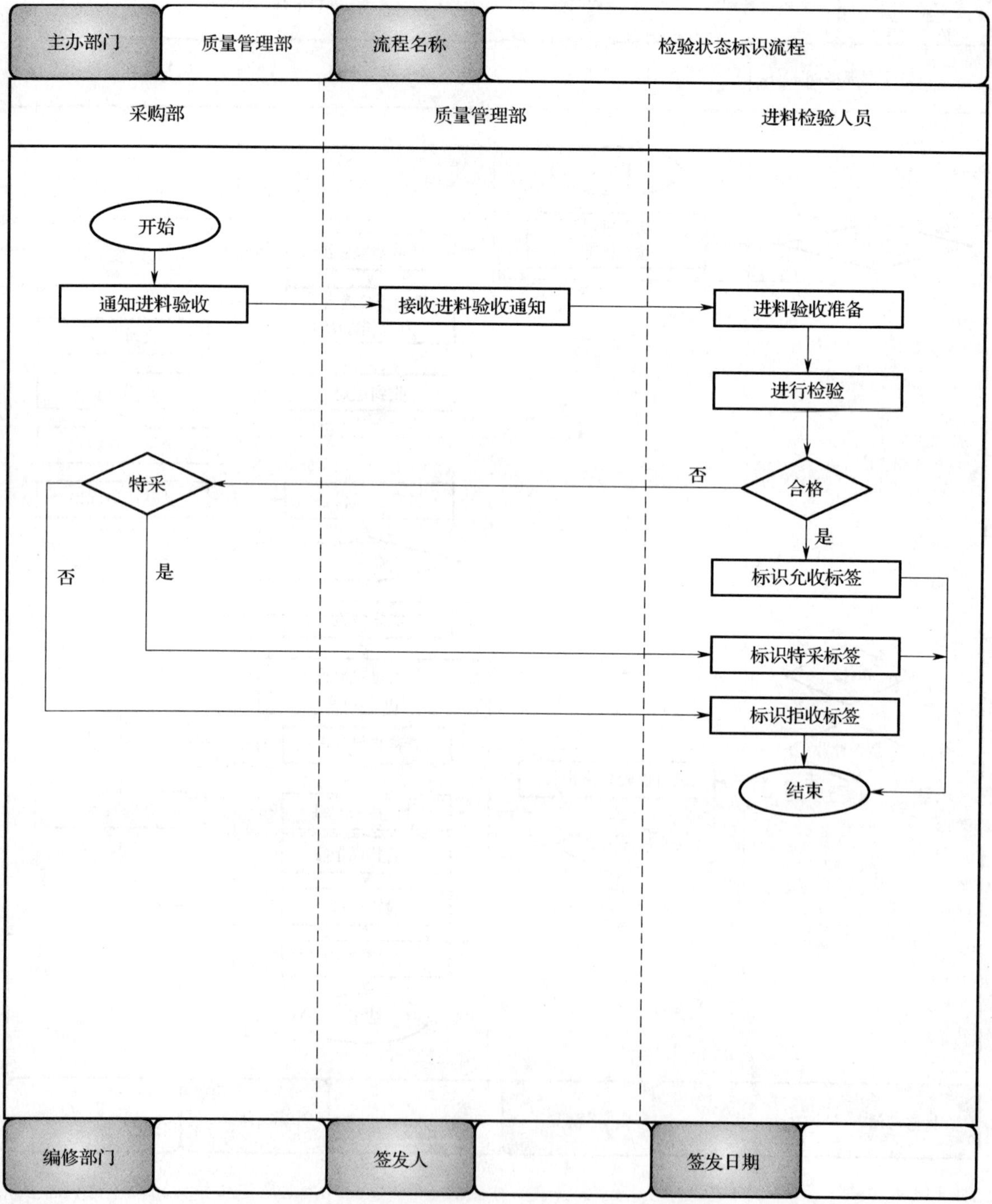

2. 流程优化分析

检验状态标识流程优化分析总表

业务问题分析	1. 协同差、效率低 ☑ 2. 权责分配不合理 ☐ 3. 不适应技术变革 ☑ 4. 不适应组织变革、目标变化 ☐ 5. 程序过于烦琐或简单 ☐ 6. 组织结构不适宜、管理职能不明确 ☐ 7. 制度、操作标准变化对流程的影响 ☐
业务优化思路	1. 精简程序：取消所有不必要的工作环节和内容，精简过于复杂、烦琐的程序 2. 重新分配权责：重新分配流程活动承担者的权责，使得权责清晰并匹配 3. 加强环节衔接：消除对流程的人为分割，防止各自为政造成浪费 4. 重新梳理程序：对流程要素的逻辑关系重新排序，或重新安排工作程序和步骤 5. 加强关键节点控制：对关键环节进行内容细化或权责细分，加强对关键节点的监督和控制 6. 重新确立业务执行标准：修改过时的、落后的、过于严苛的业务执行标准，以免影响业务流程的执行效果
业务节点把控	节点1：仓储部接受进料，并向质量管理部提出进料检验通知，质检专员进行检验前准备 节点2：质检专员按照企业进料检验管理制度、方案等对进料进行抽样检验 节点3：进料检验报告经质量管理部确认后，为合格产品贴上绿色标签，以示入库或投入生产 节点4：对于决定特采使用的不合格品，质检专员应贴上黄色标签 节点5：对决定不特采使用的不合格品，质检专员应贴上红色标签，以便退货时快速识别
下次优化重点	1. 优化时间：企业管理人员应根据企业经营环境、组织、政策等相应的变化，于合适的时机进行流程优化工作，以使优化后的流程大力提升企业运营效率 2. 关键步骤：细化并凸显关键环节和步骤，以引起重视并提供执行标准 3. 部门配合：对需其他部门或人员配合的业务，需进一步明确，以促进部门间的沟通协作顺畅，并在流程相关运作部门间形成共识 4. 标准变化：以提高效率为目标和原则，优化业务流程的执行及评价标准 5. 市场变化：根据市场变化重新审视业务及业务流程，以加强业务流程与市场、客户的匹配度

3. 优化后的流程

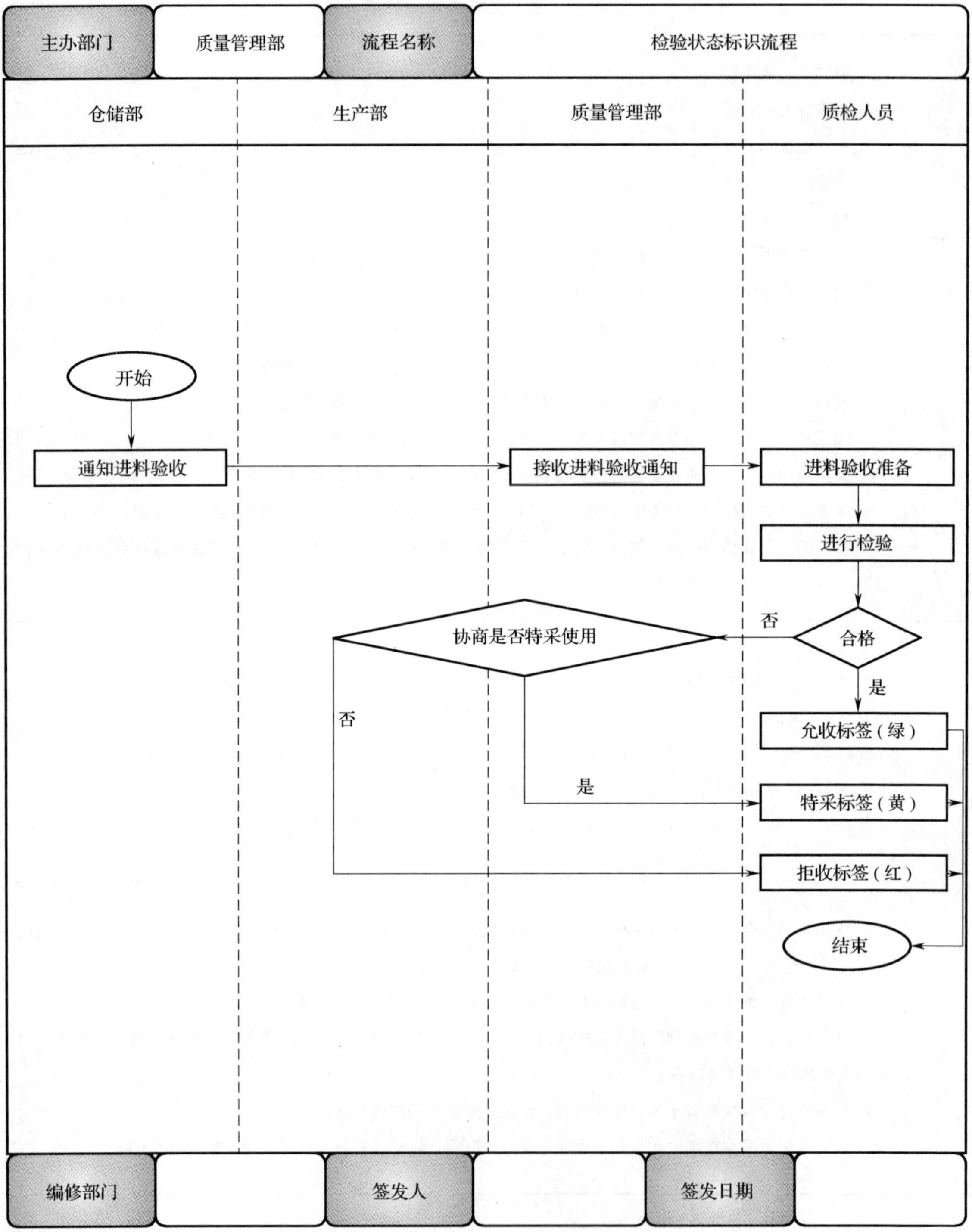
主办部门
质量管理部
流程名称
检验状态标识流程
仓储部
生产部
质量管理部
质检人员
开始
通知进料验收
接收进料验收通知
进料验收准备
进行检验
合格
否
协商是否特采使用
是
允收标签（绿）
否
是
特采标签（黄）
拒收标签（红）
结束
编修部门
签发人
签发日期

7.5.3　制程首件检验流程优化

1. 优化前的流程

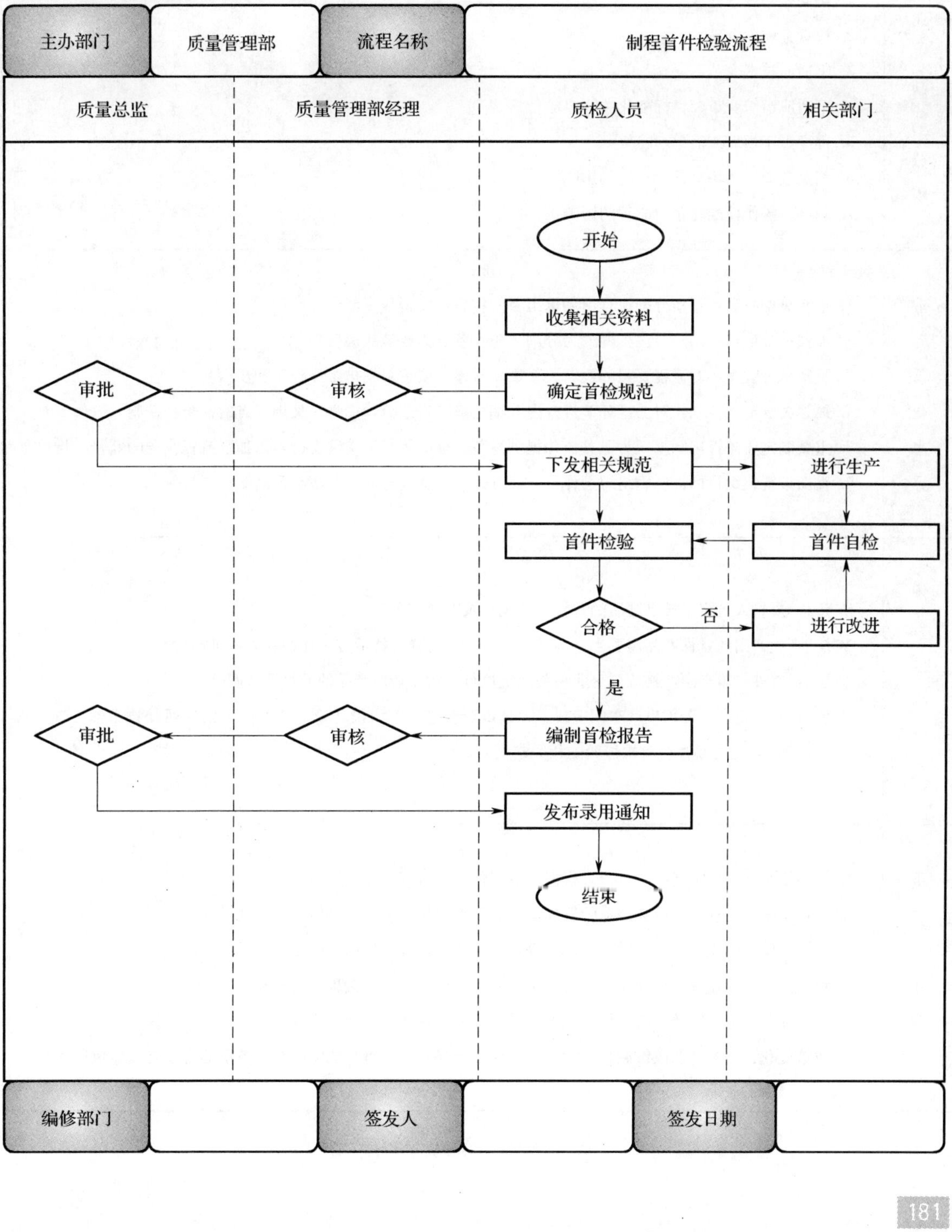

2. 流程优化分析

制程首件检验流程优化分析总表

业务问题分析	1. 协同差、效率低 □ 2. 权责分配不合理 □ 3. 不适应技术变革 □ 4. 不适应组织变革、目标变化 □ 5. 程序过于烦琐或简单 ☑ 6. 相关政策、市场变化对流程的影响 □ 7. 制度、操作标准变化对流程的影响 ☑
业务优化思路	1. 重新分配权责：重新分配流程活动承担者的权责，使得权责清晰并匹配 2. 加强环节衔接：消除对流程的人为分割，防止各自为政造成浪费 3. 重新梳理程序：对流程要素的逻辑关系重新排序，或重新安排工作程序和步骤 4. 加强关键节点控制：对关键环节进行内容细化或权责细分，加强对关键节点的监督和控制 5. 重新制定业务管理制度：为业务流程提供规范、标准等配套文件支持，以加强流程业务的监督、指导 6. 重新审视组织目标：明确组织运作目标及方式，重新进行职能分解，提高流程执行效率
业务节点把控	节点1：质检人员将审核批准后的首检检验规范及时通知各生产车间 节点2：生产出的首件产品需要生产人员进行自检，自检合格后方可让检验人员进行检验 节点3：首件检验必须严格按照企业相关规定执行，防止造成产品的成批质量问题 节点4：不合格产品若因生产车间造成，尤其负责改进；若由设计或工艺原因，则应通知技术部处理；再次进行生产时，也必须执行首检检验的相关制度
下次优化重点	1. 组织变化：重新审视组织目标，根据组织变化进行流程变革或调整 2. 职责清晰：明确每一业务活动的管理者、监督者、执行者以及各级责任人的具体职责 3. 关键步骤：细化并凸显关键环节和步骤，以引起重视并提供执行标准 4. 绩效提升：在流程中体现业务与绩效考核的关联，增加业务流程执行的动力 5. 标准变化：以提高效率为目标和原则，优化业务流程的执行及评价标准 6. 政策变化：根据企业政策调整优化业务流程，确保相关政策与战略能在业务层面得以有效地执行和实现

3. 优化后的流程

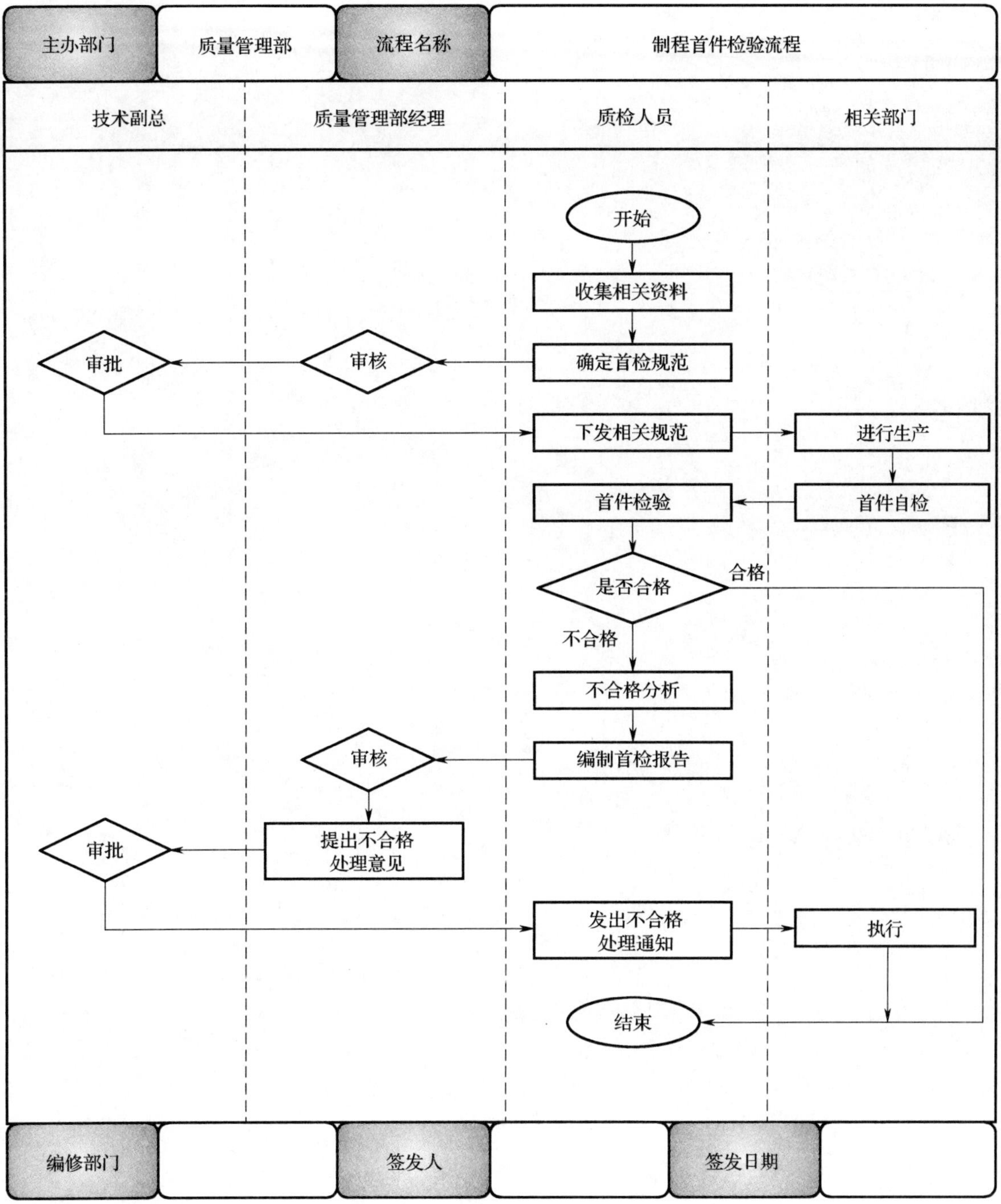
主办部门
质量管理部
流程名称
制程首件检验流程
技术副总
质量管理部经理
质检人员
相关部门
开始
收集相关资料
确定首检规范
审核
审批
下发相关规范
进行生产
首件自检
首件检验
是否合格
合格
不合格
不合格分析
编制首检报告
审核
提出不合格处理意见
审批
发出不合格处理通知
执行
结束
编修部门
签发人
签发日期

第 8 章

客服流程优化设计

8.1 客服工作设计分析

8.1.1 客服管理工作分析

1. 客服管理工作维度图

客服管理工作可按下列 7 个维度进行工作分析，具体如图 8—1 所示。

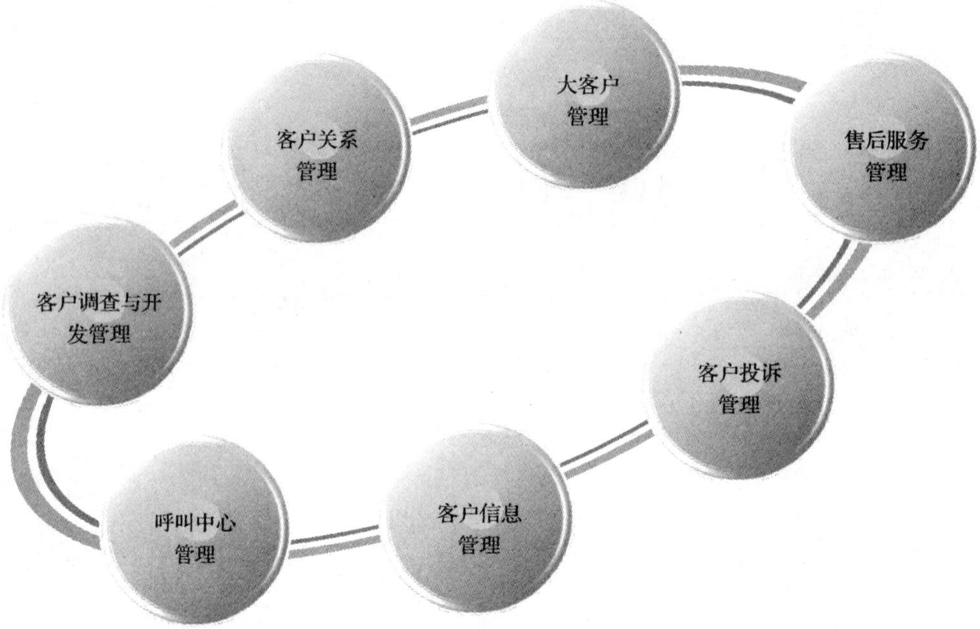

图 8—1 客服管理工作维度图

2. 主要管理工作分析表

在表 8—1 中，将客服管理工作的 6 大主要事项进行具体的工作分析。

表 8—1 客服主要管理工作分析表

管理大项	管理子项	重要程度（3 级）	价值创造（3 级）	优化选择
1. 客户调查与开发管理	1）客户调查管理	□3 □2 □1	A B C	
	2）客户开发	□3 □2 □1	A B C	

续表

管理大项	管理子项	重要程度（3 级）	价值创造（3 级）	优化选择
2. 客户关系管理	3）拜访区域的规划	□3　□2　□1	A　B　C	
	4）客户接待管理	□3　□2　□1	A　B　C	
	5）客户回访管理	□3　□2　□1	A　B　C	
	6）客户提案管理	□3　□2　□1	A　B　C	
3. 大客户管理	7）大客户的开发	□3　□2　□1	A　B　C	
	8）大客户的维护	□3　□2　□1	A　B　C	
	9）大客户的服务	□3　□2　□1	A　B　C	
	10）大客户的回访	□3　□2　□1	A　B　C	
4. 售后服务管理	11）售后服务方案的制定	□3　□2　□1	A　B　C	
	12）售后服务人员的培训	□3　□2　□1	A　B　C	
	13）售后服务承诺管理	□3　□2　□1	A　B　C	
	14）客户满意度的调查	□3　□2　□1	A　B　C	
5. 客户投诉管理	15）客户投诉的接待	□3　□2　□1	A　B　C	
	16）客户投诉的调查	□3　□2　□1	A　B　C	
	17）客户投诉的处理	□3　□2　□1	A　B　C	
6. 客户信息管理	18）客户信息的收集	□3　□2　□1	A　B　C	
	19）客户信息的调查	□3　□2　□1	A　B　C	
	20）客户数据库的建立及维护	□3　□2　□1	A　B　C	
	21）客户信息的保密	□3　□2　□1	A　B　C	

填写说明：“优化选择”栏可从以下 5 个角度进行多选：1. 组织优化；2. 职责优化；3. 权限优化；4. 分工优化；5. 流程优化。

8.1.2　客服业务工作分析

1. 客服业务工作维度图

客服业务工作可按下列 6 个维度进行工作分析，具体如图 8—2 所示。

2. 主要业务工作分析表

在表 8—2 中，将客服业务的 6 大主要事项进行具体的工作分析。

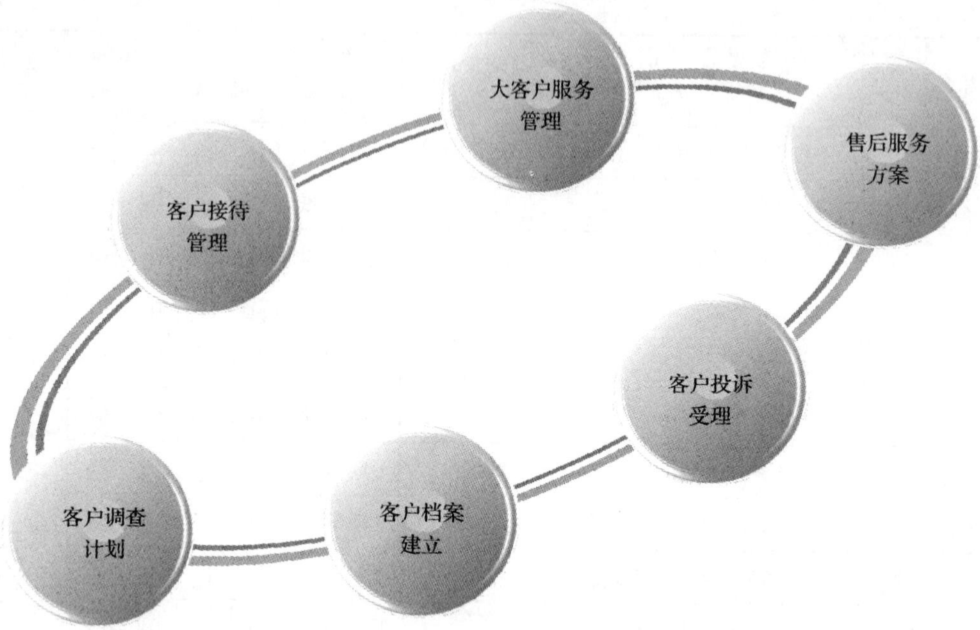

图 8—2　客服业务工作维度图

表 8—2　　**客服主要业务工作分析表**

业务大项	业务子项	重要程度（3 级）	价值创造（3 级）	优化选择
1. 客户调查计划的实施	1）客户资料的收集、整理	□3　□2　□1	A　B　C	
	2）客户资料的分析	□3　□2　□1	A　B　C	
	3）客户调查报告的撰写	□3　□2　□1	A　B　C	
2. 客户参观接待管理	4）参观接待的准备	□3　□2　□1	A　B　C	
	5）参观许可证的办理	□3　□2　□1	A　B　C	
	6）企业产品的讲解	□3　□2　□1	A　B　C	
3. 大客户服务	7）对客户的深入了解	□3　□2　□1	A　B　C	
	8）对竞争对手的深入了解	□3　□2　□1	A　B　C	
	9）大客户服务计划的实施	□3　□2　□1	A　B　C	
	10）大客户服务档案的建立	□3　□2　□1	A　B　C	
4. 售后服务方案执行	11）售后上门维修	□3　□2　□1	A　B　C	
	12）售后服务费用结算	□3　□2　□1	A　B　C	
	13）客户回访记录表的填制	□3　□2　□1	A　B　C	

续表

业务大项	业务子项	重要程度（3 级）	价值创造（3 级）	优化选择
5. 客户投诉处理	14）客户投诉情况的登记	□3　□2　□1	A　B　C	
	15）客户投诉的调查	□3　□2　□1	A　B　C	
	16）客户投诉的接待	□3　□2　□1	A　B　C	
6. 客户档案的建立及使用	17）客户资料的收集、汇总	□3　□2　□1	A　B　C	
	18）客户档案的建立	□3　□2　□1	A　B　C	
	19）客户档案的注销	□3　□2　□1	A　B　C	

填写说明：“优化选择”栏可从以下 5 个角度进行多选：1. 组织优化；2. 职责优化；3. 权限优化；4. 分工优化；5. 流程优化。

8.2　客服工作关键要素

8.2.1　客服工作关键点表

客服工作关键点设计见表 8—3。

表 8—3　　**客服工作关键点设计表**

客服工作关键点表				
	管理工作	客户调查计划表的编制	客户调查报告的撰写	接待费用的控制
		大客户分级标准的确立	售后服务人员的培训	客户投诉数量统计
		投诉处理的总结	客户数据库的改进	呼叫中心质量监控
	业务工作	客户开发活动的实施	客户电话回访	客户参观接待
		大客户招待会的组织	售后服务的提供	产品质量投诉处理
		网购投诉处理	客户档案的建立	呼叫业务的处理

8.2.2 客服工作考核量表

客服工作考核指标及指标说明见表 8—4。

表 8—4　　客服工作考核量表

考核维度	指标名称	指标说明	指标值
管理事项	客户开发计划完成率	$\frac{\text{客户开发计划实际完成量}}{\text{客户开发计划应完成量}} \times 100\%$	____%
	客户重大投诉数量	考核期内大客户投诉的总次数	____次
	客户满意度	客户对客户服务的满意程度评分的平均值	____分
	客户服务预算达成率	$\frac{\text{客服费用实际发生额}}{\text{客服费用预算总额}} \times 100\%$	____%
	员工培训计划完成率	$\frac{\text{实际完成的培训项目（次数）}}{\text{计划培训的项目（次数）}} \times 100\%$	____%
业务事项	客户增长率	$\frac{\text{新开发客户数量}}{\text{客户总数}} \times 100\%$	____%
	客户回访率	$\frac{\text{实际回访的客户数量}}{\text{客户总数量}} \times 100\%$	____%
	大客户保有率	$\left(1-\frac{\text{考核期内流失大客户数量}}{\text{考核期内大客户平均数量}}\right) \times 100\%$	____%
	维修处理及时率	$\frac{\text{维修处理及时次数}}{\text{维修总次数}} \times 100\%$	____%
	售后服务一次性成功率	$\frac{\text{售后服务一次性成功的次数}}{\text{售后服务总次数}} \times 100\%$	____%
	客户投诉解决满意率	$\frac{\text{客户对解决结果满意的投诉数量}}{\text{投诉总数量}} \times 100\%$	____%
	客户信息的分析报告提交及时率	$\frac{\text{考核期内按时提交的分析报告数量}}{\text{同期应提交的分析报告总量}} \times 100\%$	____%
	泄露客户信息次数	为达到牟利或其他个人目的，而故意泄露客户信息情况次数	____次

8.3 客服流程优化设计

8.3.1 客服管理流程体系设计

客服管理流程体系设计如图 8—3 所示。

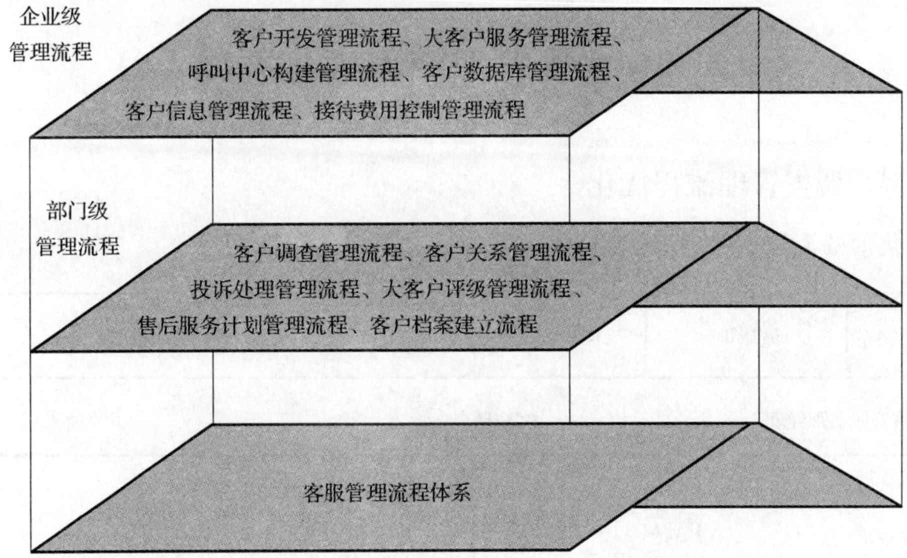

图 8—3　客服管理流程体系设计图

8.3.2　客服业务流程体系设计

客服业务流程体系如图 8—4 所示。

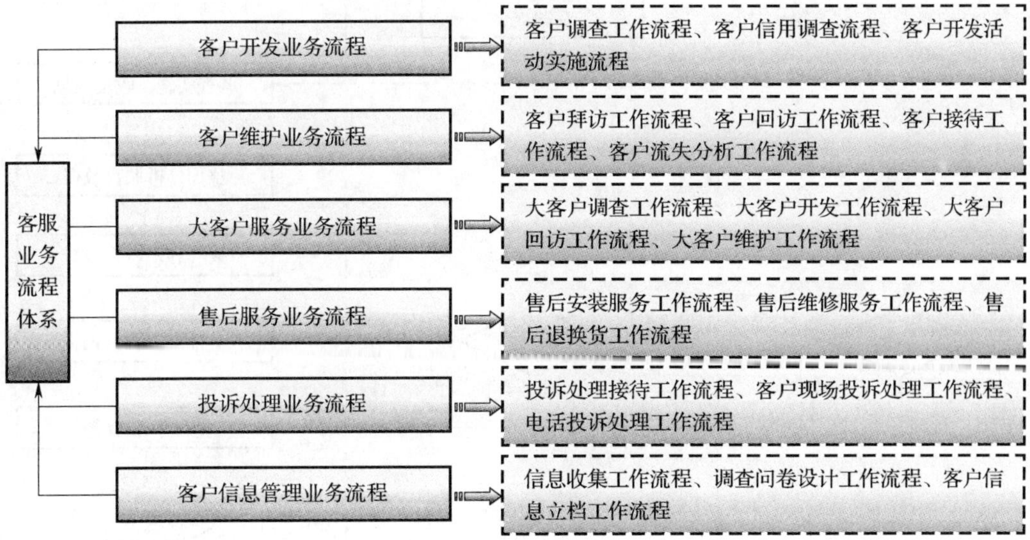

图 8—4　客服业务流程体系设计图

8.4 客服管理流程优化案例

8.4.1 客户调查管理流程优化

1. 优化前的流程

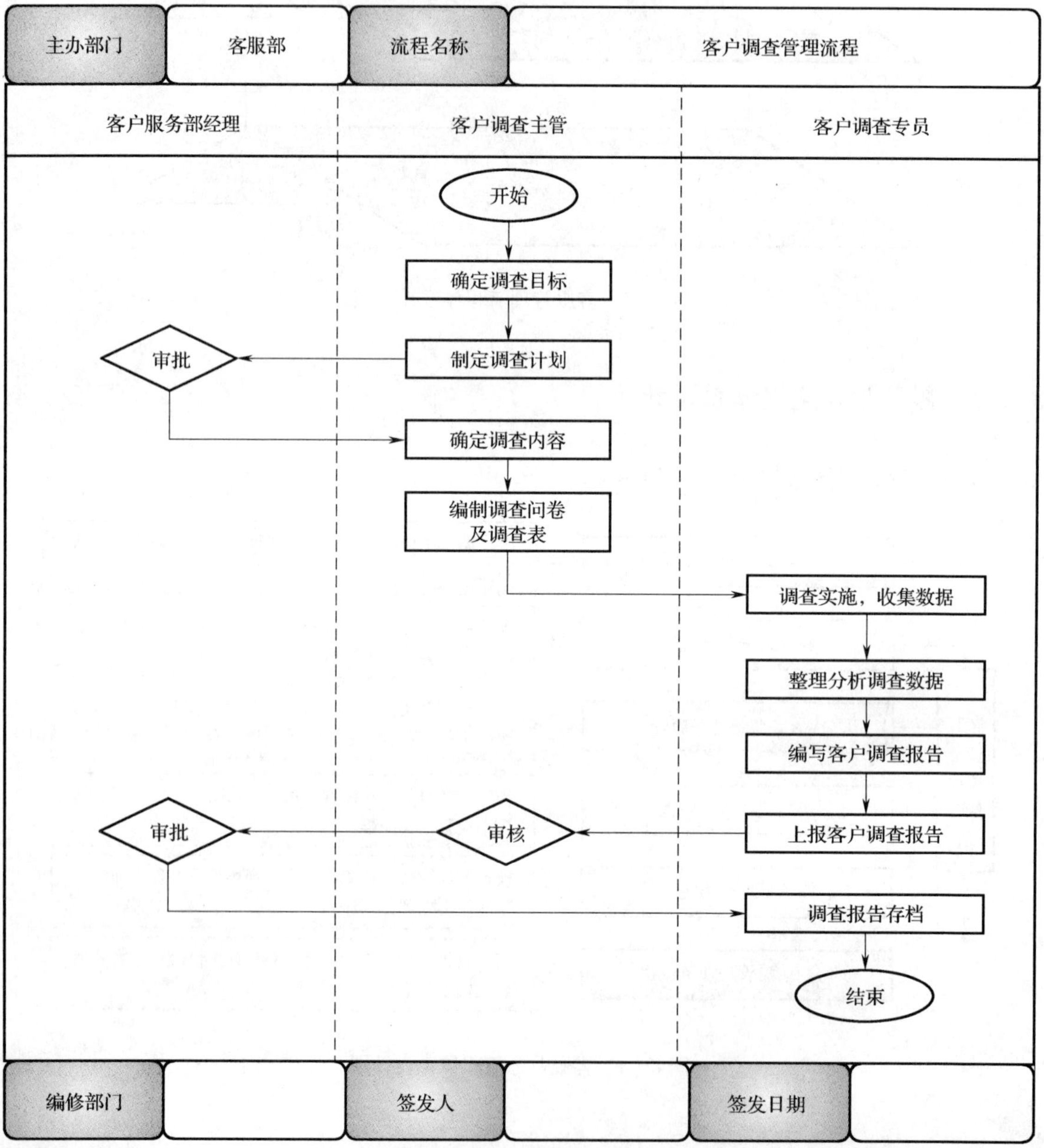

2. 流程优化分析

客户调查管理流程优化分析总表

流程问题分析	1. 协同差、效率低 ☑ 2. 权责分配不合理 ☑ 3. 不适应技术变革 □ 4. 不适应组织变革、目标变化 □ 5. 流程过于烦琐或简单 ☑ 6. 制度、操作标准变化对流程的影响 □
流程优化思路	1. 合并：在工作量不超负荷及专业允许的状态下，为了提高效率可以对不必要的分工进行合并 2. 细化：增加或细化关键（重要）环节，以具体、明确或凸显关键节点 3. 补充：在必要的环节点上补充步骤、增加权限，以加强管理内审和内控 4. 调整：重新梳理各环节的逻辑关系，调整不合理流向，达成流程环节间的无缝衔接 5. 简化：简化不必要的审核审批程序，避免过多的事前串行审批，改为并行审批或者事中、事后控制
流程节点把控	节点 1：客户调查主管根据企业运营的要求或相关部门的要求，确定客户调查目标 节点 2：客户调查主管在调查目标的指导下制定调查计划，内容包括调查时间、抽样范围、人员安排和操作措施等 节点 3：客户调查主管负责组织、编制调查问卷或调查表 节点 4：客户调查专员根据调查工作要求实施调查工作，收集所需的各方面数据材料 节点 5：客户调查专员整理、汇总调查资料，并进行分析、总结 节点 6：客户调查专员根据调查资料撰写客户调查报告，及时上报相关领导
下次优化重点	1. 组织变化：根据组织目标、架构或组织运作方式的变化进行流程优化，使管理流程与组织战略与职能相匹配 2. 职责清晰：明确责任人以及具体职责，避免因职责模糊造成管理工作推诿使流程无法执行，或者工作重叠而造成浪费 3. 权限调整：明确并具体权限，避免流程上的权限与职责不匹配，管理工作无法开展 4. 部门协调：打破部门间壁垒，消除层级关卡，增强横向协作 5. 程序衔接：对管理流程进行整体统筹，避免程序衔接不紧密或执行不顺畅 6. 市场变化：根据市场变化重新审视管理工作及流程，以加强管理工作与市场要求的匹配度

3. 优化后的流程

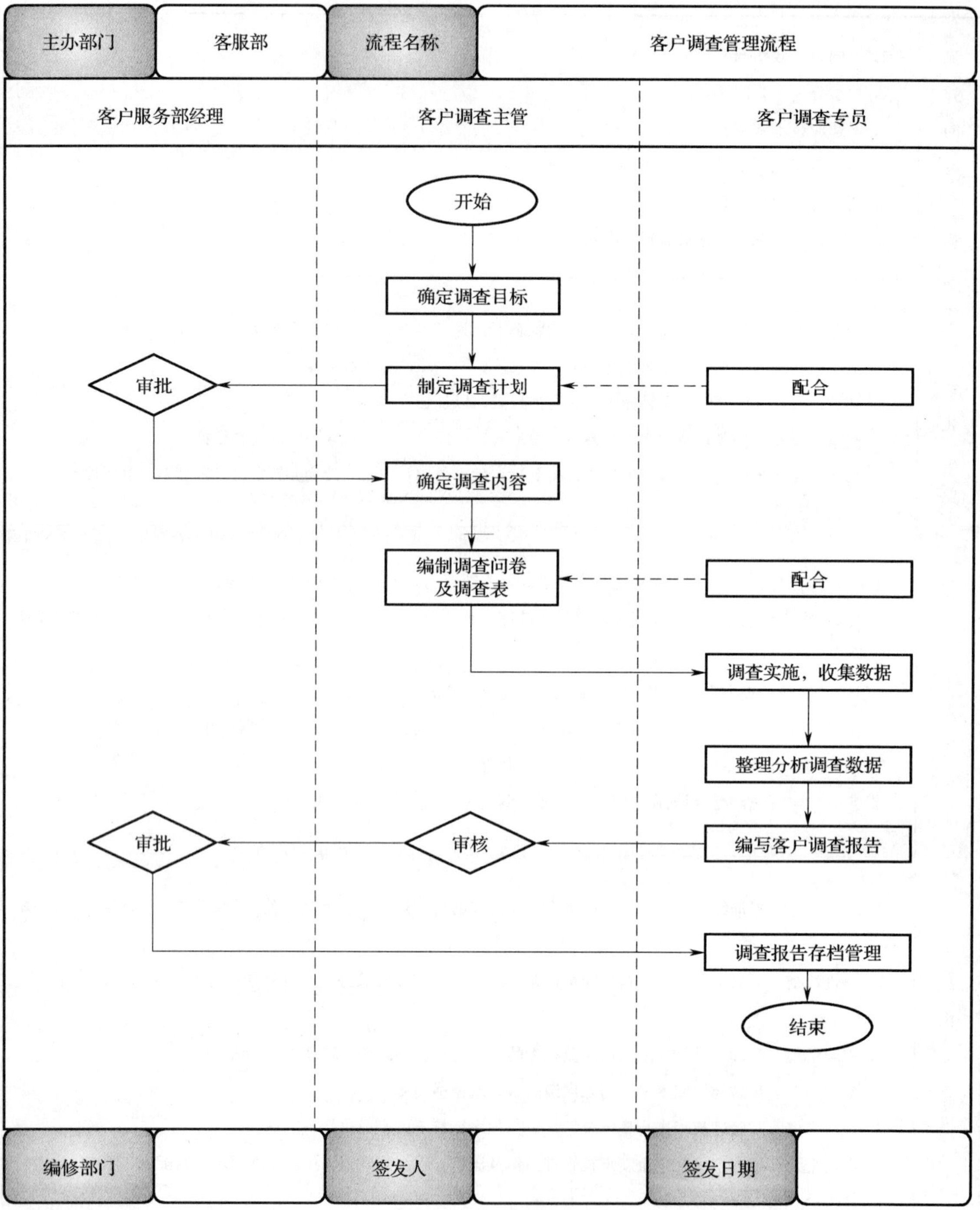
主办部门
客服部
流程名称
客户调查管理流程
客户服务部经理
客户调查主管
客户调查专员
开始
确定调查目标
制定调查计划
审批
配合
确定调查内容
编制调查问卷及调查表
配合
调查实施，收集数据
整理分析调查数据
编写客户调查报告
审核
审批
调查报告存档管理
结束
编修部门
签发人
签发日期

8.4.2 客户投诉管理流程优化

1. 优化前的流程

主办部门	客服部	流程名称	客户投诉管理流程

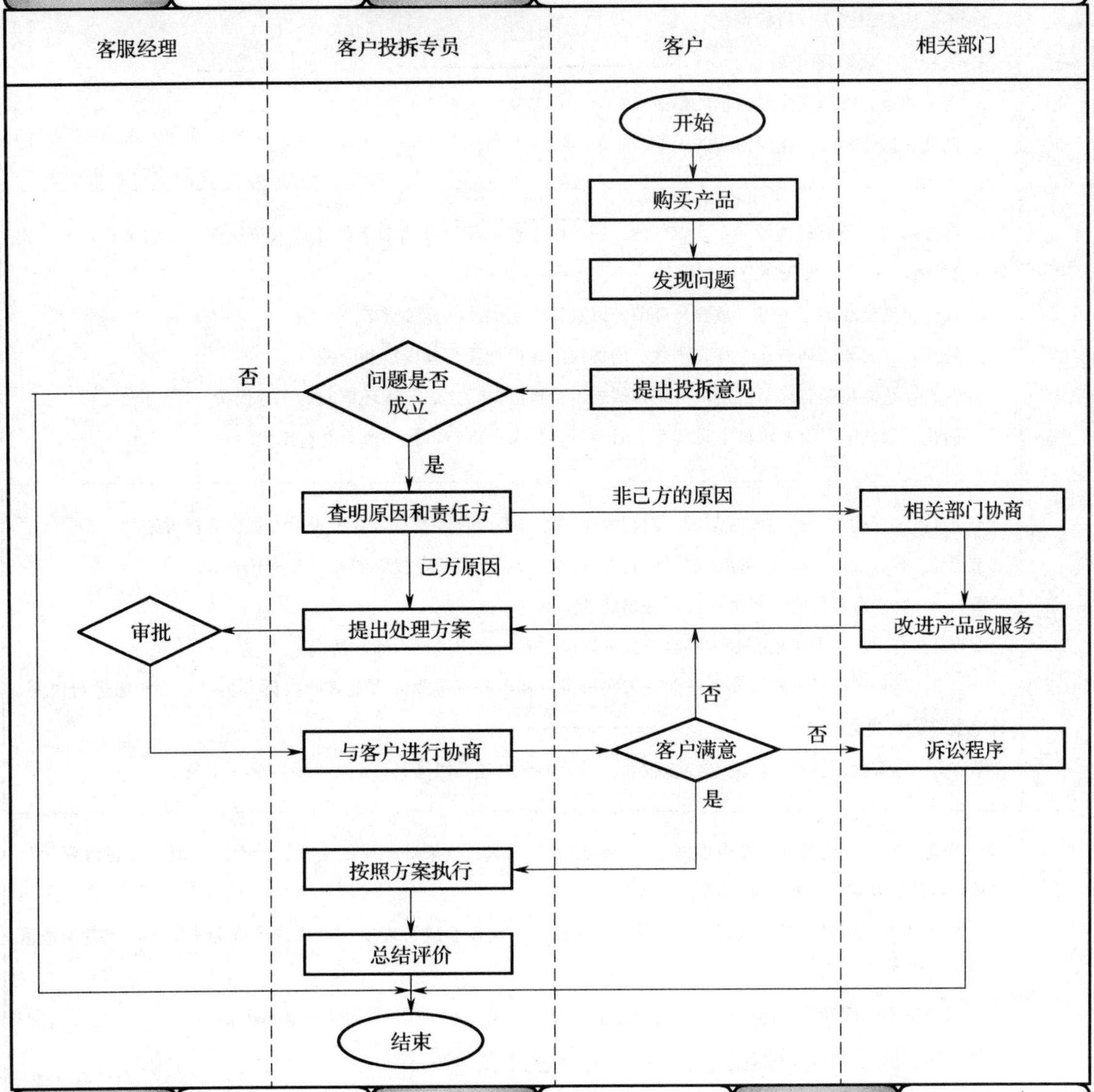

编修部门		签发人		签发日期	

2. 流程优化分析

客户投诉管理流程优化分析总表

流程问题分析	1. 协同差、效率低 ☑ 2. 权责分配不合理 □ 3. 不适应组织变革、目标变化 □ 4. 流程过于烦琐或简单 ☑ 5. 相关政策、市场变化对流程的影响 □ 6. 制度、操作标准变化对流程的影响 ☑
流程优化思路	1. 拆分：由于环节跨领域（专业或部门）或是因工作量超过该环节上的工作人员所能承受的负担，为了提高工作效率，需要将流程环节进行拆分 2. 细化：增加或细化关键（重要）环节，以具体、明确或凸显关键节点 3. 补充：在必要的环节点上补充步骤、增加权限，以加强管理内审和内控 4. 调整：重新梳理各环节的逻辑关系，调整不合理流向，达成流程环节间的无缝衔接 5. 简化：简化不必要的审核审批程序，避免过多的事前串行审批，改为并行审批
流程节点把控	节点 1：客户购买产品后发现问题，向客服投诉专员提出投诉意见，客服投诉专员做好投诉记录 节点 2：客服投诉专员先判断客户投诉是否成立，若成立应确定投诉的原因及责任方 节点 3：客户服务部检查具体原因，提出处理意见 节点 4：客户投诉专员根据确定的客户投诉处理方案与客户进行沟通、协商 节点 5：客户若接受处理方案可按照此方案执行；客户若不接受此方案客服投诉专员可多次沟通进行协商，确定最终的解决方案 节点 6：客服投诉专员及时总结经验教训，避免再次出现类似情况，提高企业的品牌形象
下次优化重点	1. 优化时间：企业管理人员应根据企业经营环境、组织、政策等相应的变化，于合适的时机进行流程优化工作，以使优化后的流程大力提升企业运营效率 2. 职责清晰：明确责任人以及具体职责，避免因职责模糊造成管理工作推诿使流程无法执行，或者工作重叠而造成浪费 3. 权限调整：明确并具体权限，避免流程上的权限与职责不匹配，管理工作无法开展 4. 部门协调：打破部门间壁垒，消除层级关卡，增强横向协作 5. 绩效提升：基于可运作的现实性和可改进的方向，最大限度地提升绩效 6. 程序衔接：对管理流程进行整体统筹，避免程序衔接不紧密或执行不顺畅

3. 优化后的流程

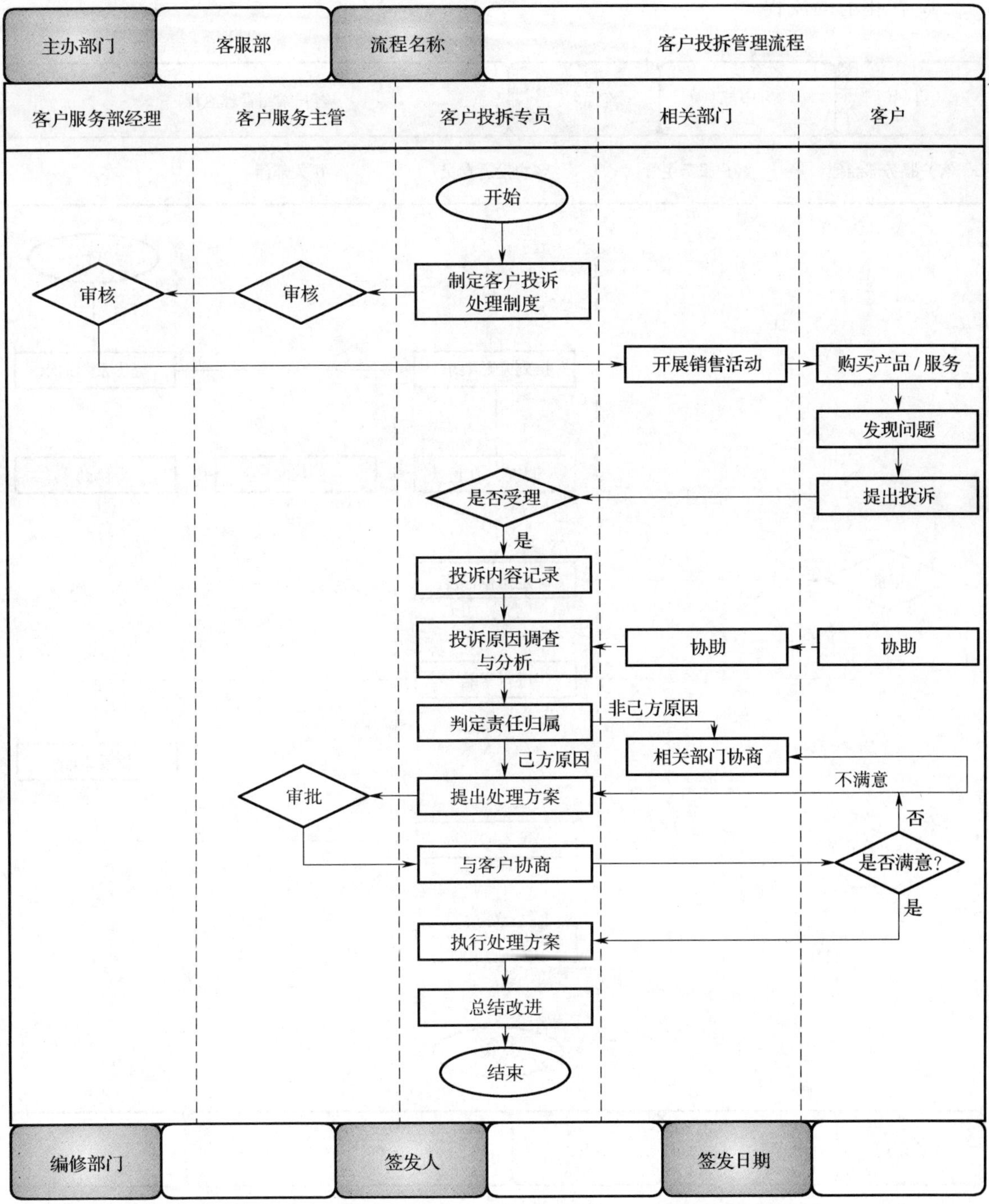
主办部门
客服部
流程名称
客户投拆管理流程
客户服务部经理
客户服务主管
客户投拆专员
相关部门
客户
开始
制定客户投诉处理制度
审核
审核
开展销售活动
购买产品 / 服务
发现问题
提出投诉
是否受理
是
投诉内容记录
投诉原因调查与分析
协助
协助
判定责任归属
非己方原因
相关部门协商
己方原因
提出处理方案
审批
不满意
否
与客户协商
是否满意?
是
执行处理方案
总结改进
结束
编修部门
签发人
签发日期

8.4.3 客户索赔管理流程优化

1. 优化前的流程

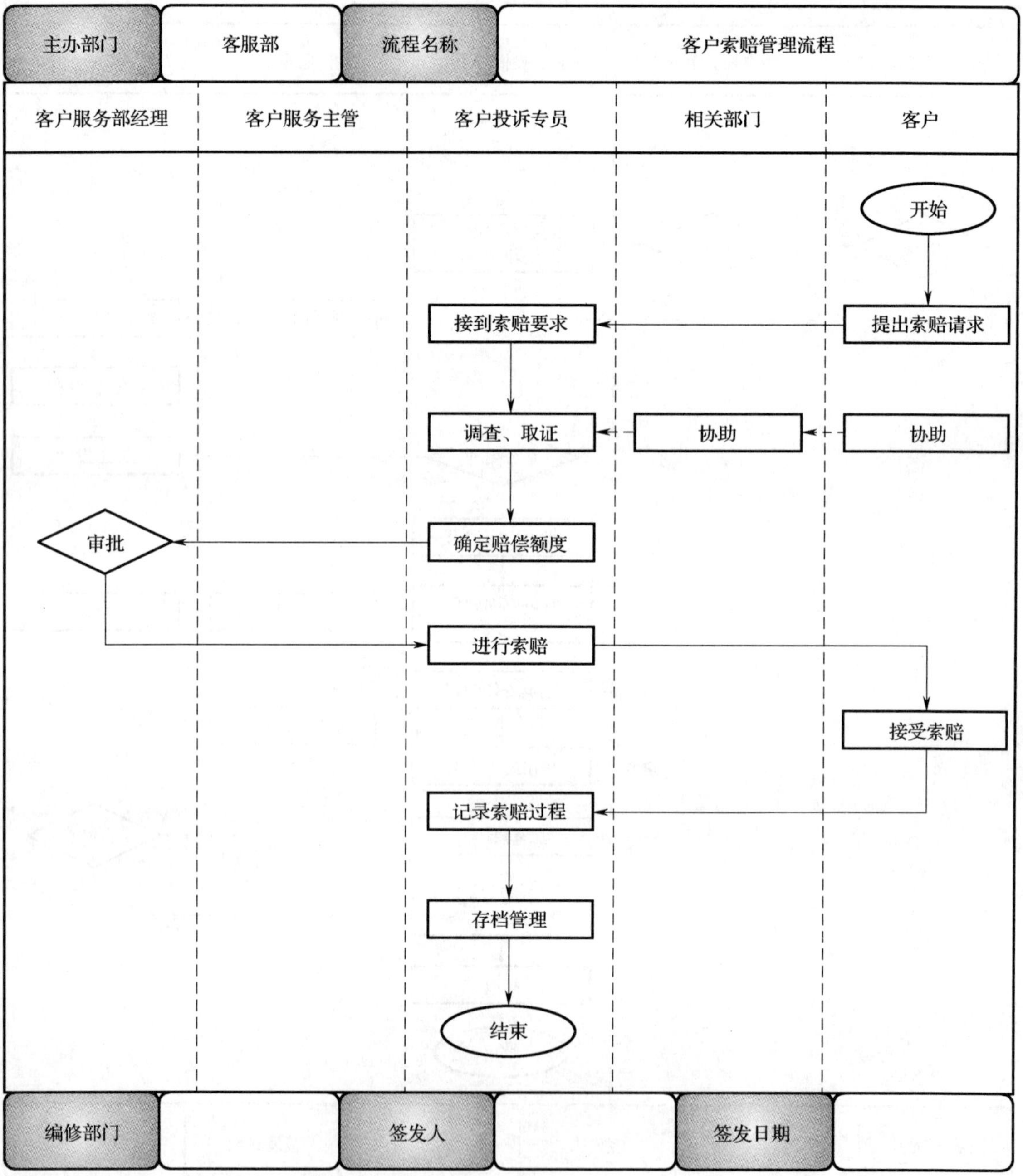

2. 流程优化分析

客户索赔管理流程优化分析总表

流程问题分析	1. 协同差、效率低 ☑ 2. 权责分配不合理 ☑ 3. 不适应组织变革、目标变化 □ 4. 流程过于烦琐或简单 ☑ 5. 相关政策、市场变化对流程的影响 □ 6. 制度、操作标准变化对流程的影响 ☑
流程优化思路	1. 再造：对于效率低下的流程，需要完全推翻原有流程，运用重新设计的方法达成流程优化 2. 拆分：由于环节跨领域（专业或部门）或是因工作量超过该环节上的工作人员所能承受的负担，为了提高工作效率，需要将流程环节进行拆分 3. 细化：增加或细化关键（重要）环节，以具体、明确或凸显关键节点 4. 补充：在必要的环节点上补充步骤、增加权限，以加强管理内审和内控 5. 调整：重新梳理各环节的逻辑关系，调整不合理流向，达成流程环节间的无缝衔接
流程节点把控	节点 1：客户投诉专员接到客户提出的索赔要求 节点 2：客户投诉专员尽快对客户的索赔要求进行调查、取证 节点 3：客户投诉专员根据调查、取证结果，确定是否应予以赔偿以及赔偿的额度 节点 4：客户投诉专员将赔偿额度上报客户服务部经理，审批通过后，客户投诉专员进行赔偿 节点 5：客户投诉专员依照一定的规则将客户索赔处理的经过详细记录下来 节点 6：客户投诉专员对客户索赔处理相关文件资料进行存档管理
下次优化重点	1. 优化时间：企业管理人员应根据企业经营环境、组织、政策等相应的变化，于合适的时机进行流程优化工作，以使优化后的流程大力提升企业运营效率 2. 组织变化：根据组织目标、架构或组织运作方式的变化进行流程优化，使管理流程与组织战略与职能相匹配 3. 职责清晰：明确责任人以及具体职责，避免因职责模糊造成管理工作推诿使流程无法执行，或者工作重叠而造成浪费 4. 权限调整：明确并具体权限，避免流程上的权限与职责不匹配，管理工作无法开展 5. 绩效提升：基于可运作的现实性和可改进的方向，最大限度地提升绩效 6. 市场变化：根据市场变化重新审视管理工作及流程，以加强管理工作与市场要求的匹配度

3. 优化后的流程

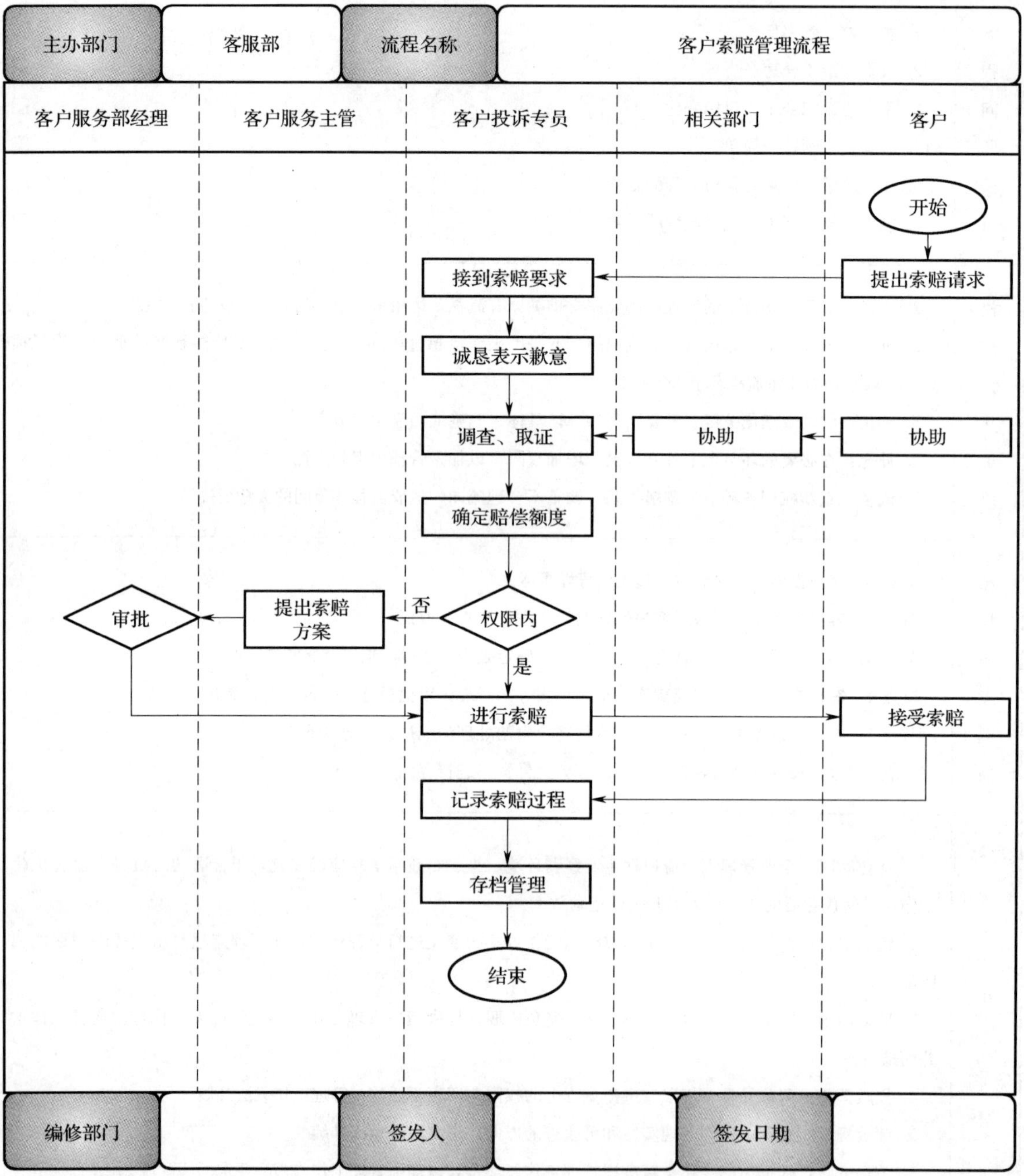
主办部门
客服部
流程名称
客户索赔管理流程
客户服务部经理
客户服务主管
客户投诉专员
相关部门
客户
开始
提出索赔请求
接到索赔要求
诚恳表示歉意
调查、取证
协助
协助
确定赔偿额度
权限内
否
提出索赔方案
审批
是
进行索赔
接受索赔
记录索赔过程
存档管理
结束
编修部门
签发人
签发日期

8. 4. 4　客户档案管理流程优化

1. 优化前的流程

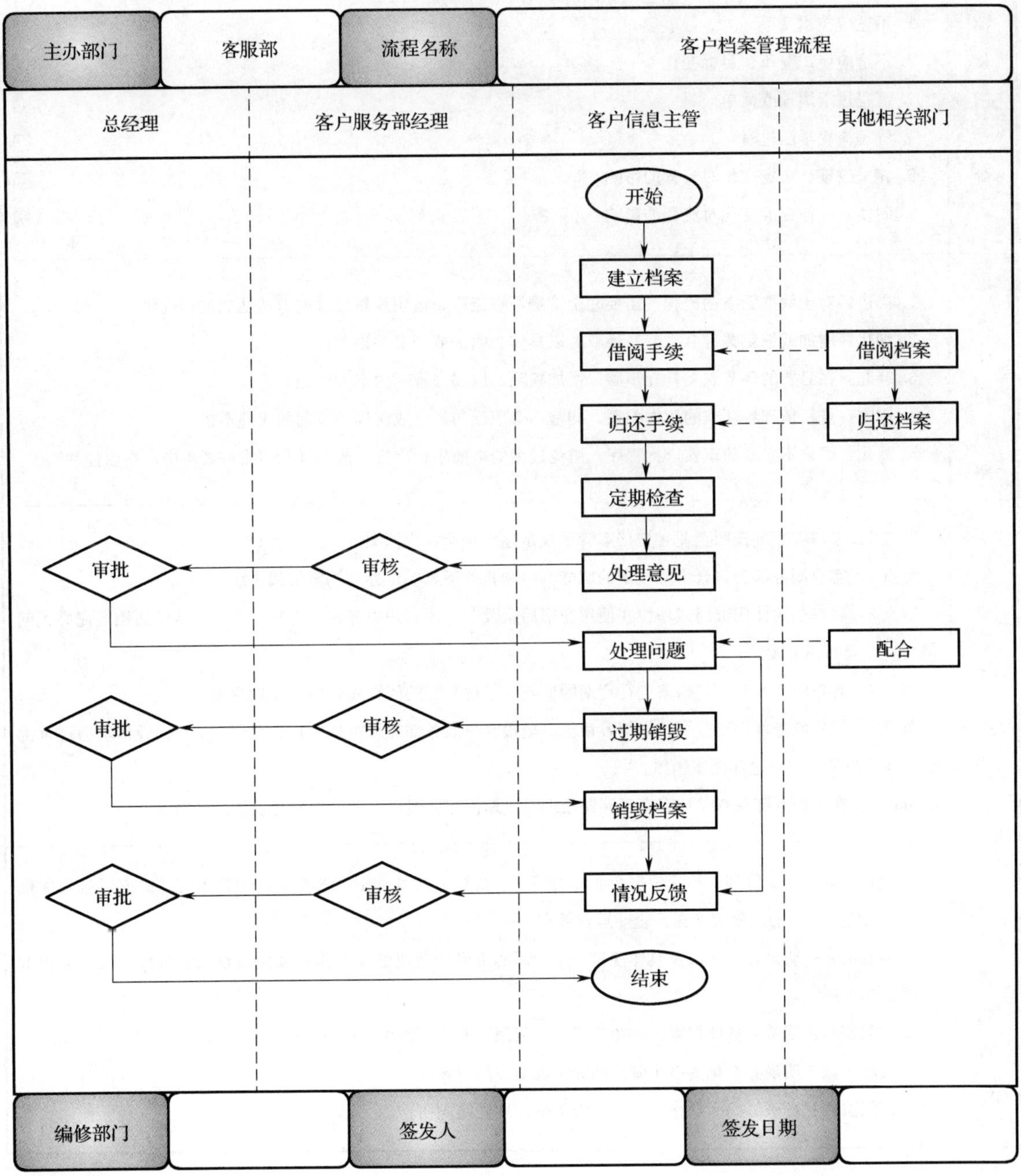

2. 流程优化分析

客户档案管理流程优化分析总表

流程问题分析	1. 不适应技术变革 □ 2. 不适应组织变革、目标变化 ☑ 3. 流程过于烦琐或简单 ☑ 4. 管理流程早已过时 □ 5. 相关政策、市场变化对流程的影响 □ 6. 制度、操作标准变化对流程的影响 ☑
流程优化思路	1. 再造：对于效率低下的流程，需要完全推翻原有流程，运用重新设计的方法达成流程优化 2. 细化：增加或细化关键（重要）环节，以具体、明确或凸显关键节点 3. 补充：在必要的环节点上补充步骤、增加权限，以加强管理内审和内控 4. 调整：重新梳理各环节的逻辑关系，调整不合理流向，达成流程环节间的无缝衔接 5. 简化：简化不必要的审核审批程序，避免过多的事前串行审批，改为并行审批或者事中、事后控制
流程节点把控	节点 1：客户服务部按照企业客户档案管理规定建立企业客户档案 节点 2：客户服务部为符合借阅规定的职能部门和相关下属单位办理档案借阅手续 节点 3：客户档案使用部门或单位在使用完毕后，及时归还客户服务部；客户服务部确认借阅档案完好无问题后，办理归还手续 节点 4：客户服务部对客户档案进行定期的检查，发现存在的问题后，提出处理意见 节点 5：客户服务部提出过期档案销毁请求，呈报客户服务部经理审核后报总经理审批；销毁请求通过审批后，客户服务部执行过期档案销毁 节点 6：客户服务部在有关档案管理问题处理、过期档案销毁后，及时向领导反馈处理情况
下次优化重点	1. 优化时间：企业管理人员应根据企业经营环境、组织、政策等相应的变化，于合适的时机进行流程优化工作，以使优化后的流程大力提升企业运营效率 2. 职责清晰：明确责任人以及具体职责，避免因职责模糊造成管理工作推诿使流程无法执行，或者工作重叠而造成浪费 3. 权限调整：明确并具体权限，避免流程上的权限与职责不匹配，管理工作无法开展 4. 关键步骤：明确并细化关键步骤，凸显关键节点的重要性 5. 部门协调：打破部门间壁垒，消除层级关卡，增强横向协作

3. 优化后的流程

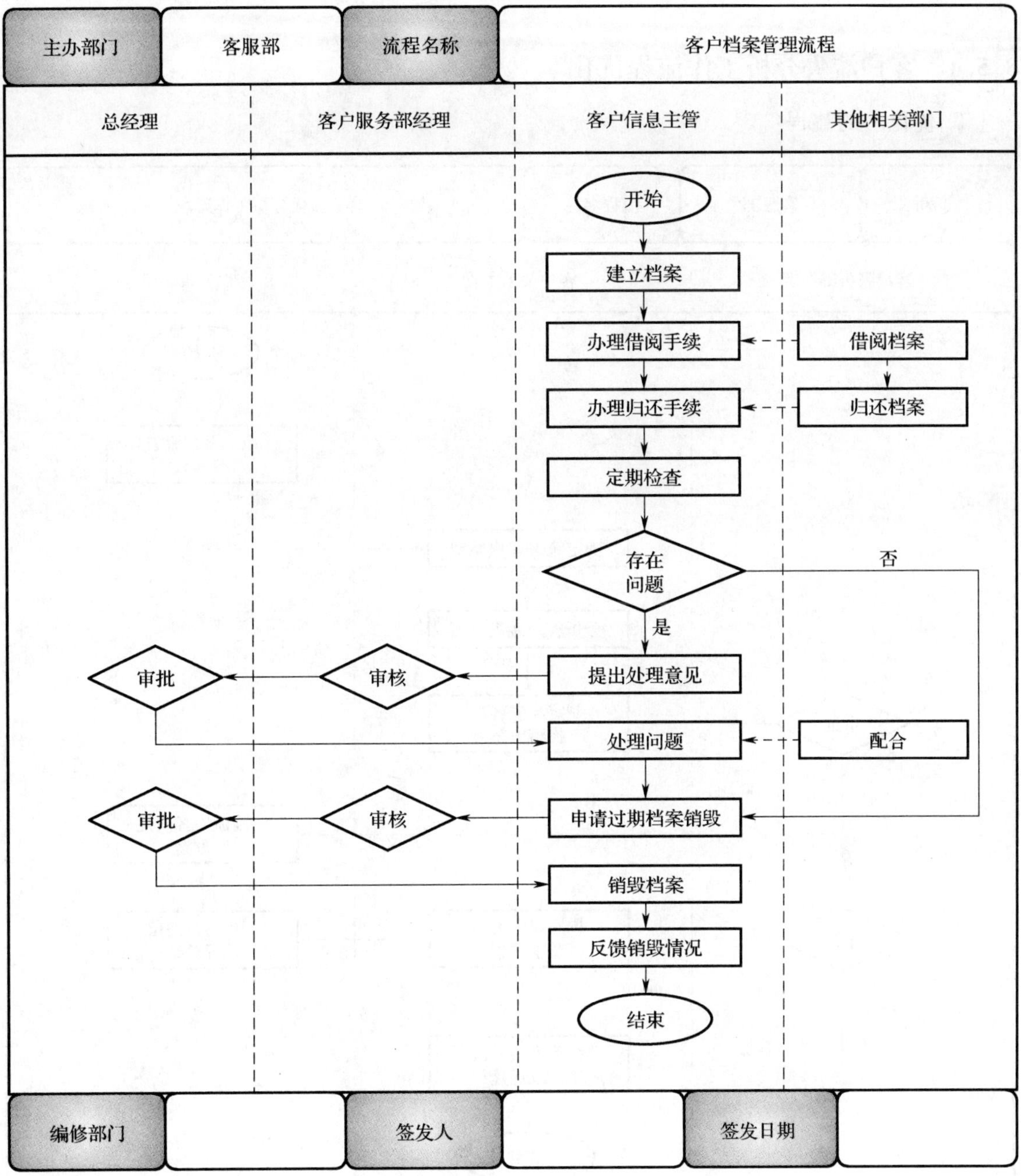
主办部门
客服部
流程名称
客户档案管理流程
总经理
客户服务部经理
客户信息主管
其他相关部门
开始
建立档案
办理借阅手续
借阅档案
办理归还手续
归还档案
定期检查
存在问题
否
是
提出处理意见
审核
审批
处理问题
配合
申请过期档案销毁
审核
审批
销毁档案
反馈销毁情况
结束
编修部门
签发人
签发日期

8.5 客服业务流程优化案例

8.5.1 客户流失分析工作流程优化

1. 优化前的流程

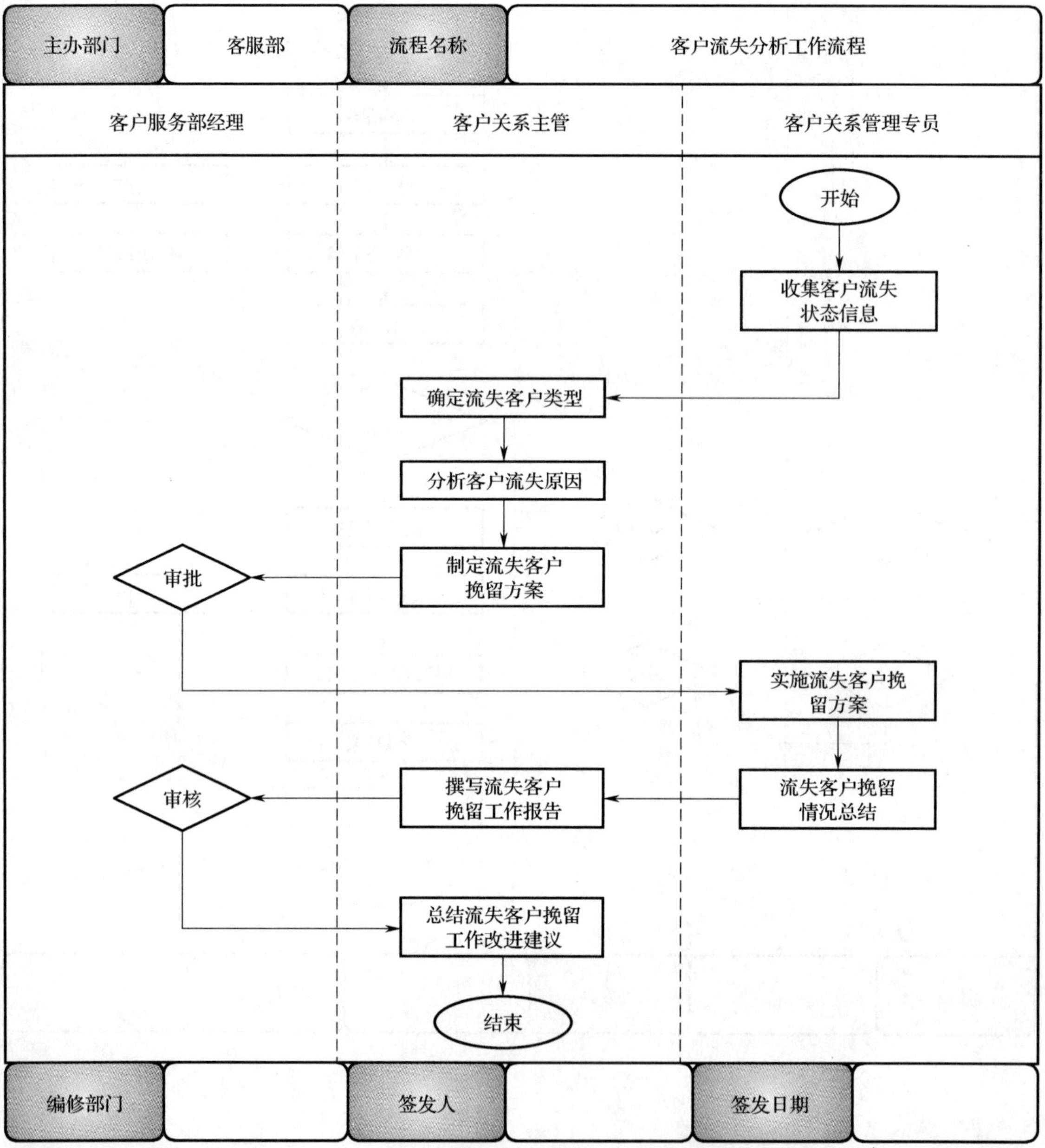

2. 流程优化分析

客户流失分析工作流程优化分析总表

业务问题分析	1. 不适应技术变革 ☐ 2. 不适应组织变革、目标变化 ☑ 3. 程序过于烦琐或简单 ☐ 4. 业务流程早已过时 ☐ 5. 业务执行标准过于严苛 ☐ 6. 相关政策、市场变化对流程的影响 ☑
业务优化思路	1. 精简程序：取消所有不必要的工作环节和内容，精简过于复杂、烦琐的程序 2. 加强环节衔接：消除对流程的人为分割，防止各自为政造成浪费 3. 重新梳理程序：对流程要素的逻辑关系重新排序，或重新安排工作程序和步骤 4. 重新制定业务管理制度：为业务流程提供规范、标准等配套文件支持，以加强流程业务的监督、指导 5. 重新审视组织目标：明确组织运作目标及方式，重新进行职能分解，提高流程执行效率
业务节点把控	节点 1：客户关系管理专员收集某一段时间内有关客户流失状态的信息 节点 2：客户关系主管分析不同类型客户流失的原因 节点 3：客户关系主管根据客户流失原因，制定相应的流失客户挽留方案 节点 4：客户关系管理专员按照流失客户挽留方案的要求进行客户挽留 节点 5：客户关系主管编写流失客户挽留工作报告并报客户服务部经理审批 节点 6：客户关系主管根据客户服务部经理审批的意见，提出流失客户挽留工作改进建议，并将其填写到流失客户挽留工作改进建议表上
下次优化重点	1. 优化时间：企业管理人员应根据企业经营环境、组织、政策等相应的变化，于合适的时机进行流程优化工作，以使优化后的流程大力提升企业运营效率 2. 关键步骤：细化并凸显关键环节和步骤，以引起重视并提供执行标准 3. 部门配合：对需其他部门或人员配合的业务，需进一步明确，以促进部门间的沟通协作顺畅，并在流程相关运作部门间形成共识 4. 绩效提升：在流程中体现业务与绩效考核的关联，增加业务流程执行的动力 5. 标准变化：以提高效率为目标和原则，优化业务流程的执行及评价标准 6. 市场变化：根据市场变化重新审视业务及业务流程，以加强业务流程与市场、客户的匹配度

3. 优化后的流程

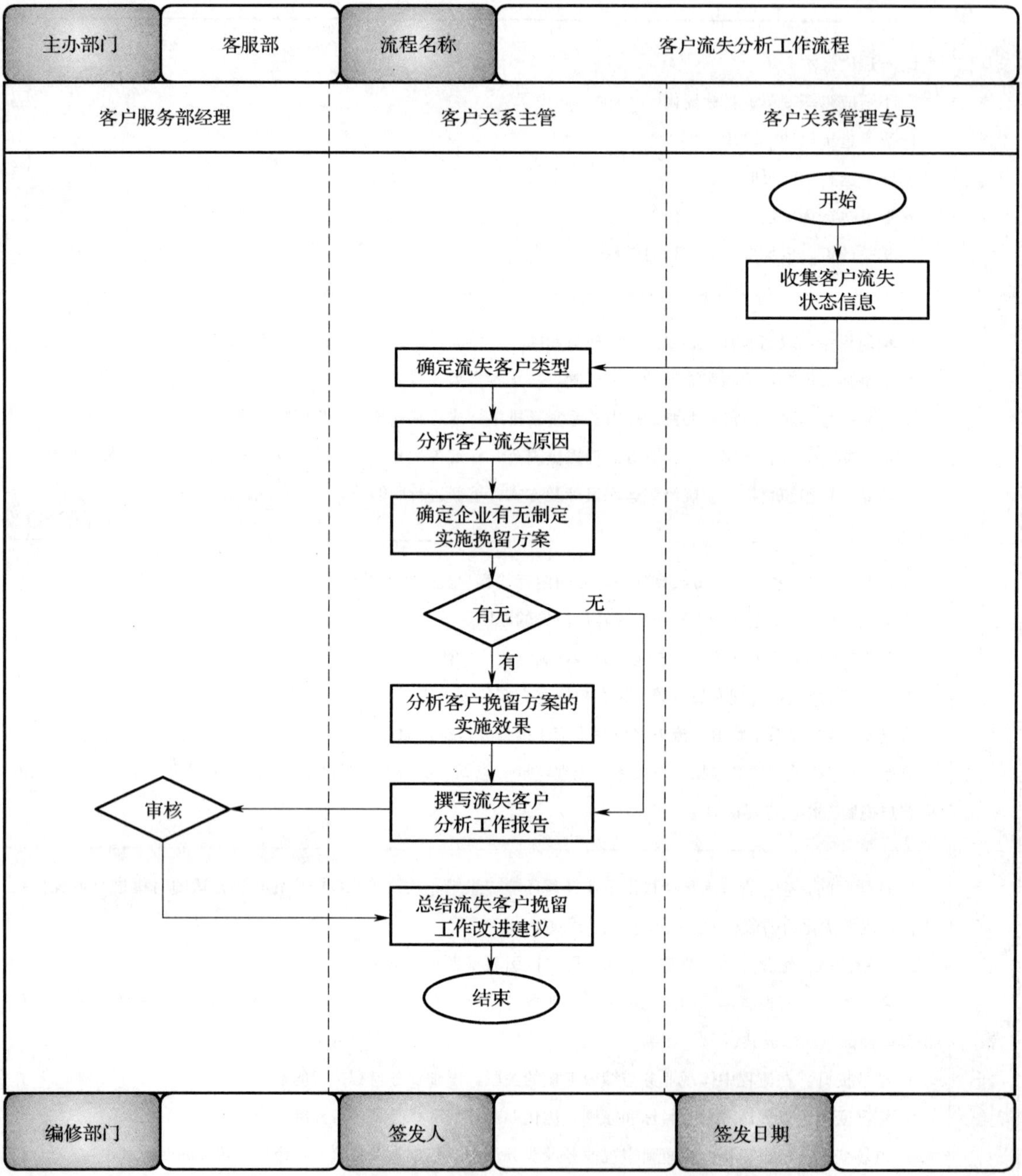
主办部门
客服部
流程名称
客户流失分析工作流程
客户服务部经理
客户关系主管
客户关系管理专员
开始
收集客户流失状态信息
确定流失客户类型
分析客户流失原因
确定企业有无制定实施挽留方案
有无
无
有
分析客户挽留方案的实施效果
撰写流失客户分析工作报告
审核
总结流失客户挽留工作改进建议
结束
编修部门
签发人
签发日期

8.5.2　大客户关系维护工作流程优化

1. 优化前的流程

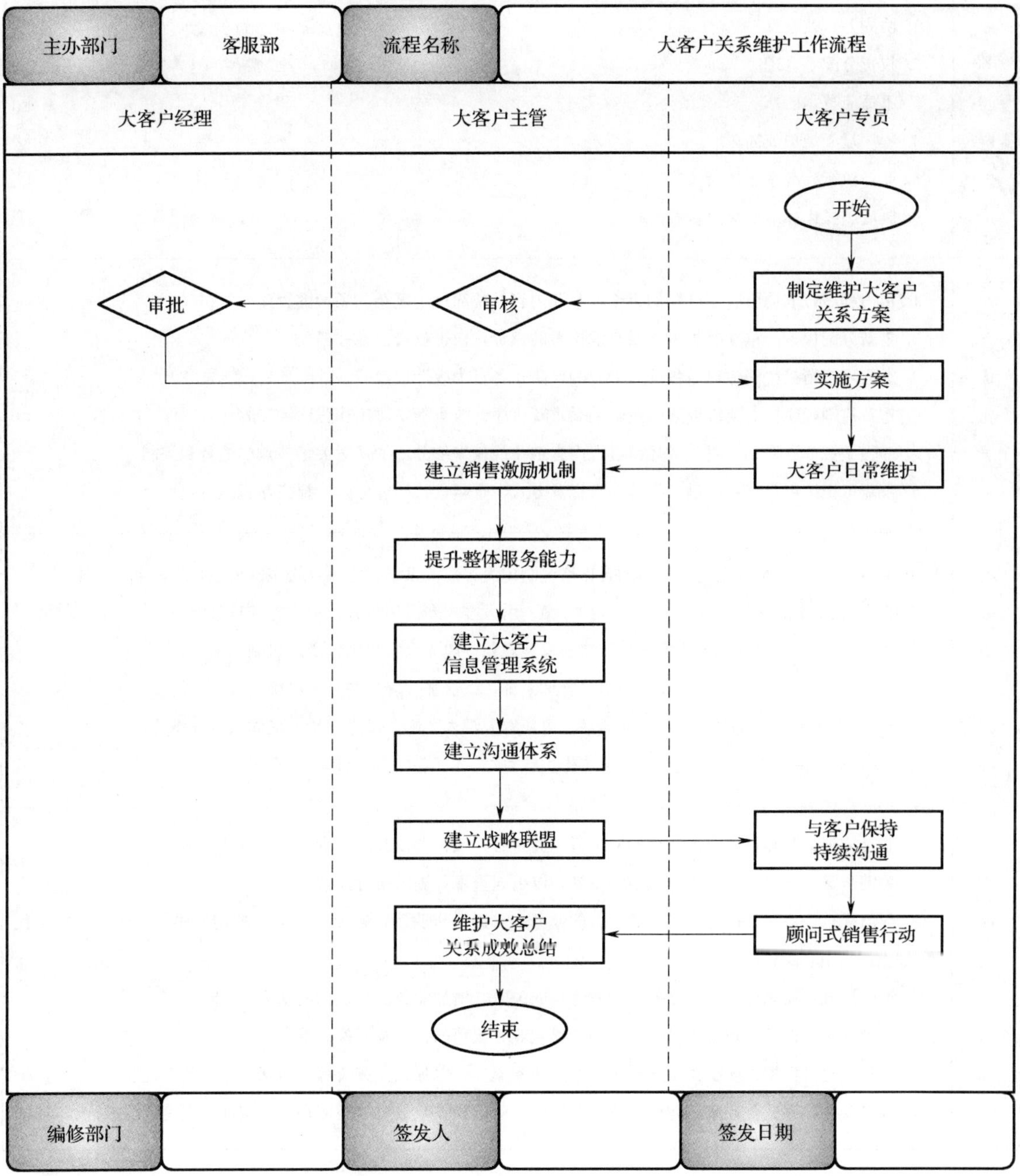

2. 流程优化分析

大客户关系维护工作流程优化分析总表

业务问题分析	1. 协同差、效率低 ☑ 2. 权责分配不合理 ☑ 3. 不适应技术变革 ☑ 4. 程序过于烦琐或简单 ☑ 5. 业务执行标准过于严苛 □ 6. 制度、操作标准变化对流程的影响 □
业务优化思路	1. 精简程序：取消所有不必要的工作环节和内容，精简过于复杂、烦琐的程序 2. 重新分配权责：重新分配流程活动承担者的权责，使得权责清晰并匹配 3. 加强环节衔接：消除对流程的人为分割，防止各自为政造成浪费 4. 重新梳理程序：对流程要素的逻辑关系重新排序，或重新安排工作程序和步骤 5. 加强关键节点控制：对关键环节进行内容细化或权责细分，加强对关键节点的监督和控制 6. 重新审视组织目标：明确组织运作目标及方式，重新进行职能分解，提高流程执行效率
业务节点把控	节点 1：大客户专员根据与大客户的合作情况制定大客户关系维护方案，报主管审核，经理审批 节点 2：经审批通过后的大客户关系维护方案，由大客户专员进行方案的实施和日常维护 节点 3：大客户主管针对企业的销售策略及发展规划，建立大客户销售激励机制 节点 4：大客户主管组织建立大客户信息管理系统，以保证大客户信息的准确、及时更新 节点 5：大客户主管建立大客户沟通体系，以便双方深入了解，增进感情，巩固双方合作关系 节点 6：大客户主管定期对大客户服务工作进行总结，以便进一步完善大客户服务
下次优化重点	1. 职责清晰：明确每一业务活动的管理者、监督者、执行者以及各级责任人的具体职责 2. 关键步骤：细化并凸显关键环节和步骤，以引起重视并提供执行标准 3. 部门配合：对需其他部门或人员配合的业务，需进一步明确，以促进部门间的沟通协作顺畅，并在流程相关运作部门间形成共识 4. 绩效提升：在流程中体现业务与绩效考核的关联，增加业务流程执行的动力 5. 标准变化：以提高效率为目标和原则，优化业务流程的执行及评价标准 6. 市场变化：根据市场变化重新审视业务及业务流程，以加强业务流程与市场、客户的匹配度 7. 政策变化：根据企业政策调整优化业务流程，确保相关政策与战略能在业务层面得以有效地执行和实现

3. 优化后的流程

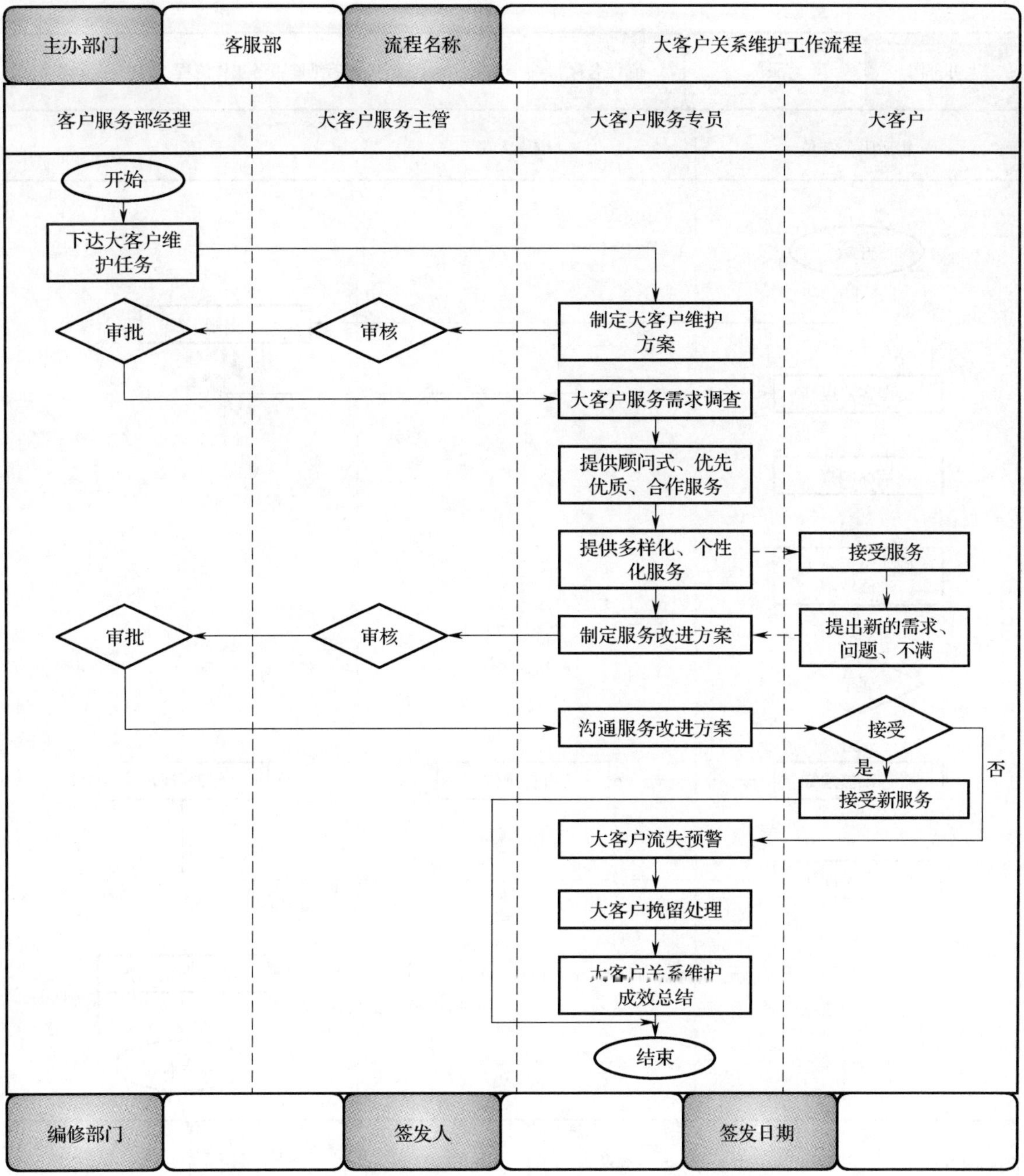
主办部门
客服部
流程名称
大客户关系维护工作流程
客户服务部经理
大客户服务主管
大客户服务专员
大客户
开始
下达大客户维护任务
审批
审核
制定大客户维护方案
大客户服务需求调查
提供顾问式、优先优质、合作服务
提供多样化、个性化服务
接受服务
审批
审核
制定服务改进方案
提出新的需求、问题、不满
沟通服务改进方案
接受
是
否
接受新服务
大客户流失预警
大客户挽留处理
大客户关系维护成效总结
结束
编修部门
签发人
签发日期

8.5.3 售后维修服务工作流程优化

1. 优化前的流程

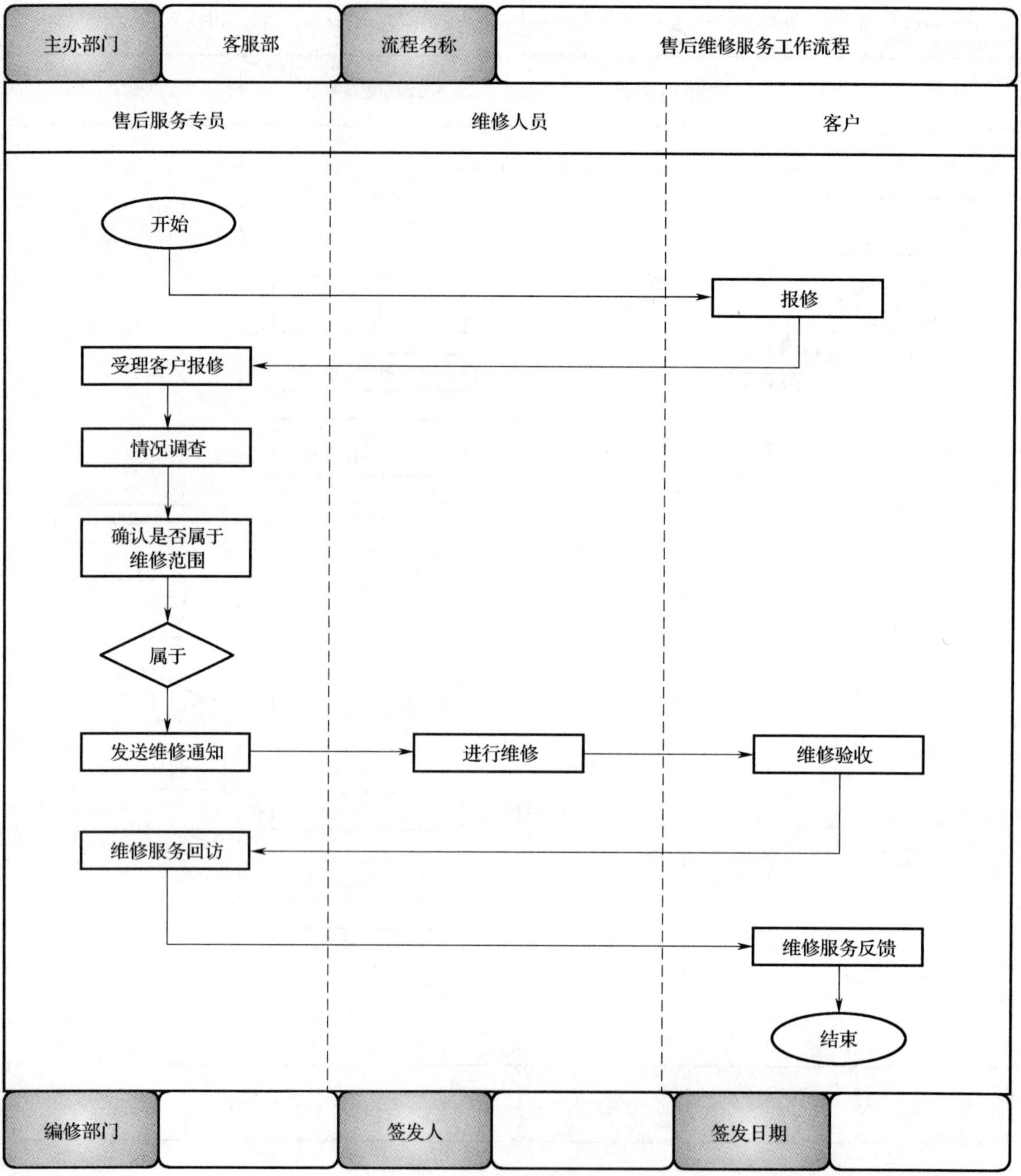

2. 流程优化分析

售后维修服务工作流程优化分析总表

业务问题分析	1. 协同差、效率低 ☑ 2. 程序过于烦琐或简单 ☑ 3. 业务流程早已过时 □ 4. 业务执行标准过于严苛 □ 5. 相关政策、市场变化对流程的影响 ☑ 6. 制度、操作标准变化对流程的影响 ☑
业务优化思路	1. 重新梳理程序：对流程要素的逻辑关系重新排序，或重新安排工作程序和步骤 2. 加强关键节点控制：对关键环节进行内容细化或权责细分，加强对关键节点的监督和控制 3. 重新确立业务执行标准：修改过时的、落后的、过于严苛的业务执行标准，以免影响业务流程的执行效果 4. 重新制定业务管理制度：为业务流程提供规范、标准等配套文件支持，以加强流程业务的监督、指导
业务节点把控	节点1：售后服务专员受理客户的报修，详细记录客户报修内容和要求 节点2：售后服务专员对客户的报修进行调查 节点3：售后服务专员通过调查等确定客户的报修是否属于维修范围 节点4：售后服务专员与客户确定好维修时间后，及时向维修人员发送维修通知 节点5：维修完毕后，售后服务专员要通过回访调查客户对维修服务的满意程度，并将客户的评分记录到客户维修服务评分表上
下次优化重点	1. 职责清晰：明确每一业务活动的管理者、监督者、执行者以及各级责任人的具体职责 2. 关键步骤：细化并凸显关键环节和步骤，以引起重视并提供执行标准 3. 部门配合：对需其他部门或人员配合的业务，需进一步明确，以促进部门间的沟通协作顺畅，并在流程相关运作部门间形成共识 4. 绩效提升：在流程中体现业务与绩效考核的关联，增加业务流程执行的动力 5. 标准变化：以提高效率为目标和原则，优化业务流程的执行及评价标准 6. 市场变化：根据市场变化重新审视业务及业务流程，以加强业务流程与市场、客户的匹配度 7. 政策变化：根据企业政策调整优化业务流程，确保相关政策与战略能在业务层面得以有效地执行和实现

3. 优化后的流程

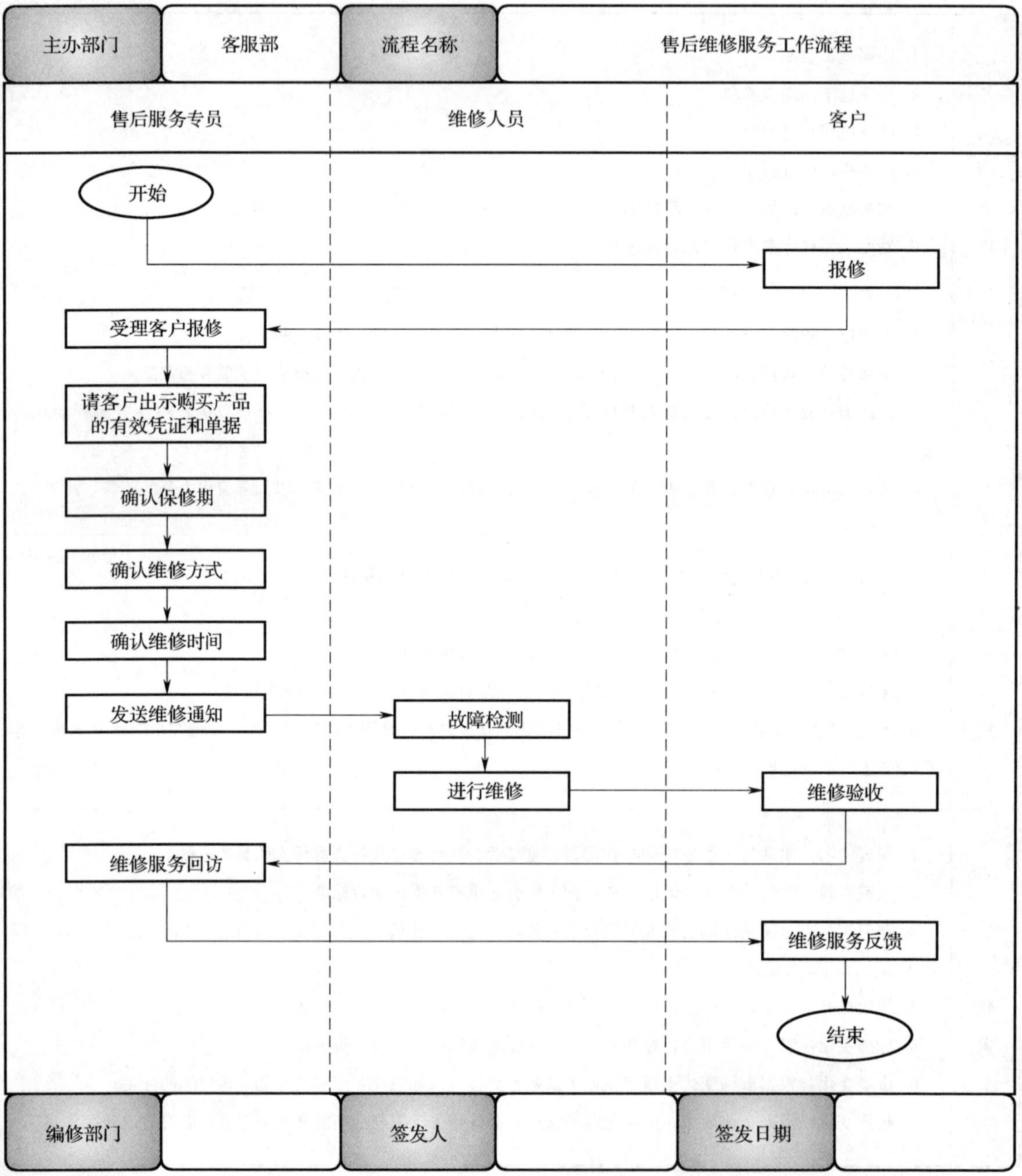
主办部门
客服部
流程名称
售后维修服务工作流程
售后服务专员
维修人员
客户
开始
报修
受理客户报修
请客户出示购买产品的有效凭证和单据
确认保修期
确认维修方式
确认维修时间
发送维修通知
故障检测
进行维修
维修验收
维修服务回访
维修服务反馈
结束
编修部门
签发人
签发日期

第9章

研发流程优化设计

9.1 研发工作设计分析

9.1.1 研发管理工作分析

1. 研发管理工作维度图

研发管理工作可按下列 4 个维度进行工作分析，具体如图 9—1 所示。

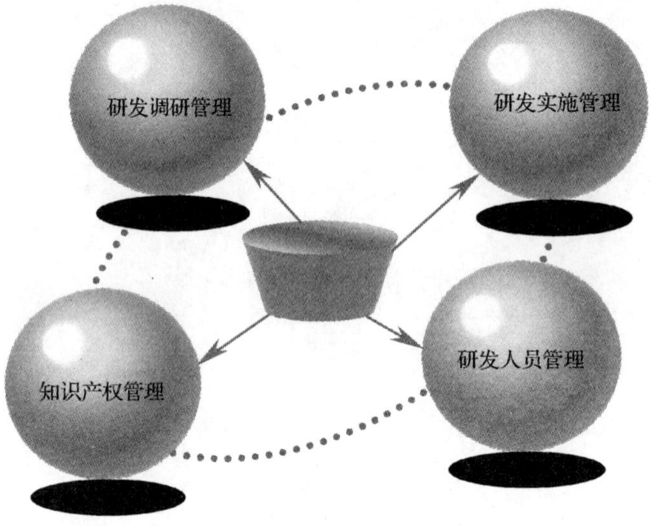

图 9—1 研发管理工作维度图

2. 主要管理工作分析表

在表 9—1 中，将研发管理工作的 3 大主要事项进行具体的工作分析。

表 9—1 研发主要管理工作分析表

管理大项	管理子项	重要程度（3 级）	价值创造（3 级）	优化选择
1. 研发调研管理	1）研发调研方案审批	□3 □2 □1	A B C	
	2）研发调研实施管理	□3 □2 □1	A B C	
	3）研发调研结果分析管理	□3 □2 □1	A B C	
2. 研发实施管理	4）研发决策管理	□3 □2 □1	A B C	
	5）研发计划管理	□3 □2 □1	A B C	
	6）研发进度管理	□3 □2 □1	A B C	

续表

管理大项	管理子项	重要程度（3级）	价值创造（3级）	优化选择
2. 研发实施管理	7）研发成本管理	□3　□2　□1	A　B　C	
	8）研发质量管理	□3　□2　□1	A　B　C	
	9）研发成果管理	□3　□2　□1	A　B　C	
3. 知识产权管理	10）知识产权审批	□3　□2　□1	A　B　C	
	11）知识产权监管	□3　□2　□1	A　B　C	
	12）技术保密管理	□3　□2　□1	A　B　C	

填写说明："优化选择"栏可从以下5个角度进行多选：1. 组织优化；2. 职责优化；3. 权限优化；4. 分工优化；5. 流程优化。

9.1.2　研发业务工作分析

1. 研发业务工作维度图

研发业务工作可按下列7个维度进行工作分析，具体如图9—2所示。

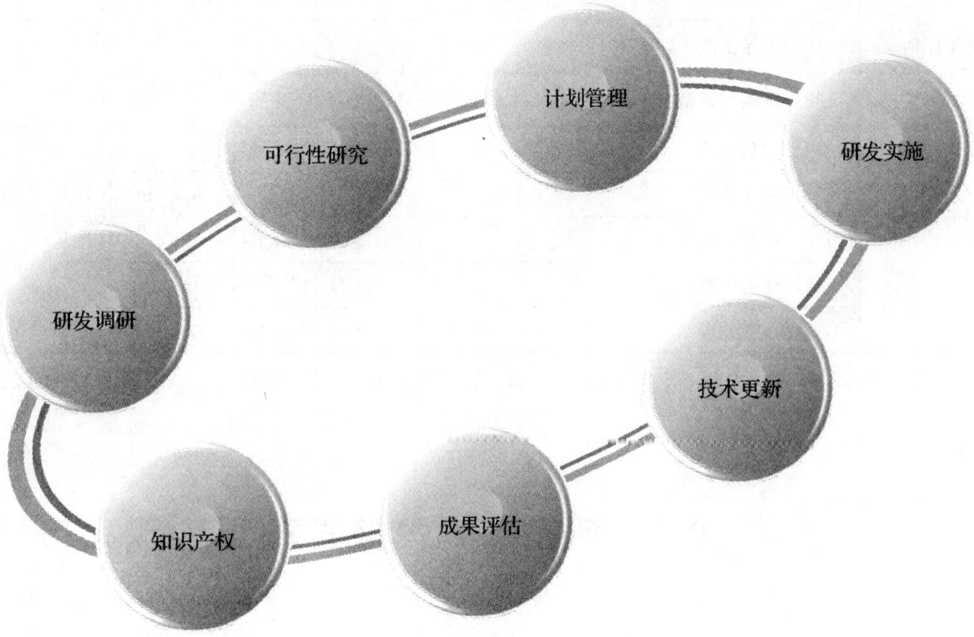

图9—2　研发业务工作维度图

2. 主要业务工作分析表

在表 9—2 中，将研发业务的 5 大主要事项进行具体的工作分析。

表 9—2　　研发主要业务工作分析表

业务大项	业务子项	重要程度（3级）	价值创造（3级）	优化选择
1. 研发调研	1）研发调研工作执行	□3 □2 □1	A B C	
	2）研发调研结果分析	□3 □2 □1	A B C	
2. 计划管理	3）研发计划制定	□3 □2 □1	A B C	
	4）研发计划审批	□3 □2 □1	A B C	
	5）研发计划修改	□3 □2 □1	A B C	
3. 研发实施	6）研发项目立项	□3 □2 □1	A B C	
	7）研发进度控制	□3 □2 □1	A B C	
	8）研发成本控制	□3 □2 □1	A B C	
	9）研发质量控制	□3 □2 □1	A B C	
	10）技术引进控制	□3 □2 □1	A B C	
4. 成果评估	11）研发评估	□3 □2 □1	A B C	
	12）产品试制	□3 □2 □1	A B C	
	13）反馈与调整	□3 □2 □1	A B C	
5. 知识产权管理	14）专利申请	□3 □2 □1	A B C	
	15）商标注册	□3 □2 □1	A B C	
	16）技术交易	□3 □2 □1	A B C	
	17）技术保密	□3 □2 □1	A B C	
	18）泄密处理	□3 □2 □1	A B C	

填写说明："优化选择"栏可从以下 5 个角度进行多选：1. 组织优化；2. 职责优化；3. 权限优化；4. 分工优化；5. 流程优化。

9. 2　研发工作关键要素

9. 2. 1　研发工作关键点表

研发工作关键点设计见表 9—3。

表 9—3　　研发工作关键点设计表

研发工作关键点表				
研发工作关键点表	管理工作	调研方案制定	调研结果分析	研发计划制定
	管理工作	研发人员配置	研发进度计划制定	研发成本计划制定
	管理工作	研发质量评估	新产品上市评估	知识产权保护计划制定
	业务工作	调研范围确定	可行性分析因素选择	编制研发方案
	业务工作	研发任务阶段分解	研发进度阶段控制	研发成本核算
	业务工作	制定质量保证方案	制定质量测评标准	产品试制评估
	业务工作	策划专利申请方案	建立知识产权预警机制	签订技术保密协议

9.2.2　研发工作考核量表

研发工作考核指标及指标说明见表 9—4。

表 9—4　　研发工作考核量表

考核维度	指标名称	指标说明	指标值
管理事项	研发项目立项数	指在考核期内各类研发项目成功立项的数量	___%
	项目立项通过率	$\frac{\text{立项通过的项目数量}}{\text{申请立项的项目总量}}\times 100\%$	___%
	研发项目延期率	$\frac{\text{实际研发用时}-\text{计划研发时间}}{\text{计划研发时间}}\times 100\%$	___%
	项目计划更改次数	指考核期内所有项目计划成功变更的次数	___%
	研发计划完成率	$\frac{\text{计划时间内完成的任务数}}{\text{计划完成的任务总数}}\times 100\%$	___%
	研发成果达成率	$\frac{\text{研发项目最终达成成果数}}{\text{研发项目计划完成成果数}}\times 100\%$	___%
	功能模块完整率	$\frac{\text{研发实现的功能模块}}{\text{应用的功能模块总量}}\times 100\%$	___%
	产品稳定率	$\frac{\text{产品稳定工作时间}}{\text{产品总工作时间}}\times 100\%$	___%
	核心成员保有率	$\frac{\text{研发中未流失的核心成员数量}}{\text{核心成员总数}}\times 100\%$	___%

续表

考核维度	指标名称	指标说明	指标值
管理事项	团队协作满意度	研发团队成员协作满意度评分的算术平均数	____
	研发成本达成率	$\frac{\text{实际研发、技术改造费用}}{\text{预算费用}}\times 100\%$	____%
	费用预算变更次数	指在考核期内成功变更研发项目预算的次数	____
业务事项	研发项目延期率	$\frac{\text{实际研发用时}-\text{计划研发时间}}{\text{计划研发时间}}\times 100\%$	____%
	研发计划完成率	$\frac{\text{计划时间内完成的任务数}}{\text{计划完成的任务总数}}\times 100\%$	____%
	研发文档编制及时率	$\frac{\text{及时编制整理的研发文档数}}{\text{研发过程中应产生的文档总数}}\times 100\%$	____%
	专利申请数量	单位周期内专利的申请数量	____%
	项目立项通过率	$\frac{\text{立项通过的项目数量}}{\text{申请立项的项目总量}}\times 100\%$	____%
	项目计划更改次数	指考核期内所有项目计划成功变更的次数	____
	研发文档完整率	$\frac{\text{最终上交的研发文档数}}{\text{研发过程中应产生的文档总数}}\times 100\%$	____%
	测试缺陷数	指研发的成果在技术测试中发现的缺陷数	____
	产品故障率	$\frac{\text{产品故障次数}}{\text{产品总使用次数}}\times 100\%$	____%
	试验事故发生次数	考核期内试验、测试事故发生次数	____

9.3 研发流程优化设计

9.3.1 研发管理流程体系设计

研发管理流程体系设计如图 9—3 所示。

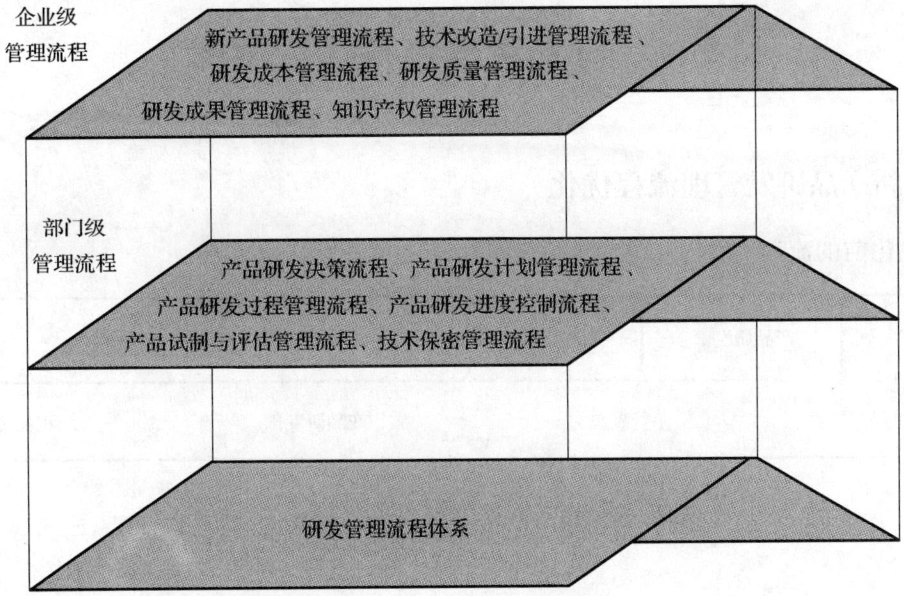

图 9—3　研发管理流程体系设计图

9.3.2　研发业务流程体系设计

研发业务流程体系如图 9—4 所示。

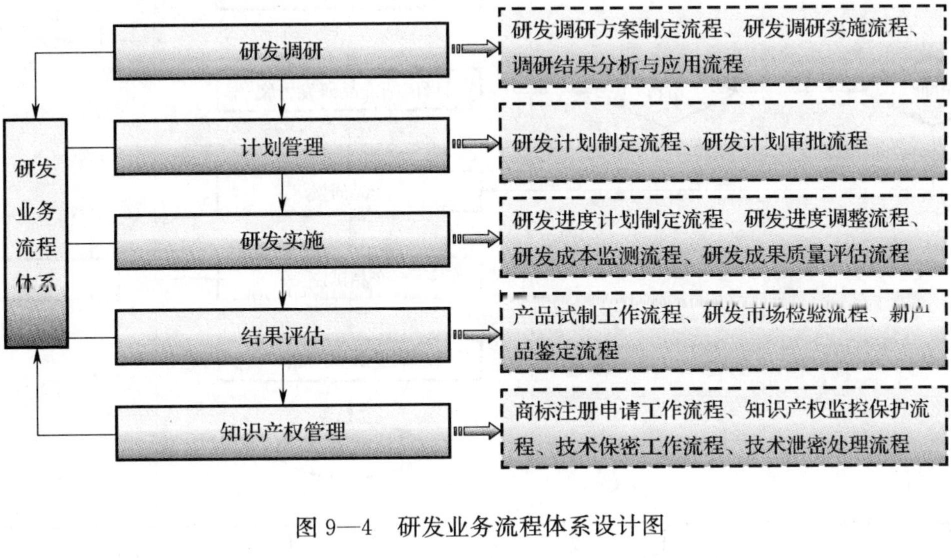

图 9—4　研发业务流程体系设计图

9.4 研发管理流程优化案例

9.4.1 新产品研发管理流程优化

1. 优化前的流程

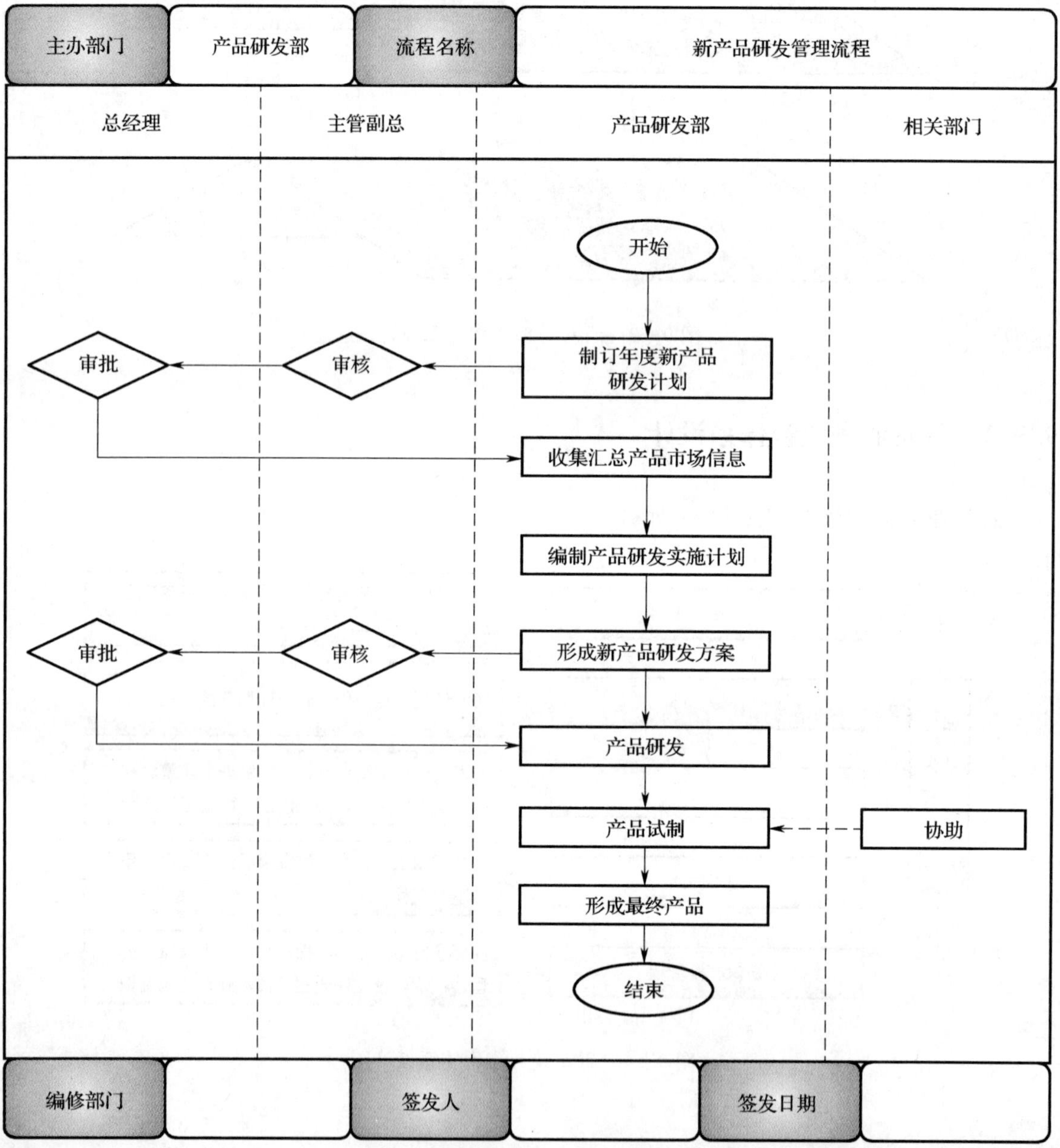

2. 流程优化分析

新产品研发管理流程优化分析总表

流程问题分析	1. 协同差、效率低 ☑ 2. 权责分配不合理 ☑ 3. 不适应技术变革 □ 4. 不适应组织变革、目标变化 □ 5. 流程过于烦琐或简单 ☑ 6. 管理流程早已过时 □ 7. 相关政策、市场变化对流程的影响 □ 8. 制度、操作标准变化对流程的影响 □
流程优化思路	1. 拆分：由于环节跨领域（专业或部门）或是因工作量超过该环节上的工作人员所能承受的负担，为了提高工作效率，需要将流程环节进行拆分 2. 合并：在工作量不超负荷及专业允许的状态下，为了提高效率可以对不必要的分工进行合并 3. 补充：在必要的环节点上补充步骤、增加权限，以加强管理内审和内控 4. 调整：重新梳理各环节的逻辑关系，调整不合理流向，达成流程环节间的无缝衔接
流程节点把控	节点 1：收集汇总市场信息时必须严格按照产品研发计划进行，收集有用的信息，确保工作效率最大化 节点 2：产品研发实施计划编制完成后，需要经主管副总或以上级领导批准后再执行下一步操作 节点 3：新产品研发方案制定完成后，需经主管领导及公司高层领导批准后制定实施方案并进行产品研发，如需调整，仍需经过相关领导的批准
下次优化重点	1. 组织变化：根据组织目标、架构或组织运作方式的变化进行流程优化，使管理流程与组织战略与职能相匹配 2. 职责清晰：明确责任人以及具体职责，避免因职责模糊造成管理工作推诿使流程无法执行，或者工作重叠而造成浪费 3. 权限调整：明确并具体权限，避免流程上的权限与职责不匹配，管理工作无法开展 4. 关键步骤：明确并细化关键步骤，凸显关键节点的重要性 5. 市场变化：根据市场变化重新审视管理工作及流程，以加强管理工作与市场要求的匹配度

3. 优化后的流程

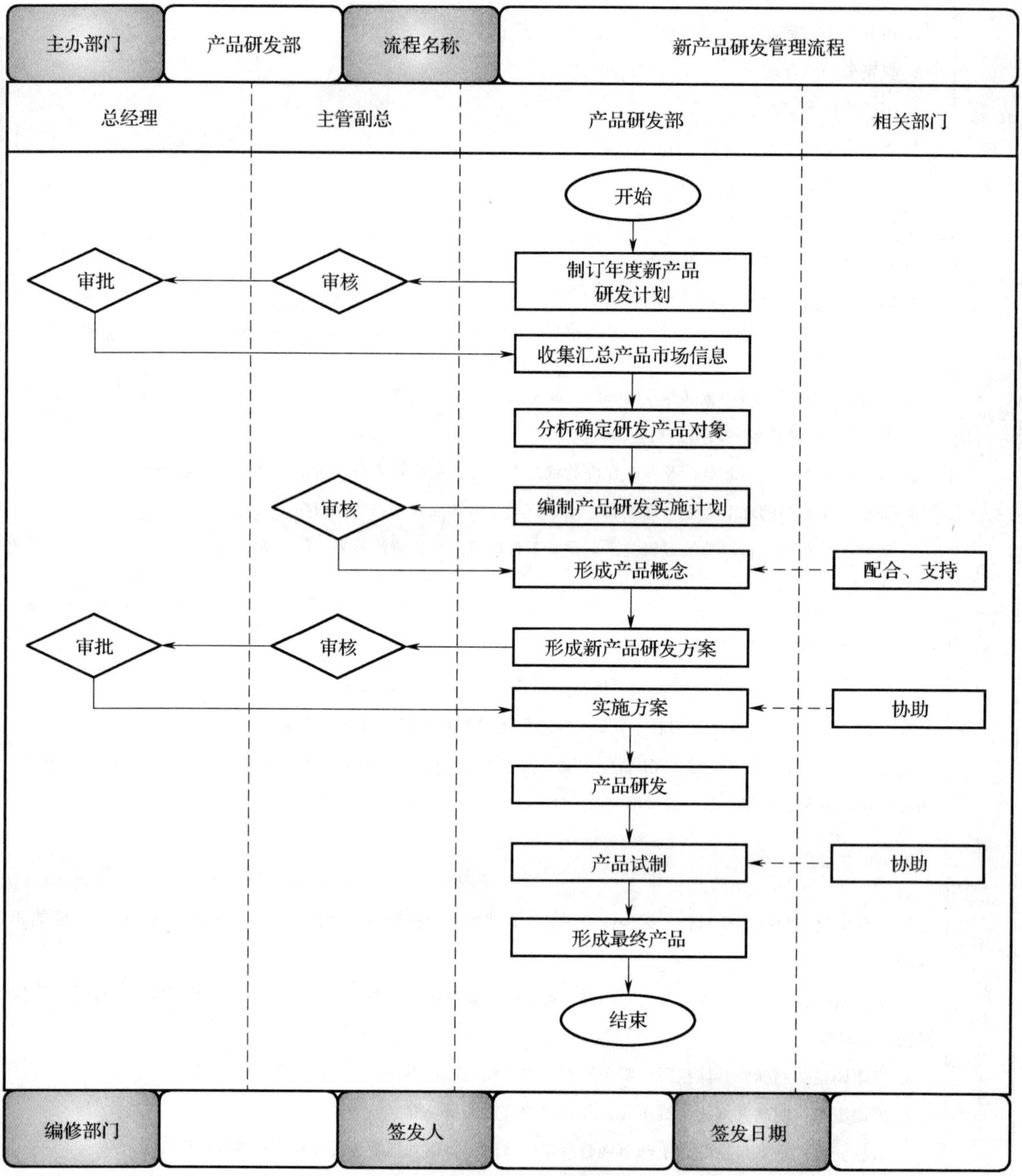
主办部门
产品研发部
流程名称
新产品研发管理流程
总经理
主管副总
产品研发部
相关部门
开始
制订年度新产品研发计划
审核
审批
收集汇总产品市场信息
分析确定研发产品对象
编制产品研发实施计划
审核
形成产品概念
配合、支持
形成新产品研发方案
审核
审批
实施方案
协助
产品研发
产品试制
协助
形成最终产品
结束
编修部门
签发人
签发日期

9.4.2　技术改造管理流程优化

1. 优化前的流程

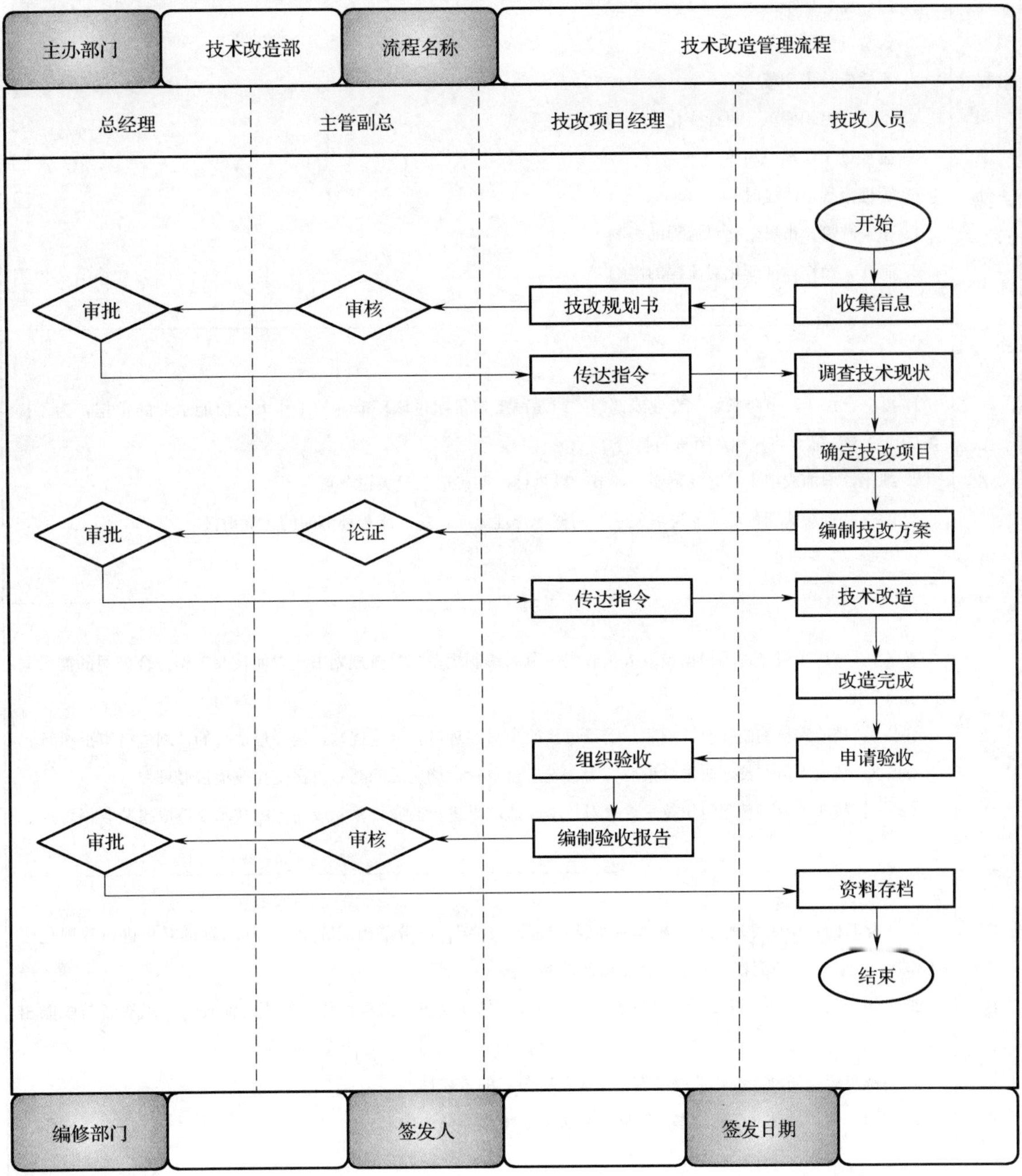

2. 流程优化分析

技术改造管理流程优化分析总表

流程问题分析	1. 协同差、效率低 ☑ 2. 权责分配不合理 ☑ 3. 不适应技术变革 □ 4. 不适应组织变革、目标变化 ☑ 5. 流程过于烦琐或简单 □ 6. 管理流程早已过时 □ 7. 相关政策、市场变化对流程的影响 □ 8. 制度、操作标准变化对流程的影响 □
流程优化思路	1. 拆分：由于环节跨领域（专业或部门）或是因工作量超过该环节上的工作人员所能承受的负担，为了提高工作效率，需要将流程环节进行拆分 2. 细化：增加或细化关键（重要）环节，以具体、明确或凸显关键节点 3. 调整：重新梳理各环节的逻辑关系，调整不合理流向，达成流程环节间的无缝衔接
流程节点把控	节点 1：技改项目经理需根据技改人员收集的资料编制规范的技改规划书，以使技改工作符合公司的需求与市场的变化 节点 2：技改人员编制技改计划后，需经过技改项目经理进行计划优选，选择最适合的计划进行审批执行 节点 3：技改人员在技术改造结束后，需首先进行自检，确定无问题后再提交技改项目经理 节点 4：技改项目经理需组织技术专家对技术改造成果进行验收，并完成完善的技术改造成果验收报告
下次优化重点	1. 优化时间：企业管理人员应根据企业经营环境、组织、政策等相应的变化，于合适的时机进行流程优化工作，以使优化后的流程大力提升企业运营效率 2. 组织变化：根据组织目标、架构或组织运作方式的变化进行流程优化，使管理流程与组织战略与职能相匹配 3. 关键步骤：明确并细化关键步骤，凸显关键节点的重要性 4. 部门协调：打破部门间壁垒，消除层级关卡，增强横向协作

3. 优化后的流程

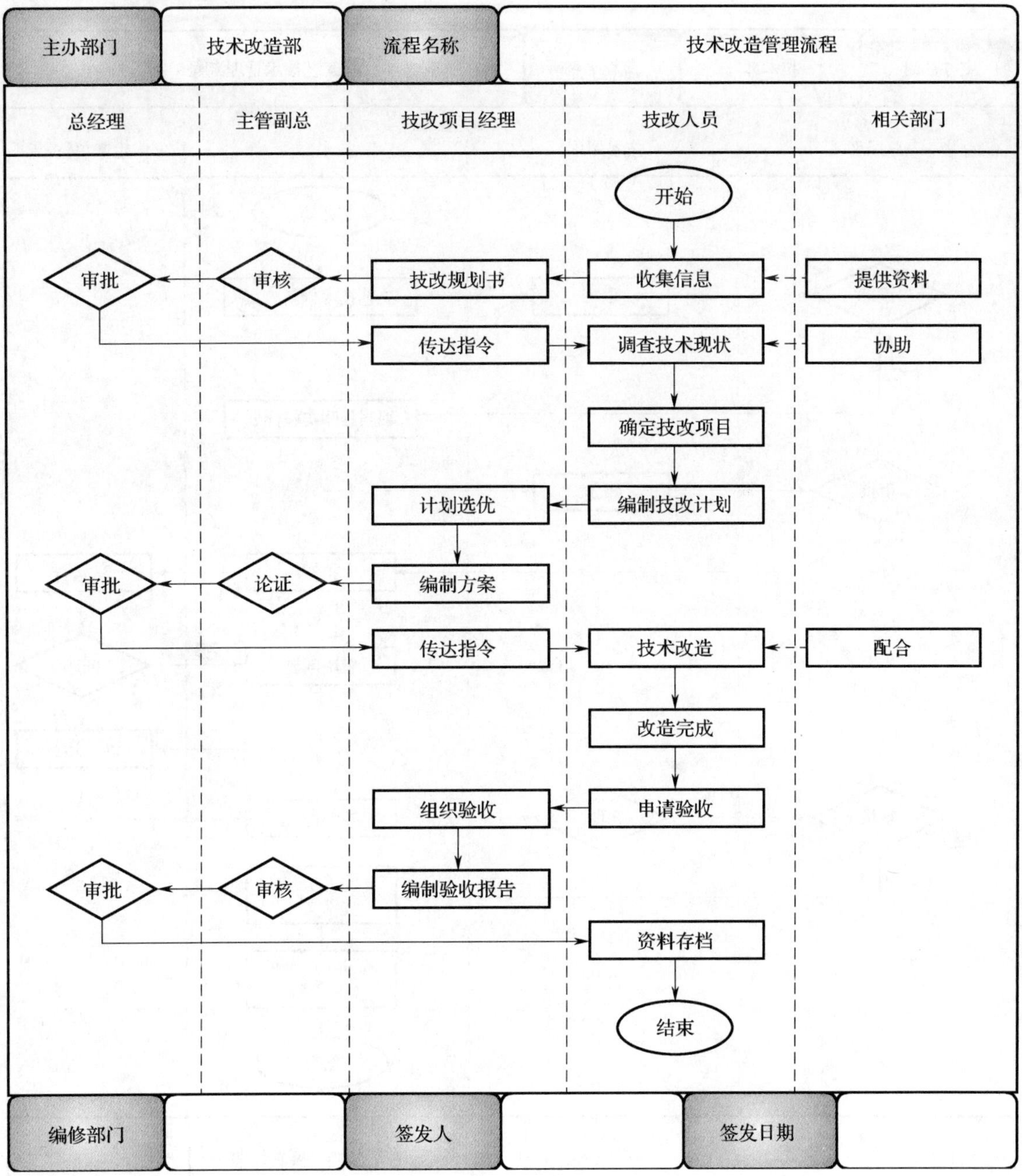
主办部门
技术改造部
流程名称
技术改造管理流程
总经理
主管副总
技改项目经理
技改人员
相关部门
开始
审批
审核
技改规划书
收集信息
提供资料
传达指令
调查技术现状
协助
确定技改项目
计划选优
编制技改计划
审批
论证
编制方案
传达指令
技术改造
配合
改造完成
组织验收
申请验收
审批
审核
编制验收报告
资料存档
结束
编修部门
签发人
签发日期

9.4.3 工艺技术管理流程优化

1. 优化前的流程

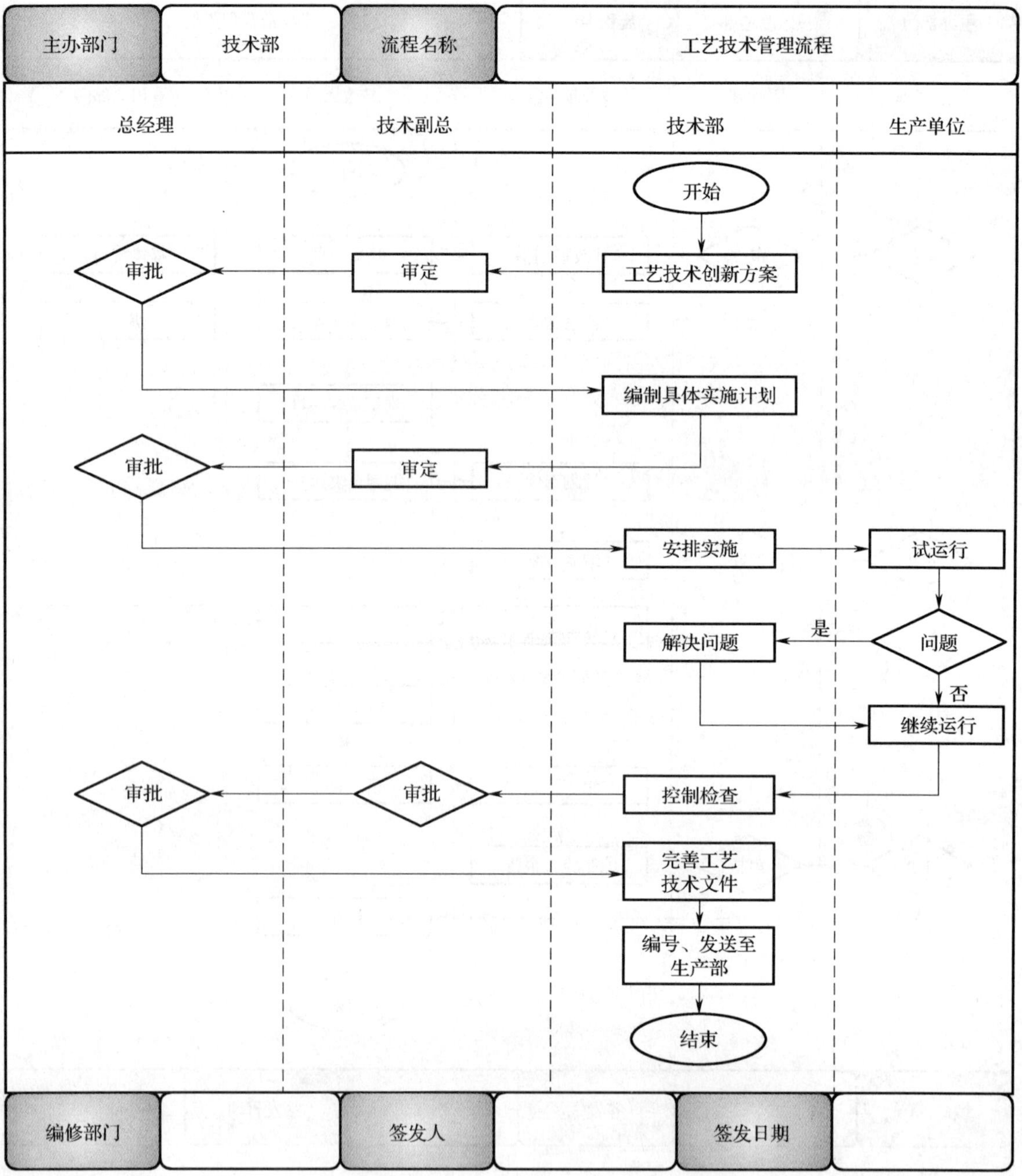

2. 流程优化分析

工艺技术管理流程优化分析总表

流程问题分析	1. 协同差、效率低 □ 2. 权责分配不合理 ☑ 3. 不适应技术变革 □ 4. 不适应组织变革、目标变化 ☑ 5. 流程过于烦琐或简单 ☑ 6. 管理流程早已过时 ☑ 7. 相关政策、市场变化对流程的影响 □ 8. 制度、操作标准变化对流程的影响 □
流程优化思路	1. 拆分：由于环节跨领域（专业或部门）或是因工作量超过该环节上的工作人员所能承受的负担，为了提高工作效率，需要将流程环节进行拆分 2. 细化：增加或细化关键（重要）环节，以具体、明确或凸显关键节点 3. 补充：在必要的环节点上补充步骤、增加权限，以加强管理内审和内控 4. 调整：重新梳理各环节的逻辑关系，调整不合理流向，达成流程环节间的无缝衔接
流程节点把控	节点1：制定工艺技术创新方案时，需保证方案是符合公司特点及技术能力，是切实可行的方案 节点2：在工艺技术方案经过批准后，需首先制定完善的实施计划，不能未经规划就开始工作 节点3：在工艺技术试运行遇到问题时，需及时解决相关问题，疑难问题需请相关专家协助解决，确定没有问题后再进行下一步操作 节点4：在工艺技术运行通过验收后，技术部需要整理相关文件，并规范保存，为工艺技术运行试验及创新等工作提供参考依据
下次优化重点	1. 组织变化：根据组织目标、架构或组织运作方式的变化进行流程优化，使管理流程与组织战略与职能相匹配 2. 职责清晰：明确责任人以及具体职责，避免因职责模糊造成管理工作推诿使流程无法执行，或者工作重叠而造成浪费 3. 绩效提升：基于可运作的现实性和可改进的方向，最大限度地提升绩效 4. 政策变化：根据企业政策调整优化管理流程，确保企业政策与战略在管理层面得以有效地执行和实现

3. 优化后的流程

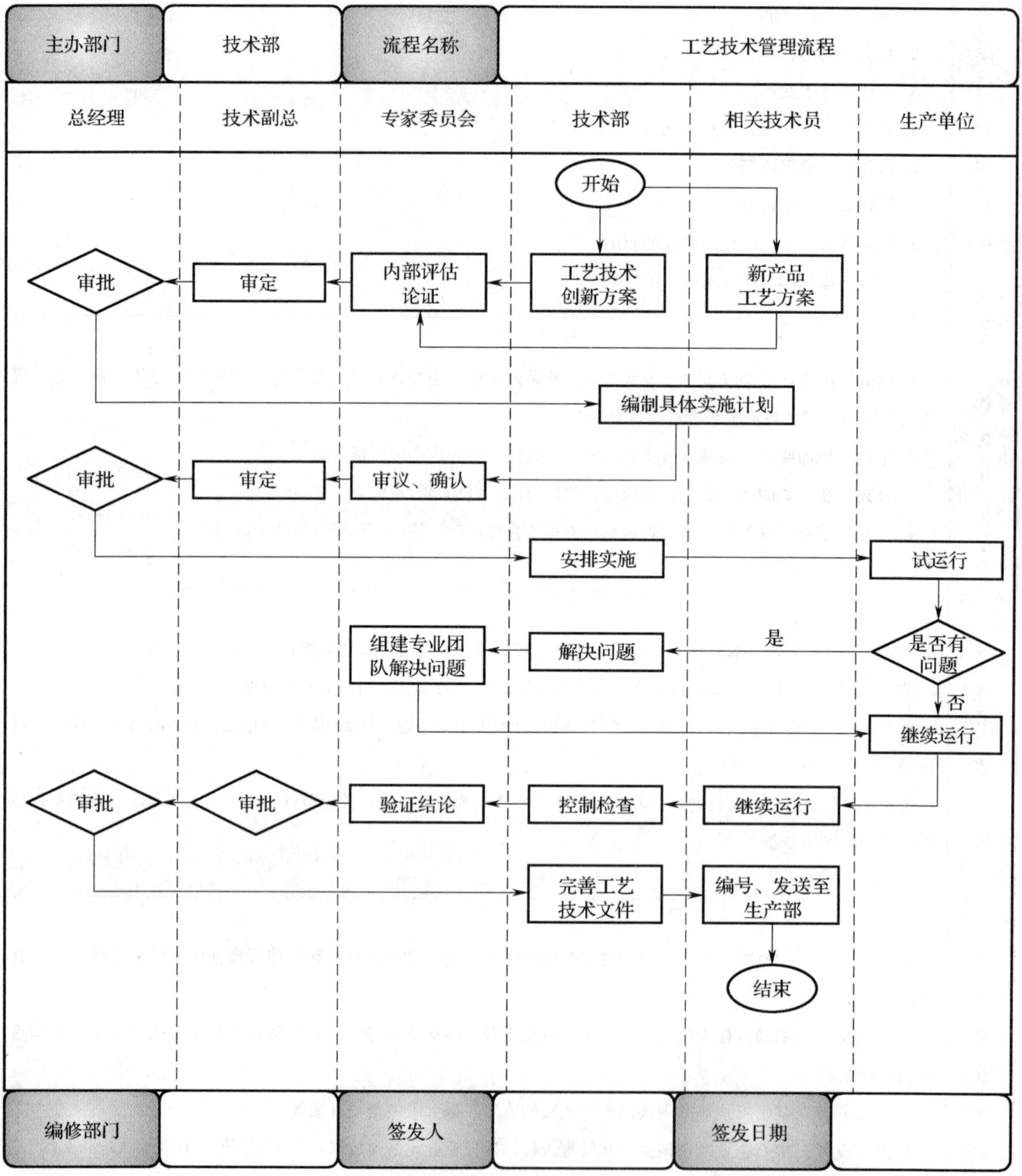

主办部门
技术部
流程名称
工艺技术管理流程
总经理
技术副总
专家委员会
技术部
相关技术员
生产单位
开始
工艺技术创新方案
新产品工艺方案
内部评估论证
审定
审批
编制具体实施计划
审议、确认
审定
审批
安排实施
试运行
是否有问题
是
否
解决问题
组建专业团队解决问题
继续运行
继续运行
控制检查
验证结论
审批
审批
完善工艺技术文件
编号、发送至生产部
结束
编修部门
签发人
签发日期

9.5　研发业务流程优化案例

9.5.1　研发调研工作流程优化

1. 优化前的流程

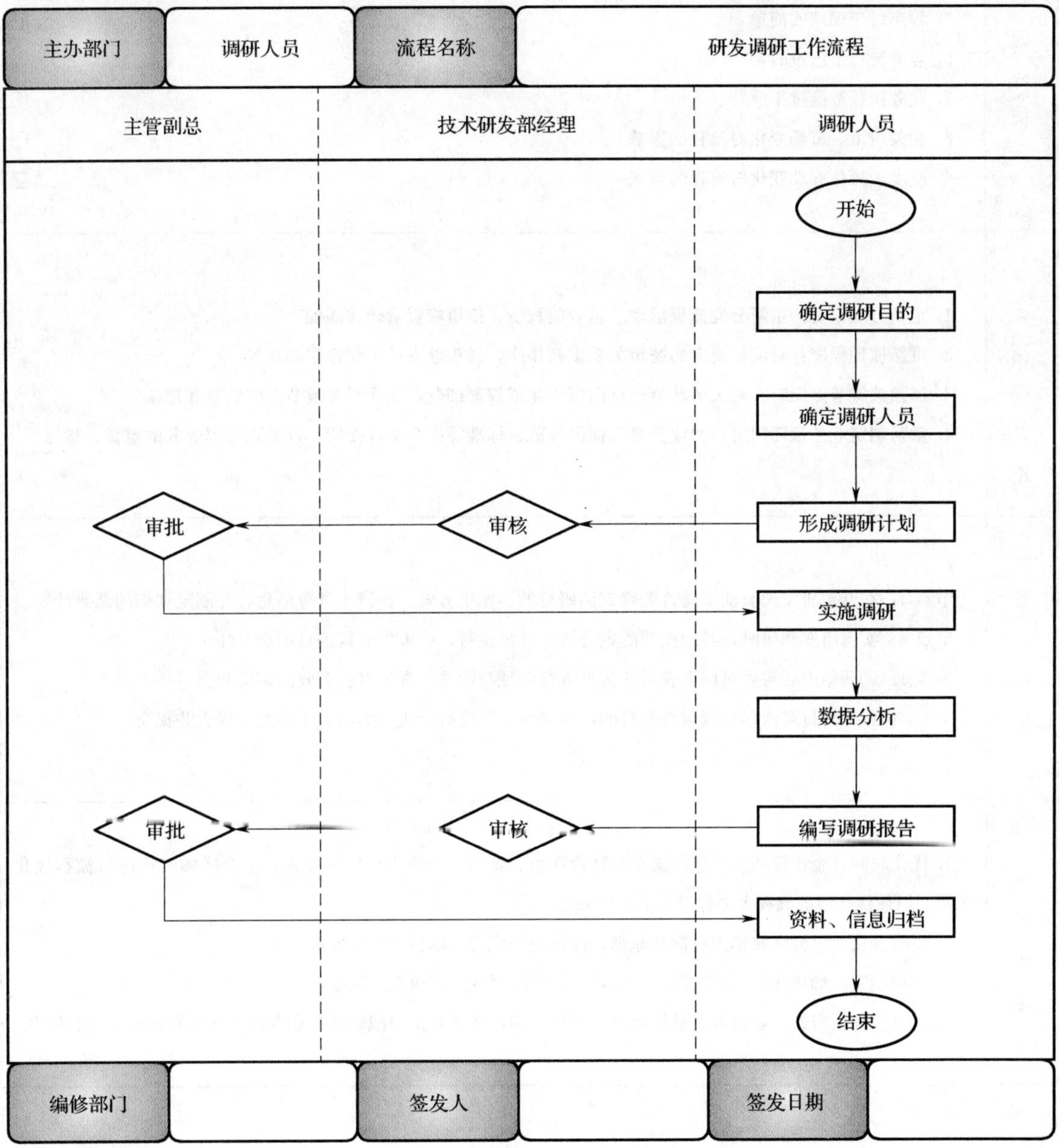

2. 流程优化分析

研发调研工作流程优化分析总表

业务问题分析	1. 协同差、效率低 □ 2. 权责分配不合理 ☑ 3. 不适应技术变革 □ 4. 不适应组织变革、目标变化 ☑ 5. 程序过于烦琐或简单 ☑ 6. 业务流程早已过时 □ 7. 业务执行标准过于严苛 □ 8. 相关政策、市场变化对流程的影响 □ 9. 制度、操作标准变化对流程的影响 ☑
业务优化思路	1. 重新分配权责：重新分配流程活动承担者的权责，使得权责清晰并匹配 2. 重新梳理程序：对流程要素的逻辑关系重新排序，或重新安排工作程序和步骤 3. 加强关键节点控制：对关键环节进行内容细化或权责细分，加强对关键节点的监督和控制 4. 重新制定业务管理制度：为业务流程提供规范、标准等配套文件支持，以加强流程业务的监督、指导
业务节点把控	节点1：在开展研发调研前期需首先确定调研目的、调研方式、调研人员等信息，并制定详细的调研计划 节点2：实施研发调研时，必须按照既定的调研计划执行，以确保获得信息的准确性 节点3：调研结束后需要对调查获得的信息进行验证与筛选，确定真实有效的调研数据 节点4：调研人员需依据开展调研的目的，对调研数据进行分析，编制完善的调研报告并提交
下次优化重点	1. 优化时间：企业管理人员应根据企业经营环境、组织、政策等相应的变化，于合适的时机进行流程优化工作，以使优化后的流程大力提升企业运营效率 2. 标准变化：以提高效率为目标和原则，优化业务流程的执行及评价标准 3. 关键步骤：细化并凸显关键环节和步骤，以引起重视并提供执行标准 4. 政策变化：根据企业政策调整优化业务流程，确保相关政策与战略能在业务层面得以有效地执行和实现

3. 优化后的流程

主办部门	调研人员	流程名称	研发调研工作流程

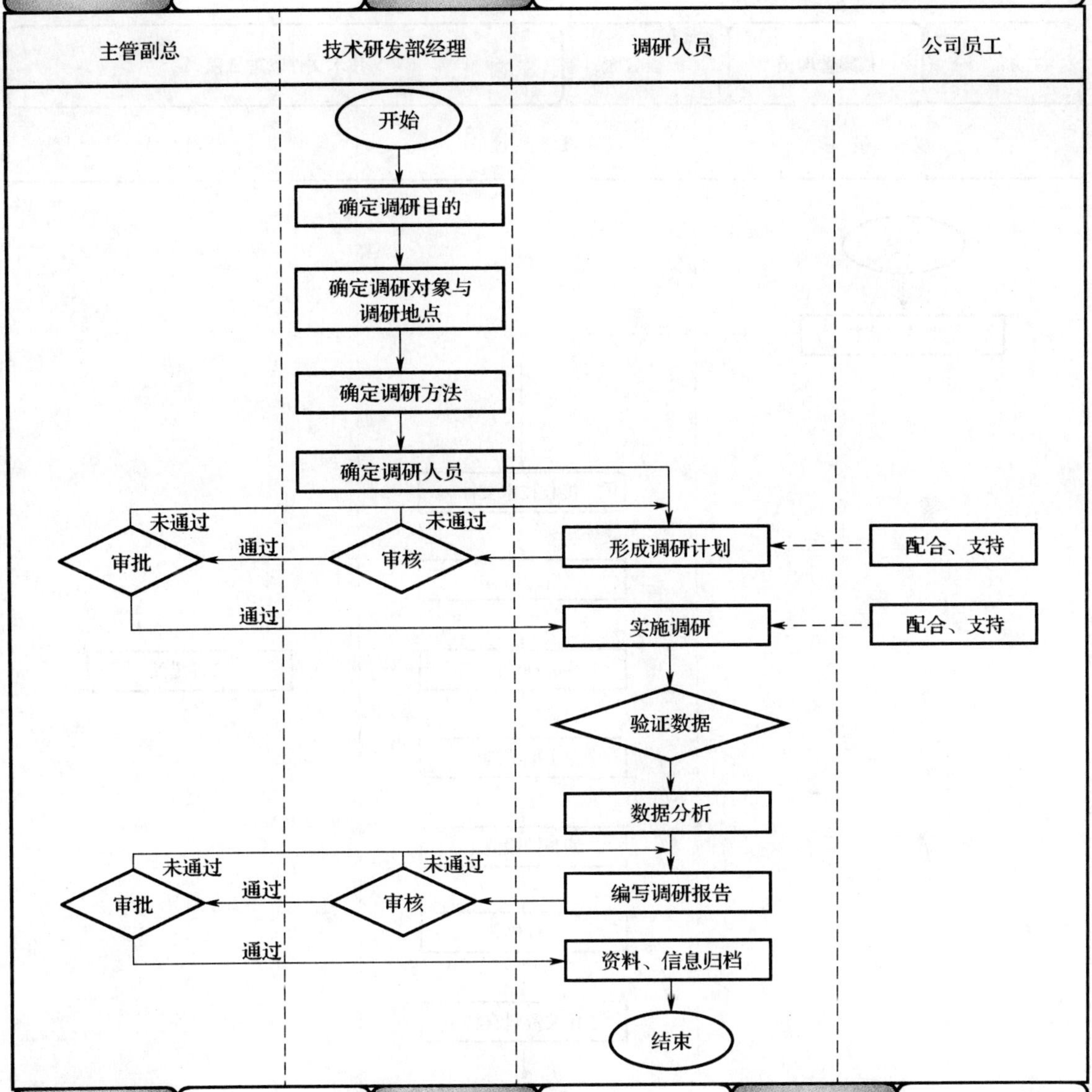

编修部门		签发人		签发日期	

9.5.2 技术文件管理流程优化

1. 优化前的流程

主办部门	档案管理员	流程名称	技术文件管理流程

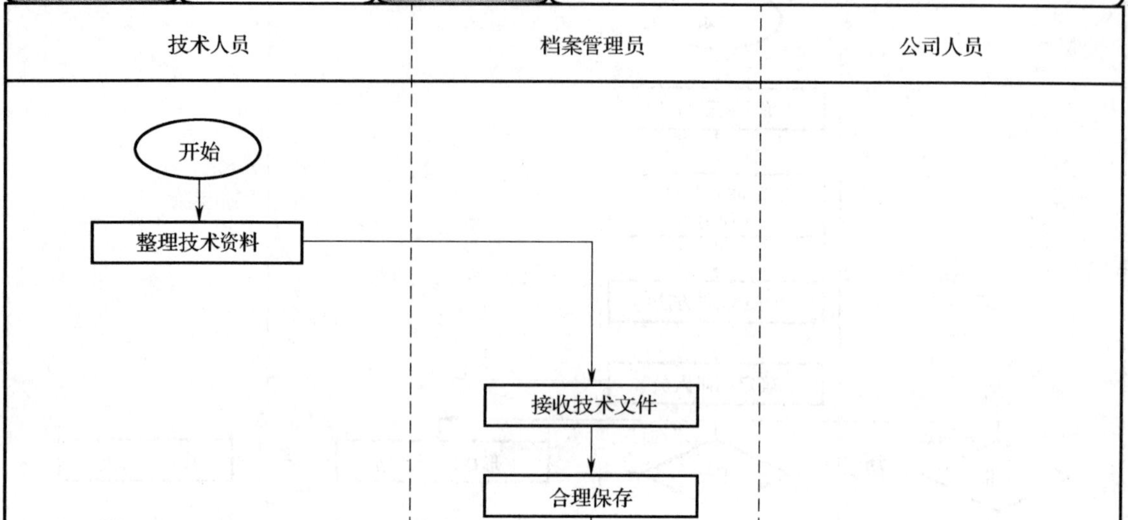

编修部门		签发人		签发日期	

2. 流程优化分析

技术文件管理流程优化分析总表

业务问题分析	1. 协同差、效率低 □ 2. 权责分配不合理 ☑ 3. 不适应技术变革 □ 4. 不适应组织变革、目标变化 ☑ 5. 程序过于烦琐或简单 ☑ 6. 业务流程早已过时 □ 7. 业务执行标准过于严苛 □ 8. 相关政策、市场变化对流程的影响 □ 9. 制度、操作标准变化对流程的影响 □
业务优化思路	1. 重新分配权责：重新分配流程活动承担者的权责，使得权责清晰并匹配 2. 重新梳理程序：对流程要素的逻辑关系重新排序，或重新安排工作程序和步骤 3. 加强关键节点控制：对关键环节进行内容细化或权责细分，加强对关键节点的监督和控制 4. 重新制定业务管理制度：为业务流程提供规范、标准等配套文件支持，以加强流程业务的监督、指导
业务节点把控	节点 1：技术人员需要根据技术文件的特点选择需要提交档案管理员进行保存的技术文件，并经过技术部经理审批后提交档案管理员 节点 2：档案管理员需要根据技术文件的分类进行分类保存 节点 3：员工进行技术文件借阅时须依据公司的借阅制度及保密制度等制定的流程进行 节点 4：档案管理员进行文件销毁时需经过技术部经理的批准，特别重要的技术文件还需提交公司高层领导批准
下次优化重点	1. 组织变化：重新审视组织目标，根据组织变化进行流程变革或调整 2. 职责清晰：明确每一业务活动的管理者、监督者、执行者以及各级责任人的具体职责 3. 关键步骤：细化并凸显关键环节和步骤，以引起重视并提供执行标准 4. 绩效提升：在流程中体现业务与绩效考核的关联，增加业务流程执行的动力 5. 政策变化：根据企业政策调整优化业务流程，确保相关政策与战略能在业务层面得以有效地执行和实现

3．优化后的流程

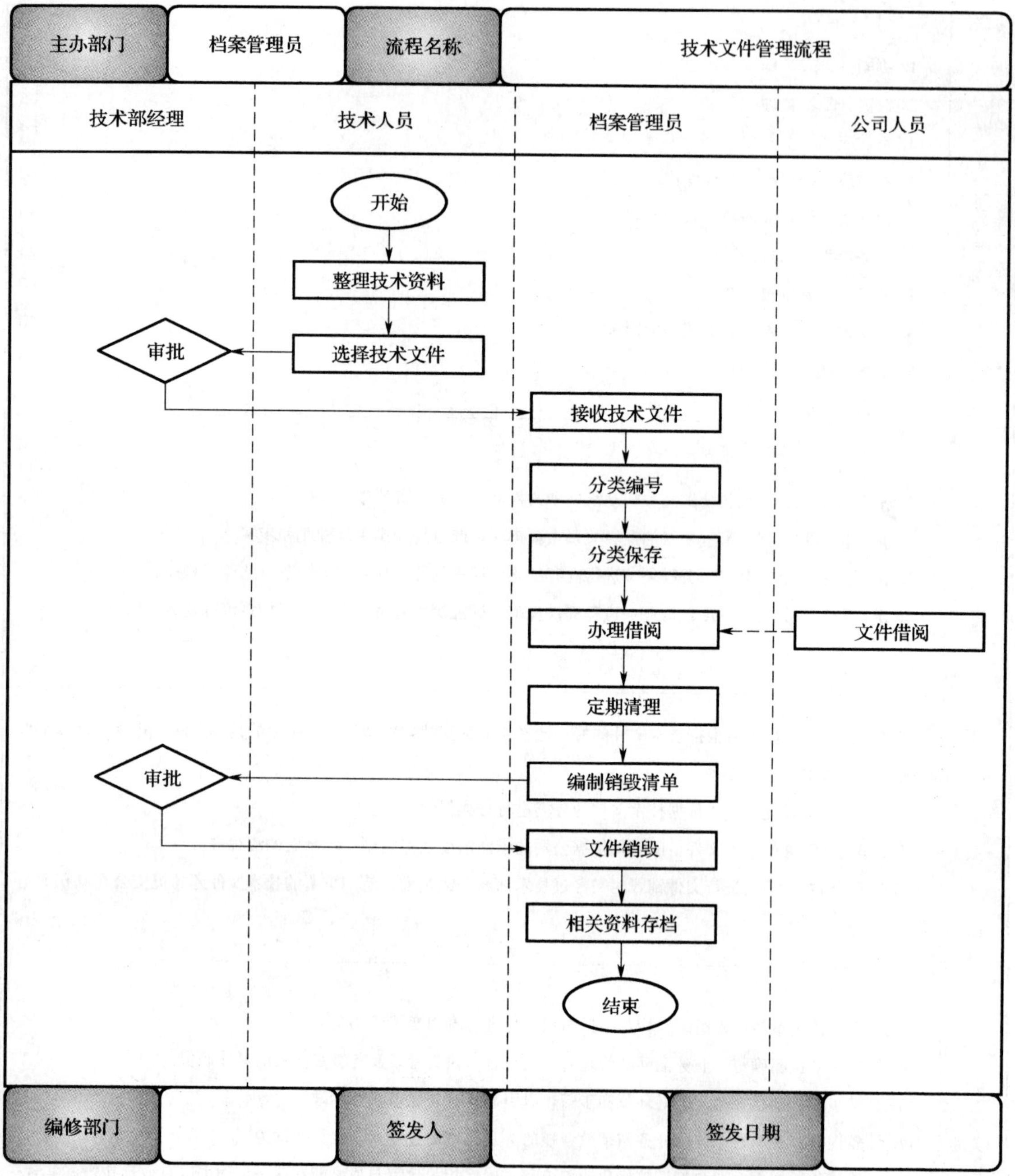
主办部门
档案管理员
流程名称
技术文件管理流程
技术部经理
技术人员
档案管理员
公司人员
开始
整理技术资料
选择技术文件
审批
接收技术文件
分类编号
分类保存
办理借阅
文件借阅
定期清理
编制销毁清单
审批
文件销毁
相关资料存档
结束
编修部门
签发人
签发日期

9.5.3　技术保密工作流程优化

1. 优化前的流程

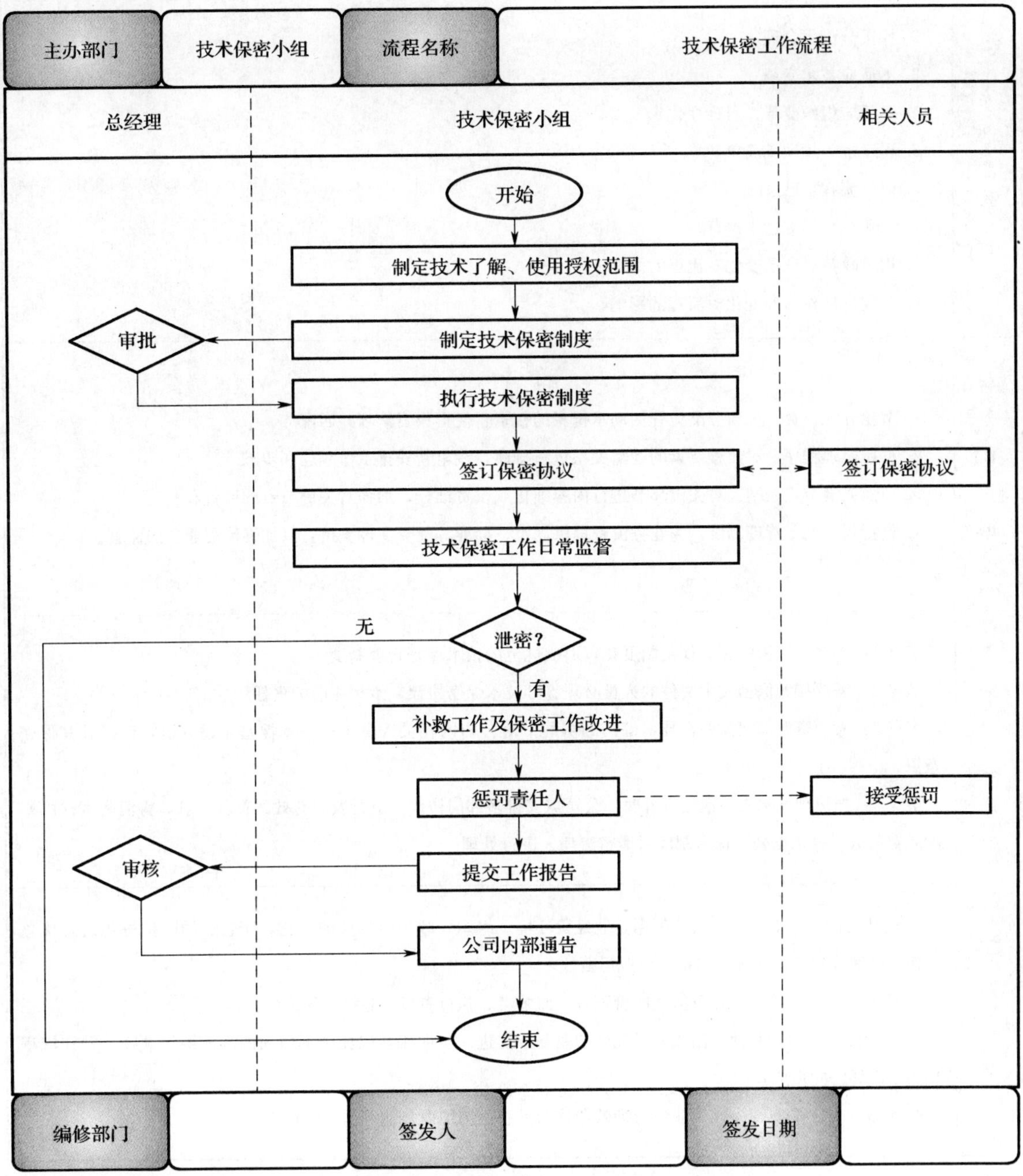

2. 流程优化分析

技术保密工作流程优化分析总表

业务问题分析	1. 协同差、效率低 ☑ 2. 权责分配不合理 □ 3. 不适应技术变革 □ 4. 不适应组织变革、目标变化 ☑ 5. 程序过于烦琐或简单 □ 6. 业务流程早已过时 □ 7. 业务执行标准过于严苛 □ 8. 相关政策、市场变化对流程的影响 □ 9. 制度、操作标准变化对流程的影响 ☑
业务优化思路	1. 重新分配权责：重新分配流程活动承担者的权责，使得权责清晰并匹配 2. 重新梳理程序：对流程要素的逻辑关系重新排序，或重新安排工作程序和步骤 3. 加强关键节点控制：对关键环节进行内容细化或权责细分，加强对关键节点的监督和控制 4. 重新制定业务管理制度：为业务流程提供规范、标准等配套文件支持，以加强流程业务的监督、指导
业务节点把控	节点 1：将技术保密的相关规定制度化，形成规范的技术保密管理制度 节点 2：需要接触保密技术文件的人员必须签订技术保密协议，承担相应的责任 节点 3：人力资源部门需要在技术部门的协同下对公司内相关人员进行技术保密主题宣讲，以提升其保密意识 节点 4：当出现技术文件泄密事件时，公司需安排多部门协作，进行及时有效的补救信息，将泄密事件的影响降到最低，并依据公司保密制度对泄密责任人进行处理
下次优化重点	1. 优化时间：企业管理人员应根据企业经营环境、组织、政策等相应的变化，于合适的时机进行流程优化工作，以使优化后的流程大力提升企业运营效率 2. 职责清晰：明确每一业务活动的管理者、监督者、执行者以及各级责任人的具体职责 3. 部门配合：对需其他部门或人员配合的业务，需进一步明确，以促进部门间的沟通协作顺畅，并在流程相关运作部门间形成共识 4. 绩效提升：在流程中体现业务与绩效考核的关联，增加业务流程执行的动力

3. 优化后的流程

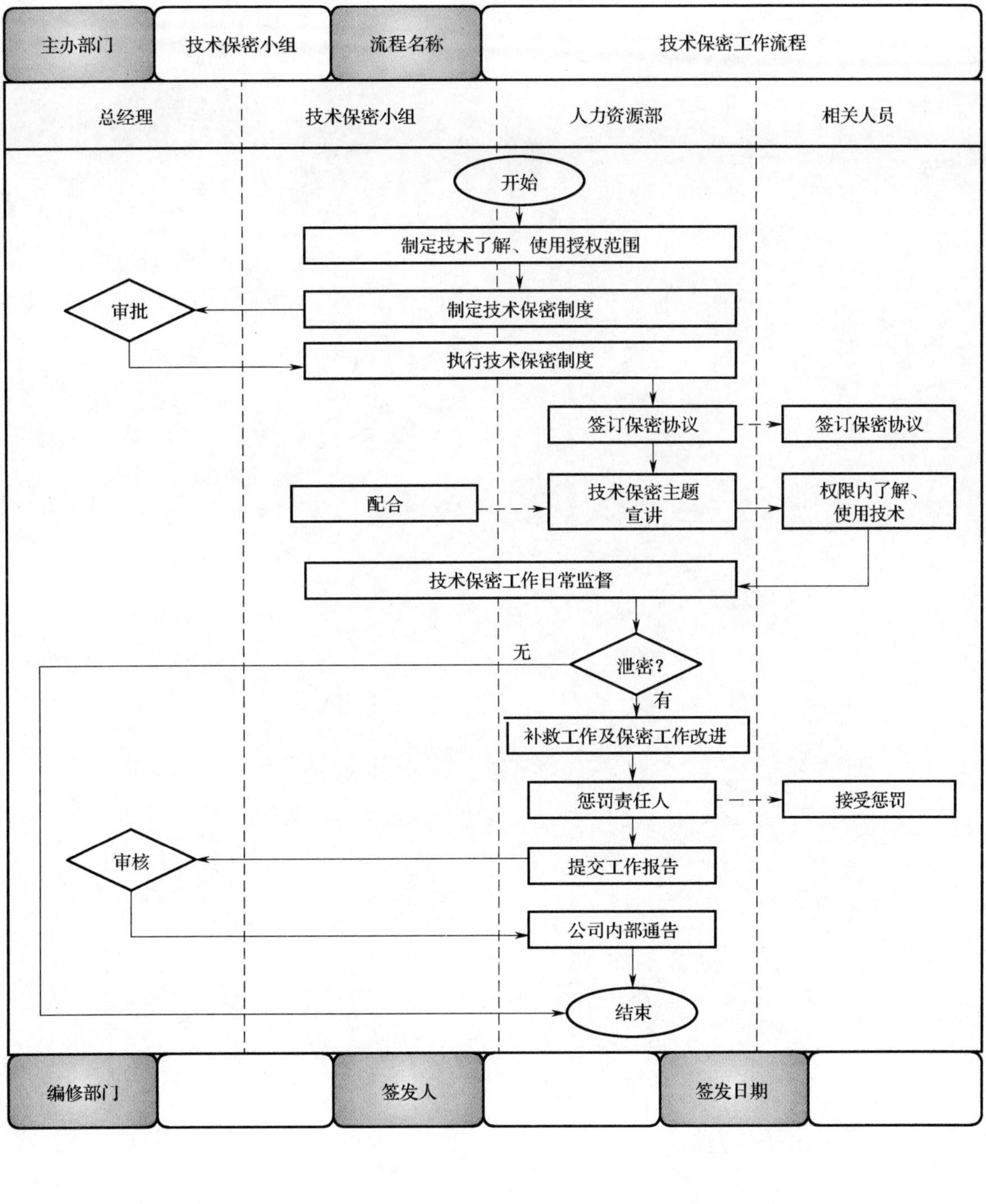
主办部门
技术保密小组
流程名称
技术保密工作流程
总经理
技术保密小组
人力资源部
相关人员
开始
制定技术了解、使用授权范围
审批
制定技术保密制度
执行技术保密制度
签订保密协议
签订保密协议
配合
技术保密主题宣讲
权限内了解、使用技术
技术保密工作日常监督
无
泄密?
有
补救工作及保密工作改进
惩罚责任人
接受惩罚
审核
提交工作报告
公司内部通告
结束
编修部门
签发人
签发日期

第 10 章

安全流程优化设计

流程优化与工作分析
精细化实操手册

10.1　安全工作设计分析

10.1.1　安全管理工作分析

1. 安全管理工作维度图

企业安全管理是企业运用安全管理原理、方法和技术手段，分析和研究各种不安全因素，从技术上、组织上和管理上采取有效措施，解决或消除这些因素、防止事故发生的一系列活动。安全管理工作可按下列 6 个维度进行工作分析，具体如图 10—1 所示。

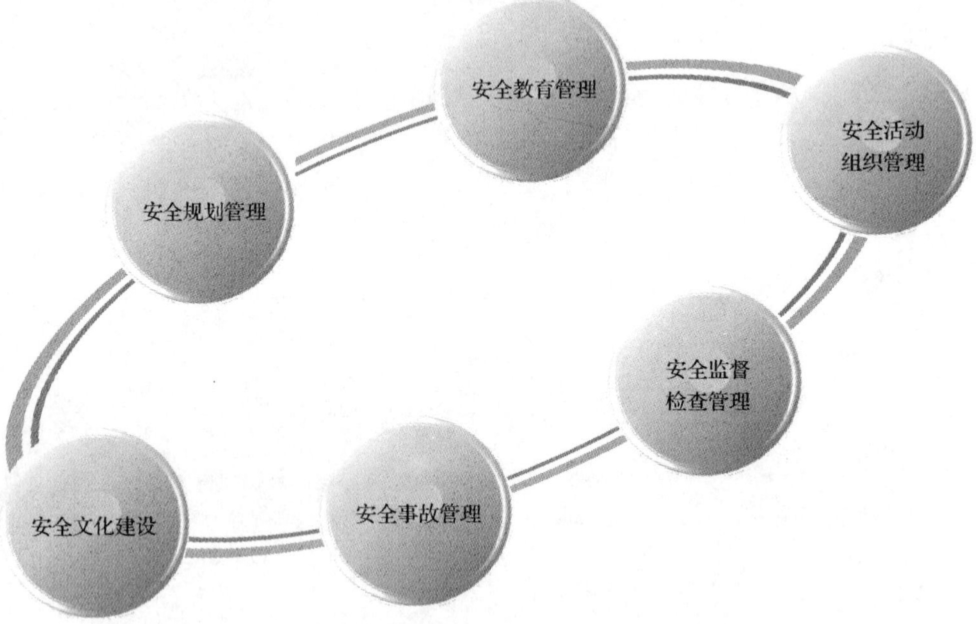

图 10—1　安全管理工作维度

2. 主要管理工作分析表

表 10—1 将安全管理工作的 4 大主要事项进行具体的工作分析。

表 10—1　　　　　　　　　　安全主要管理工作分析

管理大项	管理子项	重要程度（3 级）	价值创造（3 级）	优化选择
1. 安全规划管理	1）搭建或优化安全管理组织	□3 □2 □1	A B C	
	2）制定安全管理制度，并组织落实	□3 □2 □1	A B C	
	3）确立安全管理总目标，逐级推进目标管理	□3 □2 □1	A B C	
	4）根据不安全因素确定企业安全技术措施	□3 □2 □1	A B C	
2. 安全教育管理	5）设计本企业安全三级教育体系、特种作业安全教育体系	□3 □2 □1	A B C	
	6）制定安全培训工作计划，并组织落实安全培训工作	□3 □2 □1	A B C	
3. 安全监督检查管理	7）规划安全管理重要部位，制定监查标准	□3 □2 □1	A B C	
	8）按监查标准检查不安全状态，并督促改进	□3 □2 □1	A B C	
	9）定期或不定期组织做好安全检查工作	□3 □2 □1	A B C	
	10）针对安全隐患，研究并提出整改措施	□3 □2 □1	A B C	
4. 安全事故管理	11）组织做好安全事故预防管理	□3 □2 □1	A B C	
	12）组织安全事故应急救援管理工作	□3 □2 □1	A B C	
	13）组织安全事故调查、分析管理工作	□3 □2 □1	A B C	
	14）组织安全事故责任处理、赔偿与损失管理	□3 □2 □1	A B C	

填写说明：“优化选择”栏可从以下 5 个角度进行多选：1. 组织优化；2. 职责优化；3. 权限优化；4. 分工优化；5. 流程优化。

10.1.2　安全业务工作分析

1. 安全业务工作维度图

企业安全业务工作是指具体安全事项的执行实施工作，可按下列 5 个维度进行工作分析，如图 10—2 所示。

2. 主要业务工作分析表

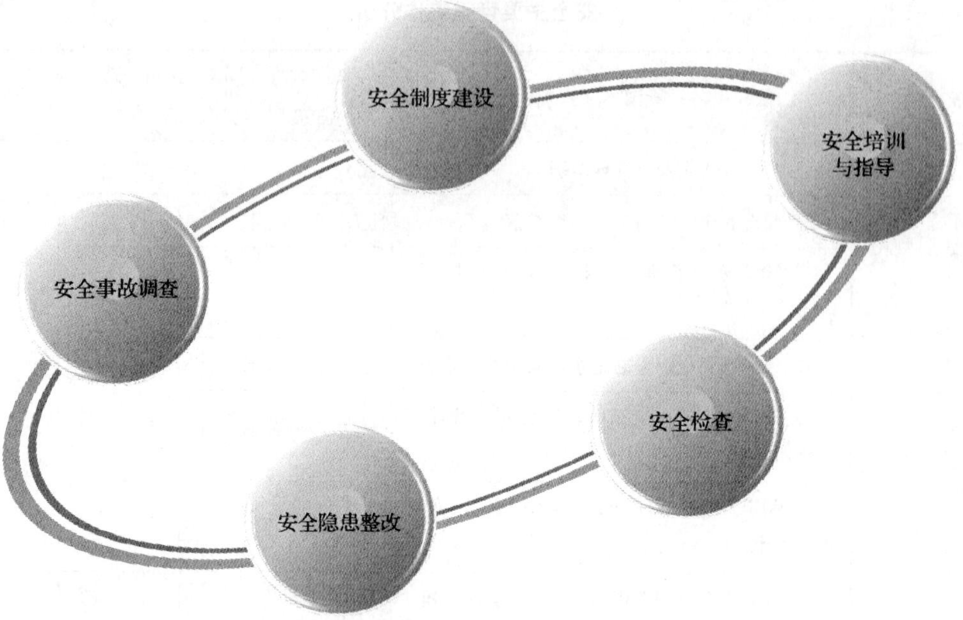

图 10—2　安全业务工作维度

表 10—2 将安全业务的 3 大主要事项进行具体的工作分析。

表 10—2　　　　主要安全业务工作分析

业务大项	业务子项	重要程度（3 级）	价值创造（3 级）	优化选择
1. 安全培训与指导	1）落实安全培训计划，实施安全培训工作	□3　□2　□1	A　B　C	
	2）深入作业现场，进行安全作业指导与人员安全培训教育工作	□3　□2　□1	A　B　C	
2. 安全检查	3）对企业不安全因素进行检查，落实重点部位的安全检查，并进行记录	□3　□2　□1	A　B　C	
	4）对作业人员安全作业行为、安全防范措施等进行检查，并进行记录	□3　□2　□1	A　B　C	
	5）安全防护用品的发放、使用与回收管理	□3　□2　□1	A　B　C	
3. 安全隐患整改	6）对企业存在的安全隐患、作业过程中的不安全因素进行整改	□3　□2　□1	A　B　C	
	7）对整改后的安全状态进行检查评估	□3　□2　□1	A　B　C	

填写说明："优化选择"栏可从以下 5 个角度进行多选：1. 组织优化；2. 职责优化；3. 权限优化；4. 分工优化；5. 流程优化。

10.2　安全工作关键要素

10.2.1　安全工作关键点表

安全工作的关键点设计见表 10—3。

表 10—3　　　　**安全工作关键点设计**

安全工作关键点表				
	管理工作	安全管理组织搭建	安全教育体系设计	安全目标管理
		制定安全监查标准	安全隐患整改	安全事故预防管理
		安全事故责任处理		
	业务工作	安全培训实施	安全作业指导	不安全因素排查
		安全作业行为检查	安全防范措施落实	不安全因素整改
		安全防护用品使用	××	××

10.2.2　安全工作考核量表

针对企业安全工作的考核项目主要包括安全规划、安全责任划分、安全事故控制、安全成本费用、安全检查、安全事故处理、安全培训、安全用品发放等方面，具体考核量表见表 10—4。

表 10—4　　　　**安全工作考核量**

考核维度	指标名称	指标说明	指标值
管理事项	安全管理制度执行率	$1-\frac{\text{实际发生违反制度行为的次数}}{\text{计划发生违反制度行为的次数}}\times100\%$	____%
	安全目标责任达成率	$\frac{\text{实际责任目标额}}{\text{计划安全责任额}}\times100\%$	达____%
	安全事故发生次数	考核期内发生安全事故的总次数	低于____次

续表

考核维度	指标名称	指标说明	指标值
管理事项	安全事故处理及时率	$\frac{\text{及时处理的安全事故起数}}{\text{安全事故发生的总起数}}\times 100\%$	____%
	千人死亡率	$\frac{\text{当期死亡人数}}{\text{当期平均员工人数}}\times 1000$	____%
	千人重伤率	$\frac{\text{当期重伤人数}}{\text{当期平均员工人数}}\times 1000$	低于____%
	安全事故造成的损失	包括工作日损失数、工伤医疗费、死亡抚恤费、直接财产损失等	低于____万元
	劳动保护用品投入额	考核期内在劳动保护用品方面投入的金额及节约情况	____万元
	安全培训费用额	考核期内在安全培训方面投入的费用额度及节约情况	____万元
	安全培训计划完成率	$\frac{\text{实际完成的安全培训项数}}{\text{计划实施的安全培训项数}}\times 100\%$	____%
	安全培训覆盖率	$\frac{\text{实际接受安全培训的人数}}{\text{计划接受安全培训的人数}}\times 100\%$，可以反映全员接受安全培训的情况	达____%
业务事项	安全日活动次数	考核期内按要求开展安全日活动的次数	达____次
	安全检查及时率	$\frac{\text{及时进行安全检查的次数}}{\text{安全检查总次数}}\times 100\%$，反映对安全检查计划的落实情况	____%
	安全检查记录完备率	$\frac{\text{安全检查记录符合要求的条数}}{\text{安全检查总项目数}}\times 100\%$	达____%
	安全隐患整改率	$\frac{\text{整改完成的安全隐患处数}}{\text{当期应该整改完成的安全隐患处数}}\times 100\%$	____%
	安全事故调查报告提交及时率	$\frac{\text{及时提交的安全事故调查报告次数}}{\text{安全事故发生总次数}}\times 100\%$	____%
	安全规范考核合格率	$\frac{\text{安全规范考试合格人数}}{\text{参加安全规范考试总人数}}\times 100\%$	达____%
	安全防护用品发放及时率	$\frac{\text{及时发放安全防护用品的次数}}{\text{发放安全防护用品总次数}}\times 100\%$	____%

10. 3　安全流程优化设计

10. 3. 1　安全管理流程体系设计

安全管理流程体系设计如图 10—3 所示。

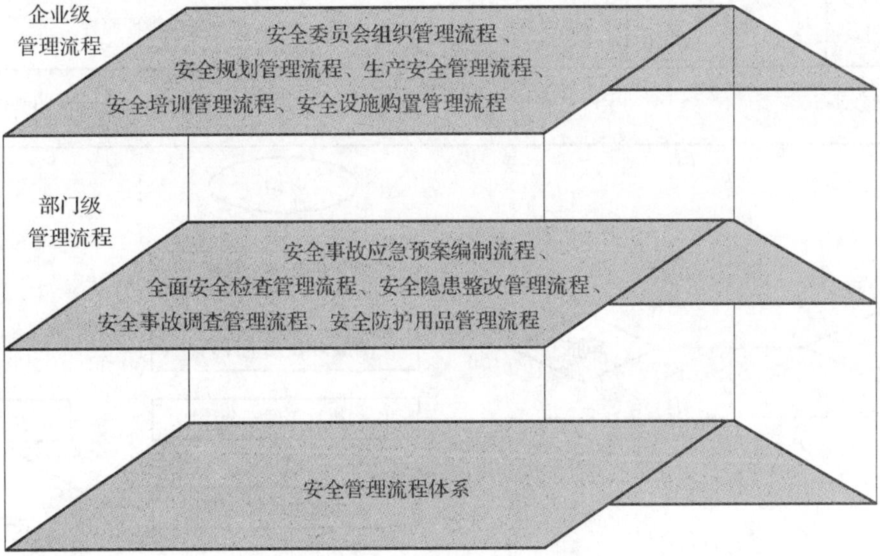

图 10—3　安全管理流程体系设计

10. 3. 2　安全业务流程体系设计

安全业务流程体系如图 10—4 所示。

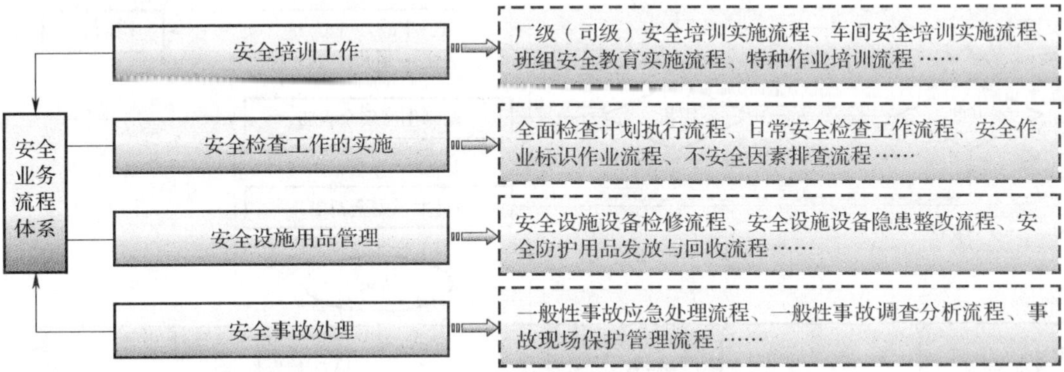

图 10—4　安全业务流程体系设计

10.4 安全管理流程优化案例

10.4.1 生产安全管理流程优化

1. 优化前的流程

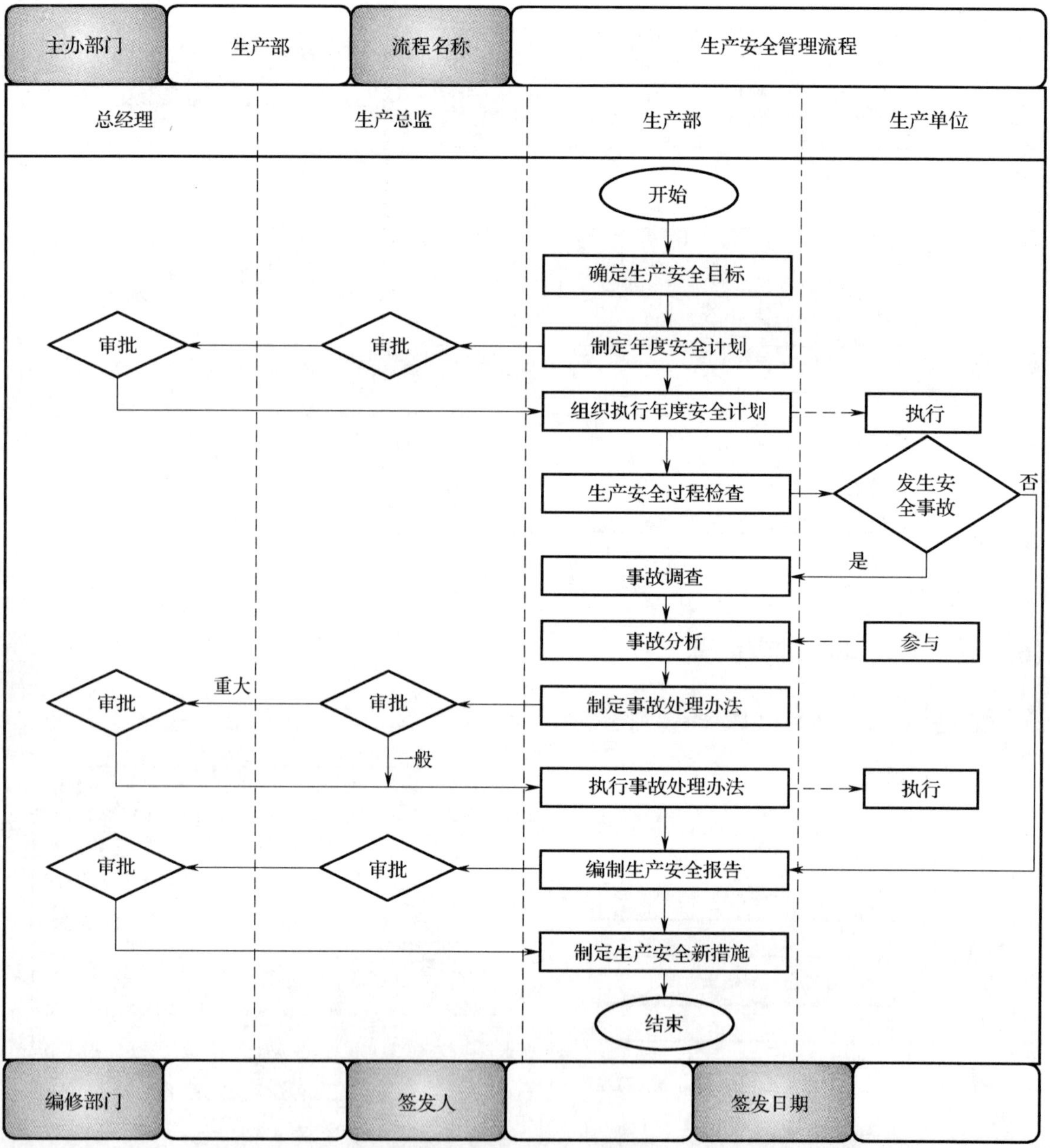

2. 流程优化分析

生产安全管理流程优化分析总表

流程问题分析	1. 协同差、效率低 ☐ 2. 权责分配不合理 ☑ 3. 不适应技术变革 ☐ 4. 不适应组织变革、目标变化 ☑ 5. 流程过于烦琐或简单 ☐ 6. 流程的设计不符合内部监控机制 ☑ 7. 制度、操作标准变化对流程的影响 ☑
流程优化思路	1. 拆分：由于环节跨领域（专业或部门）或是因工作量超过该环节上的工作人员所能承受的负担，为了提高工作效率，需要将流程环节进行拆分 2. 合并：在工作量不超负荷及专业允许的状态下，为了提高效率可以对不必要的分工进行合并 3. 细化：增加或细化关键（重要）环节，以具体、明确或凸显关键节点 4. 补充：为加强对生产安全工作的监督检查，应单独设立安全部，主管安全生产过程安全检查、安全隐患组织整改、安全事故调查与分析等工作
流程节点把控	节点 1：生产安全目标、年度安全计划等规划工作应由企业总经理或授权主管安全的副总来完成 节点 2：生产安全目标制定后，需按安全部、生产部、各生产单位进行分解，并下发至责任单位 节点 3：安全过程安全检查、安全隐患组织整改、安全事故调查与分析应由安全部完成 节点 4：在发生事故时，增加生产部及各生产单位现场安全员的事故报告、事故现场维护等工作
下次优化重点	1. 优化时间：企业管理人员应根据企业经营环境、组织、政策等相应的变化，于合适的时机进行流程优化工作，以使优化后的流程大力提升企业运营效率 2. 职责清晰：明确责任人以及具体职责，避免因职责模糊造成管理工作推诿使流程无法执行，或者工作重叠而造成浪费 3. 权限调整：明确并具体权限，避免流程上的权限与职责不匹配，管理工作无法开展 4. 部门协调：打破安全部与生产部及各生产单位之间的壁垒，消除层级关卡，增强横向协作 5. 政策变化：根据企业政策调整优化管理流程，确保企业政策与战略在管理层面得以有效地执行和实现

3. 优化后的流程

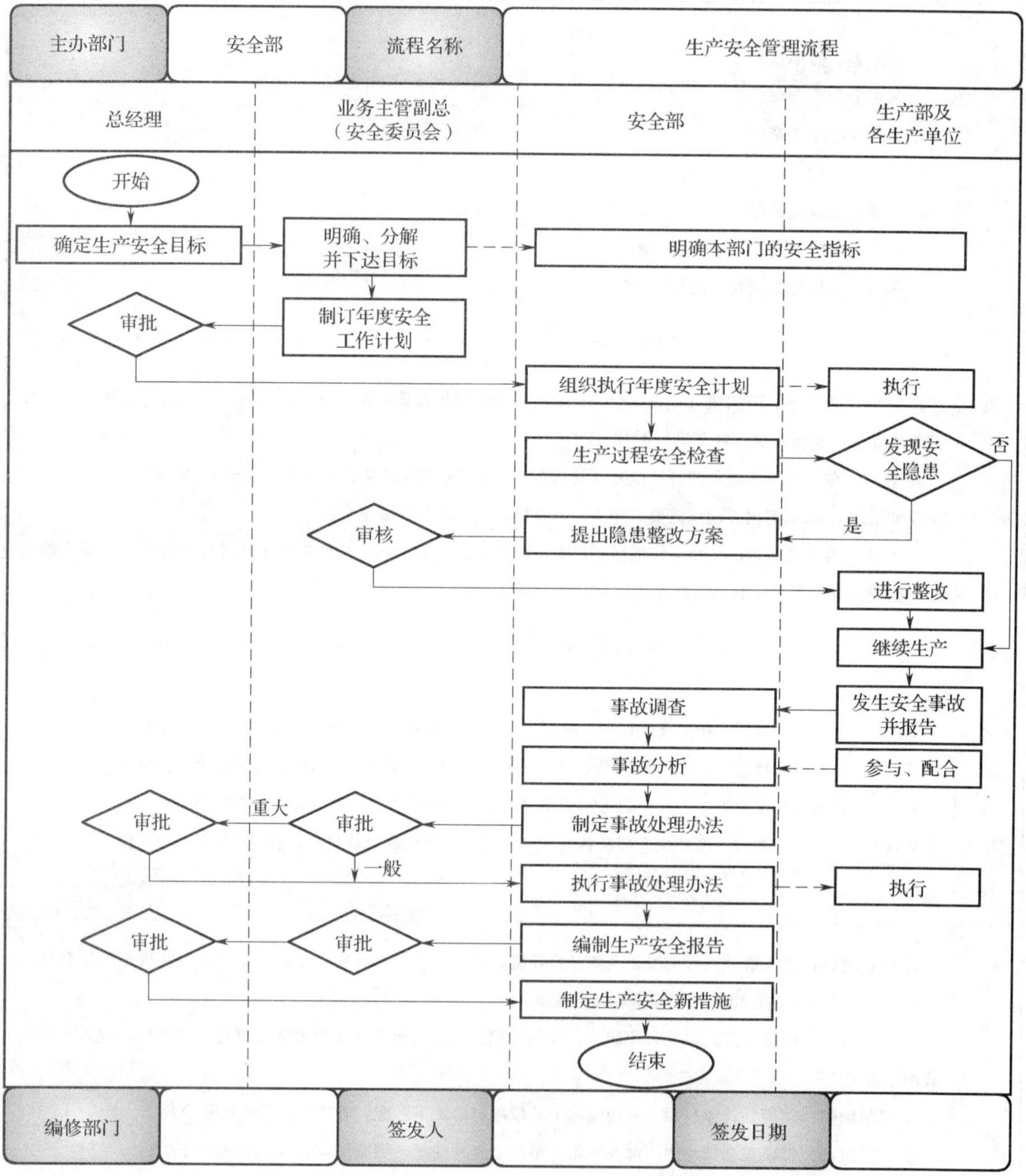

主办部门
安全部
流程名称
生产安全管理流程
总经理
业务主管副总
（安全委员会）
安全部
生产部及
各生产单位
开始
确定生产安全目标
明确、分解
并下达目标
明确本部门的安全指标
审批
制订年度安全
工作计划
组织执行年度安全计划
执行
生产过程安全检查
发现安
全隐患
否
是
审核
提出隐患整改方案
进行整改
继续生产
事故调查
发生安全事故
并报告
事故分析
参与、配合
审批
重大
审批
制定事故处理办法
一般
执行事故处理办法
执行
审批
审批
编制生产安全报告
制定生产安全新措施
结束
编修部门
签发人
签发日期

10.4.2　生产安全培训管理流程优化

1. 优化前的流程

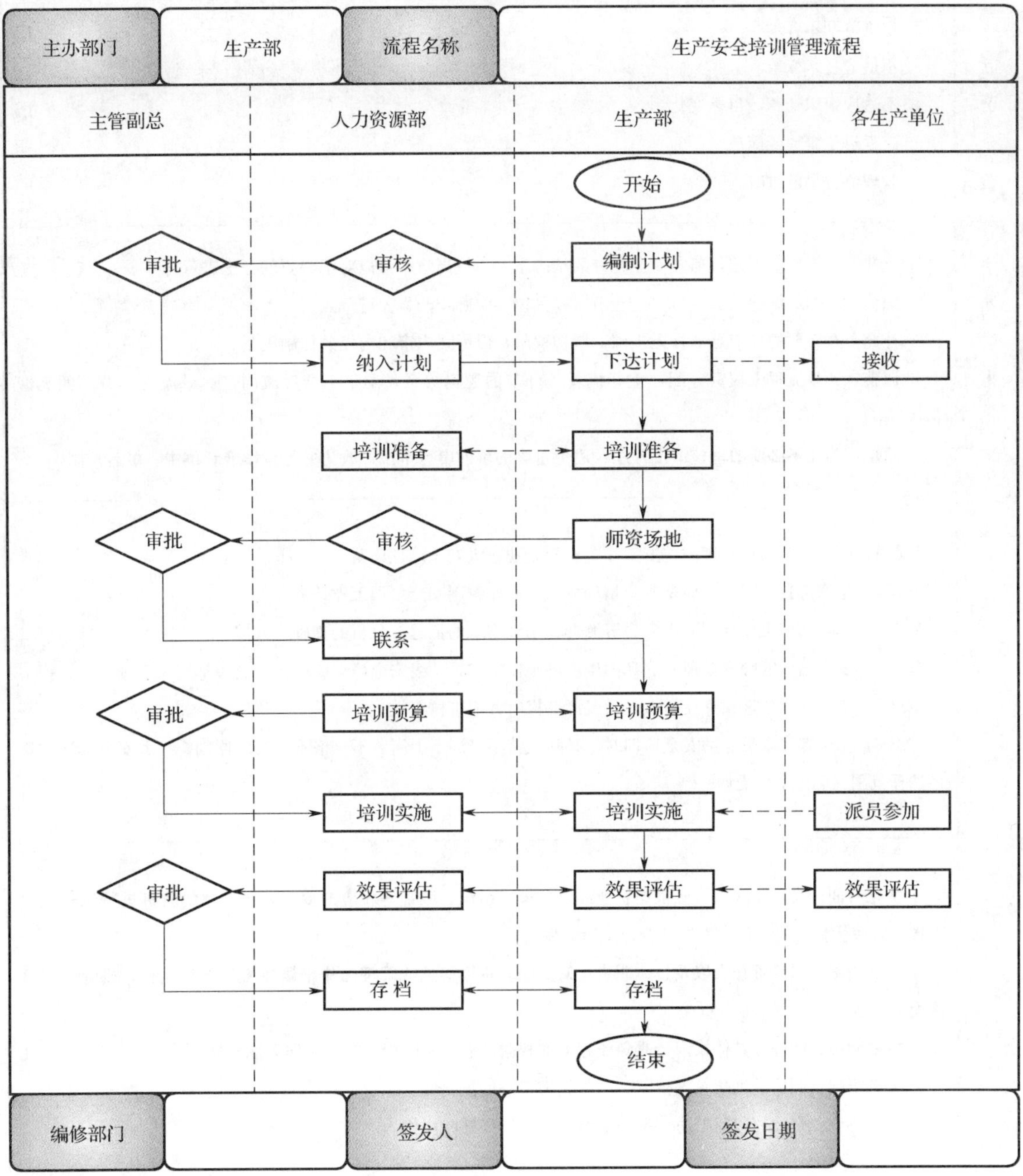

2. 流程优化分析

生产安全培训管理流程优化分析总表

流程问题分析	1. 协同差、效率低 ☑ 2. 权责分配不合理 ☑ 3. 不适应技术变革 □ 4. 不适应组织变革、目标变化 □ 5. 流程过于繁琐或简单 ☑ 6. 管理流程早已过时 □
流程优化思路	1. 合并：在工作量不超负荷及专业允许的状态下，为提高效率可以对不必要的分工进行合并 2. 细化：增加或细化关键（重要）环节，以具体、明确或凸显关键节点 3. 补充：在必要的环节点上补充步骤、增加权限，以增强内审和内控的控制机制 4. 调整：调整流程中权责分配，重新梳理各环节的逻辑关系，调整不合理流向，达成流程环节间的无缝衔接 5. 简化：简化不必要的审核审批程序，避免过多的事前串行审批，改为并行审批或者事中、事后控制
流程节点把控	节点 1：生产安全培训管理的首要工作是构建企业三级安全培训体系 节点 2：生产部首先提出的应是安全培训需求，而非编制安全培训工作计划 节点 3：安全培训工作计划应由人力资源部在培训需求的汇总、分析的基础上开展 节点 4：安全培训的师资场地并非都由生产部予以安排，厂级安全培训应由人力资源部统一安排 节点 5：生产安全培训预算还需由人力资源部报财务部审核审批 节点 6：生产部在派员参加安全培训时，必须坚持不培训不上岗、不合格不上岗的原则，扩大安全培训对象的选择范围，确保全员受训
下次优化重点	1. 优化时间：企业管理人员应根据企业经营环境、组织、政策等相应的变化，于合适的时机进行流程优化工作，以使优化后的流程大力提升企业运营效率 2. 职责清晰：明确责任人以及具体职责，避免因职责模糊造成管理工作推诿使流程无法执行，或者工作重叠而造成浪费 3. 权限调整：明确并具体权限，避免流程上的权限与职责不匹配，管理工作无法开展 4. 关键步骤：明确并细化关键步骤，凸显关键节点的重要性 5. 部门协调：打破部门间壁垒，消除层级关卡，增强横向协作

3. 优化后的流程

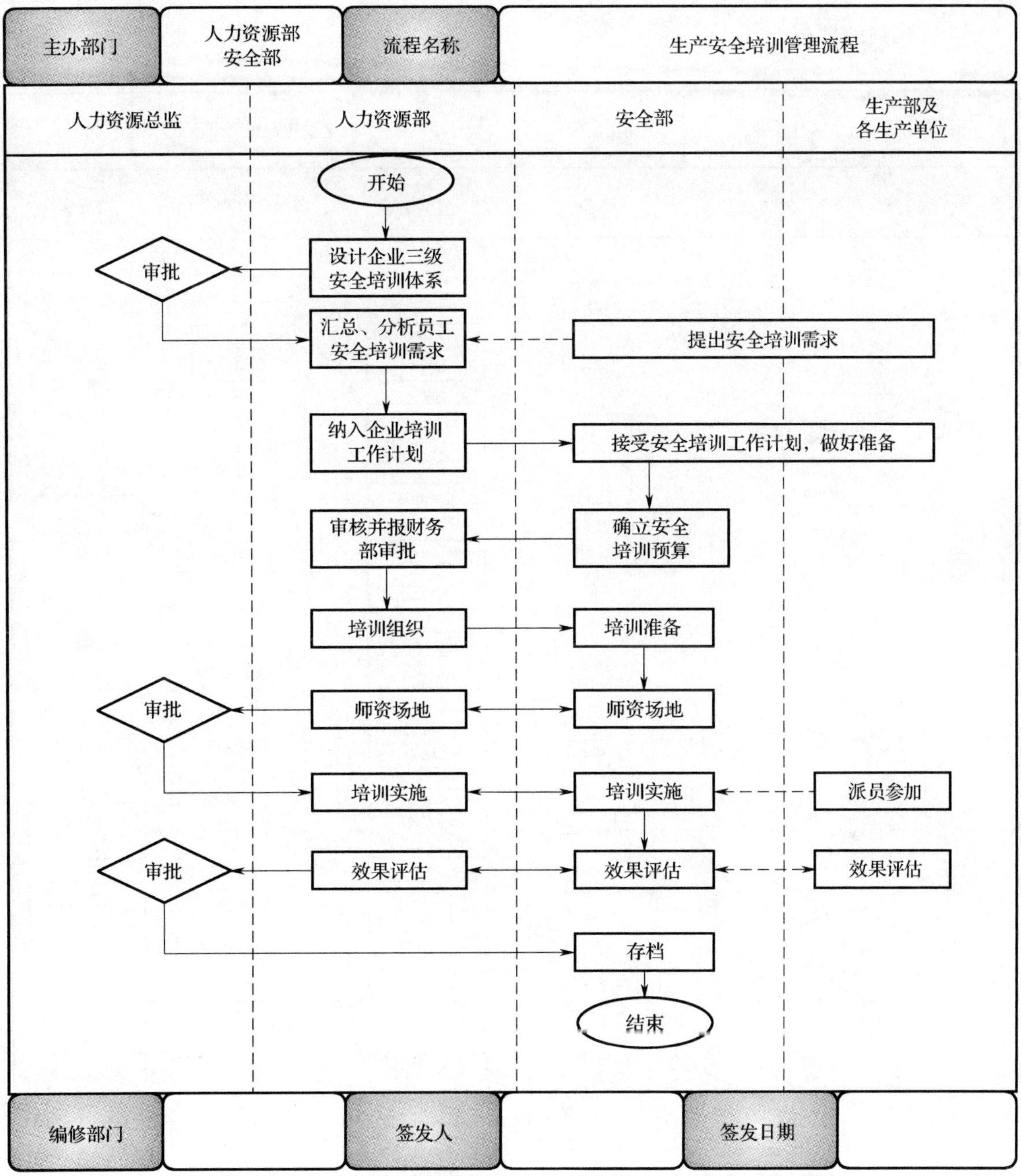

主办部门
人力资源部
安全部
流程名称
生产安全培训管理流程
人力资源总监
人力资源部
安全部
生产部及
各生产单位
开始
审批
设计企业三级
安全培训体系
汇总、分析员工
安全培训需求
提出安全培训需求
纳入企业培训
工作计划
接受安全培训工作计划，做好准备
审核并报财务
部审批
确立安全
培训预算
培训组织
培训准备
审批
师资场地
师资场地
培训实施
培训实施
派员参加
审批
效果评估
效果评估
效果评估
存档
结束
编修部门
签发人
签发日期

10.4.3 安全设施购置管理流程优化

1. 优化前的流程

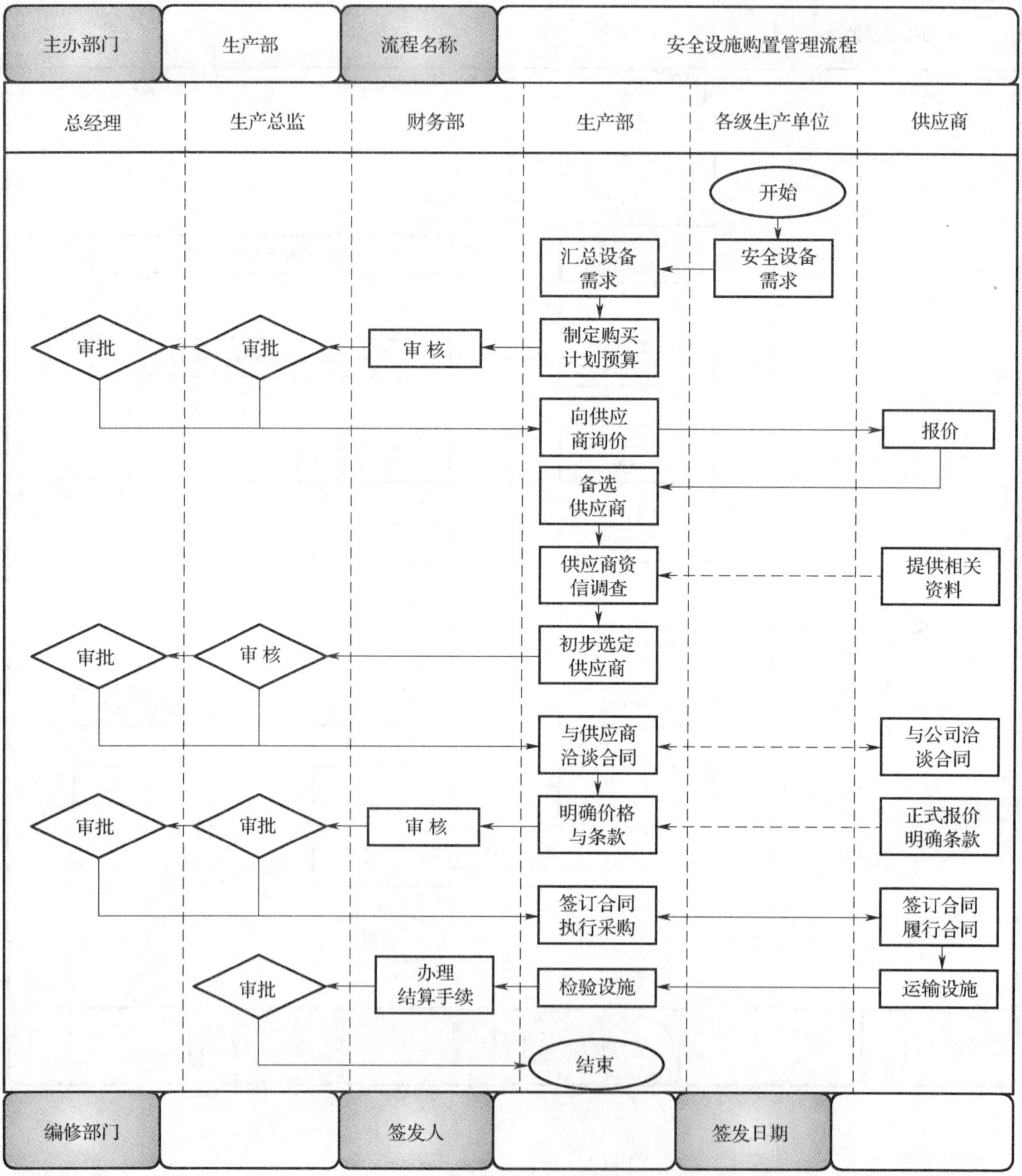

2. 流程优化分析

安全设施购置管理流程优化分析总表

流程问题分析	1. 协同差、效率低 ☑ 2. 权责分配不合理 ☑ 3. 不适应技术变革 ☐ 4. 对审核审批的权限未做明确规定 ☑ 5. 流程过于烦琐或简单 ☐ 6. 相关政策、市场变化对流程的影响 ☐
流程优化思路	1. 合并：在工作量不超负荷及专业允许的状态下，为了提高效率可以对不必要的分工进行合并 2. 细化：增加或细化关键（重要）环节，以具体、明确或凸显关键节点 3. 补充：在必要的环节点上补充步骤、增加权限，以加强管理内审和内控 4. 调整：重新梳理各环节的逻辑关系，调整不合理流向，达成流程环节间的无缝衔接 5. 简化：简化不必要的审核审批程序，避免过多的事前串行审批，改为并行审批或者事中、事后控制
流程节点把控	节点 1：对安全设施购买计划及预算，财务部、业务主管副总、总经理的审核审批权限应做出明确的规定，以避免因权限界定不清而缺失监控 节点 2：对某些大型安全设施的购置来讲，企业应组织开展可行性论证工作 节点 3：与供应商洽谈合同时，要对安全设施的价款、安装、操作指导等条款进行明确的谈判，并形成条款写入采购合同中 节点 4：安全设施的采购工作，专业性较强，企业可安排采购部主导、安全部协助完成
下次优化重点	1. 职责清晰：明确责任人以及具体职责，避免因职责模糊造成管理工作推诿使流程无法执行，或者工作重叠而造成浪费 2. 权限调整：明确并具体权限，避免流程上的权限与职责不匹配，管理工作无法开展 3. 关键步骤：明确并细化关键步骤，凸显关键节点的重要性 4. 部门协调：打破部门间壁垒，消除层级关卡，增强横向协作 5. 绩效提升：基于可运作的现实性和可改进的方向，最大限度地提升绩效 6. 程序衔接：对管理流程进行整体统筹，避免程序衔接不紧密或执行不顺畅 7. 政策变化：根据企业政策调整优化管理流程，确保企业政策与战略在管理层面得以有效地执行和实现

3. 优化后的流程

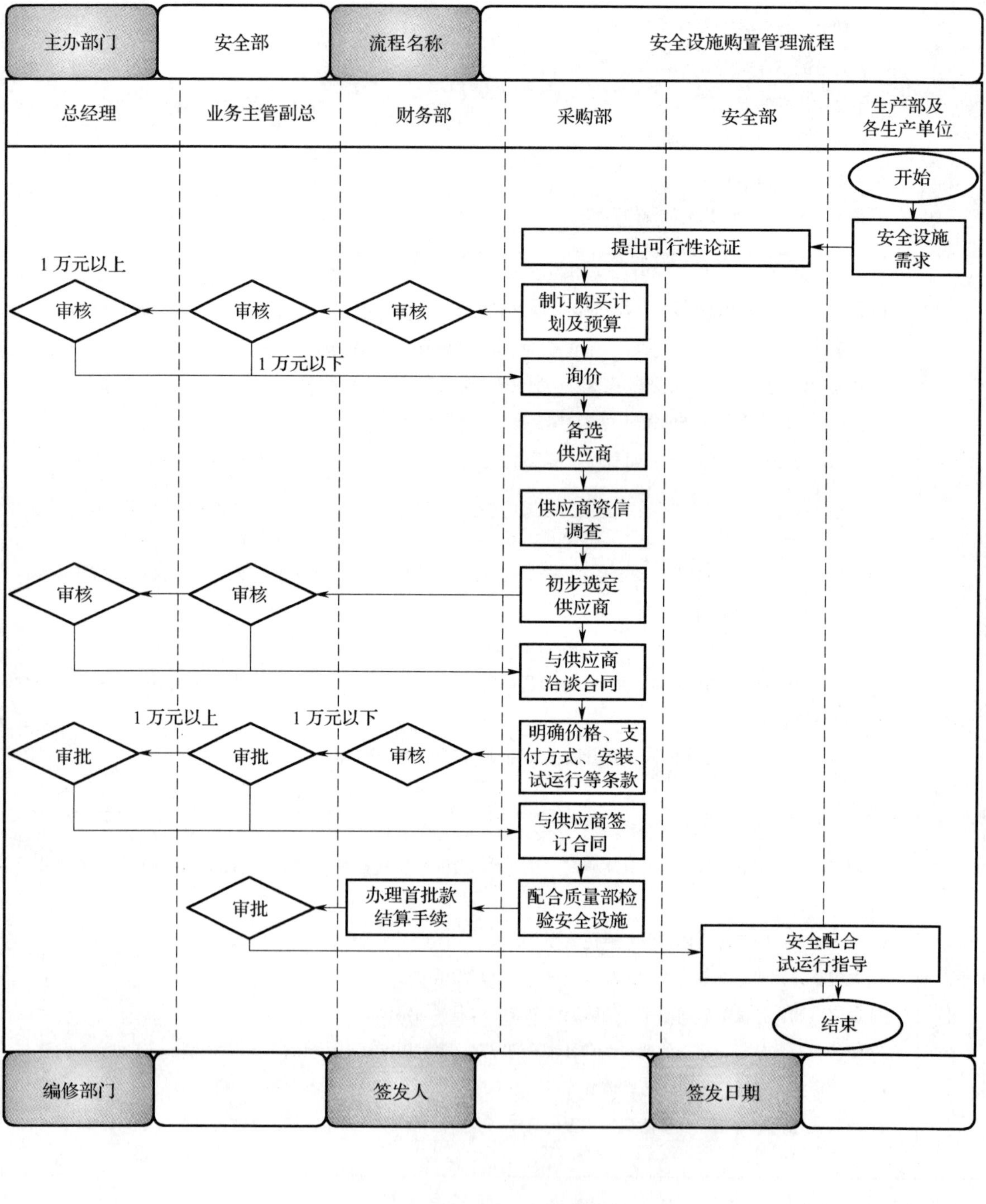
主办部门
安全部
流程名称
安全设施购置管理流程
总经理
业务主管副总
财务部
采购部
安全部
生产部及各生产单位
开始
安全设施需求
提出可行性论证
1万元以上
审核
审核
审核
制订购买计划及预算
1万元以下
询价
备选供应商
供应商资信调查
审核
审核
初步选定供应商
与供应商洽谈合同
1万元以上
1万元以下
审批
审批
审核
明确价格、支付方式、安装、试运行等条款
与供应商签订合同
审批
办理首批款结算手续
配合质量部检验安全设施
安全配合试运行指导
结束
编修部门
签发人
签发日期

10.5　安全业务流程优化案例

10.5.1　日常安全检查业务流程优化

1. 优化前的流程

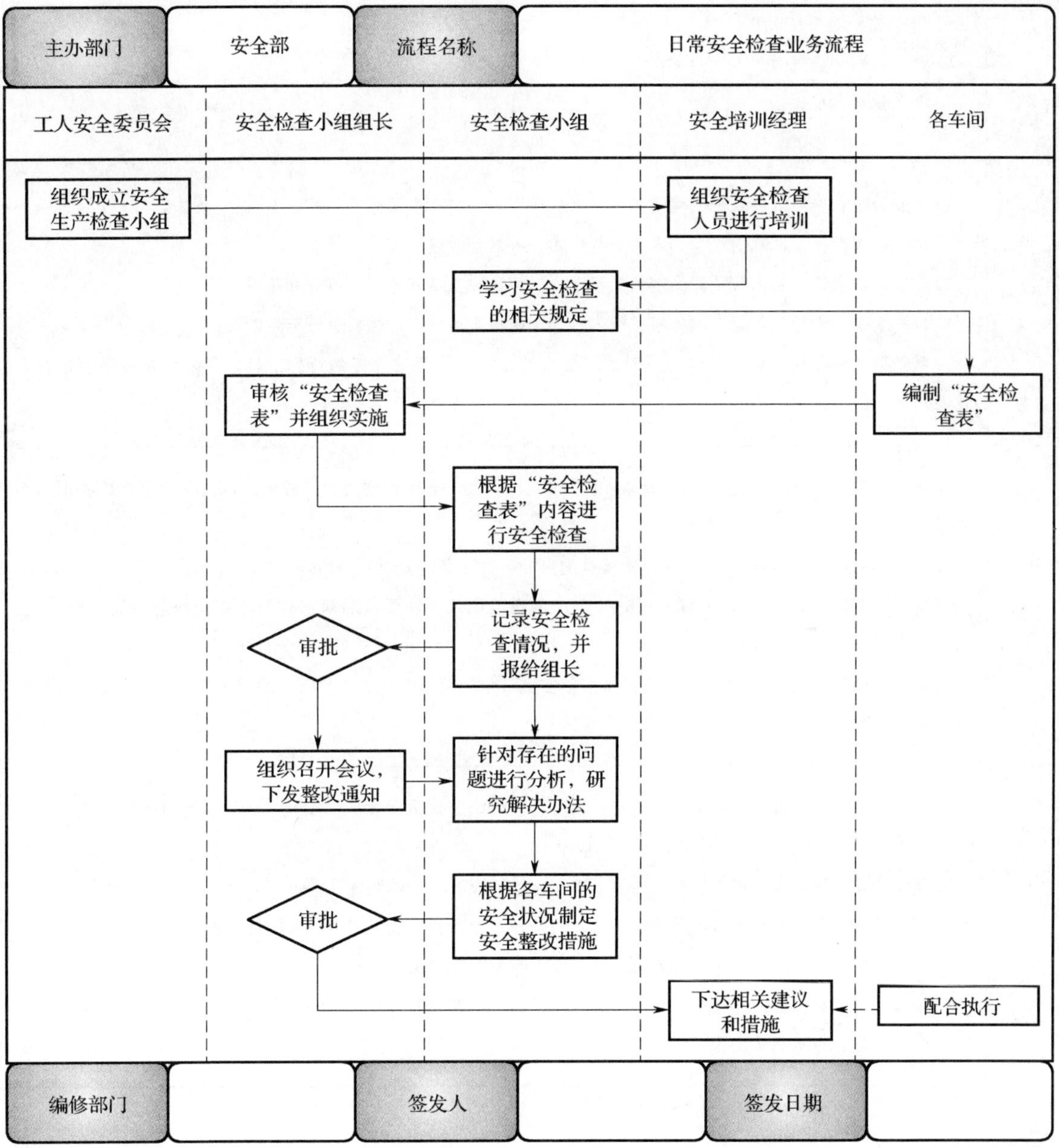

2. 流程优化分析

日常安全检查业务流程优化分析总表

业务问题分析	1. 协同差、效率低 ☑ 2. 权责分配不合理 ☑ 3. 不适应技术变革 □ 4. 不适应组织变革、目标变化 □ 5. 程序过于烦琐或简单 □ 6. 业务流程早已过时 □ 7. 业务执行标准过于严苛 ☑
业务优化思路	1. 重新分配权责：重新分配流程活动承担者的权责，使得权责清晰并匹配 2. 加强环节衔接：消除对流程的人为分割，防止各自为政造成浪费 3. 重新梳理程序：对流程要素的逻辑关系重新排序，或重新安排工作程序和步骤 4. 加强关键节点控制：对关键环节进行内容细化或权责细分，加强对关键节点的监督和控制 5. 重新确立业务执行标准：修改过时的、落后的、过于严苛的业务执行标准，以免影响业务流程的执行效果
业务节点把控	节点1：企业事先应制定出"安全检查实施细则"，明确安全检查的内容、要求，以便安全员在检查时有章可循 节点2：安全员在检查前，应明确本次检查的目的，并准备好安全检查所需的工具表单 节点3：在检查的过程中，不仅要做好公正、客观地记录，还要及时对违章的不安全作业行为予以纠正、指导 节点4：对安全检查的结果，人力资源部应落实到日常的绩效考核及相关人事举措中，如落实奖惩，以提升员工对安全作业重要性的认知
下次优化重点	1. 优化时间：企业管理人员应根据企业经营环境、组织、政策等相应的变化，于合适的时机进行流程优化工作，以使优化后的流程大力提升企业运营效率 2. 组织变化：重新审视组织目标，根据组织变化进行流程变革或调整 3. 职责清晰：明确每一业务活动的管理者、监督者、执行者以及各级责任人的具体职责 4. 关键步骤：细化并凸显关键环节和步骤，以引起重视并提供执行标准 5. 绩效提升：在流程中体现业务与绩效考核的关联，增加业务流程执行的动力 6. 标准变化：以提高效率为目标和原则，优化业务流程的执行及评价标准

3. 优化后的流程

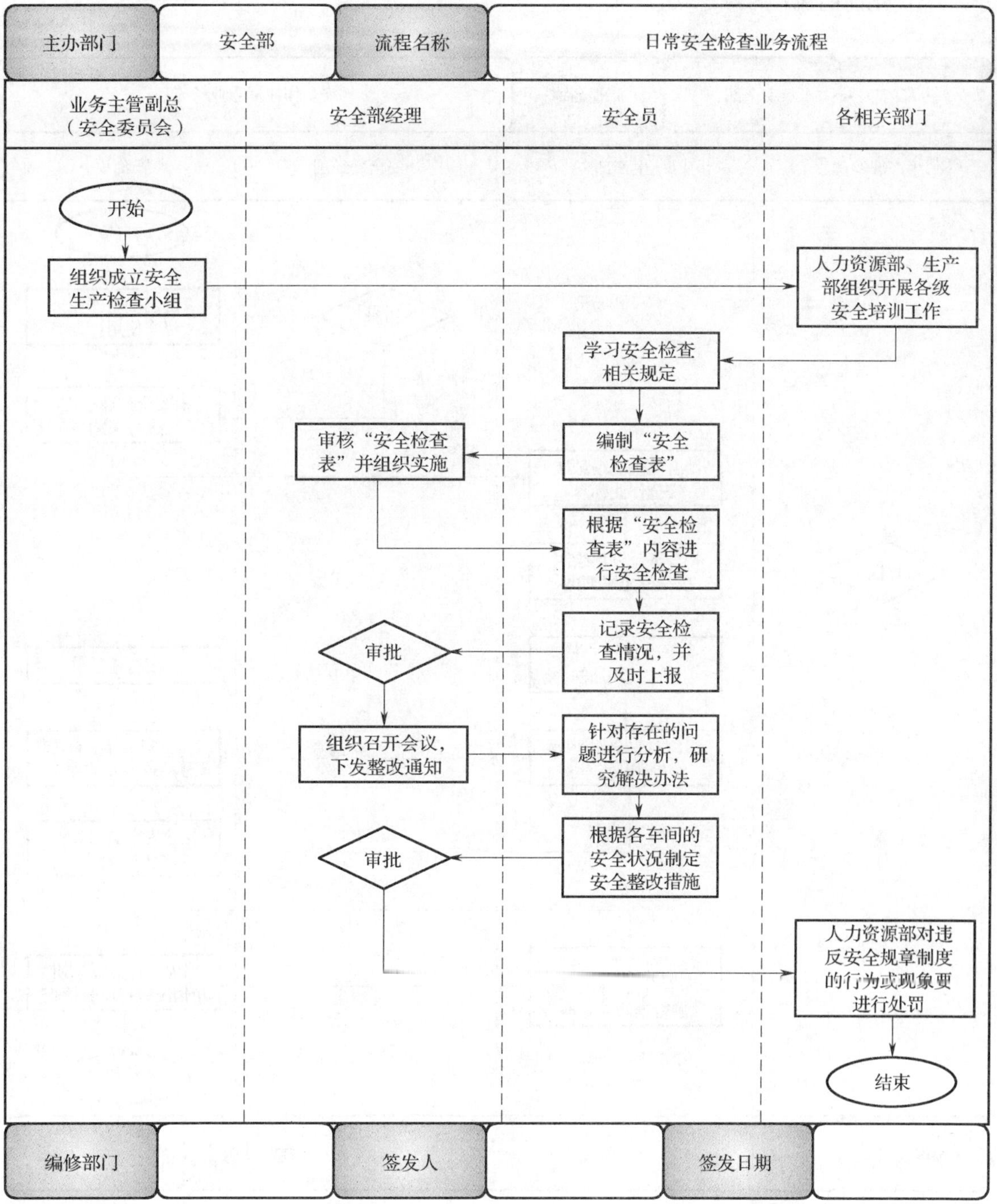
主办部门
安全部
流程名称
日常安全检查业务流程
业务主管副总（安全委员会）
安全部经理
安全员
各相关部门
开始
组织成立安全生产检查小组
人力资源部、生产部组织开展各级安全培训工作
学习安全检查相关规定
编制“安全检查表”
审核“安全检查表”并组织实施
根据“安全检查表”内容进行安全检查
记录安全检查情况，并及时上报
审批
组织召开会议，下发整改通知
针对存在的问题进行分析，研究解决办法
根据各车间的安全状况制定安全整改措施
审批
人力资源部对违反安全规章制度的行为或现象要进行处罚
结束
编修部门
签发人
签发日期

10.5.2 安全作业标志业务流程优化

1. 优化前的流程

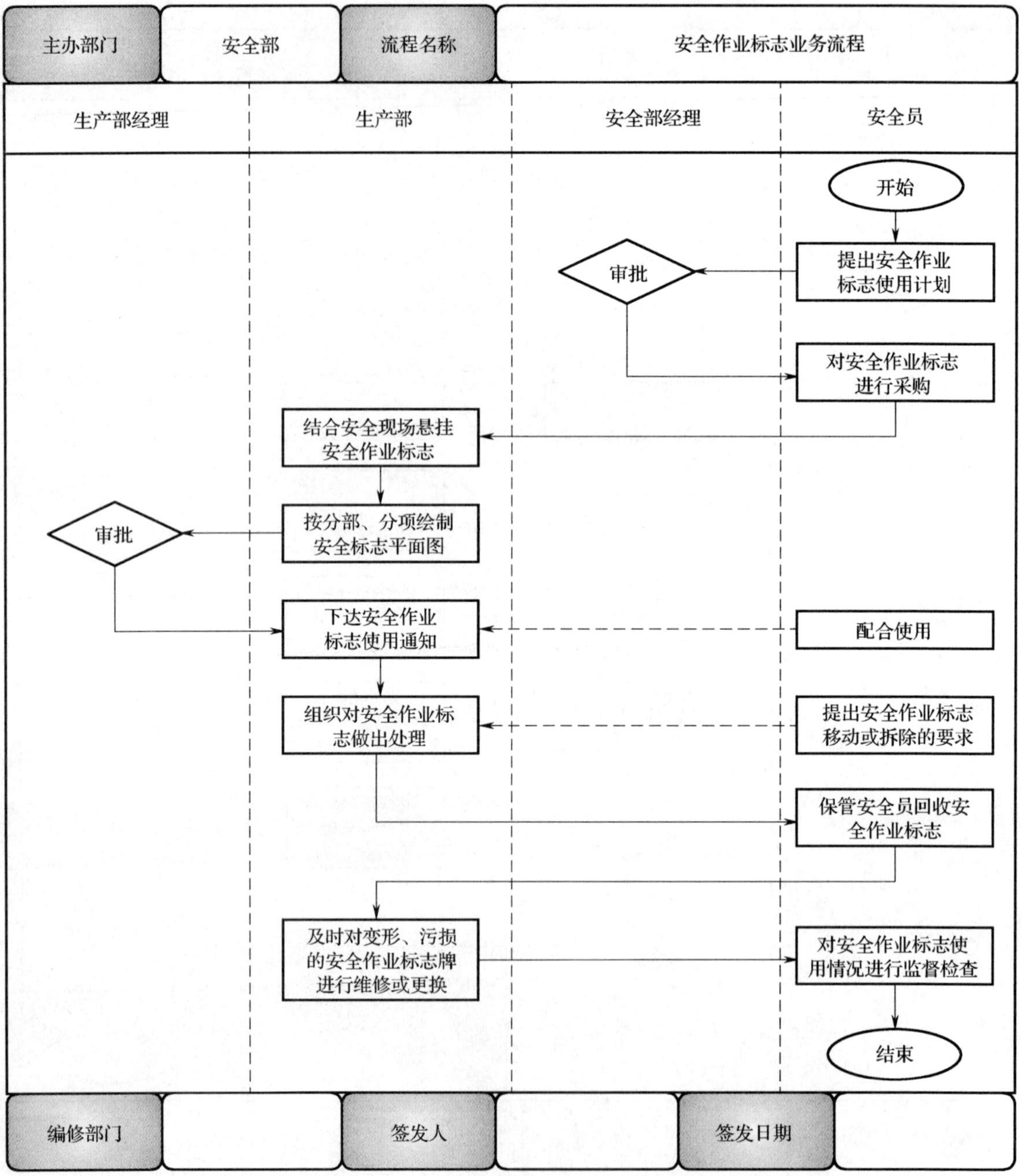

2. 流程优化分析

安全作业标志业务流程优化分析总表

业务问题分析	1. 协同差、效率低 ☑ 2. 权责分配不合理 ☑ 3. 不适应组织变革、目标变化 ☐ 4. 某些程序过于简单 ☑ 5. 业务执行标准过于严苛 ☐ 6. 制度、操作标准变化对流程的影响 ☐
业务优化思路	1. 重新分配权责：重新分配流程活动承担者的权责，使得权责清晰并匹配 2. 加强环节衔接：消除对流程的人为分割，防止各自为政造成浪费 3. 重新梳理程序：对流程要素的逻辑关系重新排序，或重新安排工作程序和步骤 4. 加强关键节点控制：对关键环节进行内容细化或权责细分，加强对关键节点的监督和控制 5. 重新确立业务执行标准：修改过时的、落后的、过于严苛的业务执行标准，以免影响业务流程的执行效果 6. 重新审视组织目标：明确组织运作目标及方式，重新进行职能分解，提高流程执行效率
业务节点把控	节点 1：对安全作业标志的采购或安全作业标志的制作外包，安全部应按本企业“采购业务管理流程”及相关控制程序、规范进行 节点 2：安全作业标志平面图的绘制工作，应按安全作业标识的颜色要求、形状要求进行绘制 节点 3：“安全作业标志登记表”的填制工作应由安全部经理或授权安全员完成 节点 4：“安全作业标志使用通知”由安全部下达至生产部及下属各生产单位
下次优化重点	1. 优化时间：企业管理人员应根据企业经营环境、组织、政策等相应的变化，于合适的时机进行流程优化工作，以使优化后的流程大力提升企业运营效率 2. 组织变化：重新审视组织目标，根据组织变化进行流程变革或调整 3. 职责清晰：明确每一业务活动的管理者、监督者、执行者以及各级责任人的具体职责 4. 关键步骤：细化并凸显关键环节和步骤，以引起重视并提供执行标准 5. 绩效提升：在流程中体现业务与绩效考核的关联，增加业务流程执行的动力 6. 标准变化：以提高效率为目标和原则，优化业务流程的执行及评价标准

3. 优化后的流程

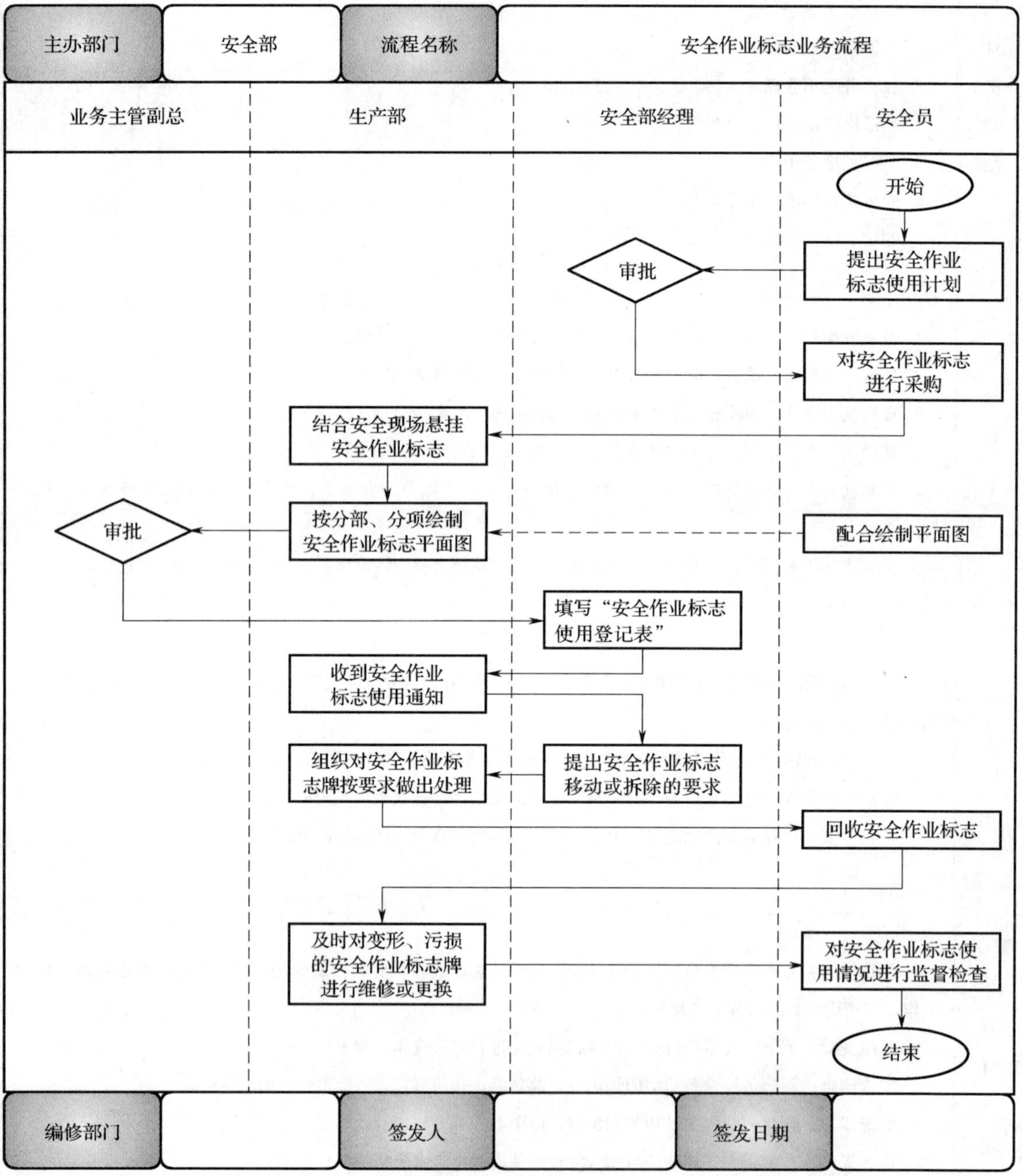
主办部门
安全部
流程名称
安全作业标志业务流程
业务主管副总
生产部
安全部经理
安全员
开始
提出安全作业标志使用计划
审批
对安全作业标志进行采购
结合安全现场悬挂安全作业标志
按分部、分项绘制安全作业标志平面图
配合绘制平面图
审批
填写“安全作业标志使用登记表”
收到安全作业标志使用通知
提出安全作业标志移动或拆除的要求
组织对安全作业标志牌按要求做出处理
回收安全作业标志
及时对变形、污损的安全作业标志牌进行维修或更换
对安全作业标志使用情况进行监督检查
结束
编修部门
签发人
签发日期

10.5.3　安全事故调查分析流程优化

1. 优化前的流程

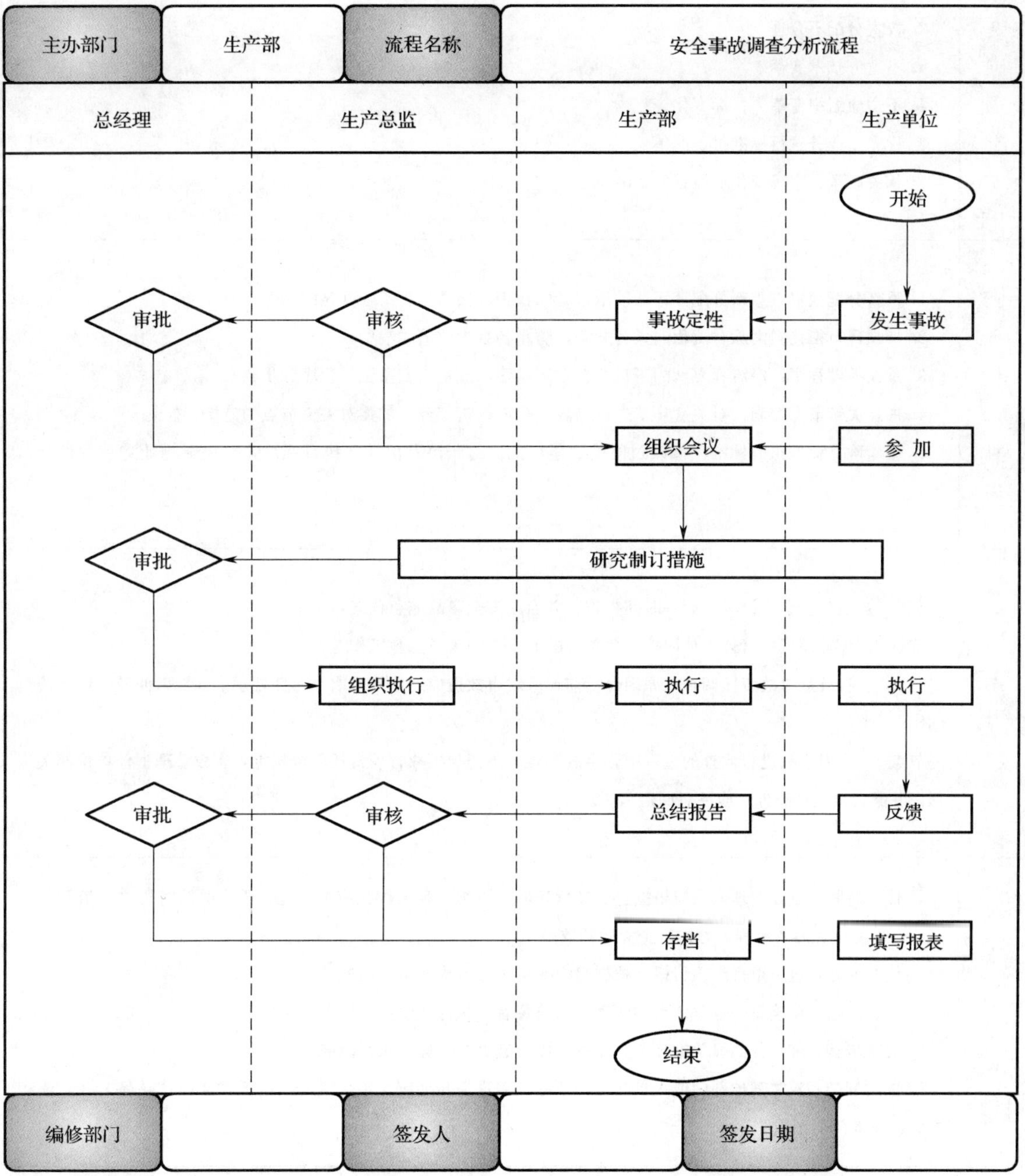

2. 流程优化分析

安全事故调查分析流程优化分析总表

业务问题分析	1. 协同差、效率低 □ 2. 权责分配不合理 ☑ 3. 不适应技术变革 □ 4. 不适应组织变革、目标变化 □ 5. 程序、业务执行标准过于简单 ☑ 6. 相关政策、市场变化对流程的影响 □
业务优化思路	1. 重新分配权责：重新分配流程活动承担者的权责，使得权责清晰并匹配 2. 加强环节衔接：消除对流程的人为分割，防止各自为政造成浪费 3. 重新梳理程序：对流程要素的逻辑关系重新排序，或重新安排工作程序和步骤 4. 加强关键节点控制：对关键环节进行内容细化或权责细分，加强对关键节点的监督和控制 5. 重新确立业务执行标准：修改过时的、落后的、过于严苛的业务执行标准，以免影响业务流程的执行效果
业务节点把控	节点 1：发生安全事故时，第一时间报告，并启动安全事故应急预案 节点 2：作业现场的管理人员应按应急预案的要求组织人员急救工作 节点 3：在开展事故责任调查、原因分析前，应对事故造成的后果采取临时性处理措施，以便及时恢复现场的作业 节点 4：在对事故进行调查的过程中，事故调查方不得与事故管理责任单位相重，事故管理责任单位相关责任人除配合事故调查外，应注意回避
下次优化重点	1. 优化时间：企业管理人员应根据企业经营环境、组织、政策等相应的变化，于合适的时机进行流程优化工作，以使优化后的流程大力提升企业运营效率 2. 组织变化：重新审视组织目标，根据组织变化进行流程变革或调整 3. 职责清晰：明确每一业务活动的管理者、监督者、执行者以及各级责任人的具体职责 4. 关键步骤：细化并凸显关键环节和步骤，以引起重视并提供执行标准 5. 部门配合：对需其他部门或人员配合的业务，需进一步明确，以促进部门间的沟通协作顺畅，并在流程相关运作部门间形成共识

3. 优化后的流程

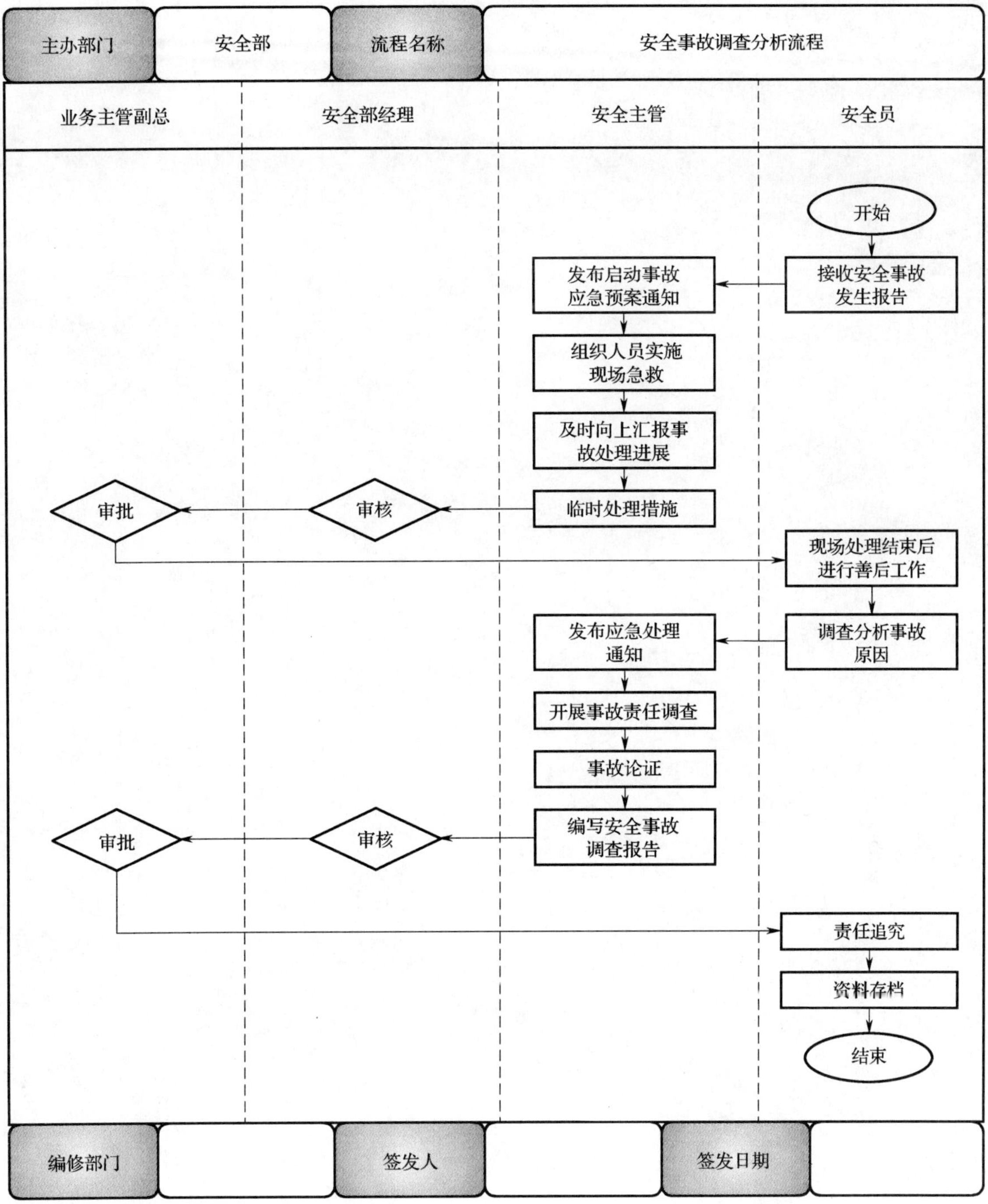
主办部门
安全部
流程名称
安全事故调查分析流程
业务主管副总
安全部经理
安全主管
安全员
开始
接收安全事故发生报告
发布启动事故应急预案通知
组织人员实施现场急救
及时向上汇报事故处理进展
临时处理措施
审核
审批
现场处理结束后进行善后工作
调查分析事故原因
发布应急处理通知
开展事故责任调查
事故论证
编写安全事故调查报告
审核
审批
责任追究
资料存档
结束
编修部门
签发人
签发日期

第 11 章

财会流程优化设计

11.1 财会工作设计分析

11.1.1 财会管理工作分析

1. 财会管理工作维度图

财会管理工作可按下列 9 个维度进行工作分析，具体如图 11—1 所示。

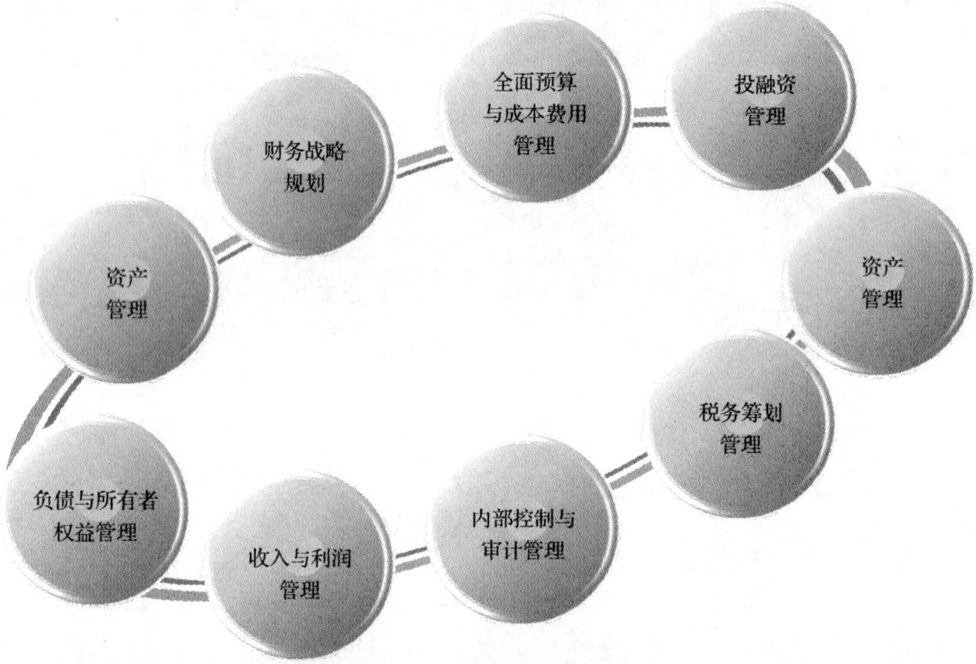

图 11—1 财会管理工作维度

2. 主要管理工作分析表

在表 11—1 中，将财会管理工作的 6 个主要事项进行具体的工作分析。

表 11—1　　　　**财会主要管理工作分析**

管理大项	管理子项	重要程度（3 级）	价值创造（3 级）	优化选择
1. 财务战略规划	1）财务组织规划及监理	□3 □2 □1	A B C	
	2）财务战略规划	□3 □2 □1	A B C	
	3）企业并购管理	□3 □2 □1	A B C	
	4）财产清算管理	□3 □2 □1	A B C	
2. 投资融资管理	5）投资渠道管理	□3 □2 □1	A B C	
	6）资本运营管理	□3 □2 □1	A B C	
	7）投资决策管理	□3 □2 □1	A B C	
	8）投资项目管控	□3 □2 □1	A B C	
	9）资金筹措管理	□3 □2 □1	A B C	
	10）筹资决策分析管理	□3 □2 □1	A B C	
	11）募集资金管理与监控	□3 □2 □1	A B C	
3. 资产管理	12）资金管理	□3 □2 □1	A B C	
	13）应收账款管理	□3 □2 □1	A B C	
	14）固定资产与存货管理	□3 □2 □1	A B C	
	15）无形资产管理	□3 □2 □1	A B C	
4. 负债与所有者权益管理	16）短期借款、长期借款管理	□3 □2 □1	A B C	
	17）应付账款、应付票据管理	□3 □2 □1	A B C	
	18）预收账款的管理	□3 □2 □1	A B C	
	19）职工薪酬管理	□3 □2 □1	A B C	
	20）其他应付款管理	□3 □2 □1	A B C	
5. 全面预算与成本费用管理	21）成本控制管理	□3 □2 □1	A B C	
	22）成本定额管理	□3 □2 □1	A B C	
	23）全面预算管理	□3 □2 □1	A B C	
	24）成本预算管理	□3 □2 □1	A B C	
	25）费用计划管理	□3 □2 □1	A B C	
6. 财务分析	26）企业财务战略分析与财务信息披露	□3 □2 □1	A B C	
	27）财务预测与价值评估	□3 □2 □1	A B C	

填写说明：“优化选择”栏可从以下 5 个角度进行多选：1. 组织优化；2. 职责优化；3. 权限优化；4. 分工优化；5. 流程优化。

11.1.2 财会业务工作分析

1. 财会业务工作维度图

财会业务工作可按下列 6 个维度进行工作分析，具体如 11—2 所示。

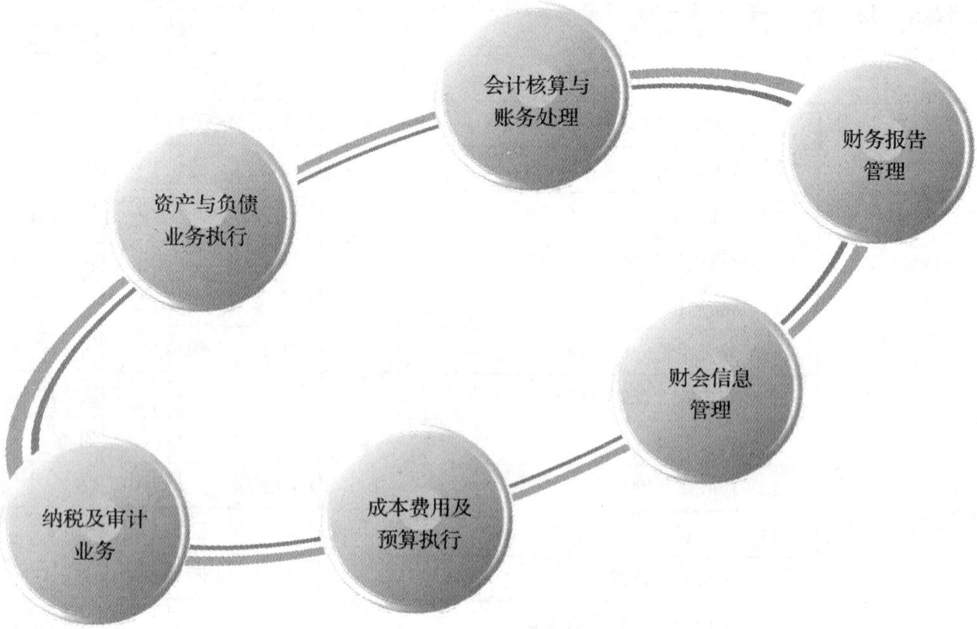

图 11—2 财会业务工作维度

2. 主要业务工作分析表

在表 11—2 中，将财会业务的 6 大主要事项进行具体的工作分析。

表 11—2 财会主要业务工作分析

业务大项	业务子项	重要程度（3 级）	价值创造（3 级）	优化选择
1. 账务处理	1）总账账务处理	□3 □2 □1	A B C	
	2）日记账账务处理	□3 □2 □1	A B C	
	3）记账凭证账务处理	□3 □2 □1	A B C	
	4）科目设置与汇总表编制	□3 □2 □1	A B C	
	5）原始凭证与记账凭证管理	□3 □2 □1	A B C	

续表

业务大项	业务子项	重要程度（3 级）	价值创造（3 级）	优化选择
2. 会计核算	6）产品成本核算	□3 □2 □1	A B C	
	7）资产核算	□3 □2 □1	A B C	
	8）负债核算	□3 □2 □1	A B C	
	9）所有者权益核算	□3 □2 □1	A B C	
	10）利润核算	□3 □2 □1	A B C	
3. 资产与负债业务执行	11）现金收支管理	□3 □2 □1	A B C	
	12）银行存款管理	□3 □2 □1	A B C	
	13）应收账款及应收票据的催收	□3 □2 □1	A B C	
	14）呆账坏账的处理	□3 □2 □1	A B C	
	15）预收账款及应付票据的管理	□3 □2 □1	A B C	
	16）固定资产购置、盘点、报废处理	□3 □2 □1	A B C	
	17）采购、存货保管、存货盘点管理	□3 □2 □1	A B C	
	18）短期、长期借款的管理及使用	□3 □2 □1	A B C	
	19）职工薪酬的计算与发放	□3 □2 □1	A B C	
4. 财务报告管理	20）年度、中期、季度财务报告的编制	□3 □2 □1	A B C	
	21）合并财务报表的编制	□3 □2 □1	A B C	
	22）财务状况说明书的编制	□3 □2 □1	A B C	
	23）财务分析报告的编制	□3 □2 □1	A B C	
5. 纳税及审计业务执行	24）应交税费的计算	□3 □2 □1	A B C	
	25）纳税申报	□3 □2 □1	A B C	
	26）电子报税	□3 □2 □1	A B C	
	27）审计工作计划的编制	□3 □2 □1	A B C	
	28）内、外审计工作的执行	□3 □2 □1	A B C	
6. 财会信息管理	29）财务信息的收集与整理	□3 □2 □1	A B C	
	30）会计资料与档案的管理	□3 □2 □1	A B C	
	31）会计电算化系统的构建与操作	□3 □2 □1	A B C	

填写说明：“优化选择”栏可从以下 5 个角度进行多选：1. 组织优化；2. 职责优化；3. 权限优化；4. 分工优化；5. 流程优化。

11.2 财会工作关键要素

11.2.1 财会工作关键点表

财会工作关键点设计见表 11—3。

表 11—3 财会工作关键点设计

财会工作关键点表				
管理工作	财务战略规划	全面预算管理	融资管理
	固定资产与存货管理	审计管理	税收筹划管理
	资金及应收款项管理	负债与所有者权益管理	收入与利润管理
业务工作	账目及科目的设置	各类会计核算	各类往来业务执行
	财务报告编制	资金管理与结算	税务核算与申报纳税
	财务会计档案管理	利润核算与分配	

11.2.2 财会工作考核量表

财会工作考核指标及指标说明见表 11—4。

表 11—4 财会工作考核量

考核维度	指标名称	指标说明	指标值
管理事项	财务规章制度完善率	$\frac{\text{已完成财务规章制度数}}{\text{应具备的财务规章制度总数}}\times 100\%$	___%
	税务筹划准确率	$\left(1-\frac{\text{税务筹划错误导致严重风险的次数}}{\text{税务筹划总次数}}\right)\times 100\%$	___%
	资金融资计划完成率	$\frac{\text{期内筹集到的金额}}{\text{期内计划筹集金额}}\times 100\%$	___%
	资金预测偏差度	$\frac{\frac{\lvert\text{实际收入}-\text{预算收入}\rvert}{\text{预算收入}}+\frac{\lvert\text{实际支出}-\text{预算支出}\rvert}{\text{预算支出}}}{2}$	___%

续表

考核维度	指标名称	指标说明	指标值
管理事项	财务费用降低率	$\frac{\text{财务费用发生额}-\text{财务费用预算额}}{\text{财务费用预算额}}\times100\%$	达到____%
	利率、汇率风险损失	考核期内因为利率、汇率波动未及时采取规避措施导致的损失	低于____元
	企业成本降低目标达成率	$\frac{\text{期内实际成本收入比}}{\text{期内目标成本收入比}}\times100\%$	____%
	降低税负计划完成率	$\frac{\text{期内实际降低税负金额}}{\text{期内计划降低税负金额}}\times100\%$	____%
	审计报告证据充分性	因审计证据不足而使审计结果被推翻的次数	低于____次
	审计问题追踪检查率	$\frac{\text{对审计问题追踪检查次数}}{\text{出现审计问题的总次数}}\times100\%$	____%
	财务预算达成率	$\frac{\text{考核期内实际支出}}{\text{考核期内预算支出}}\times100\%$	____%
业务事项	预算编制调整及时率	$\frac{\text{期内按时编制、调整预算次数}}{\text{期内规定的编制、调整预算次数}}\times100\%$	____%
	成本核算准确率	$\frac{\text{成本核算准确的项目数}}{\text{成本核算项目总数}}\times100\%$	____%
	会计业务处理及时率	$\frac{\text{期内按时编制、调整预算次数}}{\text{期内规定的编制、调整预算次数}}\times100\%$	____%.
	审计工作计划完成率	$\frac{\text{已完成工作计划}}{\text{审计计划总数}}\times100\%$	____%
	纳税申报及时率	$\frac{\text{按时申报纳税的次数}}{\text{应申报纳税次数}}\times100\%$	____%
	审计报告一次性通过率	$\frac{\text{首次审核通过的报告数}}{\text{应提交的审计报告数}}\times100\%$	____%
	资金业务核算准确度	考核期内资金业务核算差错次数及金额差异	低于____次（元）
	财务分析报告上交及时率	$\frac{\text{期内按时提交报告次数}}{\text{期内规定提交报告的次数}}\times100\%$	____%
	现金收支错误数	一定时期内，现金收支业务出错次数	低于____次
	审计报告归档率	$\frac{\text{审计报告归档数}}{\text{审计报告总数}}\times100\%$	____%
	会计资料归档完整率	$\frac{\text{已经归档的会计资料数量}}{\text{应归档的会计资料数量}}\times100\%$	____%

11.3 财会流程优化设计

11.3.1 财会管理流程体系设计

财会管理流程体系设计如图 11—3 所示。

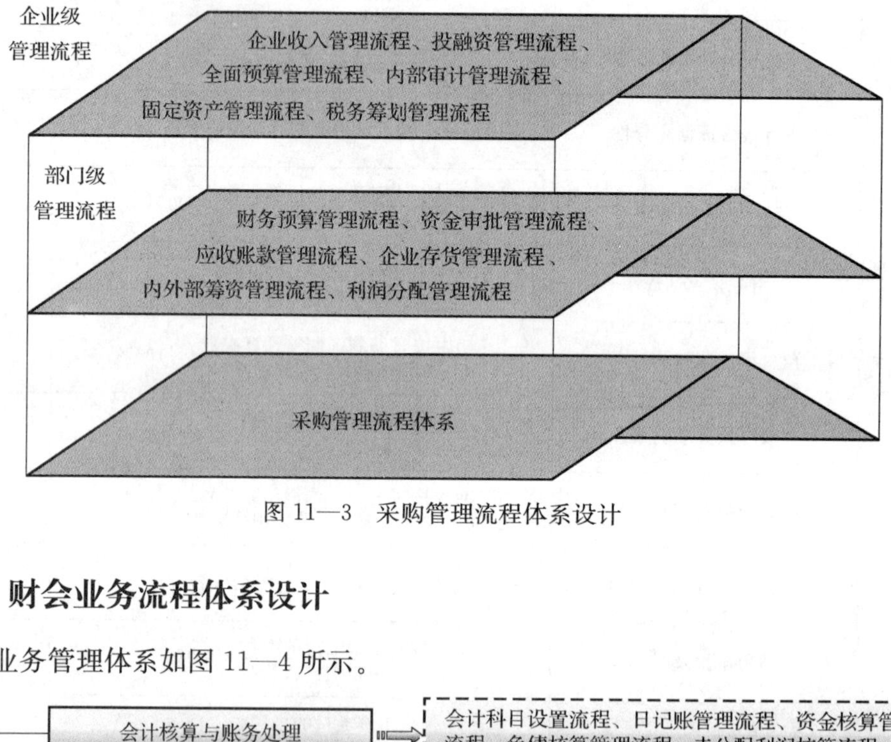

图 11—3 采购管理流程体系设计

11.3.2 财会业务流程体系设计

财会业务管理体系如图 11—4 所示。

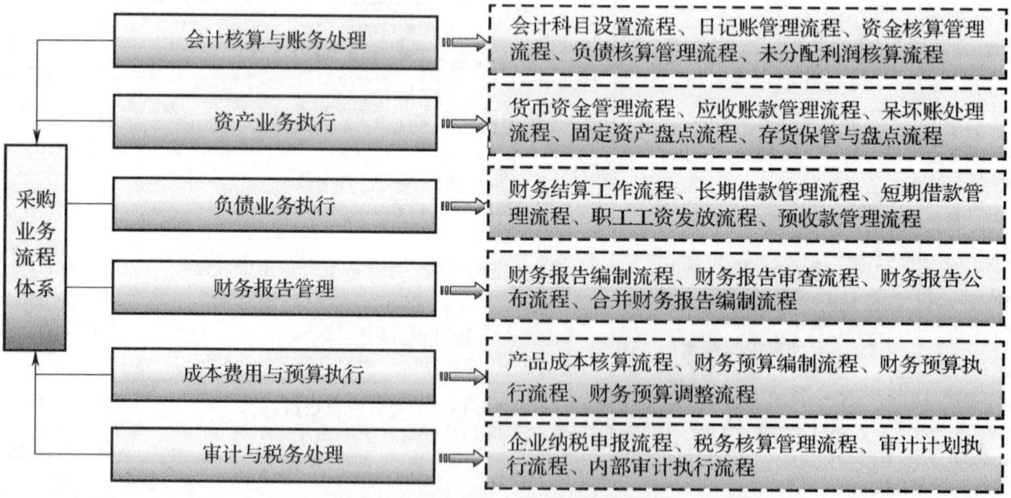

图 11—4 采购业务管理体系设计

11.4　财会管理流程优化案例

11.4.1　财务战略规划管理流程优化

1. 优化前的流程

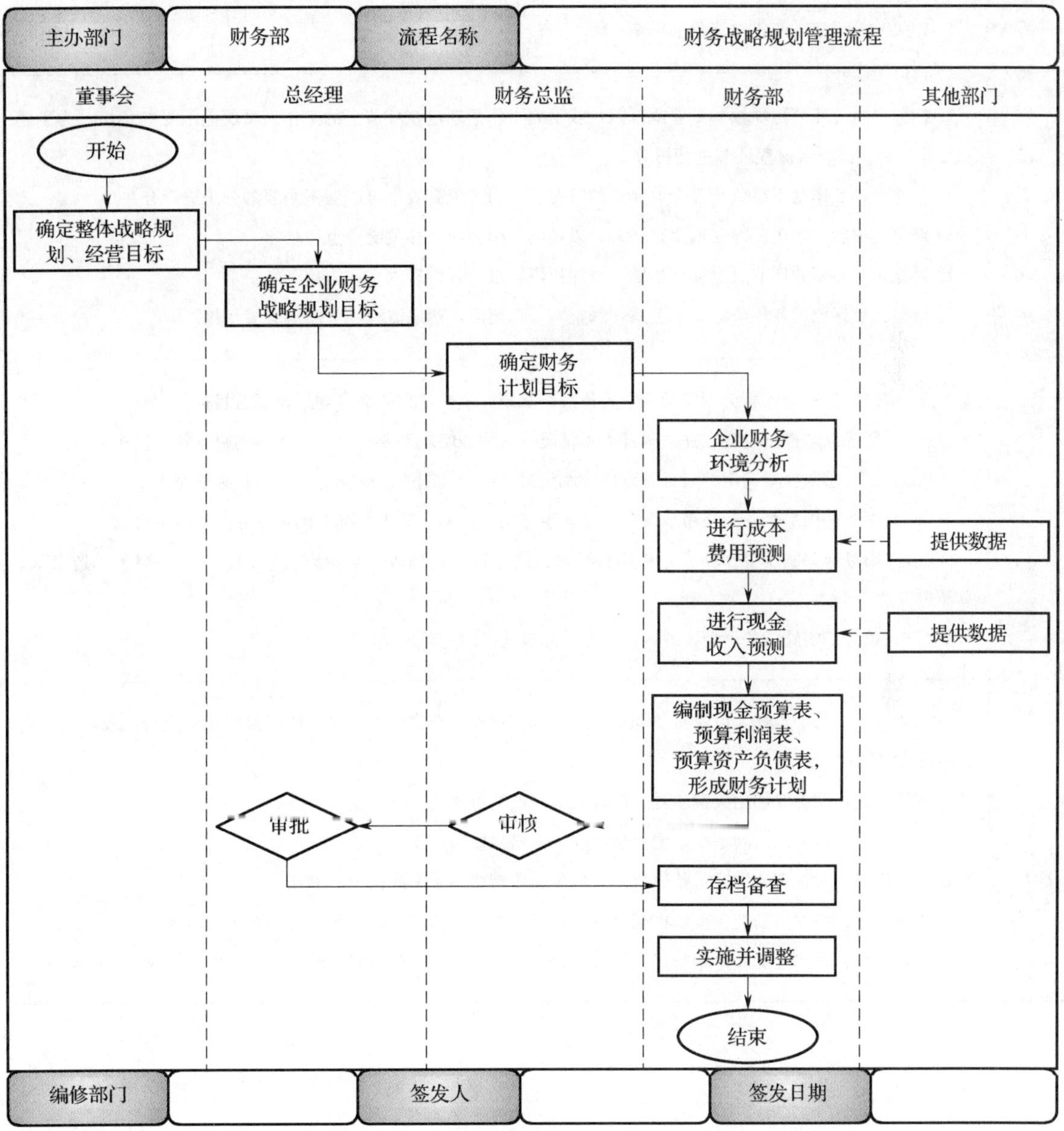

2. 流程优化分析

财务战略规划管理流程优化分析总表

流程问题分析	1. 协同差、效率低 ☑ 2. 权责分配不合理 ☑ 3. 不适应技术变革 □ 4. 不适应组织变革、目标变化 □ 5. 流程过于烦琐或简单 ☑ 6. 相关政策、市场变化对流程的影响 ☑
流程优化思路	1. 拆分：由于环节跨领域（专业或部门）或是因工作量超过该环节上的工作人员所能承受的负担，为了提高工作效率，需要将流程环节进行拆分 2. 合并：在工作量不超负荷及专业允许的状态下，为了提高效率可以对不必要的分工进行合并 3. 细化：增加或细化关键（重要）环节，以具体、明确或凸显关键节点 4. 补充：在必要的环节点上补充步骤、增加权限，以加强管理内审和内控 5. 调整：重新梳理各环节的逻辑关系，调整不合理流向，达成流程环节间的无缝衔接
流程节点把控	节点1：总经理根据董事会制定的企业整体战略规划确定企业财务战略规划及经营目标 节点2：财务总监根据企业以往财务部人员情况及新的战略规划要求，确定本年度财务管理模式 节点3：财务总监根据确定的财务管理模式制定财务部管理制度，确保财务经营目标的完成 节点4：财务部根据企业产品市场现状、企业生产情况及顾客需求情况，确定企业财务环境情况 节点5：财务部编制现金预算表、预算利润表、预算资产负债表，形成财务计划，并上报财务总监审核、总经理审批 节点6：财务部实施财务计划，并根据企业实际情况及时进行调整
下次优化重点	1. 职责清晰：明确责任人以及具体职责，避免因职责模糊造成管理工作推诿使流程无法执行，或者工作重叠而造成浪费 2. 关键步骤：明确并细化关键步骤，凸显关键节点的重要性 3. 部门协调：打破部门间壁垒，消除层级关卡，增强横向协作 4. 程序衔接：对管理流程进行整体统筹，避免程序衔接不紧密或执行不顺畅 5. 市场变化：根据市场变化重新审视管理工作及流程，以加强管理工作与市场要求的匹配度 6. 政策变化：根据企业政策调整优化管理流程，确保企业政策与战略在管理层面得以有效地执行和实现

3. 优化后的流程

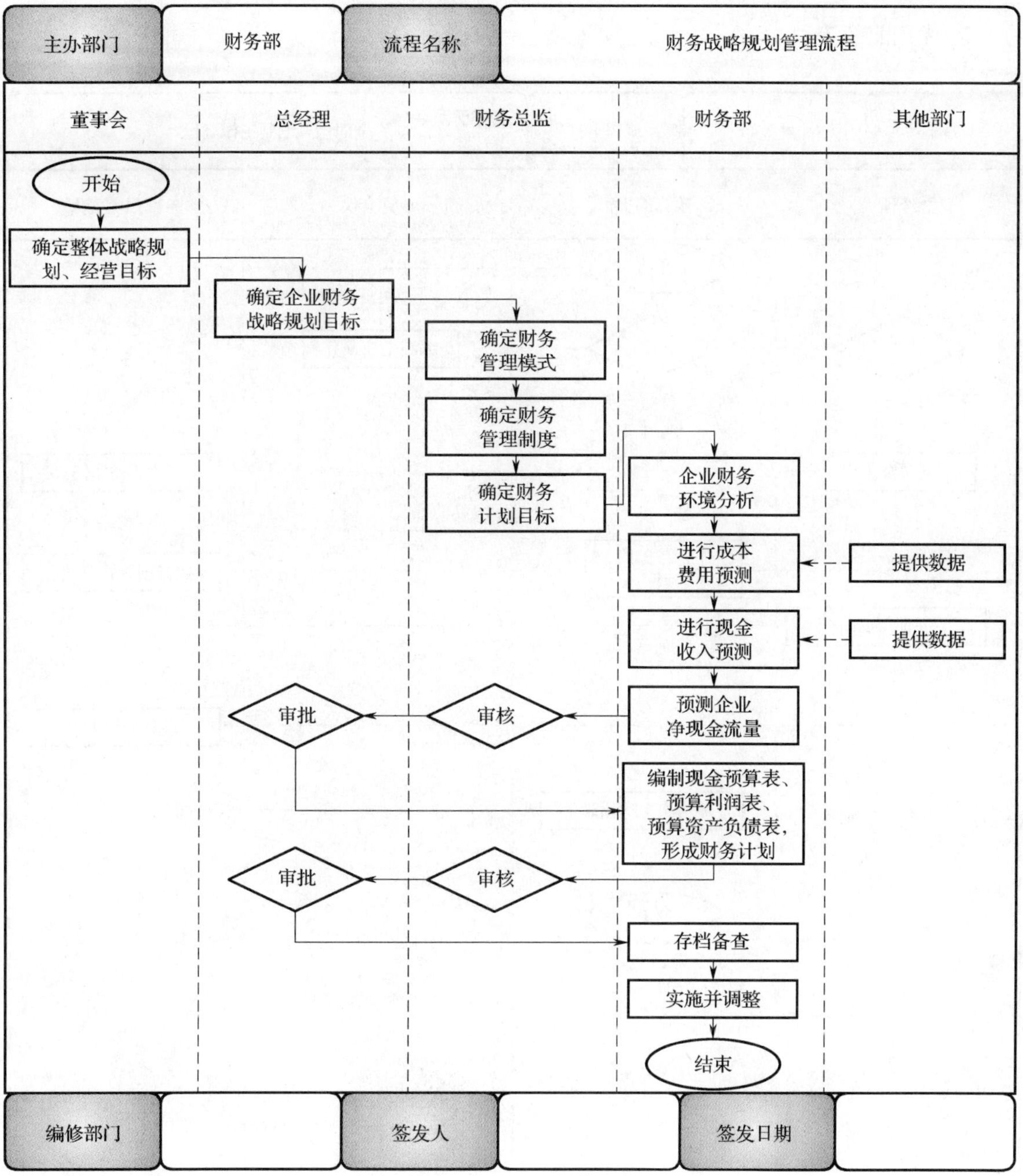
主办部门
财务部
流程名称
财务战略规划管理流程
董事会
总经理
财务总监
财务部
其他部门
开始
确定整体战略规划、经营目标
确定企业财务战略规划目标
确定财务管理模式
确定财务管理制度
确定财务计划目标
企业财务环境分析
进行成本费用预测
提供数据
进行现金收入预测
提供数据
预测企业净现金流量
审核
审批
编制现金预算表、预算利润表、预算资产负债表，形成财务计划
审核
审批
存档备查
实施并调整
结束
编修部门
签发人
签发日期

11.4.2 全面预算编制工作流程优化

1. 优化前的流程

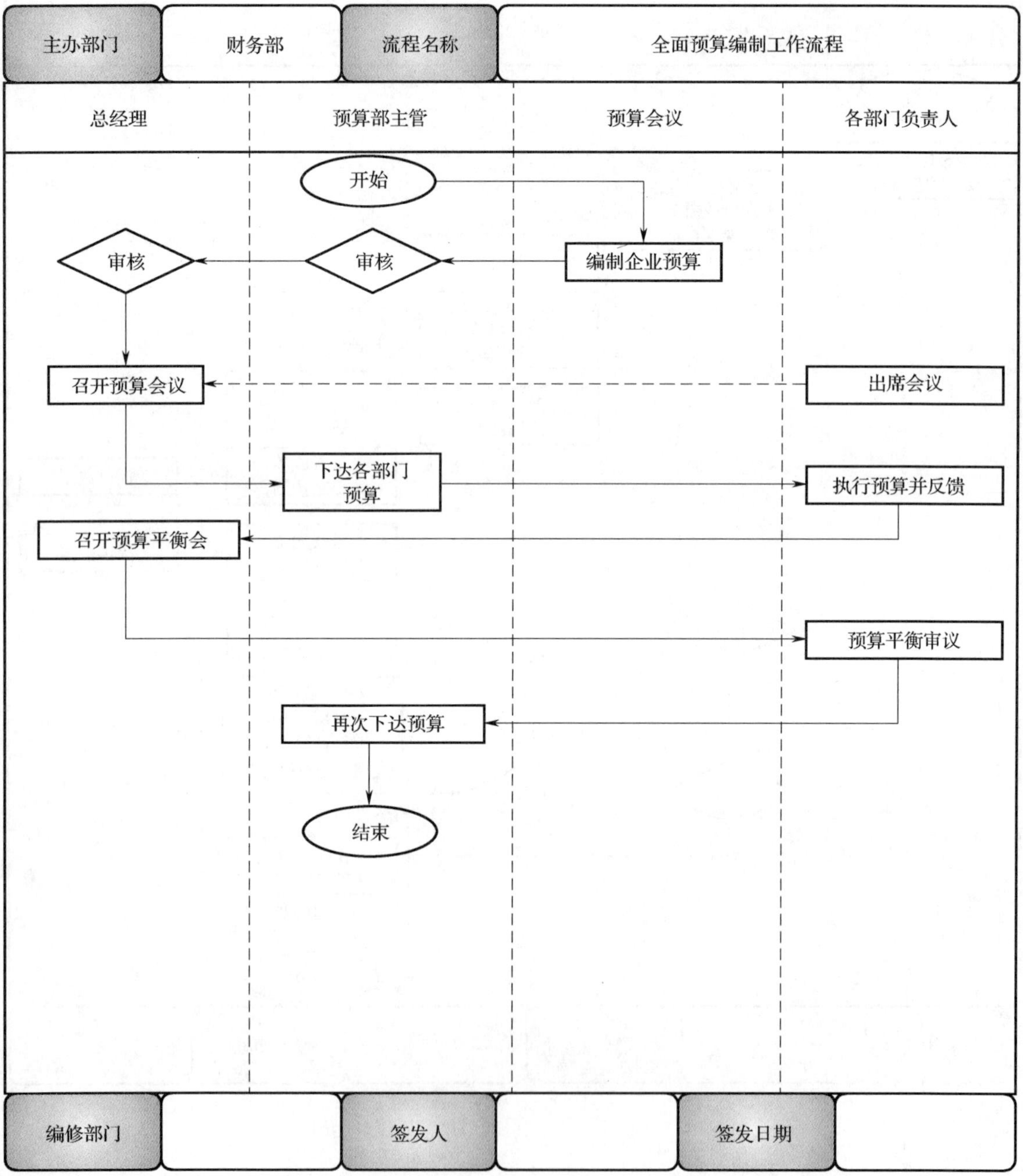

2. 流程优化分析

全面预算编制工作流程优化分析总表

流程问题分析	1. 协同差、效率低 □ 2. 权责分配不合理 □ 3. 不适应组织变革、目标变化 ☑ 4. 流程过于烦琐或简单 ☑ 5. 管理流程早已过时 □ 6. 相关政策、市场变化对流程的影响 □ 7. 制度、操作标准变化对流程的影响 ☑
流程优化思路	1. 再造：对于效率低下的流程，需要完全推翻原有流程，运用重新设计的方法达成流程优化 2. 拆分：由于环节跨领域（专业或部门）或是因工作量超过该环节上的工作人员所能承受的负担，为了提高工作效率，需要将流程环节进行拆分 3. 细化：增加或细化关键（重要）环节，以具体、明确或凸显关键节点 4. 补充：在必要的环节点上补充步骤、增加权限，以加强管理内审和内控 5. 调整：重新梳理各环节的逻辑关系，调整不合理流向，达成流程环节间的无缝衔接
流程节点把控	节点 1：总经理根据企业经营发展战略及年度经营目标，确定企业年度预算目标 节点 2：财务部根据预算管理委员会提出的要求召开预算会议，为编制预算提供资料 节点 3：预算委员会需要进行成本目标分析，确定编制方针与主要内容，编制概预算 节点 4：财务部对各部门提交的部门预算进行汇总，制定企业年度预算 节点 5：总经理主持召开企业预算平衡会议，根据企业发展战略和目标，平衡各个部门间的预算 节点 6：预算管理委员会向各部门下发预算方案，各部门根据要求执行预算方案
下次优化重点	1. 优化时间：企业管理人员应根据企业经营环境、组织、政策等相应的变化，于合适的时机进行流程优化工作，以使优化后的流程大力提升企业运营效率 2. 组织变化：根据组织目标、架构或组织运作方式的变化进行流程优化，使管理流程与组织战略与职能相匹配 3. 权限调整：明确并具体权限，避免流程上的权限与职责不匹配，管理工作无法开展 4. 程序衔接：对管理流程进行整体统筹，避免程序衔接不紧密或执行不顺畅 5. 政策变化：根据企业政策调整优化管理流程，确保企业政策与战略在管理层面得以有效地执行和实现

3. 优化后的流程

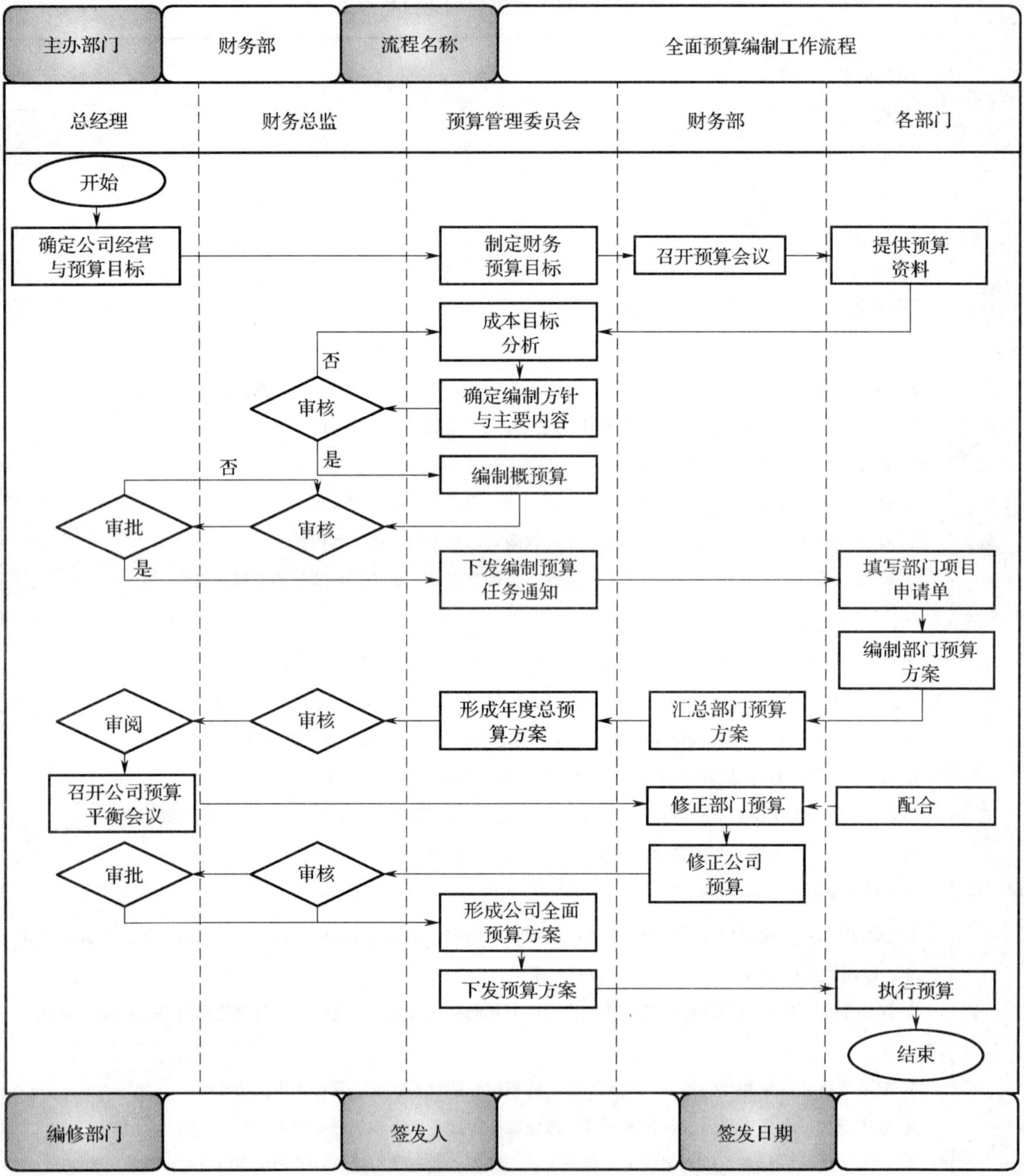
主办部门
财务部
流程名称
全面预算编制工作流程
总经理
财务总监
预算管理委员会
财务部
各部门
开始
确定公司经营与预算目标
制定财务预算目标
召开预算会议
提供预算资料
成本目标分析
否
审核
确定编制方针与主要内容
是
否
编制概预算
审批
审核
是
下发编制预算任务通知
填写部门项目申请单
编制部门预算方案
审阅
审核
形成年度总预算方案
汇总部门预算方案
召开公司预算平衡会议
修正部门预算
配合
修正公司预算
审批
审核
形成公司全面预算方案
下发预算方案
执行预算
结束
编修部门
签发人
签发日期

11.4.3 资金计划编制工作流程优化

1. 优化前的流程

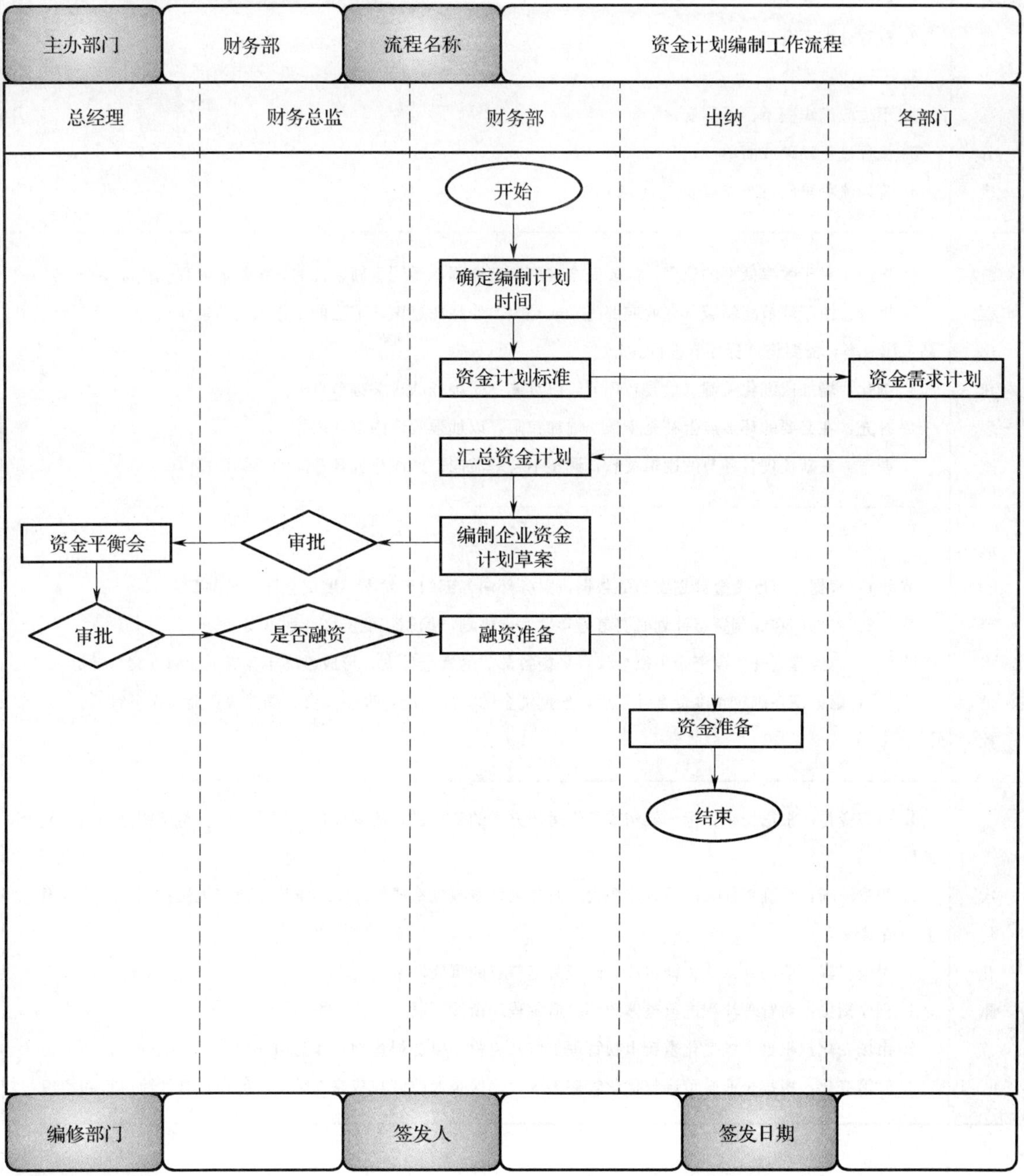

2. 流程优化分析

资金计划编制工作流程优化分析总表

流程问题分析	1. 协同差、效率低 ☑ 2. 权责分配不合理 ☐ 3. 不适应技术变革 ☐ 4. 不适应组织变革、目标变化 ☑ 5. 流程过于烦琐或简单 ☑ 6. 管理流程早已过时 ☐
流程优化思路	1. 再造：对于效率低下的流程，需要完全推翻原有流程，运用重新设计的方法达成流程优化 2. 拆分：由于环节跨领域（专业或部门）或是因工作量超过该环节上的工作人员所能承受的负担，为了提高工作效率，需要将流程环节进行拆分 3. 细化：增加或细化关键（重要）环节，以具体、明确或凸显关键节点 4. 补充：在必要的环节点上补充步骤、增加权限，以加强管理内审和内控 5. 调整：重新梳理各环节的逻辑关系，调整不合理流向，达成流程环节间的无缝衔接
流程节点把控	节点 1：根据上年度资金计划实施的数据，财务部向各部门下发本年度资金计划编制要求 节点 2：各部门在编制资金计划时要考虑年度发展规划，编制年度资金计划草案 节点 3：总经理召开年度资金平衡会议，平衡各部门的资金计划，形成最终年度资金计划方案 节点 4：财务部在确定年度资金计划后，根据资金的实际情况，准备融资、调拨等资金运作事宜
下次优化重点	1. 组织变化：根据组织目标、架构或组织运作方式的变化进行流程优化，使管理流程与组织战略与职能相匹配 2. 职责清晰：明确责任人以及具体职责，避免因职责模糊造成管理工作推诿使流程无法执行，或者工作重叠而造成浪费 3. 关键步骤：明确并细化关键步骤，凸显关键节点的重要性 4. 程序衔接：对管理流程进行整体统筹，避免程序衔接不紧密或执行不顺畅 5. 市场变化：根据市场变化重新审视管理工作及流程，以加强管理工作与市场要求的匹配度 6. 政策变化：根据企业政策调整优化管理流程，确保企业政策与战略在管理层面得以有效地执行和实现

3. 优化后的流程

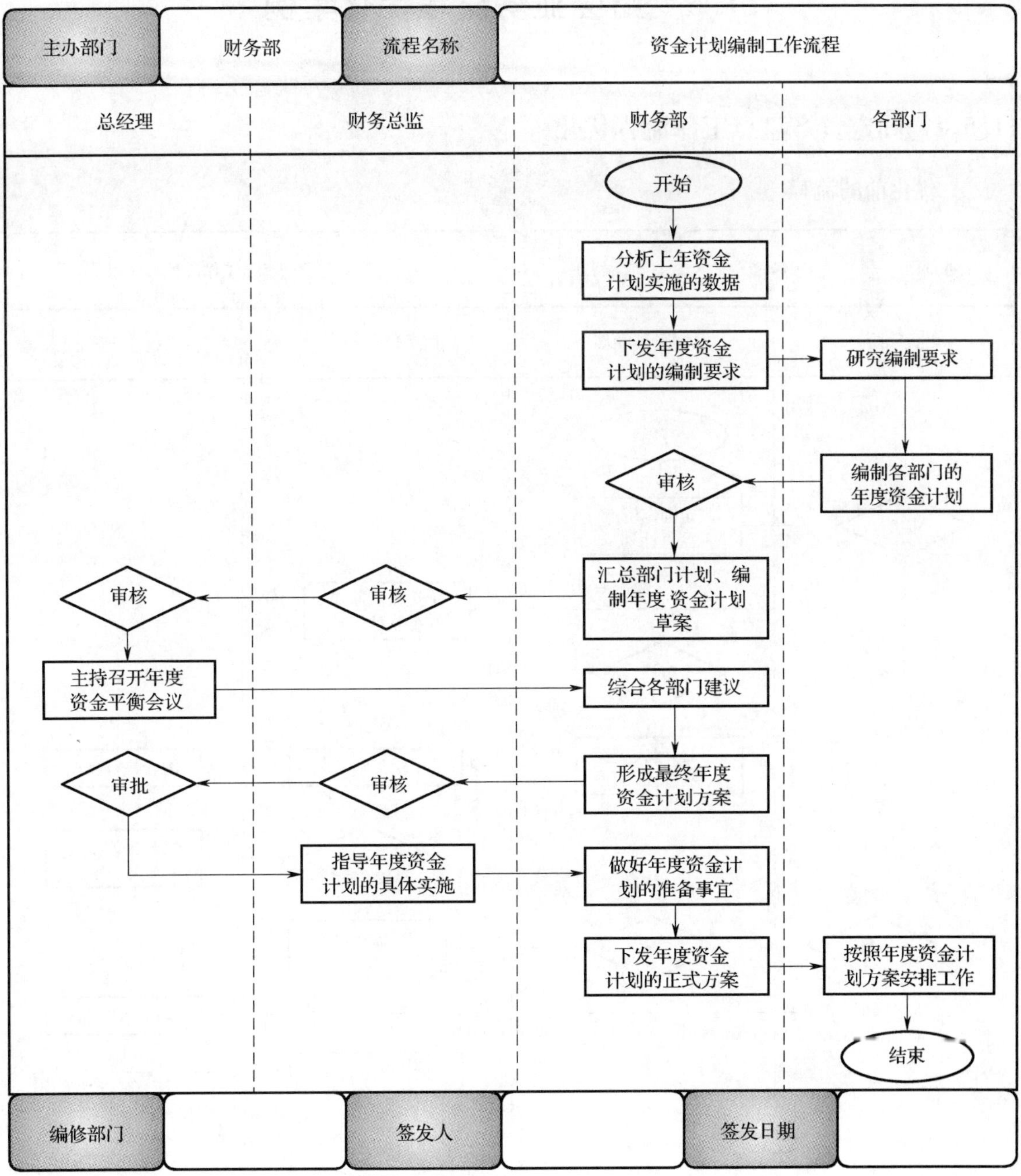
主办部门
财务部
流程名称
资金计划编制工作流程
总经理
财务总监
财务部
各部门
开始
分析上年资金计划实施的数据
下发年度资金计划的编制要求
研究编制要求
编制各部门的年度资金计划
审核
汇总部门计划、编制年度资金计划草案
审核
审核
主持召开年度资金平衡会议
综合各部门建议
形成最终年度资金计划方案
审核
审批
指导年度资金计划的具体实施
做好年度资金计划的准备事宜
下发年度资金计划的正式方案
按照年度资金计划方案安排工作
结束
编修部门
签发人
签发日期

11.5 财会业务流程优化案例

11.5.1 固定资产盘点工作流程优化

1. 优化前的流程

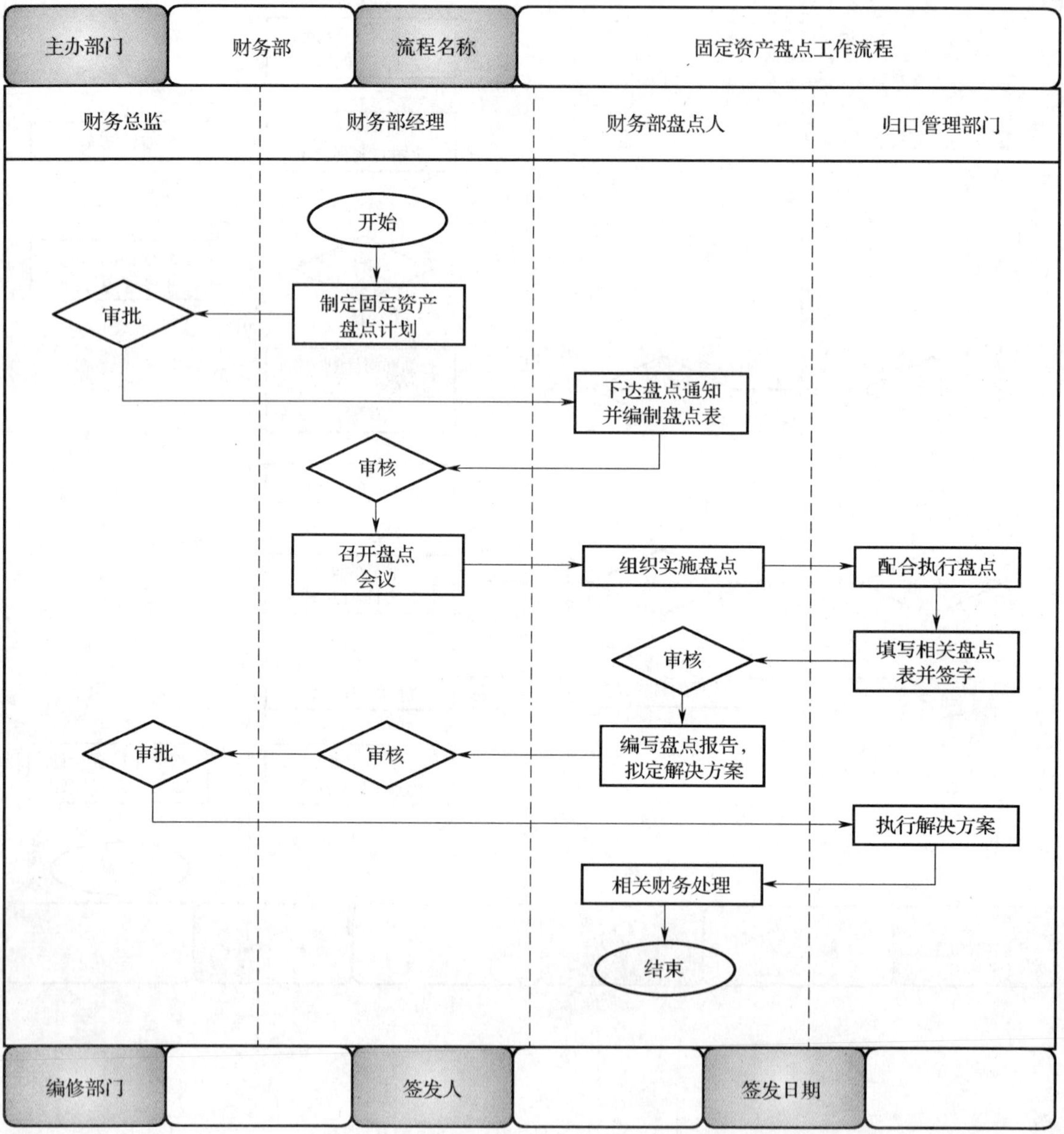

2. 流程优化分析

固定资产盘点工作流程优化分析总表

业务问题分析	1. 协同差、效率低 ☑ 2. 权责分配不合理 □ 3. 不适应技术变革 □ 4. 不适应组织变革、目标变化 □ 5. 程序过于烦琐或简单 ☑ 6. 业务流程早已过时 □ 7. 制度、操作标准变化对流程的影响 ☑
业务优化思路	1. 精简程序：取消所有不必要的工作环节和内容，精简过于复杂、烦琐的程序 2. 重新分配权责：重新分配流程活动承担者的权责，使得权责清晰并匹配 3. 加强环节衔接：消除对流程的人为分割，防止各自为政造成浪费 4. 重新梳理程序：对流程要素的逻辑关系重新排序，或重新安排工作程序和步骤 5. 加强关键节点控制：对关键环节进行内容细化或权责细分，加强对关键节点的监督和控制 6. 重新制定业务管理制度：为业务流程提供规范、标准等配套文件支持，以加强流程业务的监督、指导
业务节点把控	节点 1：财务部经理依据固定资产管理制度制定固定资产盘点计划 节点 2：财务部必须按照有关固定资产增减变动的凭证入账，解除各项财务的账存数据 节点 3：固定资产管理人员组织人员进行固定资产盘点，盘点人员依实物、规格型号、发票、合同、盘盈或盘亏的顺序进行盘点 节点 4：盘点后，固定资产管理人员应将盘点清单内容同固定资产台账进行核对，编制固定资产盘存盈亏表 节点 5：财务总监对盘点报告提出处理意见，财务部对盘盈、盘亏进行调整处理
下次优化重点	1. 组织变化：重新审视组织目标，根据组织变化进行流程变革或调整 2. 职责清晰：明确每一业务活动的管理者、监督者、执行者以及各级责任人的具体职责 3. 关键步骤：细化并凸显关键环节和步骤，以引起重视并提供执行标准 4. 标准变化：以提高效率为目标和原则，优化业务流程的执行及评价标准 5. 政策变化：根据企业政策调整优化业务流程，确保相关政策与战略能在业务层面得以有效地执行和实现

3. 优化后的流程

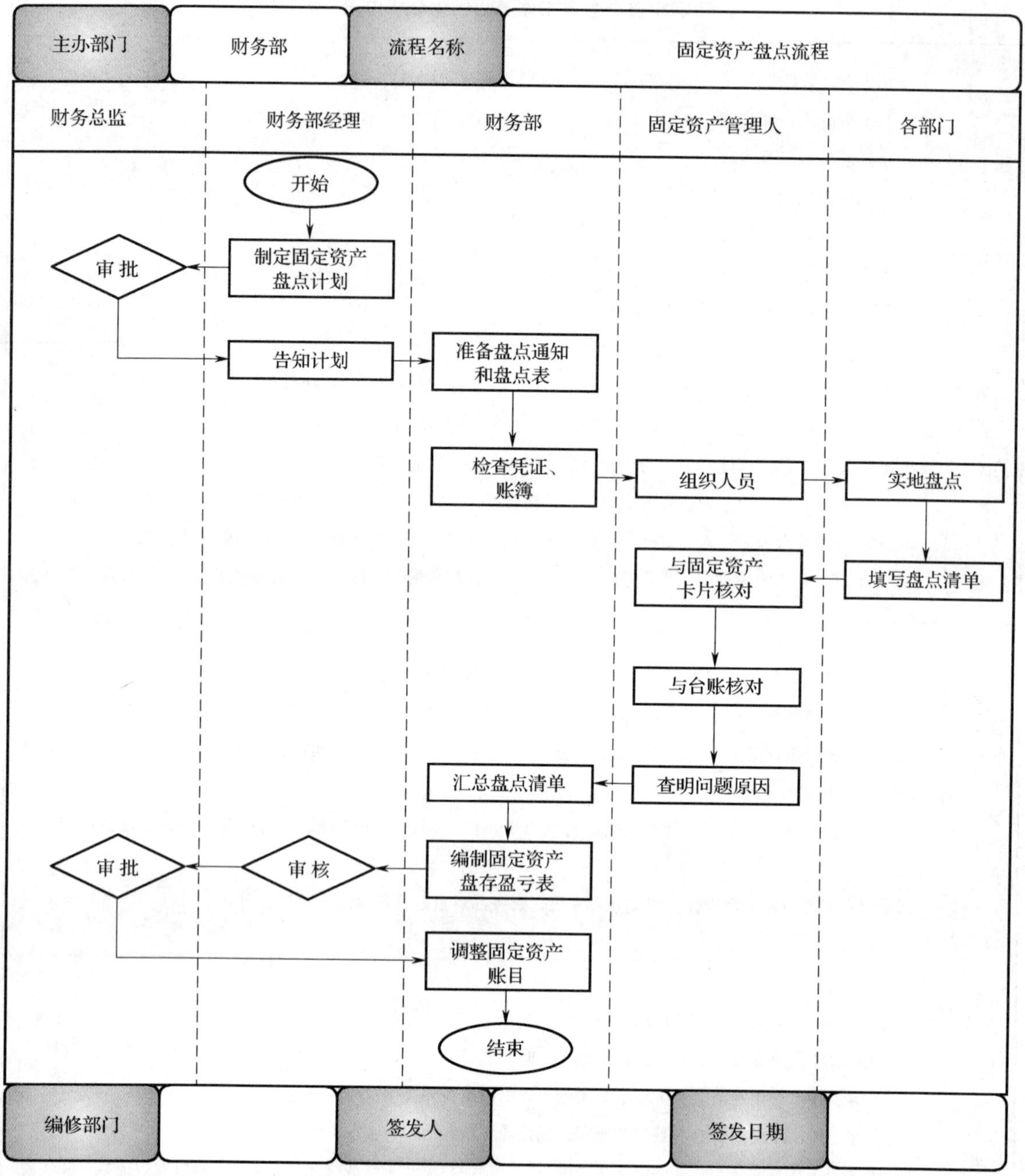
主办部门
财务部
流程名称
固定资产盘点流程
财务总监
财务部经理
财务部
固定资产管理人
各部门
开始
制定固定资产盘点计划
审批
告知计划
准备盘点通知和盘点表
检查凭证、账簿
组织人员
实地盘点
填写盘点清单
与固定资产卡片核对
与台账核对
查明问题原因
汇总盘点清单
编制固定资产盘存盈亏表
审核
审批
调整固定资产账目
结束
编修部门
签发人
签发日期

11.5.2　费用报销管理工作流程优化

1. 优化前的流程

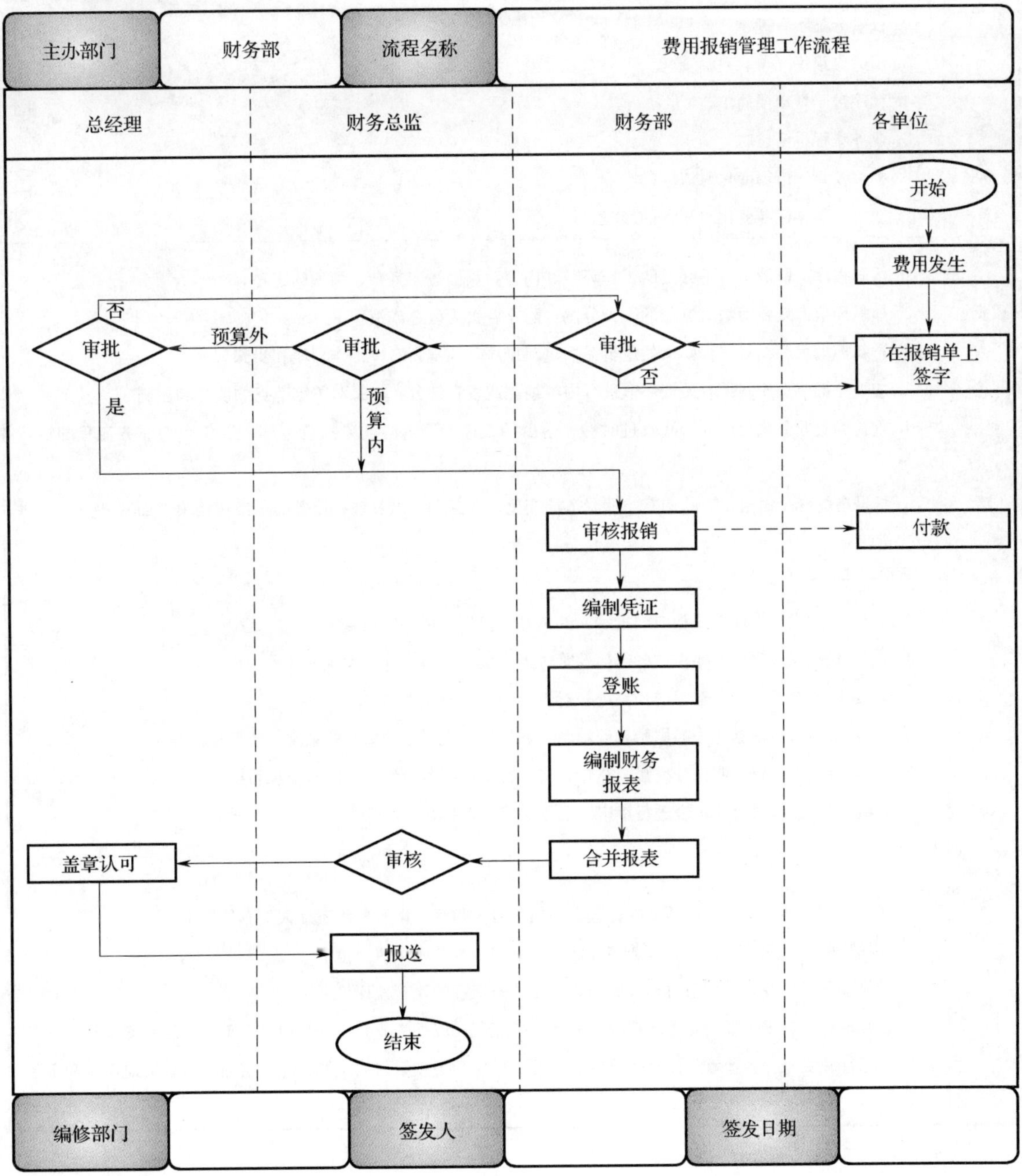

2. 流程优化分析

费用报销管理工作流程优化分析总表

业务问题分析	1. 协同差、效率低 ☑ 2. 权责分配不合理 ☐ 3. 不适应组织变革、目标变化 ☐ 4. 程序过于烦琐或简单 ☑ 5. 业务流程早已过时 ☐ 6. 相关政策、市场变化对流程的影响 ☐ 7. 制度、操作标准变化对流程的影响 ☑
业务优化思路	1. 精简程序：取消所有不必要的工作环节和内容，精简过于复杂、烦琐的程序 2. 加强环节衔接：消除对流程的人为分割，防止各自为政造成浪费 3. 重新梳理程序：对流程要素的逻辑关系重新排序，或重新安排工作程序和步骤 4. 加强关键节点控制：对关键环节进行内容细化或权责细分，加强对关键节点的监督和控制 5. 重新确立业务执行标准：修改过时的、落后的、过于严苛的业务执行标准，以免影响业务流程的执行效果 6. 根据市场变化做出相应的调整：随着市场变化、业务调整以及现有业务的承接和延续性而对业务流程进行优化调整
业务节点把控	节点1：费用发生人应按照相应的批示文件依计划控制费用的支出 节点2：根据财务制度的要求，各部门的管理人员负责审核本部门发生的各种费用单据 节点3：财务总监根据各部门的预算，核对各项费用的合理性 节点4：出纳人员根据合法的原始凭证填制记账凭证，支付报销款，登记现金或银行记账 节点5：会计人员登记明细分类账及总账，将各种支出纳入会计报表的对应项目中 节点6：财务总监对会计报表进行审定，上报总经理审批
下次优化重点	1. 职责清晰：明确每一业务活动的管理者、监督者、执行者以及各级责任人的具体职责 2. 关键步骤：细化并凸显关键环节和步骤，以引起重视并提供执行标准 3. 标准变化：以提高效率为目标和原则，优化业务流程的执行及评价标准 4. 市场变化：根据市场变化重新审视业务及业务流程，以加强业务流程与市场、客户的匹配度 5. 政策变化：根据企业政策调整优化业务流程，确保相关政策与战略能在业务层面得以有效地执行和实现

3. 优化后的流程

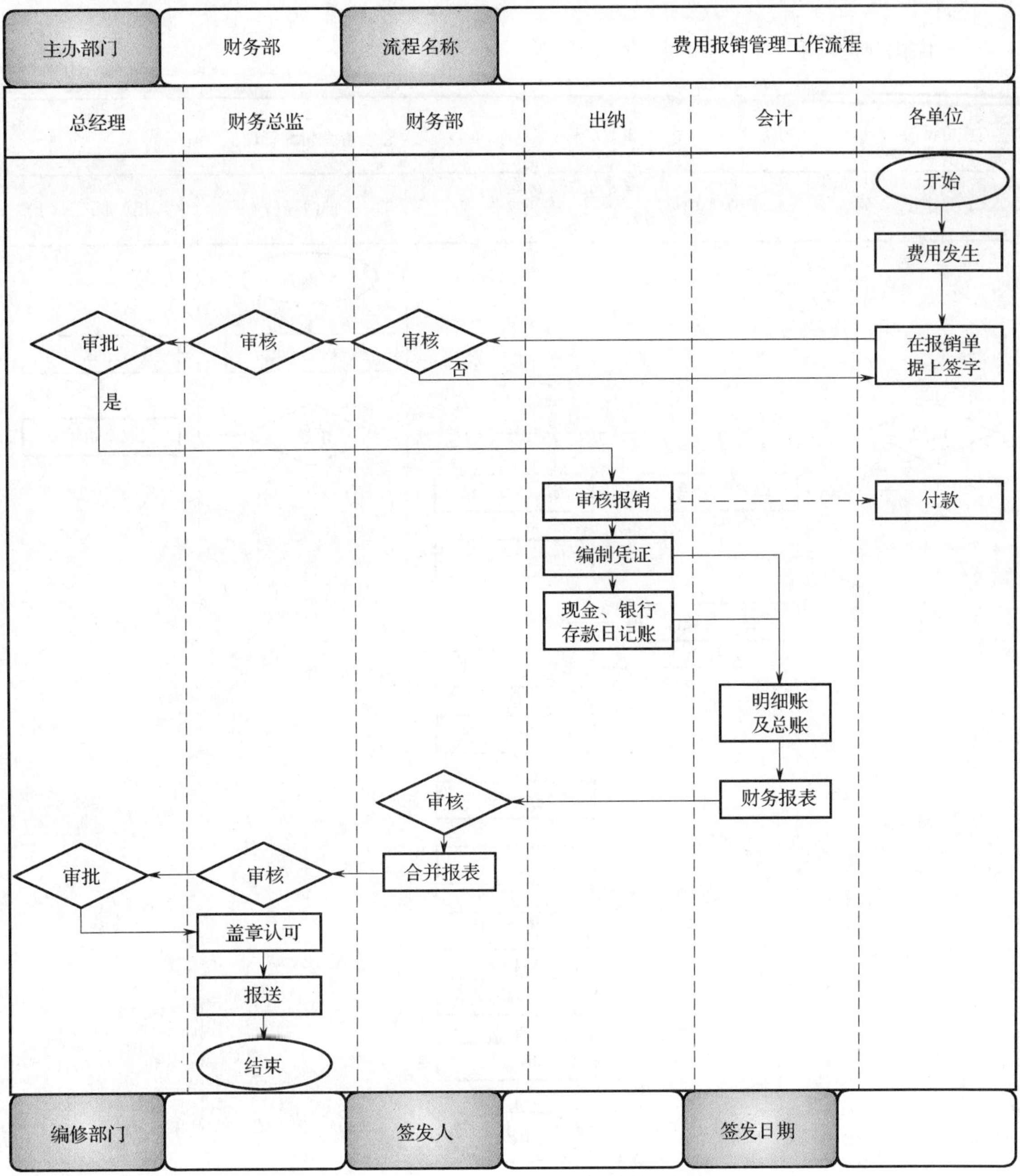
主办部门
财务部
流程名称
费用报销管理工作流程
总经理
财务总监
财务部
出纳
会计
各单位
开始
费用发生
在报销单据上签字
审核
否
审核
审批
是
审核报销
付款
编制凭证
现金、银行存款日记账
明细账及总账
财务报表
审核
合并报表
审核
审批
盖章认可
报送
结束
编修部门
签发人
签发日期

11.5.3 银行存款付款管理工作流程优化

1. 优化前的流程

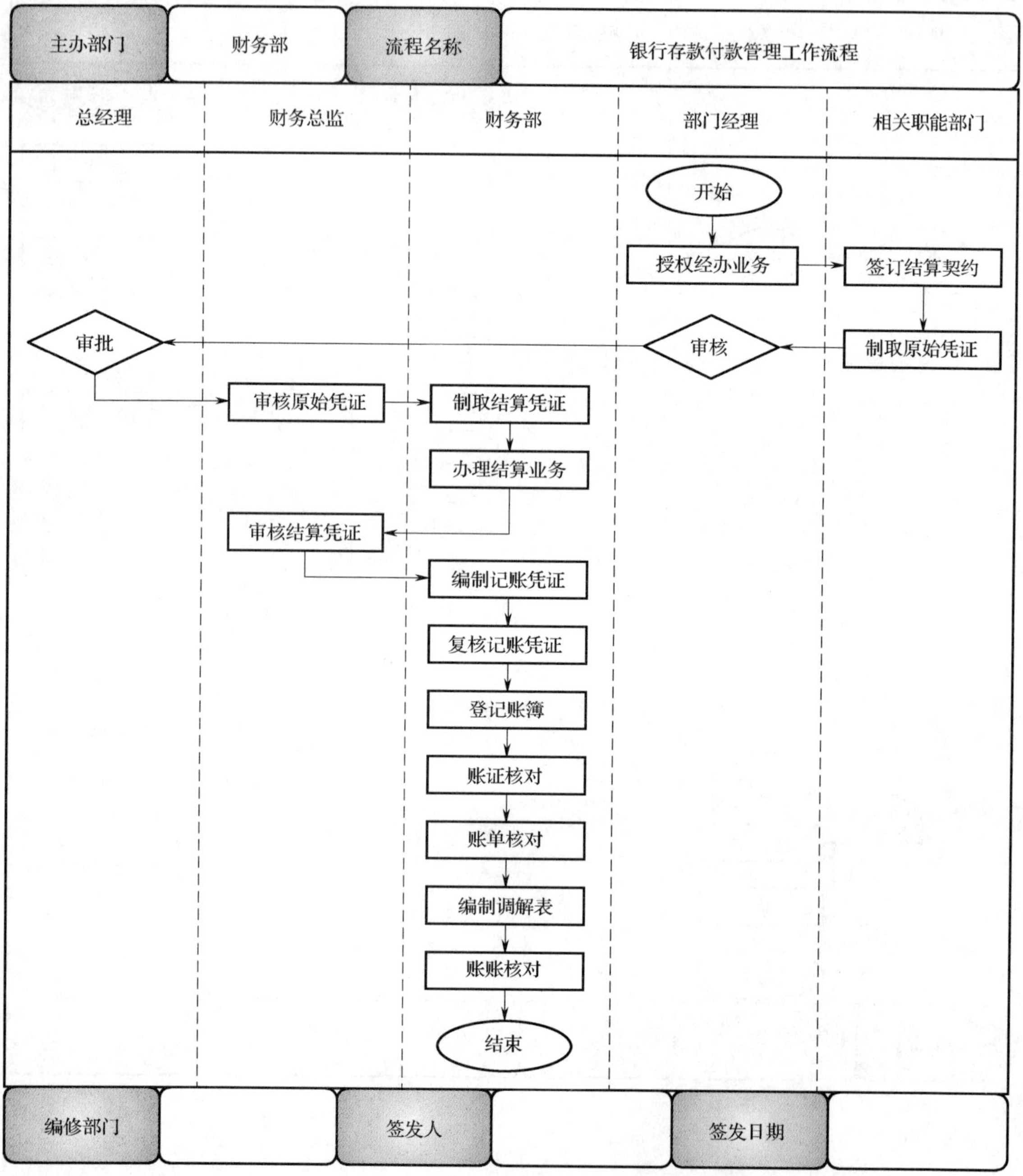

2. 流程优化分析

银行存款付款管理工作流程优化分析总表

业务问题分析	1. 协同差、效率低 □ 2. 权责分配不合理 □ 3. 程序过于烦琐或简单 ☑ 4. 业务流程早已过时 □ 5. 业务执行标准过于严苛 □ 6. 相关政策、市场变化对流程的影响 ☑ 7. 制度、操作标准变化对流程的影响 ☑
业务优化思路	1. 重新分配权责：重新分配流程活动承担者的权责，使得权责清晰并匹配 2. 加强环节衔接：消除对流程的人为分割，防止各自为政造成浪费 3. 重新梳理程序：对流程要素的逻辑关系重新排序，或重新安排工作程序和步骤 4. 加强关键节点控制：对关键环节进行内容细化或权责细分，加强对关键节点的监督和控制 5. 重新确立业务执行标准：修改过时的、落后的、过于严苛的业务执行标准，以免影响业务流程的执行效果 6. 根据市场变化做出相应的调整：随着市场变化、业务调整以及现有业务的承接和延续性而对业务流程进行优化调整
业务节点把控	节点 1：财务部提供购货单等完整的付款依据，报财务总监审核、总经理审批 节点 2：填制付款票据，财务总监审核后，报总经理审批 节点 3：付款票据上的内容与付款依据进行核对，交付付款票据 节点 4：财务部编制记账凭证并逐笔登记账簿 节点 5：账证、账账、账单核对，编制银行存款余额调节表
下次优化重点	1. 组织变化：重新审视组织目标，根据组织变化进行流程变革或调整 2. 职责清晰：明确每一业务活动的管理者、监督者、执行者以及各级责任人的具体职责 3. 关键步骤：细化并凸显关键环节和步骤，以引起重视并提供执行标准 4. 标准变化：以提高效率为目标和原则，优化业务流程的执行及评价标准 5. 政策变化：根据企业政策调整优化业务流程，确保相关政策与战略能在业务层面得以有效地执行和实现

3. 优化后的流程

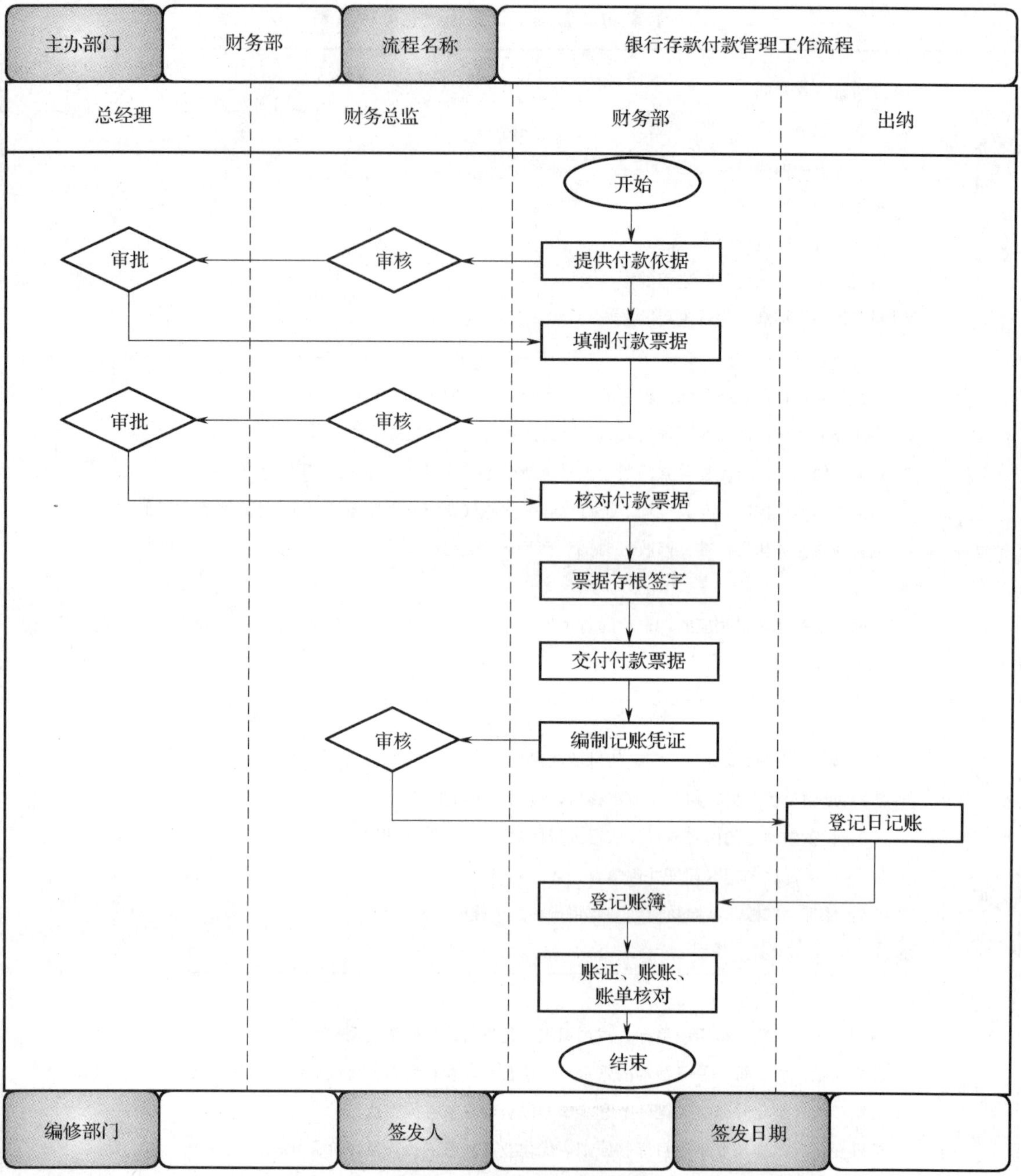
主办部门
财务部
流程名称
银行存款付款管理工作流程
总经理
财务总监
财务部
出纳
开始
审批
审核
提供付款依据
填制付款票据
审批
审核
核对付款票据
票据存根签字
交付付款票据
审核
编制记账凭证
登记日记账
登记账簿
账证、账账、账单核对
结束
编修部门
签发人
签发日期

第 12 章

行政流程优化设计

12.1 行政工作设计分析

12.1.1 行政管理工作分析

1. 行政管理工作维度图

行政管理工作可按下列 7 个维度进行工作分析，具体如图 12—1 所示。

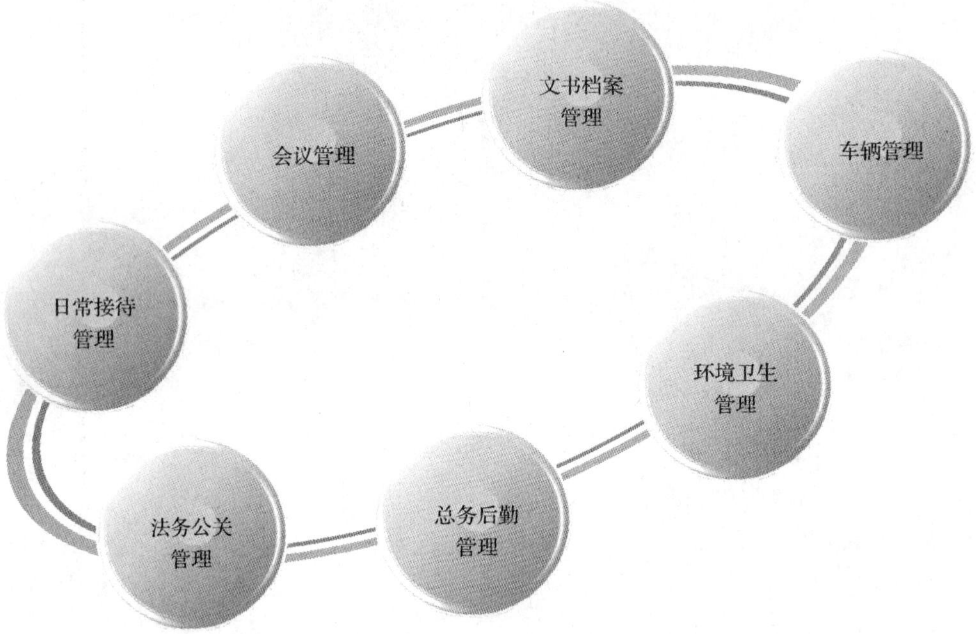

图 12—1 行政管理工作维度

2. 主要管理工作分析表

在表 12—1 中，将行政管理工作的 6 大主要事项进行具体的工作分析。

表 12—1 行政主要管理工作分析

管理大项	管理子项	重要程度（3 级）	价值创造（3 级）	优化选择
1. 日常接待管理	1）前台接待管理	□3 □2 □1	A B C	
	2）重要客户接待管理	□3 □2 □1	A B C	
	3）接待计划的制定	□3 □2 □1	A B C	
	4）接待方案的制定	□3 □2 □1	A B C	

续表

管理大项	管理子项	重要程度（3 级）	价值创造（3 级）	优化选择
2. 会议管理	5）会议计划的制定	□3 □2 □1	A B C	
	6）会议筹备的管理	□3 □2 □1	A B C	
	7）会议室使用管理	□3 □2 □1	A B C	
3. 文书档案管理	8）文书起草管理	□3 □2 □1	A B C	
	9）档案调入调出管理	□3 □2 □1	A B C	
	10）档案借阅管理	□3 □2 □1	A B C	
	11）档案销毁管理	□3 □2 □1	A B C	
4. 车辆管理	12）车辆调度管理	□3 □2 □1	A B C	
	13）车辆定期保养管理	□3 □2 □1	A B C	
	14）车辆维修管理	□3 □2 □1	A B C	
5. 环境卫生管理	15）办公环境美化管理	□3 □2 □1	A B C	
	16）办公室卫生管理	□3 □2 □1	A B C	
	17）环卫绿化管理	□3 □2 □1	A B C	
6. 总务后勤管理	18）员工餐厅卫生管理	□3 □2 □1	A B C	
	19）宿舍卫生管理	□3 □2 □1	A B C	
	20）宿舍防火管理	□3 □2 □1	A B C	
	21）宿舍安全管理	□3 □2 □1	A B C	

填写说明：“优化选择”栏可从以下 5 个角度进行多选：1. 组织优化；2. 职责优化；3. 权限优化；4. 分工优化；5. 流程优化。

12.1.2　行政业务工作分析

1. 行政业务工作维度图

行政业务工作可按下列 6 个维度进行工作分析，具体如图 12—2 所示。

2. 主要业务工作分析表

在表 12—2 中，将行政业务的 6 大主要事项进行具体的工作分析。

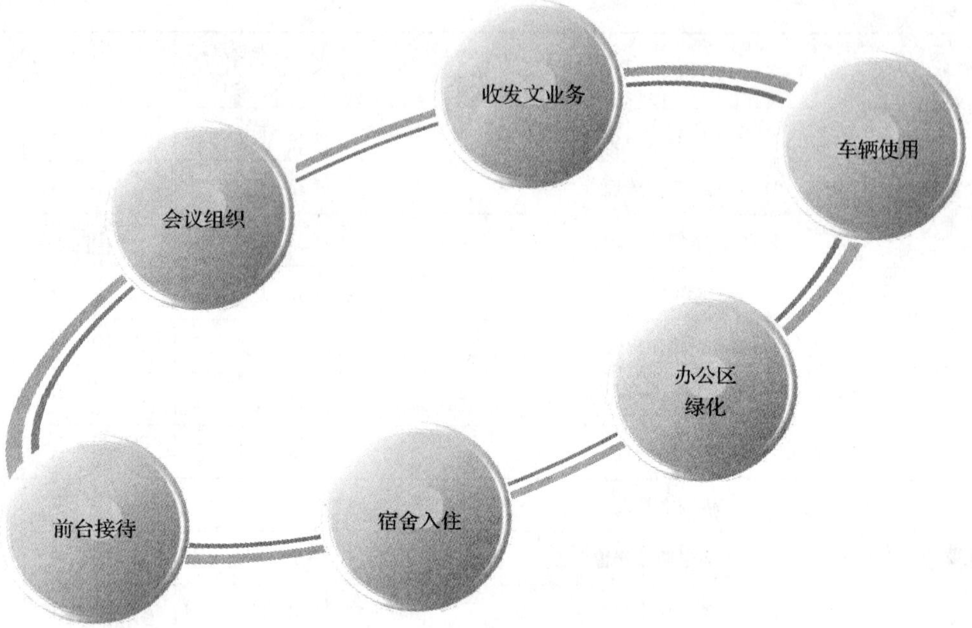

图 12—2　行政业务工作维度

表 12—2　　**行政主要业务工作分析**

业务大项	业务子项	重要程度（3 级）	价值创造（3 级）	优化选择
1. 前台接待	1）电话接待处理	□3 □2 □1	A B C	
	2）客户来访处理	□3 □2 □1	A B C	
	3）重要内容的记录	□3 □2 □1	A B C	
2. 会议组织	4）会议通知书的制定	□3 □2 □1	A B C	
	5）会场的布置	□3 □2 □1	A B C	
	6）会议现场服务	□3 □2 □1	A B C	
3. 文件收发业务	7）收文管理	□3 □2 □1	A B C	
	8）发文管理	□3 □2 □1	A B C	
	9）收发文登记	□3 □2 □1	A B C	
4. 车辆使用管理	10）车辆加油管理	□3 □2 □1	A B C	
	11）在岗司机的登记	□3 □2 □1	A B C	
	12）车辆肇事的处理	□3 □2 □1	A B C	

续表

业务大项	业务子项	重要程度（3 级）	价值创造（3 级）	优化选择
5. 办公区绿化	13）绿化植物的种植	□3　□2　□1	A　B　C	
	14）绿化植物的施肥浇水	□3　□2　□1	A　B　C	
	15）绿化植物的虫害防治	□3　□2　□1	A　B　C	
	16）绿化植物的抗旱防冻	□3　□2　□1	A　B　C	
6. 宿舍入住管理	17）住宿资格的审批	□3　□2　□1	A　B　C	
	18）住宿人员的登记	□3　□2　□1	A　B　C	
	19）住宿用品的发放	□3　□2　□1	A　B　C	

填写说明："优化选择"栏可从以下 5 个角度进行多选：1. 组织优化；2. 职责优化；3. 权限优化；4. 分工优化；5. 流程优化。

12.2　行政工作关键要素

12.2.1　行政工作关键点表

行政工作关键点设计见表 12—3。

表 12—3　　**行政工作关键点设计**

财会工作关键点表				
	管理工作	前台接待管理	重要客户接待管理	会议计划的制定
		文书管理	档案管理	车辆调度管理
		餐厅管理	宿舍管理	环境卫生管理
	业务工作	电话登记业务	电话转接业务	会议准备
		收发文	档案借阅	差旅费报销
		餐厅卫生检查	住宿用品发放	办公区的绿化

12.2.2 行政工作考核量表

行政工作考核指标及指标说明见表 12—4。

表 12—4 行政工作考核量

考核维度	指标名称	指标说明	指标值
管理事项	公关计划完成率	$\frac{\text{实际完成的公关项目数}}{\text{计划完成的公关项目数}}\times100\%$	____%
	后勤服务满意度评分	各部门对行政后勤服务工作满意度评分的平均值	____分
	危机事件成功处理率	$\frac{\text{成功处理危机事件数}}{\text{处理的所有危机事件数}}\times100\%$	____%
	行政费用预算达成率	$\frac{\text{考核期内实际行政费用支出}}{\text{同期行政费用预算}}\times100\%$	____%
	核心员工流失率	$\frac{\text{核心员工离岗数}}{\text{核心员工总数}}\times100\%$	____%
业务事项	接待记录完整率	$\frac{\text{接待记录完整数}}{\text{接待记录总数}}\times100\%$	____%
	函件传递及时率	$\frac{\text{及时传递函件数}}{\text{传递函件总数}}\times100\%$	____%
	文书档案归档率	$\frac{\text{及时归档文件份数}}{\text{应归档文件总数}}\times100\%$	____%
	车辆调度正确率	$\frac{\text{考核期内正确调度数}}{\text{同期出车总次数}}\times100\%$	____%
	车辆保养任务按时完成率	$\frac{\text{考核期内车辆按时保养次数}}{\text{同期计划保养总次数}}\times100\%$	____%
	宿舍卫生检查合格率	$\frac{\text{宿舍卫生检查合格次数}}{\text{宿舍卫生检查次数}}\times100\%$	____%
	绿化完好率	$\frac{\text{完好绿地面积}}{\text{总绿化面积}}\times100\%$	____%

12.3 行政流程优化设计

12.3.1 行政管理流程体系设计

行政管理流程体系设计如图 12—3 所示。

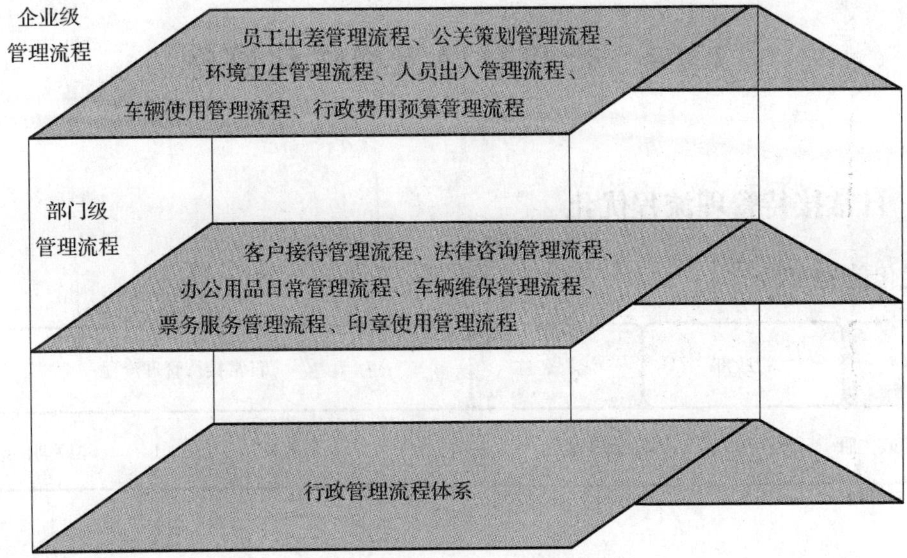

图 12—3　行政管理流程体系设计

12.3.2　行政业务流程体系设计

行政业务流程体系如图 12—4 所示。

图 12—4　行政业务流程体系设计

12.4 行政管理流程优化案例

12.4.1 日常接待管理流程优化

1. 优化前的流程

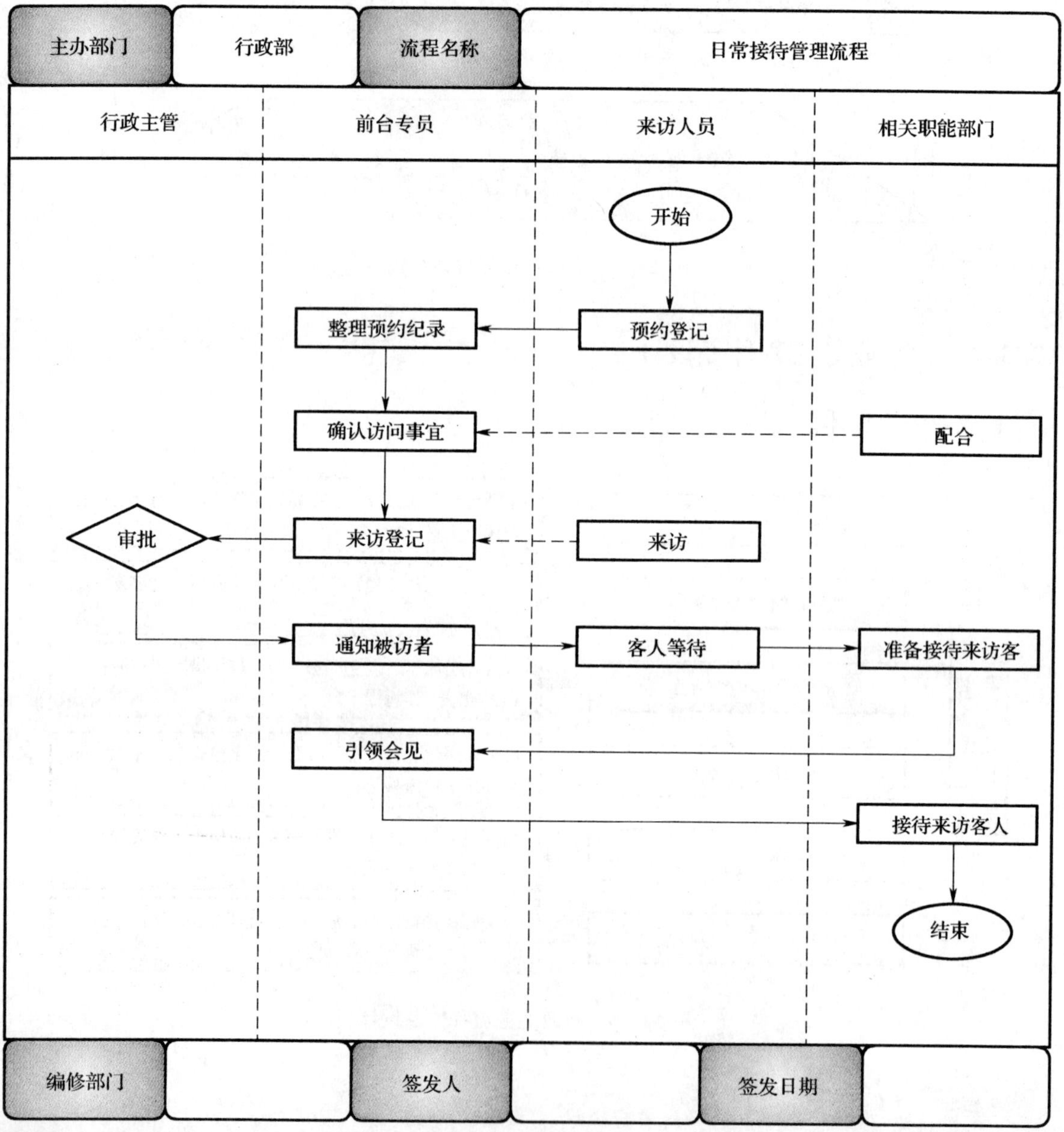

2. 流程优化分析

日常接待管理流程优化分析总表

流程问题分析	1. 权责分配不合理 □ 2. 不适应组织变革、目标变化 ☑ 3. 流程过于烦琐或简单 ☑ 4. 管理流程早已过时 ☑ 5. 相关政策、市场变化对流程的影响 □ 6. 制度、操作标准变化对流程的影响 ☑
流程优化思路	1. 再造：对于效率低下的流程，需要完全推翻原有流程，运用重新设计的方法达成流程优化 2. 细化：增加或细化关键（重要）环节，以具体、明确或凸显关键节点 3. 补充：在必要的环节点上补充步骤、增加权限，以加强管理内审和内控 4. 调整：重新梳理各环节的逻辑关系，调整不合理流向，达成流程环节间的无缝衔接 5. 简化：简化不必要的审核审批程序，避免过多的事前串行审批，改为并行审批或者事中、事后控制
流程节点把控	节点 1：前台专员每日汇总当日预约记录，整理出当天已事先预约的来访者单位、职务、时间、事由、接待者等信息 节点 2：前台专员通过电话等方式提醒相关同事，确认客人到访事宜 节点 3：客人到访，前台专员礼貌相迎并让其填写企业来访客人登记表 节点 4：前台专员确认来访人员相关信息及访问对象、事由，及时通知被访者，并安排客人等候 节点 5：前台专员指引或亲自引领客人到指定的场所等待会见
下次优化重点	1. 组织变化：根据组织目标、架构或组织运作方式的变化进行流程优化，使管理流程与组织战略与职能相匹配 2. 职责清晰：明确责任人以及具体职责，避免因职责模糊造成管理工作推诿使流程无法执行，或者工作重叠而造成浪费 3. 权限调整：明确并具体权限，避免流程上的权限与职责不匹配，管理工作无法开展 4. 关键步骤：明确并细化关键步骤，凸显关键节点的重要性 5. 部门协调：打破部门间壁垒，消除层级关卡，增强横向协作 6. 绩效提升：基于可运作的现实性和可改进的方向，最大限度地提升绩效 7. 程序衔接：对管理流程进行整体统筹，避免程序衔接不紧密或执行不顺畅

3. 优化后的流程

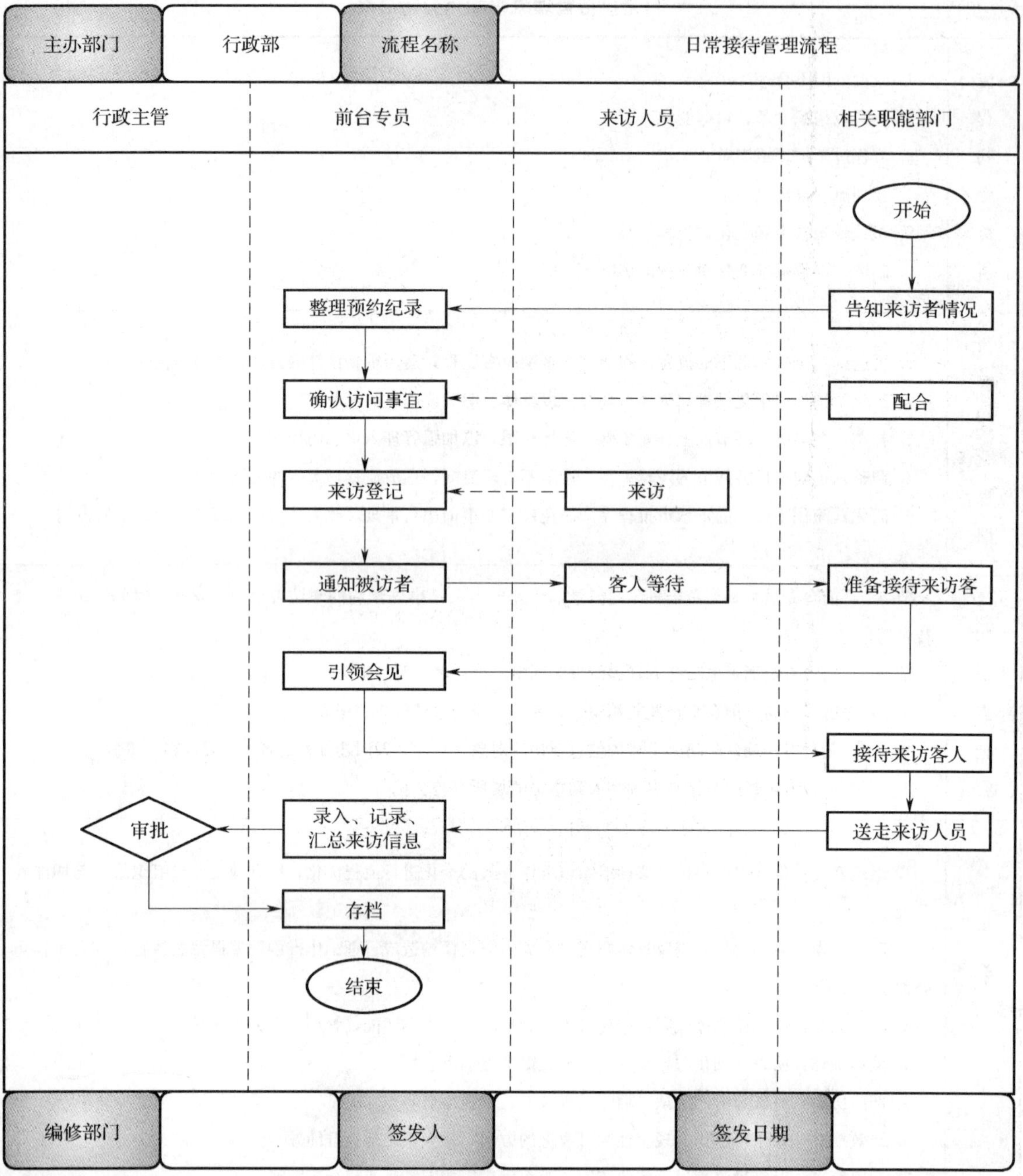
主办部门
行政部
流程名称
日常接待管理流程
行政主管
前台专员
来访人员
相关职能部门
开始
整理预约纪录
告知来访者情况
确认访问事宜
配合
来访登记
来访
通知被访者
客人等待
准备接待来访客
引领会见
接待来访客人
审批
录入、记录、
汇总来访信息
送走来访人员
存档
结束
编修部门
签发人
签发日期

12.4.2　车辆维修管理流程优化

1. 优化前的流程

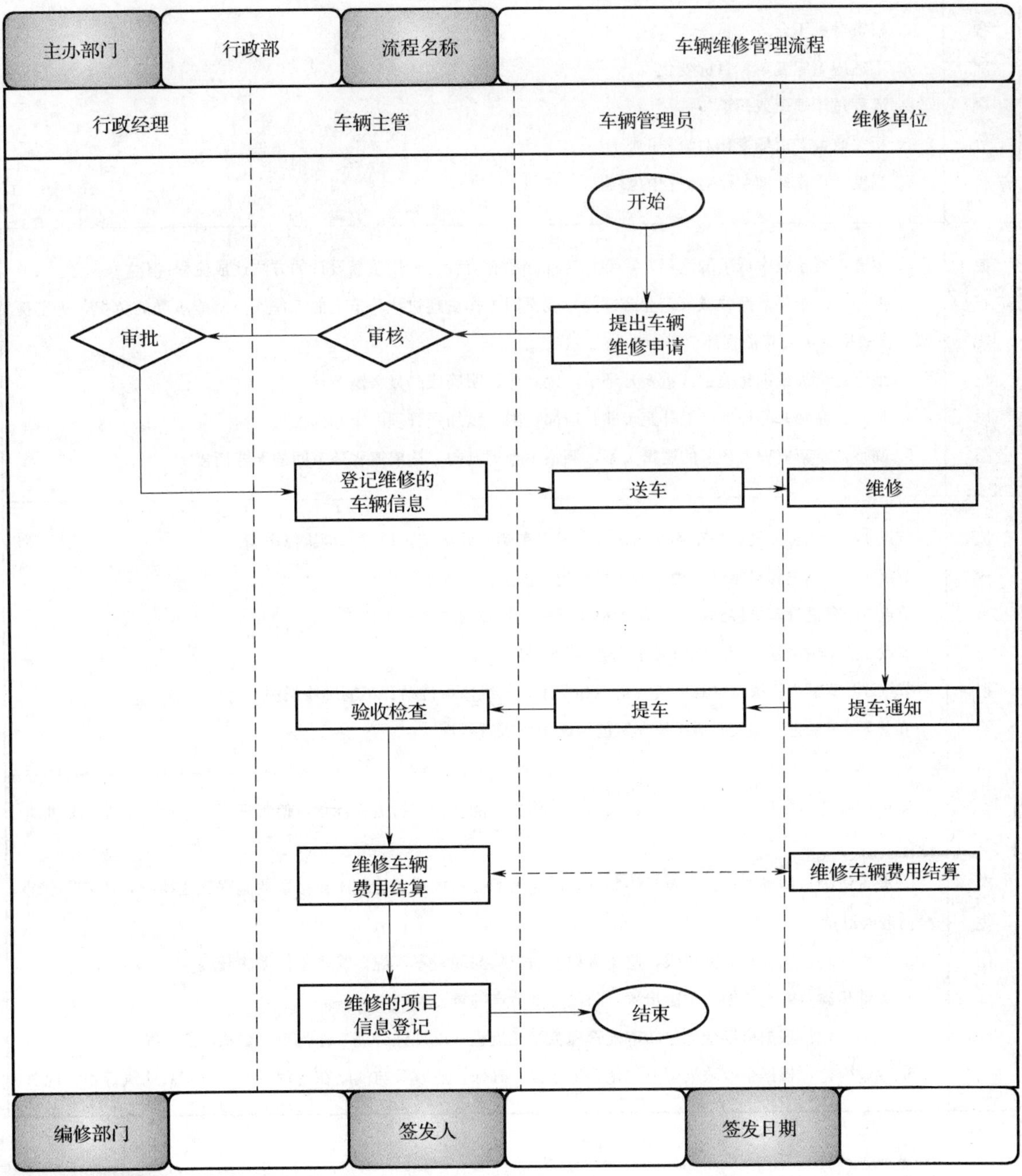

2. 流程优化分析

车辆维修管理流程优化分析总表

流程问题分析	1. 协同差、效率低 ☑ 2. 权责分配不合理 ☑ 3. 不适应组织变革、目标变化 ☑ 4. 流程过于烦琐或简单 ☑ 5. 相关政策、市场变化对流程的影响 ☐ 6. 制度、操作标准变化对流程的影响 ☐
流程优化思路	1. 再造：对于效率低下的流程，需要完全推翻原有流程，运用重新设计的方法达成流程优化 2. 拆分：由于环节跨领域（专业或部门）或是因工作量超过该环节上的工作人员所能承受的负担，为了提高工作效率，需要将流程环节进行拆分 3. 细化：增加或细化关键（重要）环节，以具体、明确或凸显关键节点 4. 补充：在必要的环节点上补充步骤、增加权限，以加强管理内审和内控 5. 调整：重新梳理各环节的逻辑关系，调整不合理流向，达成流程环节间的无缝衔接
流程节点把控	节点1：车辆管理员根据车辆使用情况，提出车辆维修申请，填写车辆维修申请表 节点2：车辆主管对维修车辆进行信息登记 节点3：车辆管理员接到维修单位的提车通知后，及时去维修单位提车 节点4：车辆主管负责对维修后车辆进行验收检查 节点5：车辆主管根据维修的实际情况和费用，与维修单位结算车辆维修费用 节点6：车辆主管应及时对维修车辆的维修项目进行登记
下次优化重点	1. 组织变化：根据组织目标、架构或组织运作方式的变化进行流程优化，使管理流程与组织战略与职能相匹配 2. 职责清晰：明确责任人以及具体职责，避免因职责模糊造成管理工作推诿使流程无法执行，或者工作重叠而造成浪费 3. 权限调整：明确并具体权限，避免流程上的权限与职责不匹配，管理工作无法开展 4. 关键步骤：明确并细化关键步骤，凸显关键节点的重要性 5. 市场变化：根据市场变化重新审视管理工作及流程，以加强管理工作与市场要求的匹配度 6. 政策变化：根据企业政策调整优化管理流程，确保企业政策与战略在管理层面得以有效地执行和实现

3. 优化后的流程

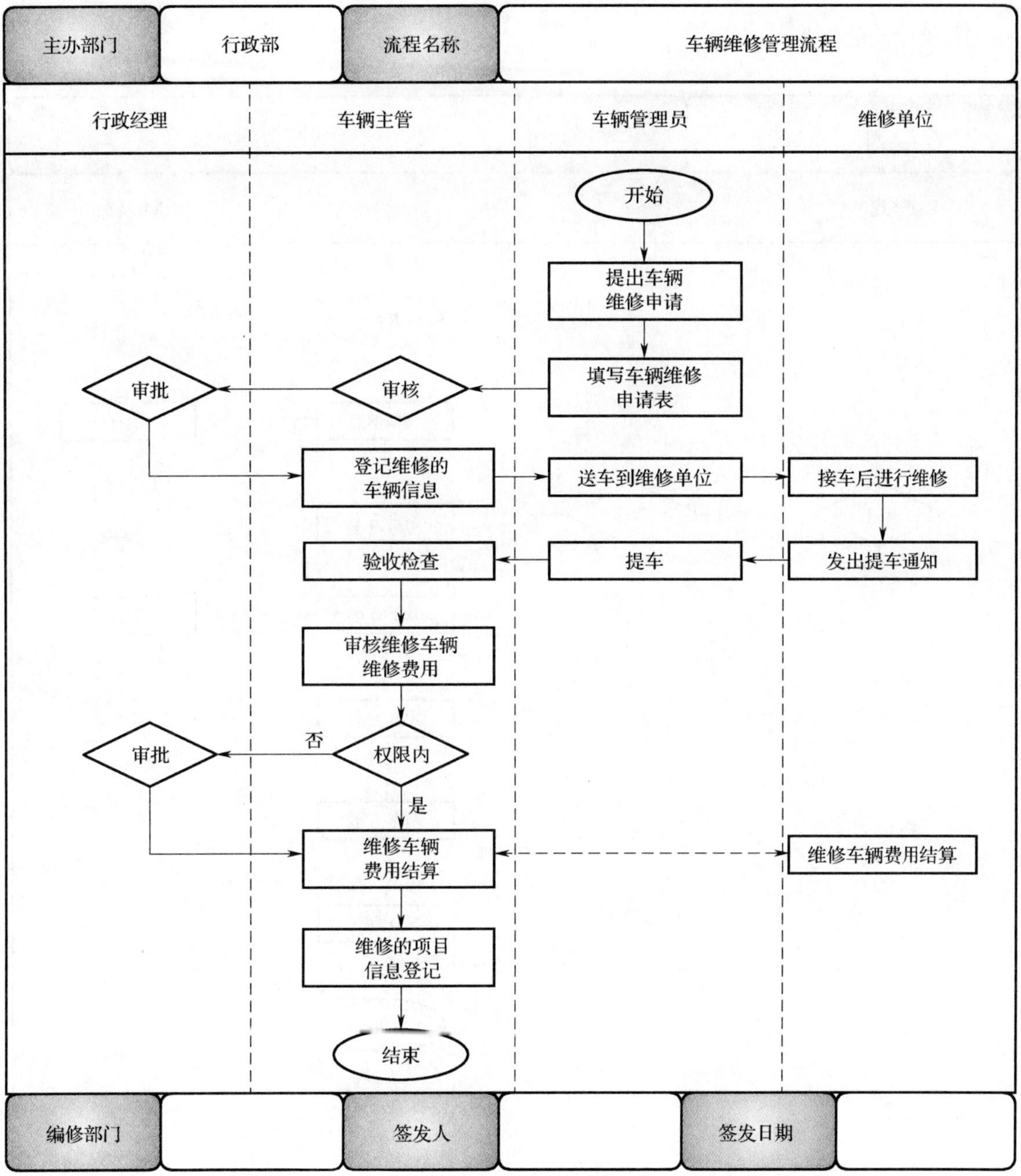
主办部门
行政部
流程名称
车辆维修管理流程
行政经理
车辆主管
车辆管理员
维修单位
开始
提出车辆维修申请
填写车辆维修申请表
审核
审批
登记维修的车辆信息
送车到维修单位
接车后进行维修
发出提车通知
提车
验收检查
审核维修车辆维修费用
权限内
否
审批
是
维修车辆费用结算
维修车辆费用结算
维修的项目信息登记
结束
编修部门
签发人
签发日期

12.4.3 公司提案管理流程优化

1. 优化前的流程

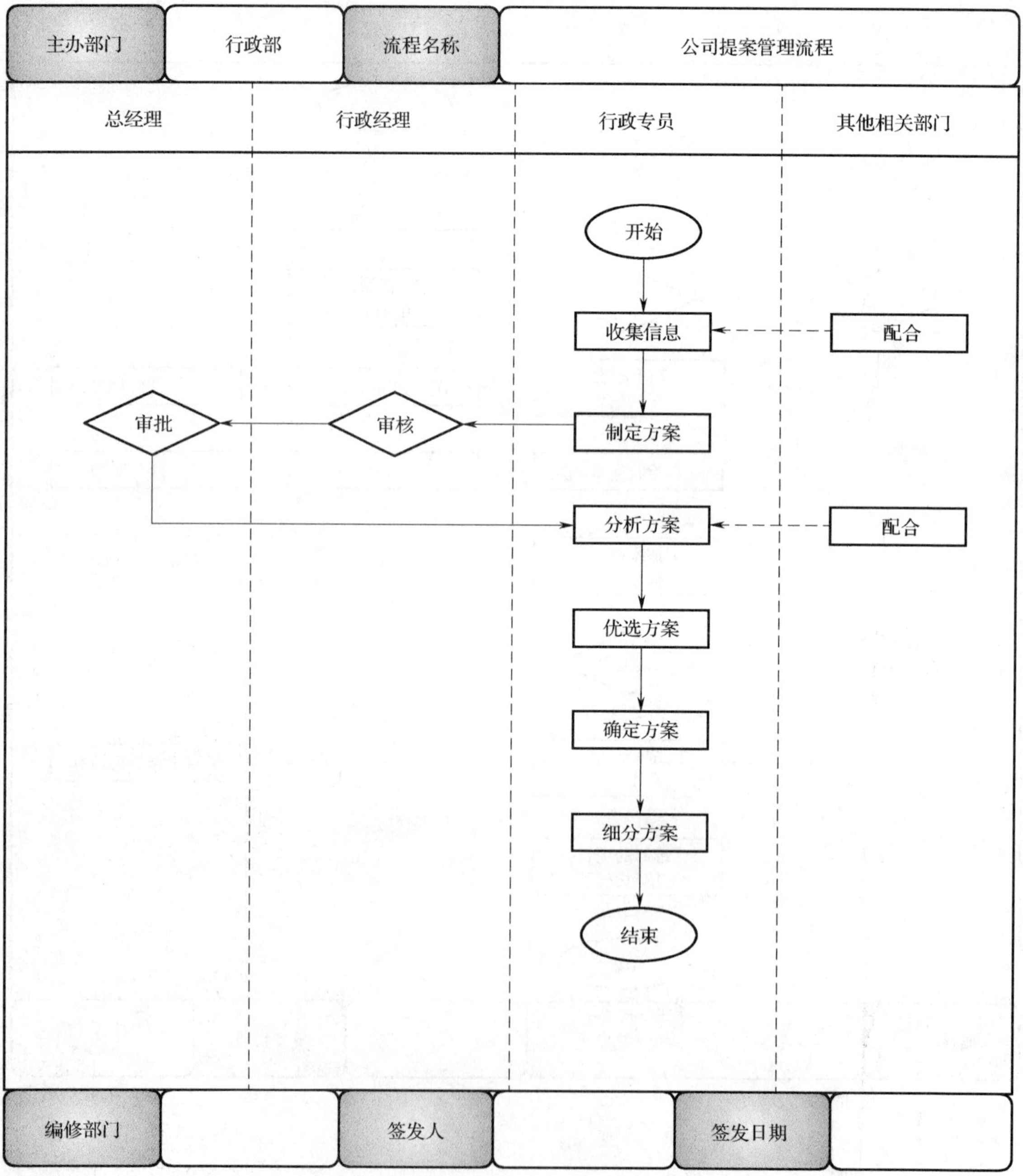

2. 流程优化分析

公司提案管理流程优化分析总表

流程问题分析	1. 协同差、效率低 ☑ 2. 不适应技术变革 ☑ 3. 不适应组织变革、目标变化 ☐ 4. 流程过于烦琐或简单 ☑ 5. 管理流程早已过时 ☑ 6. 制度、操作标准变化对流程的影响 ☑
流程优化思路	1. 再造：对于效率低下的流程，需要完全推翻原有流程，运用重新设计的方法达成流程优化 2. 拆分：由于环节跨领域（专业或部门）或是因工作量超过该环节上的工作人员所能承受的负担，为了提高工作效率，需要将流程环节进行拆分 3. 合并：在工作量不超负荷及专业允许的状态下，为了提高效率可以对不必要的分工进行合并 4. 细化：增加或细化关键（重要）环节，以具体、明确或凸显关键节点 5. 补充：在必要的环节点上补充步骤、增加权限，以加强管理内审和内控
流程节点把控	节点 1：行政专员负责全面收集、调查、了解、系统地掌握关于企业外部环境和内部条件的资料，其他相关部门应积极配合 节点 2：行政专员根据收集来的信息制定提案方案，并呈送行政经理审核，企业总经理审批 节点 3：行政专员组织有关专家对拟定的提案进行分析评估 节点 4：经过对提案的评估，选择可行性好，经济效益高，耗资少的方案 节点 5：经过评估、筛选，选出的最佳方案，将其确定为企业最终的提案 节点 6：提案确定后，行政专员及时对提案进行细分，明确各相关部门和个人的具体工作要求
下次优化重点	1. 优化时间：企业管理人员应根据企业经营环境、组织、政策等相应的变化，于合适的时机进行流程优化工作，以使优化后的流程大力提升企业运营效率 2. 关键步骤：明确并细化关键步骤，凸显关键节点的重要性 3. 部门协调：打破部门间壁垒，消除层级关卡，增强横向协作 4. 绩效提升：基于可运作的现实性和可改进的方向，最大限度地提升绩效 5. 程序衔接：对管理流程进行整体统筹，避免程序衔接不紧密或执行不顺畅 6. 政策变化：根据企业政策调整优化管理流程，确保企业政策与战略在管理层面得以有效地执行和实现

3. 优化后的流程

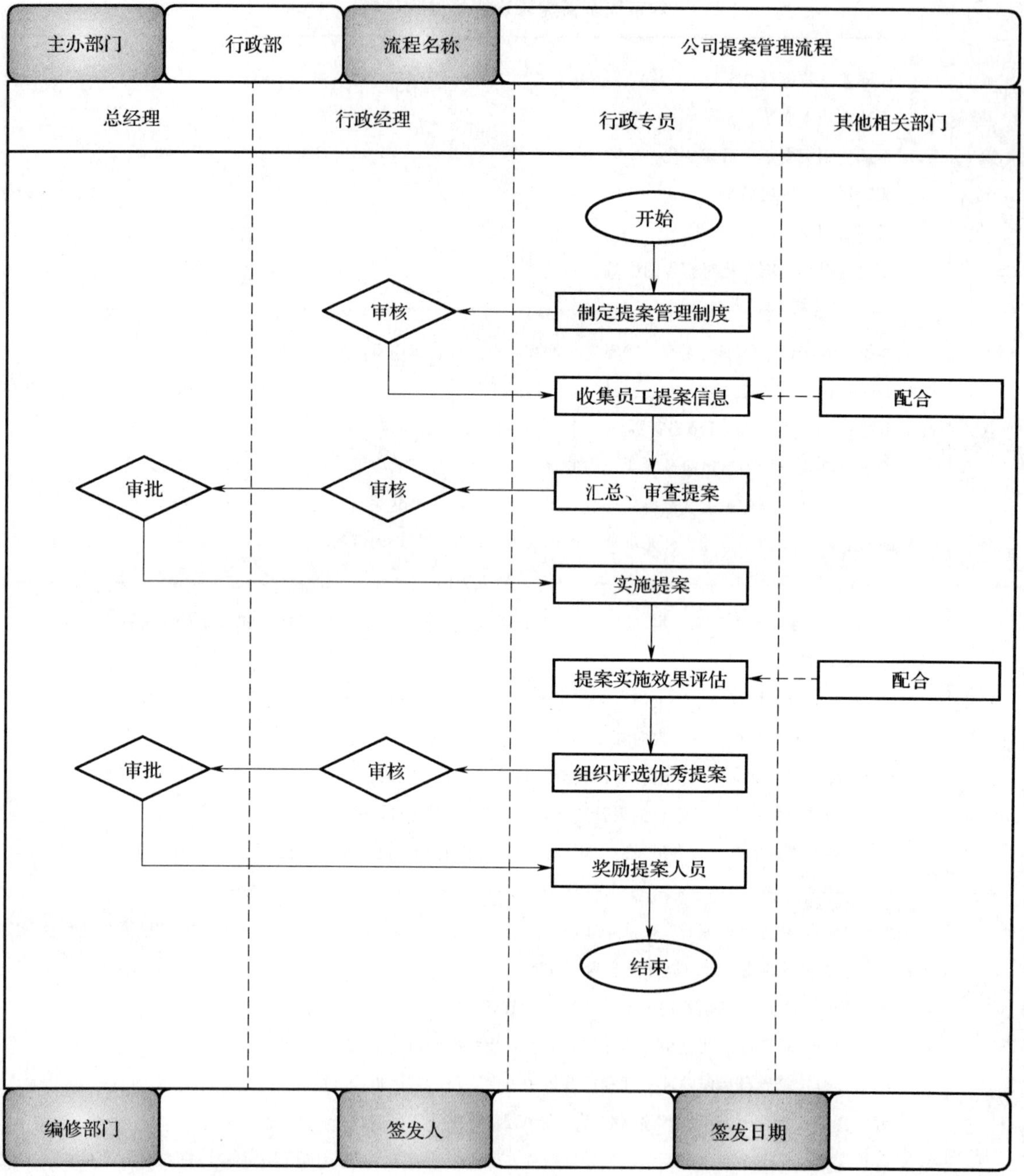
主办部门
行政部
流程名称
公司提案管理流程
总经理
行政经理
行政专员
其他相关部门
开始
审核
制定提案管理制度
收集员工提案信息
配合
审批
审核
汇总、审查提案
实施提案
提案实施效果评估
配合
审批
审核
组织评选优秀提案
奖励提案人员
结束
编修部门
签发人
签发日期

12.4.4　办公区卫生管理流程优化

1. 优化前的流程

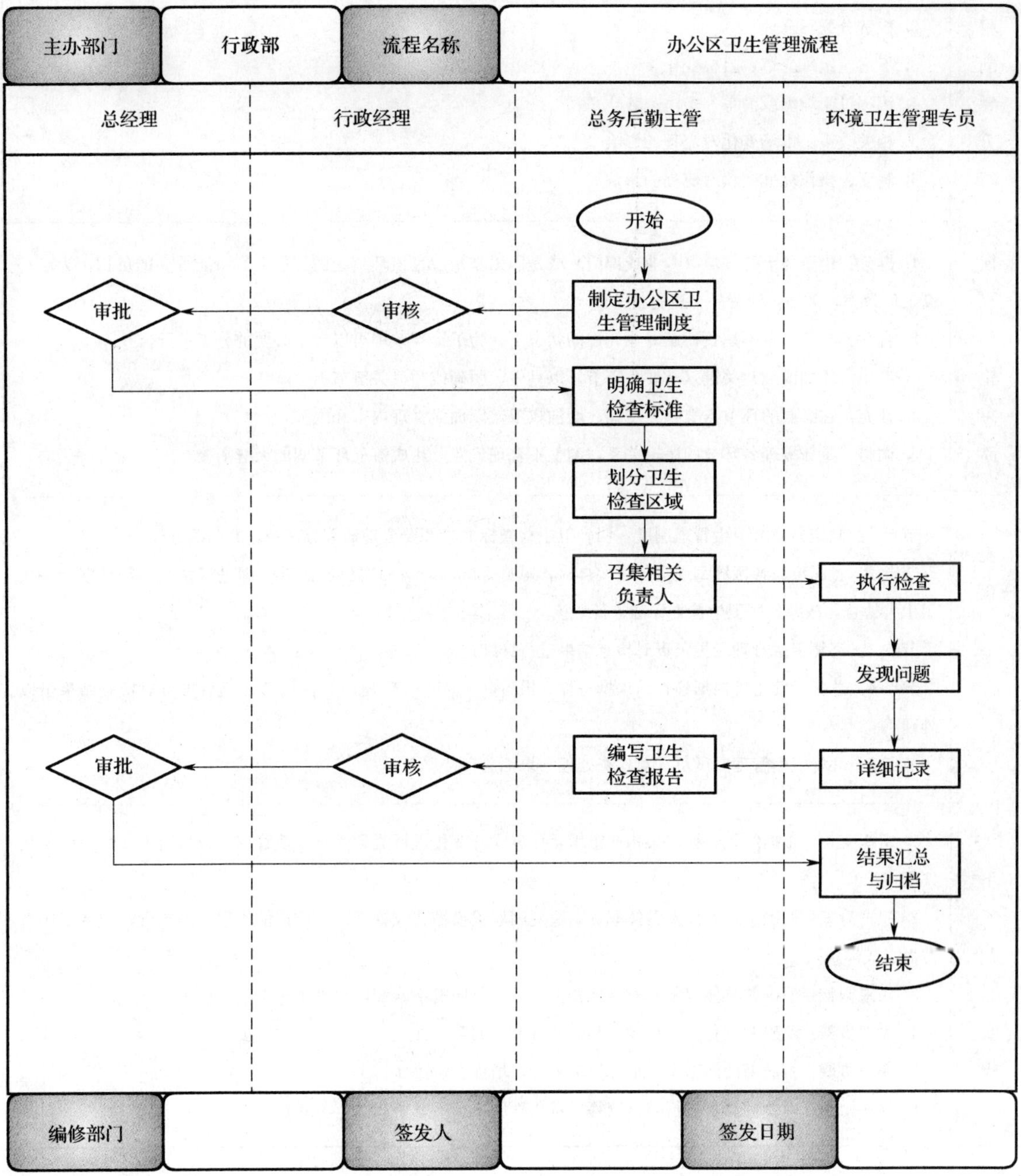

2. 流程优化分析

办公区卫生管理流程优化分析总表

流程问题分析	1. 协同差、效率低 ☑ 2. 权责分配不合理 ☑ 3. 不适应组织变革、目标变化 ☑ 4. 流程过于烦琐或简单 ☑ 5. 相关政策、市场变化对流程的影响 □ 6. 制度、操作标准变化对流程的影响 □
流程优化思路	1. 拆分：由于环节跨领域（专业或部门）或是因工作量超过该环节上的工作人员所能承受的负担，为了提高工作效率，需要将流程环节进行拆分 2. 合并：在工作量不超负荷及专业允许的状态下，为了提高效率可以对不必要的分工进行合并 3. 细化：增加或细化关键（重要）环节，以具体、明确或凸显关键节点 4. 补充：在必要的环节点上补充步骤、增加权限，以加强管理内审和内控 5. 调整：重新梳理各环节的逻辑关系，调整不合理流向，达成流程环节间的无缝衔接
流程节点把控	节点 1：制定办公区卫生管理制度，明确卫生检查标准，并要合理地划分区域，并明确责任人 节点 2：各岗位、各区域每周进行一次自检，对自查出不合格的岗位或区域立即进行整改；每月举行一次卫生大检查，按办公区卫生检查标准进行考核 节点 3：环境卫生管理专员负责对检查结果进行详细记录 节点 4：总务后勤主管根据检查结果撰写检查报告，涉及重大问题时，需报总经理后方可对检查结果予以处理 节点 5：环境卫生管理专员负责对检查处理结果汇总存档
下次优化重点	1. 组织变化：根据组织目标、架构或组织运作方式的变化进行流程优化，使管理流程与组织战略与职能相匹配 2. 职责清晰：明确责任人以及具体职责，避免因职责模糊造成管理工作推诿使流程无法执行，或者工作重叠而造成浪费 3. 权限调整：明确并具体权限，避免流程上的权限与职责不匹配，管理工作无法开展 4. 关键步骤：明确并细化关键步骤，凸显关键节点的重要性 5. 部门协调：打破部门间壁垒，消除层级关卡，增强横向协作 6. 程序衔接：对管理流程进行整体统筹，避免程序衔接不紧密或执行不顺畅

3. 优化后的流程

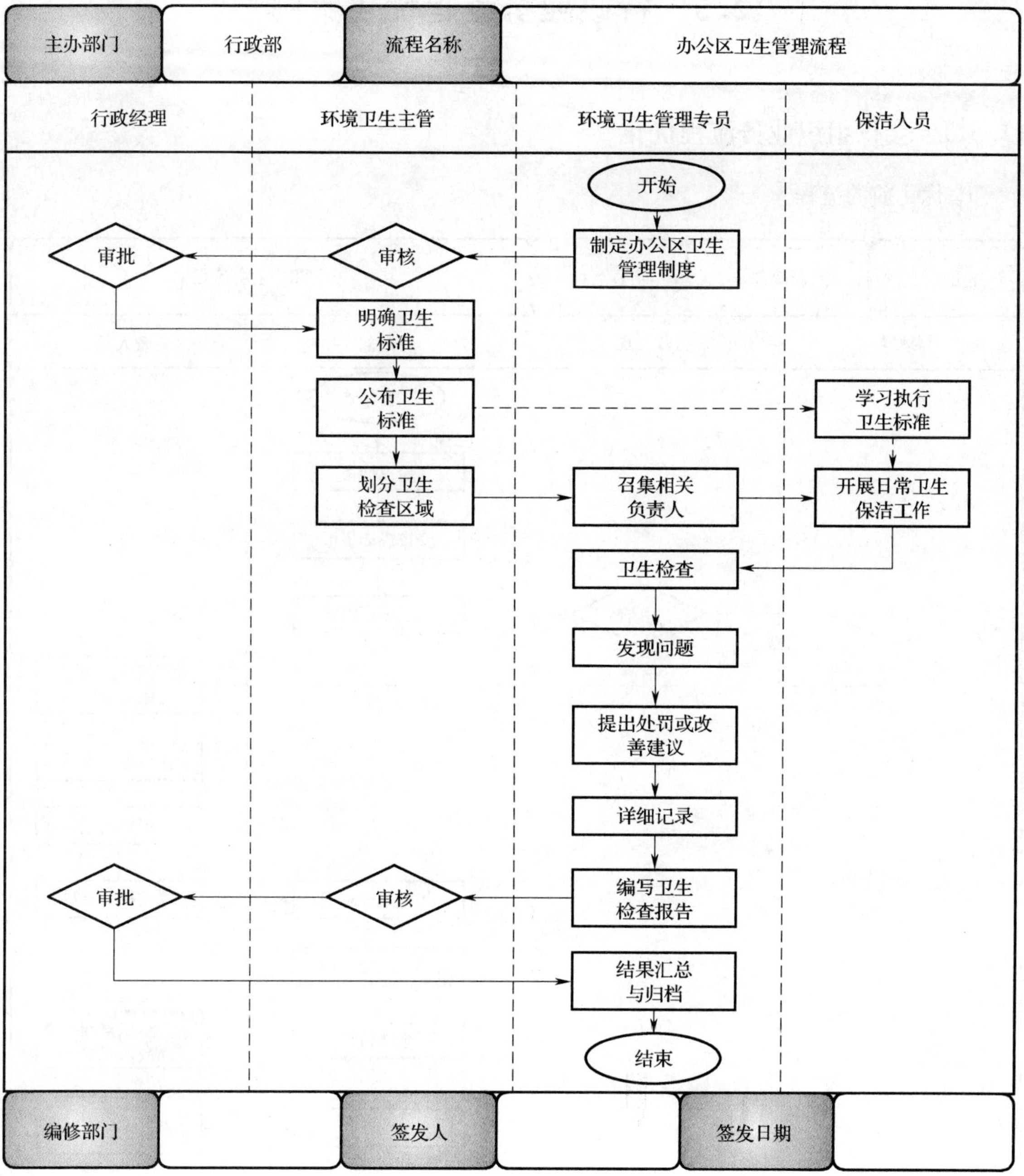
主办部门
行政部
流程名称
办公区卫生管理流程
行政经理
环境卫生主管
环境卫生管理专员
保洁人员
开始
制定办公区卫生管理制度
审核
审批
明确卫生标准
公布卫生标准
学习执行卫生标准
划分卫生检查区域
召集相关负责人
开展日常卫生保洁工作
卫生检查
发现问题
提出处罚或改善建议
详细记录
编写卫生检查报告
审核
审批
结果汇总与归档
结束
编修部门
签发人
签发日期

12.5 行政业务流程优化案例

12.5.1 会议组织业务流程优化

1. 优化前的流程

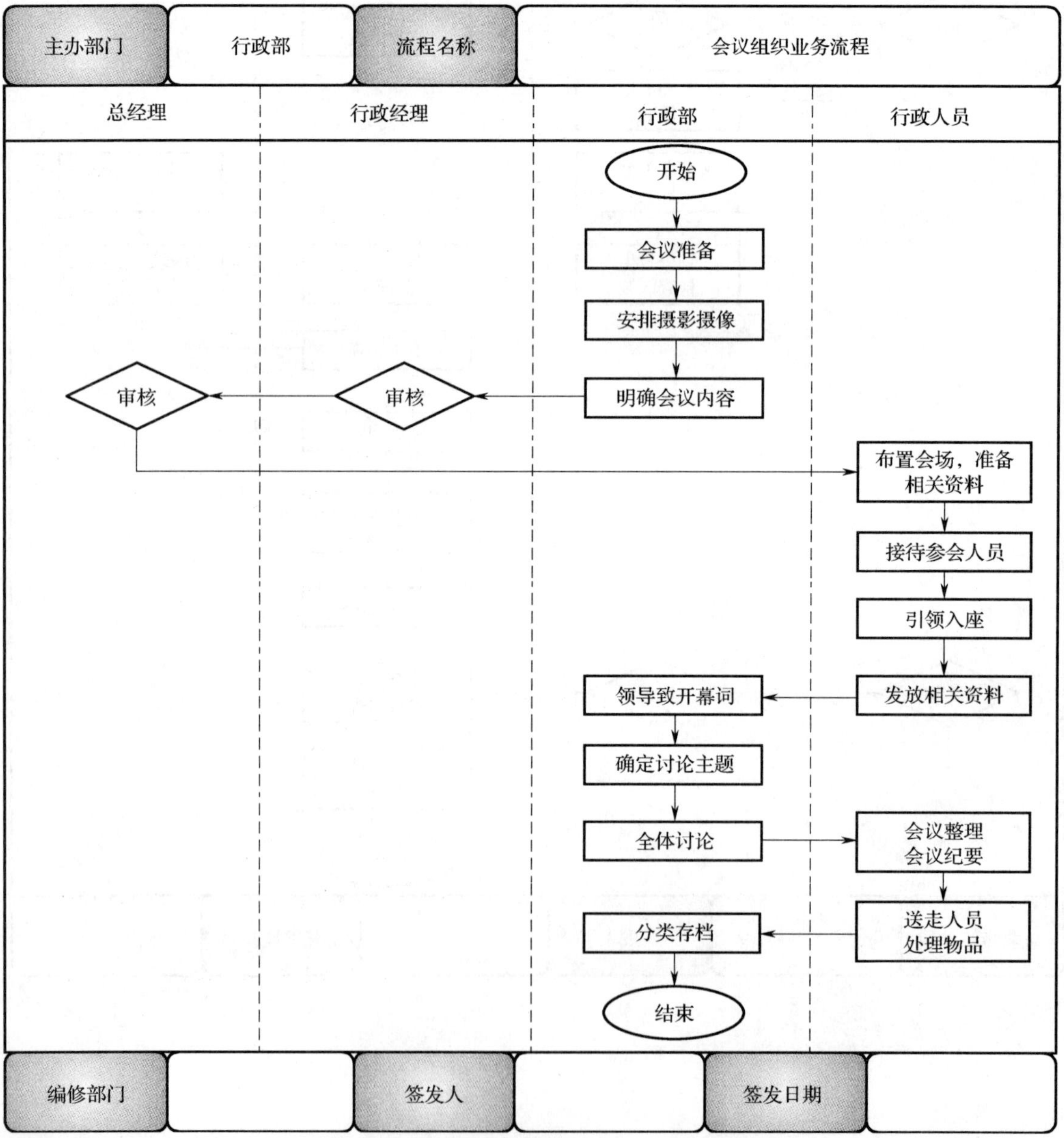

2. 流程优化分析

会议组织业务流程优化分析总表

业务问题分析	1. 协同差、效率低 ☑ 2. 权责分配不合理 ☑ 3. 程序过于烦琐或简单 ☑ 4. 业务执行标准过于严苛 □ 5. 相关政策、市场变化对流程的影响 □ 6. 制度、操作标准变化对流程的影响 □
业务优化思路	1. 重新分配权责：重新分配流程活动承担者的权责，使得权责清晰并匹配 2. 加强环节衔接：消除对流程的人为分割，防止各自为政造成浪费 3. 重新梳理程序：对流程要素的逻辑关系重排顺序，或重新安排工作程序和步骤 4. 加强关键节点控制：对关键环节进行内容细化或权责细分，加强对关键节点的监督和控制 5. 根据市场变化做出相应的调整：随着市场变化、业务调整以及现有业务的承接和延续性而对业务流程进行优化调整
业务节点把控	节点 1：行政部首先应明确会议的内容，是办公例会还是日常工作会议或是紧急会议 节点 2：行政人员在开会前布置好会场，准备好相关文件等资料 节点 3：行政人员事先了解参加会议的主要领导和会议代表，并做好与会人员的接待工作 节点 4：行政人员对整个会议过程进行详细记录，并提交会议纪要，经行政部经理签收后，由行政部发布会议纪要，并分类存档 节点 5：行政人员负责送走与会人员，妥善保管和处理好与会人员参会期间遗落的物品，并做好会议所用办公用品的收回及保管工作
下次优化重点	1. 优化时间：企业管理人员应根据企业经营环境、组织、政策等相应的变化，于合适的时机进行流程优化工作，以使优化后的流程大力提升企业运营效率 2. 职责清晰：明确每一业务活动的管理者、监督者、执行者以及各级责任人的具体职责 3. 关键步骤：细化并凸显关键环节和步骤，以引起重视并提供执行标准 4. 部门配合：对需其他部门或人员配合的业务，需进一步明确，以促进部门间的沟通协作顺畅，并在流程相关运作部门间形成共识 5. 标准变化：以提高效率为目标和原则，优化业务流程的执行及评价标准 6. 市场变化：根据市场变化重新审视业务及业务流程，以加强业务流程与市场、客户的匹配度

3. 优化后的流程

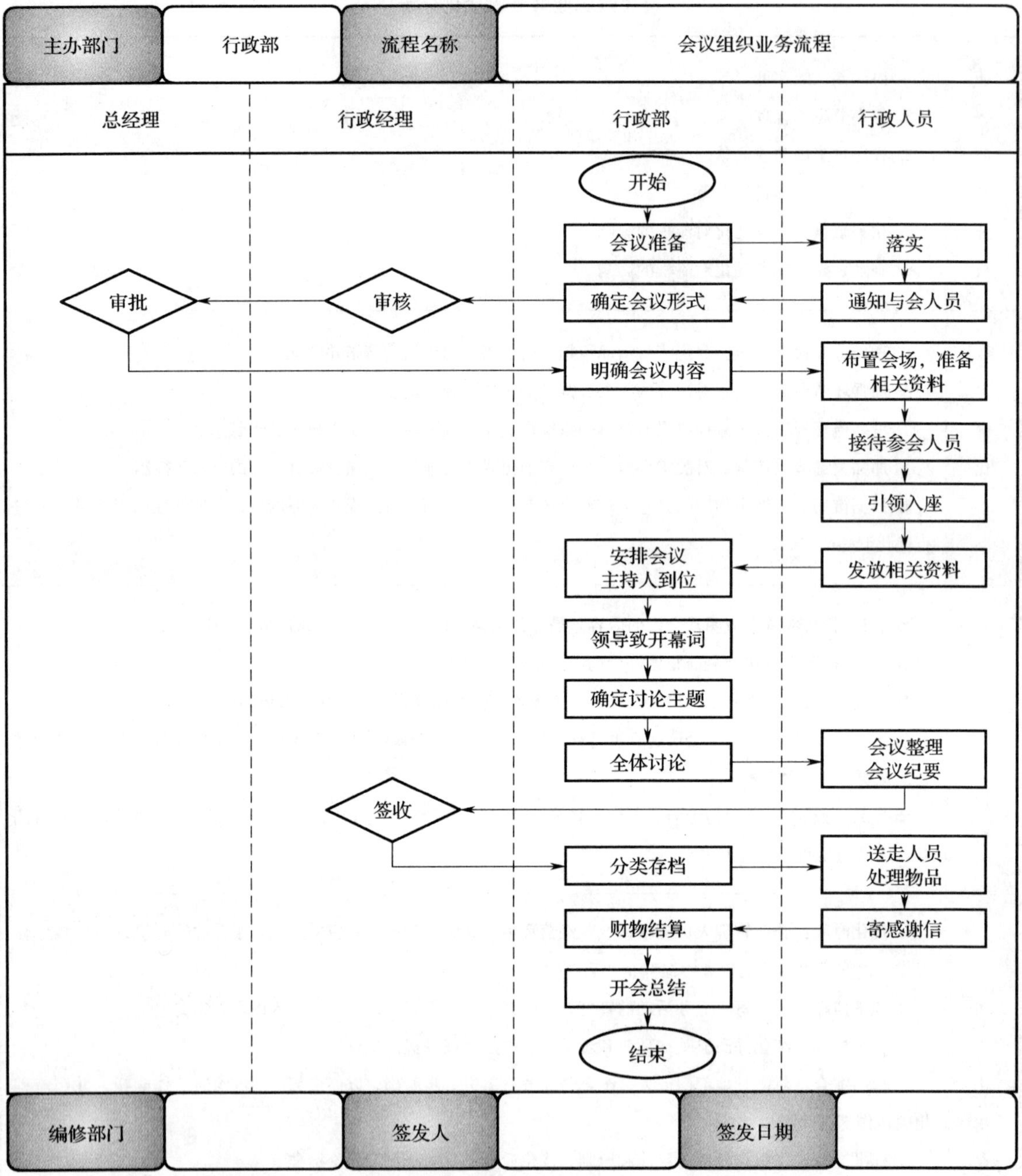
主办部门
行政部
流程名称
会议组织业务流程
总经理
行政经理
行政部
行政人员
开始
会议准备
落实
审批
审核
确定会议形式
通知与会人员
明确会议内容
布置会场，准备相关资料
接待参会人员
引领入座
安排会议主持人到位
发放相关资料
领导致开幕词
确定讨论主题
全体讨论
会议整理会议纪要
签收
分类存档
送走人员处理物品
财物结算
寄感谢信
开会总结
结束
编修部门
签发人
签发日期

12.5.2　档案借阅业务流程优化

1. 优化前的流程

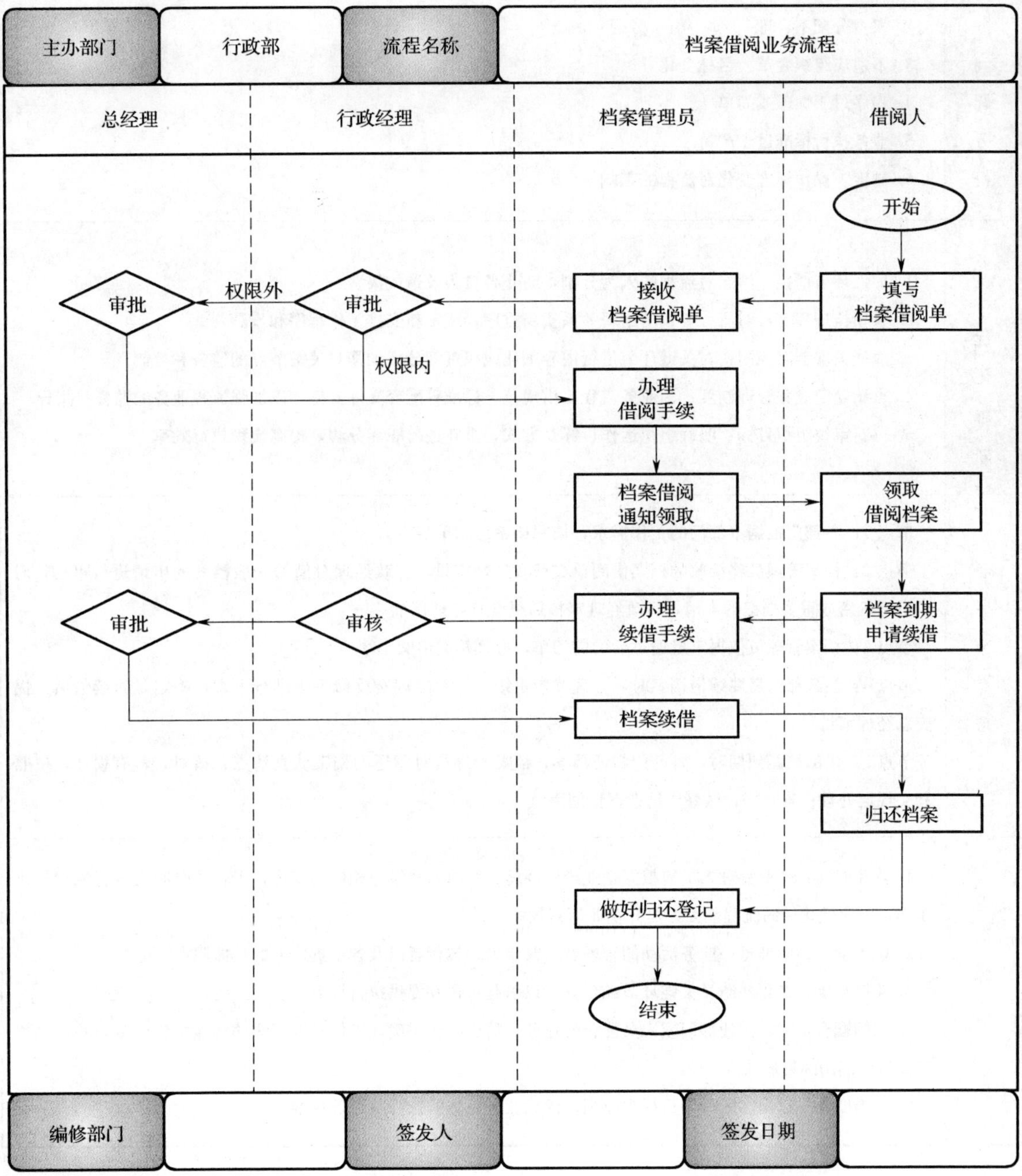

2. 流程优化分析

档案借阅业务流程优化分析总表

业务问题分析	1. 协同差、效率低 ☑ 2. 权责分配不合理 □ 3. 不适应组织变革、目标变化 □ 4. 程序过于烦琐或简单 ☑ 5. 业务执行标准过于严苛 □ 6. 制度、操作标准变化对流程的影响 □
业务优化思路	1. 加强环节衔接：消除对流程的人为分割，防止各自为政造成浪费 2. 重新梳理程序：对流程要素的逻辑关系重新排序，或重新安排工作程序和步骤 3. 加强关键节点控制：对关键环节进行内容细化或权责细分，加强对关键节点的监督和控制 4. 重新制定业务管理制度：为业务流程提供规范、标准等配套文件支持，以加强流程业务的监督、指导 5. 重新审视组织目标：明确组织运作目标及方式，重新进行职能分解，提高流程执行效率
业务节点把控	节点1：各部门根据本部门的工作需求，填写档案借阅单 节点2：档案管理员将接收的档案借阅单交行政经理审批，行政经理对借阅一般档案的申请进行审批，对于借阅机密或重要档案的申请，行政经理审核后呈交总经理审批 节点3：档案管理员依据审批通过后的借阅单，办理档案借阅手续 节点4：当各部门需要续借档案时，办理续借手续，行政经理对续借手续进行审查，确定是否续借后，提交总经理审批 节点5：借阅档案到期时，各部门归还档案，档案管理员对归还的档案认真清点、核对，若有损坏，按照相关规定处理；若完好，做好注销档案借阅手续
下次优化重点	1. 优化时间：企业管理人员应根据企业经营环境、组织、政策等相应的变化，于合适的时机进行流程优化工作，以使优化后的流程能大力提升企业运营效率 2. 职责清晰：明确每一业务活动的管理者、监督者、执行者以及各级责任人的具体职责 3. 关键步骤：细化并凸显关键环节和步骤，以引起重视并提供执行标准 4. 部门配合：对需其他部门或人员配合的业务，需进一步明确，以促进部门间的沟通协作顺畅，并在流程相关运作部门间形成共识 5. 标准变化：以提高效率为目标和原则，优化业务流程的执行及评价标准

3. 优化后的流程

主办部门	行政部	流程名称	档案借阅业务流程

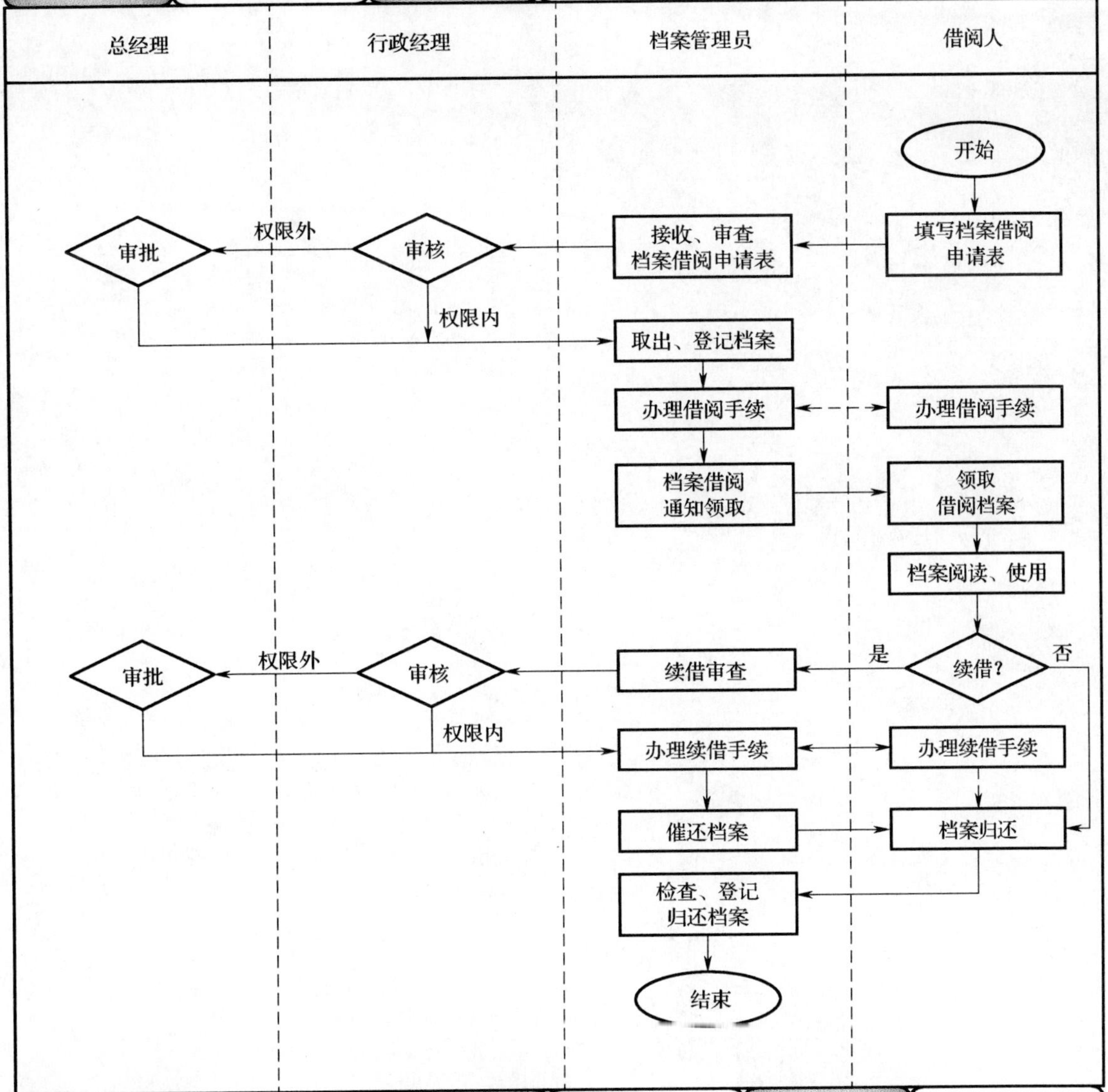

编修部门		签发人		签发日期	

第 13 章

人事流程优化设计

流程优化与工作分析
精细化实操手册

13.1 人事工作设计分析

13.1.1 人事管理工作分析

1. 人事管理工作维度图

人事管理工作可按下列 6 个维度进行工作分析，具体如图 13—1 所示。

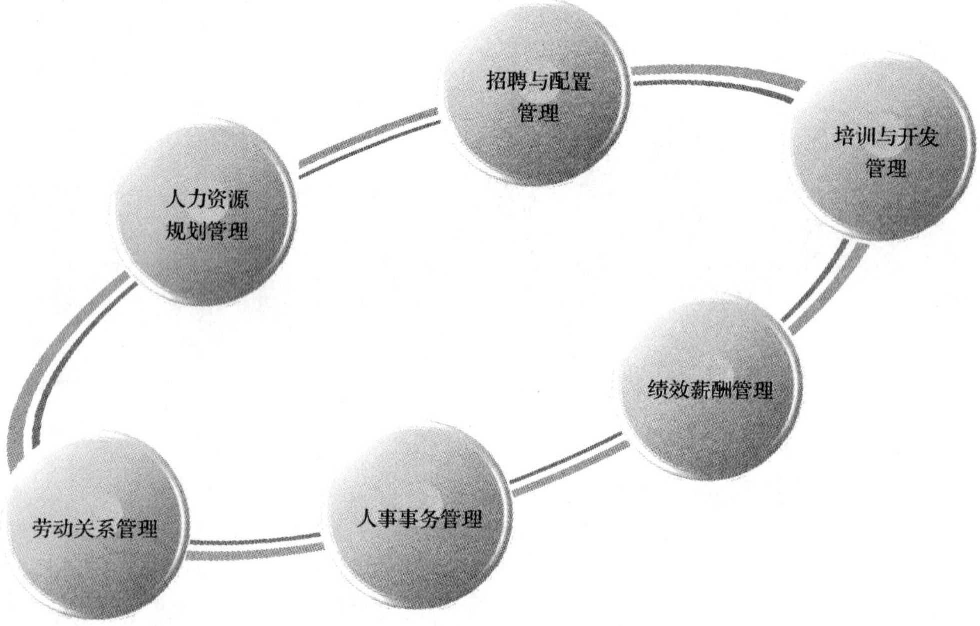

图 13—1 人事管理工作维度

2. 主要管理工作分析表

在表 13—1 中，将人事管理工作的 6 大主要事项进行具体的工作分析。

表 13—1 **人事主要管理工作分析**

管理大项	管理子项	重要程度（3 级）	价值创造（3 级）	优化选择
1. 人力资源规划管理	1）人力资源供需预测	□3 □2 □1	A B C	
	2）人力资源现状分析	□3 □2 □1	A B C	
	3）人力资源费用预算	□3 □2 □1	A B C	

续表

管理大项	管理子项	重要程度（3 级）	价值创造（3 级）	优化选择
2. 招聘与配置管理	4）人员需求分析	□3　□2　□1	A　B　C	
	5）招聘费用预算	□3　□2　□1	A　B　C	
	6）招聘总结与评估	□3　□2　□1	A　B　C	
3. 培训与开发管理	7）培训需求分析	□3　□2　□1	A　B　C	
	8）培训费用预算	□3　□2　□1	A　B　C	
	9）培训项目评估	□3　□2　□1	A　B　C	
	10）培训效果考核	□3　□2　□1	A　B　C	
	11）员工职业生涯规划	□3　□2　□1	A　B　C	
4. 绩效薪酬管理	12）绩效评估管理	□3　□2　□1	A　B　C	
	13）绩效改进管理	□3　□2　□1	A　B　C	
	14）员工薪资福利管理	□3　□2　□1	A　B　C	
	15）薪酬调整与改善	□3　□2　□1	A　B　C	
5. 人事事务管理	16）人员流动管理	□3　□2　□1	A　B　C	
	17）人事行政管理	□3　□2　□1	A　B　C	
6. 劳动关系管理	18）劳动合同管理	□3　□2　□1	A　B　C	
	19）员工关系管理	□3　□2　□1	A　B　C	

填写说明："优化选择"栏可从以下 5 个角度进行多选：1. 组织优化；2. 职责优化；3. 权限优化；4. 分工优化；5. 流程优化。

13.1.2　人事业务工作分析

1. 人事业务工作维度图

人事业务工作可按下列 6 个维度进行工作分析，具体如图 13—2 所示。

2. 主要业务工作分析表

在表 13—2 中，将人事业务的 6 大主要事项进行具体的工作分析。

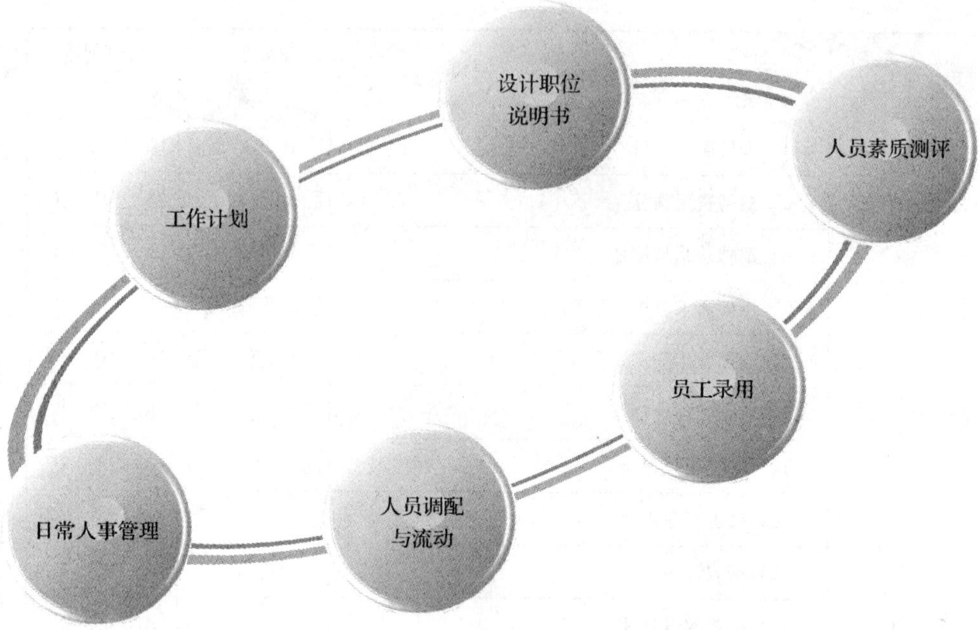

图 13—2　人事业务工作维度

表 13—2　　人事主要业务工作分析

管理大项	管理子项	重要程度（3 级）	价值创造（3 级）	优化选择
1. 工作计划	1）制定招聘、培训、绩效、薪酬等计划	□3 □2 □1	A B C	
	2）编制人力资源各阶段工作计划	□3 □2 □1	A B C	
	3）确定人力资源战略规划	□3 □2 □1	A B C	
2. 设计职位说明书	4）进行工作分析	□3 □2 □1	A B C	
	5）设置职位位置	□3 □2 □1	A B C	
	6）职位说明书编写与管理	□3 □2 □1	A B C	
3. 人员素质测评	7）建立测评指标体系	□3 □2 □1	A B C	
	8）拟定测评实施方案	□3 □2 □1	A B C	
	9）协调与控制测评过程	□3 □2 □1	A B C	
	10）撰写与提交测评报告	□3 □2 □1	A B C	
4. 员工录用	11）办理员工入职手续	□3 □2 □1	A B C	
	12）人事档案的使用管理	□3 □2 □1	A B C	

续表

管理大项	管理子项	重要程度（3 级）	价值创造（3 级）	优化选择
5. 人员调配与流动	13）员工晋升与外派	□3　□2　□1	A　B　C	
	14）员工辞职与辞退	□3　□2　□1	A　B　C	
6. 日常人事管理	15）员工考勤与出差	□3　□2　□1	A　B　C	
	16）会议与办公用品管理	□3　□2　□1	A　B　C	
	17）员工纠纷管理	□3　□2　□1	A　B　C	

填写说明：“优化选择”栏可从以下 5 个角度进行多选：1. 组织优化；2. 职责优化；3. 权限优化；4. 分工优化；5. 流程优化。

13.2　人事工作关键要素

13.2.1　人事工作关键点表

人事工作关键点设计见表 13—3。

表 13—3　　**人事工作关键点设计**

人事工作关键点表				
	管理工作	人力资源规划	招聘	培训与开发
		绩效考核	薪酬福利	人事事务
		劳动关系	企业文化建设	××××
	业务工作	工作分析	面试与甄选	员工录用
		人员测评	人员调配	人员流动
		劳动合同	劳动纠纷	××××

13.2.2 人事工作考核量表

人事工作考核指标及指标说明见表13—4。

表13—4　　　　人事工作考核量

考核维度	指标名称	指标说明	指标值
管理事项	人力资源工作计划完成率	$\frac{按时完成的工作量}{计划完成的工作量}\times100\%$	___%
	人力资源成本预算控制率	$\frac{实际发生的费用}{预算费用}\times100\%$	___%
	员工任职资格达标率	$\frac{当期任职资格考核达标的员工}{该时期员工总数}\times100\%$	___%
	员工薪酬满意度	通过对员工发放薪酬满意度调查问卷，计算其满意度评分的算术平均值	___%
	考核工作按时完成率	$\frac{按时完成的绩效考核工作量}{绩效考核计划工作总量}\times100\%$	___%
	劳动纠纷次数	—	___%
业务事项	招聘计划完成率	$\frac{实际招聘到岗的人数}{计划招聘人数}\times100\%$	___%
	培训参与率	$\frac{实际参加培训的员工数}{规定应参加培训的总人数}\times100\%$	___%
	考核信息反馈及时率	$\frac{当期规定时间内反馈考核结果量}{需要反馈考核结果总量}\times100\%$	___%
	薪酬总量预算安排达成率	$\frac{考核期内人工总成本实际发生金额}{同期人工总成本预算}\times100\%$	___%
	工资与奖金计算差错次数	对工资、奖金核算及发放的人为出错次数	___%
	核心员工流失率	$\frac{核心员工离岗数}{核心员工总数}\times100\%$	___%
	员工人事档案归档率	$\frac{已归档的人事档案数量}{应归档的人事档案总量}\times100\%$	___%

13.3　人事管理流程优化

13.3.1　人事管理流程体系设计

人事管理流程体系设计如图 13—3 所示。

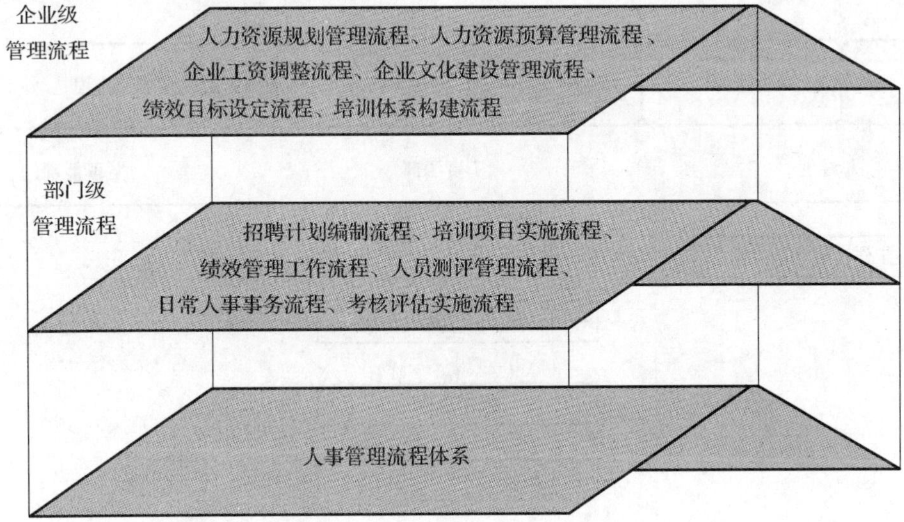

图 13—3　人事管理流程体系设计

13.3.2　人事业务流程体系设计

人事业务流程体系如图 13—4 所示。

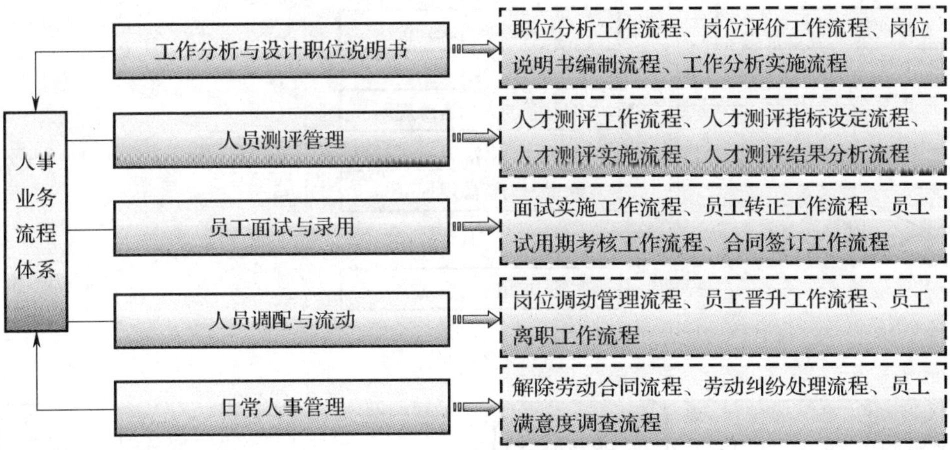

图 13—4　质控管理流程体系

13.4 人事管理流程优化案例

13.4.1 人力资源规划管理流程优化

1. 优化前的流程

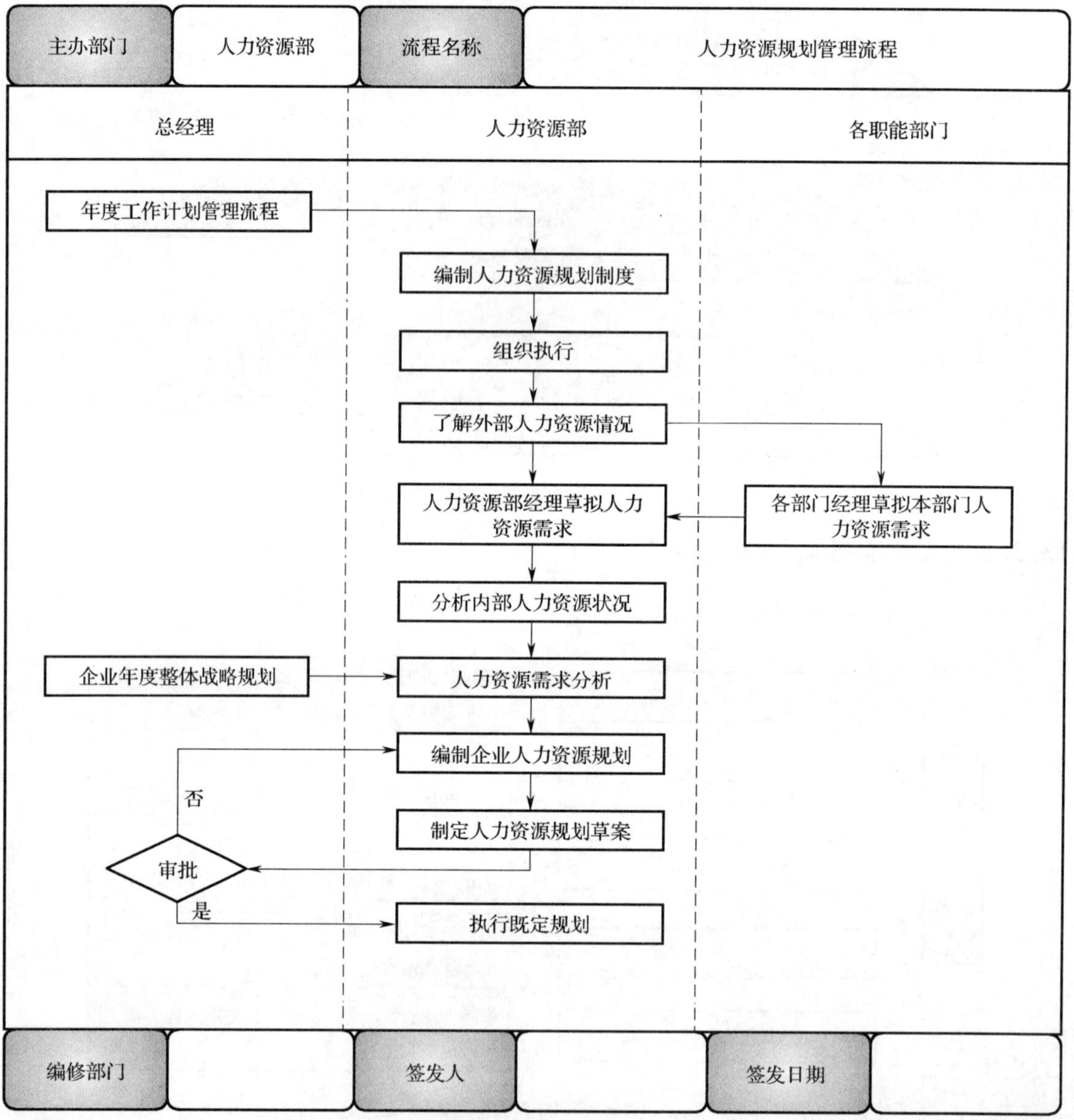

2. 流程优化分析

人力资源规划管理流程优化分析总表

流程问题分析	1. 协同差、效率低 ☑ 2. 权责分配不合理 ☑ 3. 不适应技术变革 □ 4. 不适应组织变革、目标变化 □ 5. 流程过于烦琐或简单 ☑ 6. 管理流程早已过时 □ 7. 制度、操作标准变化对流程的影响 ☑
流程优化思路	1. 再造：对于效率低下的流程，需要完全推翻原有流程，运用重新设计的方法达成流程优化 2. 拆分：由于环节跨领域（专业或部门）或是因工作量超过该环节上的工作人员所能承受的负担，为了提高工作效率，需要将流程环节进行拆分 3. 细化：增加或细化关键（重要）环节，以具体、明确或凸显关键节点 4. 补充：在必要的环节点上补充步骤、增加权限，以加强管理内审和内控 5. 调整：重新梳理各环节的逻辑关系，调整不合理流向，达成流程环节间的无缝衔接
流程节点把控	节点 1：分析企业战略规划及发展目标，主要分析战略目标、方针和关键成功因素 节点 2：组织分析企业人力资源现状，根据战略分析结果，评估人力资源管理存在的问题 节点 3：开展人力资源需求供给预测，得出年度人员的净需求量 节点 4：确定最终规划目标及匹配计划，制定出解决战略性人力资源问题的解决方案 节点 5：实施人力资源规划执行计划，根据实际工作出现的问题进行调整，灵活的采取各种方式，保证战略目标的实现
下次优化重点	1. 优化时间：企业管理人员应根据企业经营环境、组织、政策等相应的变化，于合适的时机进行流程优化工作，以使优化后的流程大力提升企业运营效率 2. 组织变化：根据组织目标、架构或组织运作方式的变化进行流程优化，使管理流程与组织战略及职能相匹配 3. 职责清晰：明确责任人以及具体职责，避免因职责模糊造成管理工作推诿使流程无法执行，或者工作重叠而造成浪费 4. 权限调整：明确并具体权限，避免因流程上的权限与职责不匹配，管理工作无法开展 5. 程序衔接：对管理流程进行整体统筹，避免因程序衔接不紧密或执行不顺畅

3. 优化后的流程

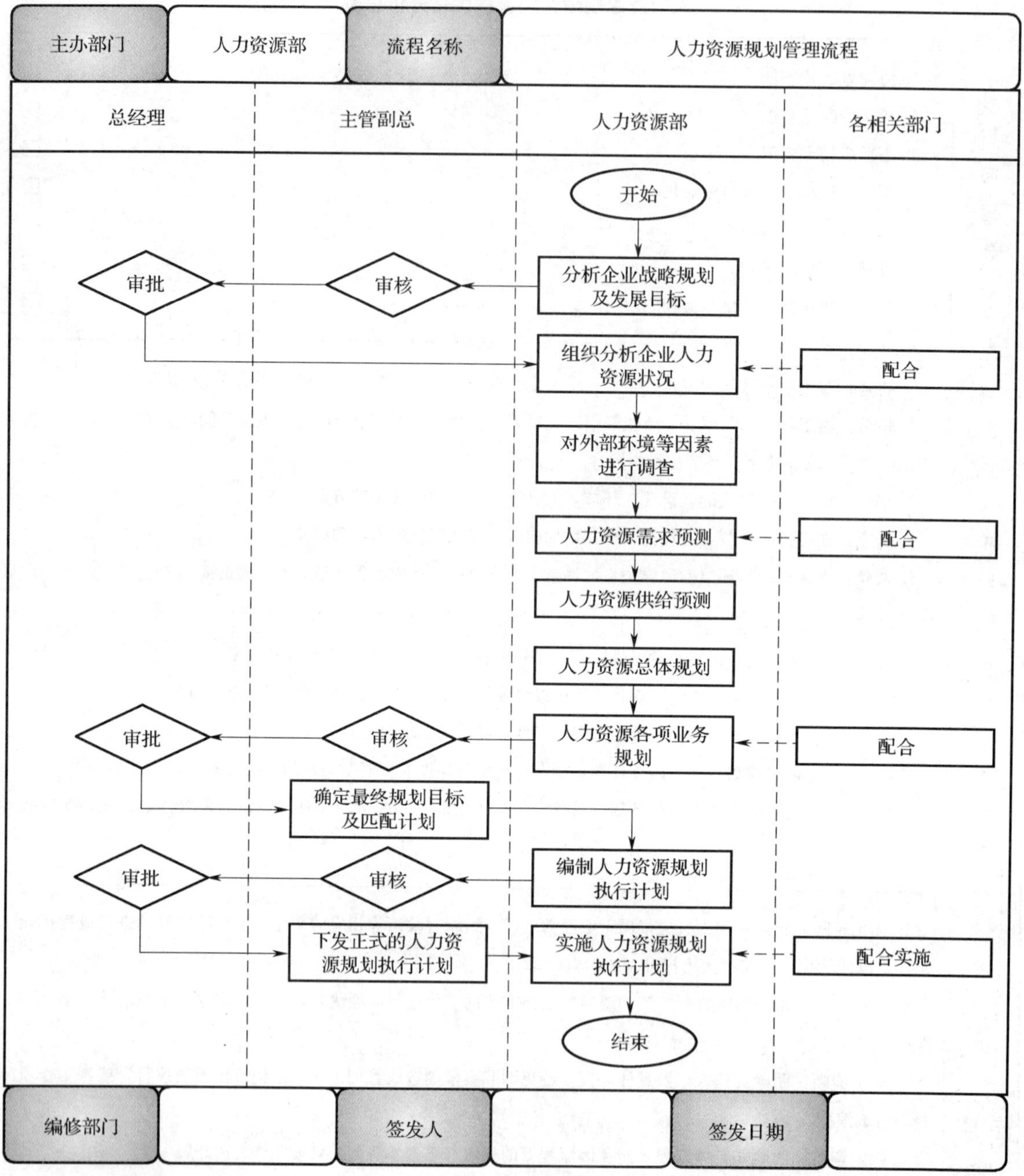
主办部门
人力资源部
流程名称
人力资源规划管理流程
总经理
主管副总
人力资源部
各相关部门
开始
分析企业战略规划及发展目标
审核
审批
组织分析企业人力资源状况
配合
对外部环境等因素进行调查
人力资源需求预测
配合
人力资源供给预测
人力资源总体规划
人力资源各项业务规划
配合
审核
审批
确定最终规划目标及匹配计划
编制人力资源规划执行计划
审核
审批
下发正式的人力资源规划执行计划
实施人力资源规划执行计划
配合实施
结束
编修部门
签发人
签发日期

13.4.2　招聘管理实施流程优化

1. 优化前的流程

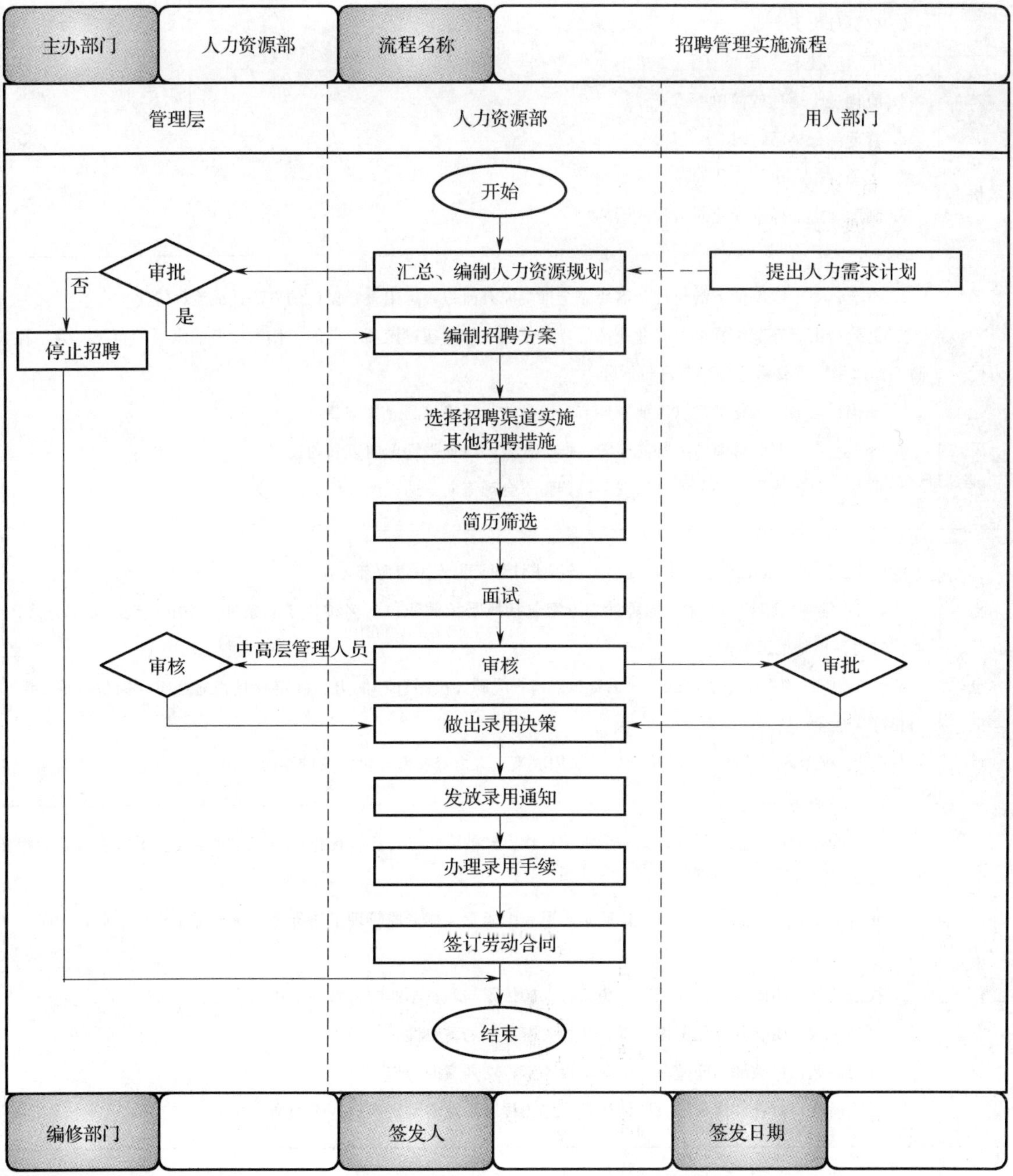

2. 流程优化分析

招聘管理实施流程优化分析总表

流程问题分析	1. 协同差、效率低 ☑ 2. 权责分配不合理 ☑ 3. 不适应技术变革 □ 4. 流程过于烦琐或简单 □ 5. 管理流程早已过时 ☑ 6. 相关政策、市场变化对流程的影响 □ 7. 制度、操作标准变化对流程的影响 □
流程优化思路	1. 再造：对于效率低下的流程，需要完全推翻原有流程，运用重新设计的方法达成流程优化 2. 拆分：由于环节跨领域（专业或部门）或是因工作量超过该环节上的工作人员所能承受的负担，为了提高工作效率，需要将流程环节进行拆分 3. 细化：增加或细化关键（重要）环节，以具体、明确或凸显关键节点 4. 补充：在必要的环节点上补充步骤、增加权限，以加强管理内审和内控 5. 调整：重新梳理各环节的逻辑关系，调整不合理流向，达成流程环节间的无缝衔接
流程节点把控	节点 1：各部门根据工作需求，提出人员需求计划，报人力资源部汇总 节点 2：编制招聘计划方案。招聘计划方案包括所需招聘职位的名称、任职条件、薪酬待遇、面试方式、面试时间、招聘渠道等内容 节点 3：筛选简历，组织面试，人力资源部审查应聘人员条件和能力，确定其是否适合应聘岗位所需要能力和符合企业的要求 节点 4：根据评定的结果，各部门做出录用决策，人力资源部提供相关的参考建议
下次优化重点	1. 组织变化：根据组织目标、架构或组织运作方式的变化进行流程优化，使管理流程与组织战略与职能相匹配 2. 职责清晰：明确责任人以及具体职责，避免因职责模糊造成管理工作推诿使流程无法执行，或者工作重叠而造成浪费 3. 权限调整：明确并具体权限，避免流程上的权限与职责不匹配，管理工作无法开展 4. 关键步骤：明确并细化关键步骤，凸显关键节点的重要性 5. 部门协调：打破部门间壁垒，消除层级关卡，增强横向协作 6. 程序衔接：对管理流程进行整体统筹，避免程序衔接不紧密或执行不顺畅

3. 优化后的流程

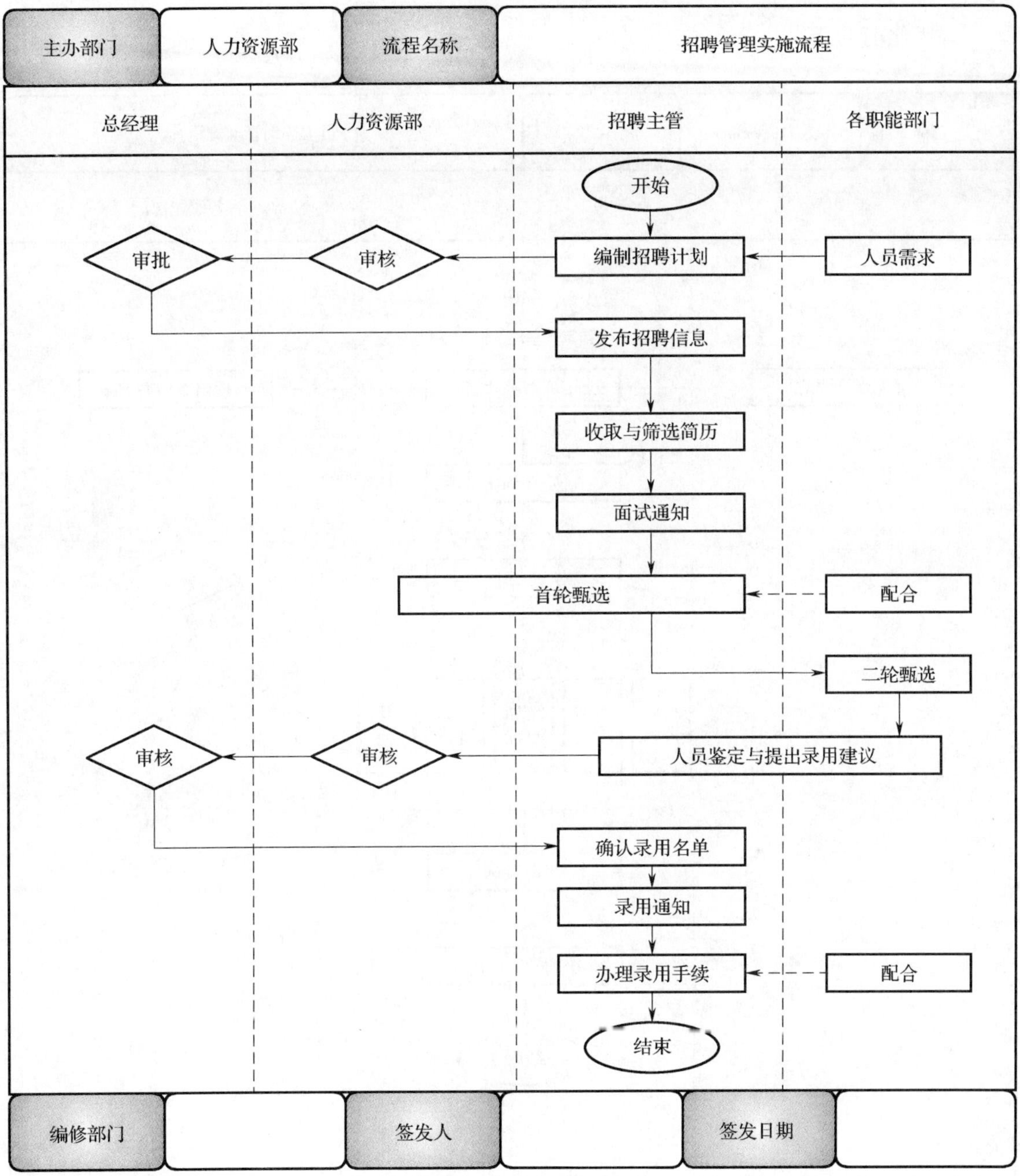
主办部门
人力资源部
流程名称
招聘管理实施流程
总经理
人力资源部
招聘主管
各职能部门
开始
审批
审核
编制招聘计划
人员需求
发布招聘信息
收取与筛选简历
面试通知
首轮甄选
配合
二轮甄选
审核
审核
人员鉴定与提出录用建议
确认录用名单
录用通知
办理录用手续
配合
结束
编修部门
签发人
签发日期

13.4.3 员工培训管理流程优化

1. 优化前的流程

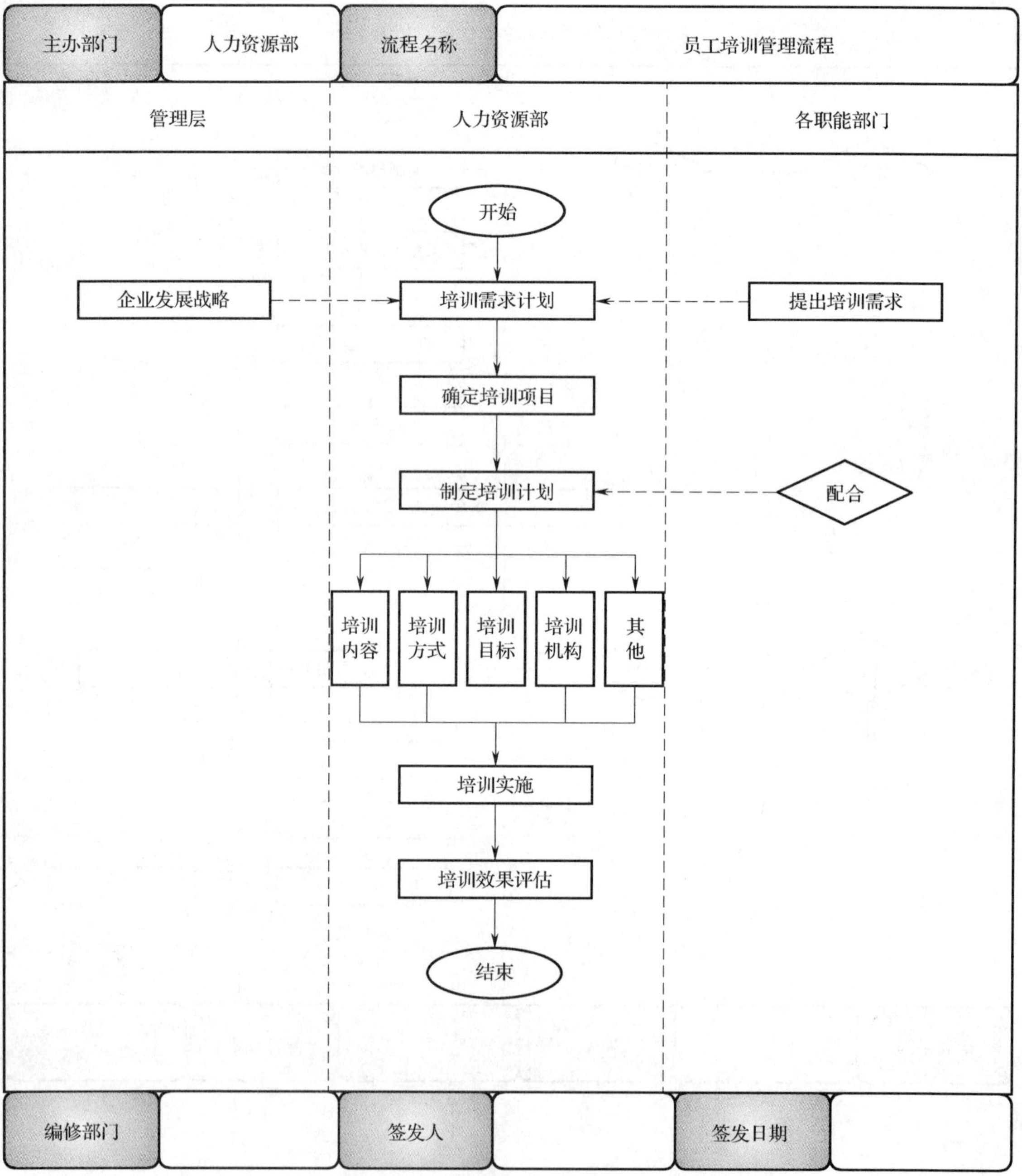

2. 流程优化分析

员工培训管理流程优化分析总表

流程问题分析	1. 协同差、效率低 ☑ 2. 权责分配不合理 ☑ 3. 不适应技术变革 ☐ 4. 不适应组织变革、目标变化 ☐ 5. 流程过于烦琐或简单 ☑ 6. 管理流程早已过时 ☐ 7. 相关政策、市场变化对流程的影响 ☐ 8. 制度、操作标准变化对流程的影响 ☑
流程优化思路	1. 再造：对于效率低下的流程，需要完全推翻原有流程，运用重新设计的方法达成流程优化 2. 拆分：由于环节跨领域（专业或部门）或是因工作量超过该环节上的工作人员所能承受的负担，为了提高工作效率，需要将流程环节进行拆分 3. 细化：增加或细化关键（重要）环节，以具体、明确或凸显关键节点 4. 补充：在必要的环节点上补充步骤、增加权限，以加强管理内审和内控 5. 调整：重新梳理各环节的逻辑关系，调整不合理流向，达成流程环节间的无缝衔接
流程节点把控	节点 1：各职能部门根据企业发展情况与市场变化情况，向人力资源部提出培训需求申请 节点 2：人力资源部对收集到的培训需求进行分析，确认培训内容并制定培训实施方案，方案内容主要包括培训时间、培训内容、培训地点、培训机构的选择等 节点 3：培训结束后，应对培训效果进行评估，重点评估内容包括师资评估、员工培训后的工作表现评估、培训费用评估等
下次优化重点	1. 优化时间：企业管理人员应根据企业经营环境、组织、政策等相应的变化，于合适的时机进行流程优化工作，以使优化后的流程大力提升企业运营效率 2. 职责清晰：明确责任人以及具体职责，避免因职责模糊造成管理工作推诿使流程无法执行，或者工作重叠而造成浪费 3. 权限调整：明确并具体权限，避免流程上的权限与职责不匹配，管理工作无法开展 4. 关键步骤：明确并细化关键步骤，凸显关键节点的重要性 5. 程序衔接：对管理流程进行整体统筹，避免程序衔接不紧密或执行不顺畅

3. 优化后的流程

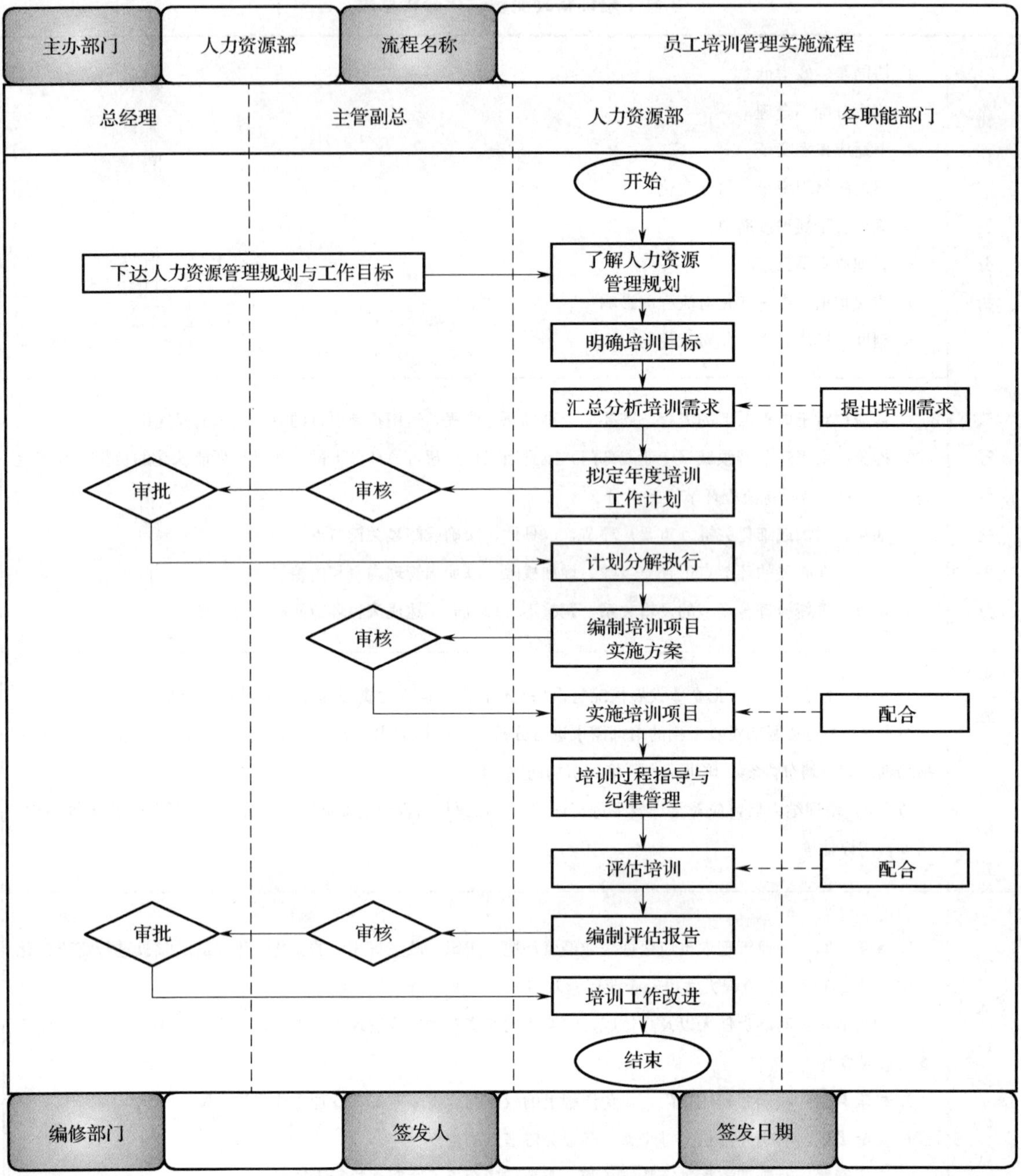
主办部门
人力资源部
流程名称
员工培训管理实施流程
总经理
主管副总
人力资源部
各职能部门
开始
下达人力资源管理规划与工作目标
了解人力资源管理规划
明确培训目标
汇总分析培训需求
提出培训需求
审批
审核
拟定年度培训工作计划
计划分解执行
审核
编制培训项目实施方案
实施培训项目
配合
培训过程指导与纪律管理
评估培训
配合
审批
审核
编制评估报告
培训工作改进
结束
编修部门
签发人
签发日期

13.4.4　绩效考核管理流程优化

1. 优化前的流程

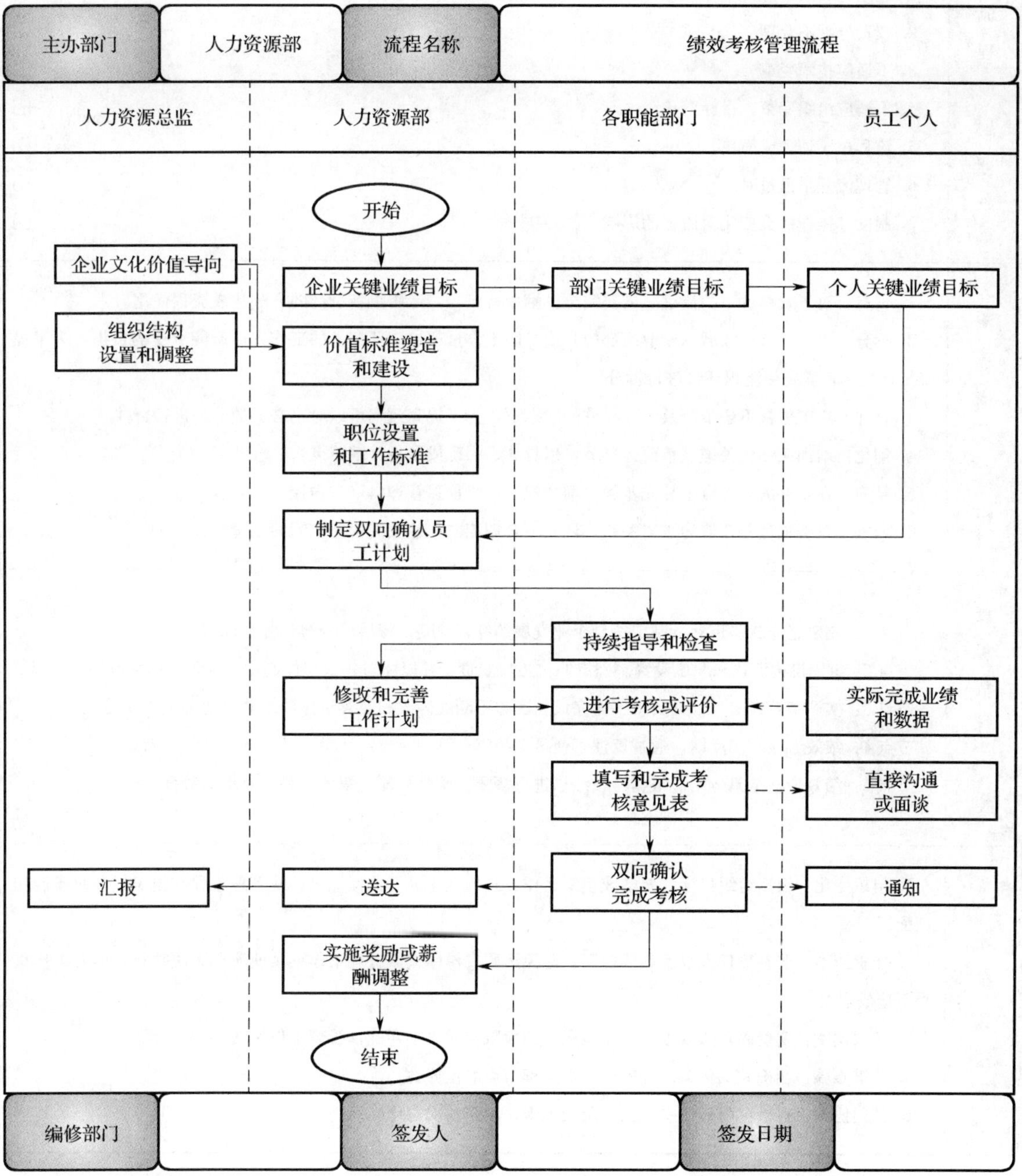

2. 流程优化分析

绩效考核管理流程优化分析总表

流程问题分析	1. 协同差、效率低 ☐ 2. 权责分配不合理 ☑ 3. 不适应技术变革 ☐ 4. 不适应组织变革、目标变化 ☐ 5. 流程过于烦琐或简单 ☑ 6. 管理流程早已过时 ☑ 7. 制度、操作标准变化对流程的影响 ☑
流程优化思路	1. 再造：对于效率低下的流程，需要完全推翻原有流程，运用重新设计的方法达成流程优化 2. 拆分：由于环节跨领域（专业或部门）或是因工作量超过该环节上的工作人员所能承受的负担，为了提高工作效率，需要将流程环节进行拆分 3. 合并：在工作量不超负荷及专业允许的状态下，为了提高效率可以对不必要的分工进行合并 4. 细化：增加或细化关键（重要）环节，以具体、明确或凸显关键节点 5. 补充：在必要的环节点上补充步骤、增加权限，以加强管理内审和内控 6. 调整：重新梳理各环节的逻辑关系，调整不合理流向，达成流程环节间的无缝衔接
流程节点把控	节点 1：制定企业战略目标。制定符合企业发展的经营战略，将目标分解到各个部门 节点 2：组织机构设置和职位设置。确定职位工作职责，并以此对各个职位制定考核评价的关键绩效指标 节点 3：实施绩效考核。根据员工工作完成情况，不断的修改和完善工作计划使之适合企业发展 节点 4：绩效考核结果反馈。通过反馈，使员工了解自己的绩效，认识自己有待改进的方面 节点 5：绩效考核结果运用。根据考核结果进行薪酬、奖金分配，职务调整以及培训教育
下次优化重点	1. 组织变化：根据组织目标、架构或组织运作方式的变化进行流程优化，使管理流程与组织战略及职能相匹配 2. 职责清晰：明确责任人以及具体职责，避免因职责模糊造成管理工作推诿使流程无法执行，或者工作重叠而造成浪费 3. 权限调整：明确并具体权限，避免流程上的权限与职责不匹配，管理工作无法开展 4. 关键步骤：明确并细化关键步骤，凸显关键节点的重要性 5. 部门协调：打破部门间壁垒，消除层级关卡，增强横向协作

3. 优化后的流程

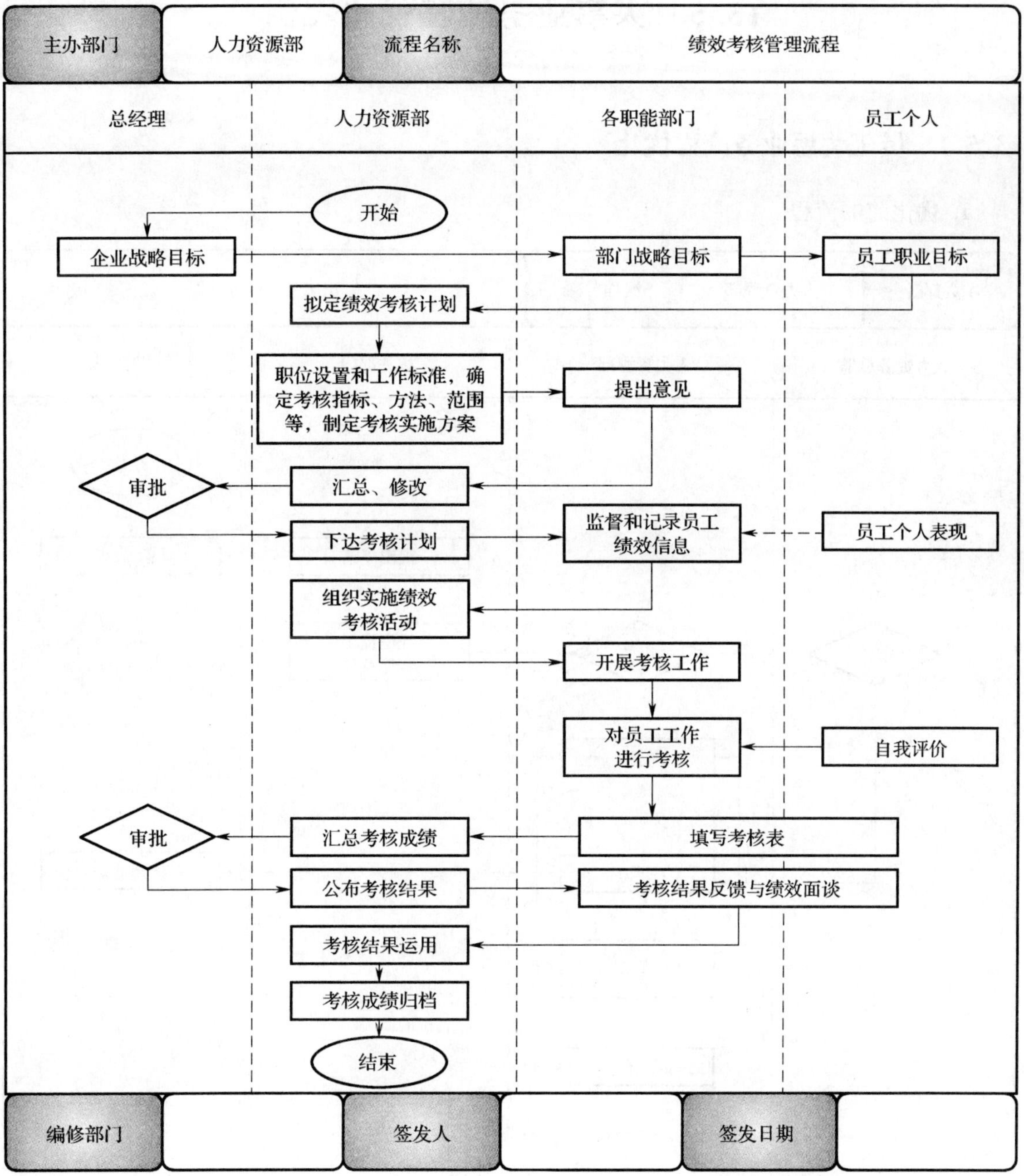
主办部门
人力资源部
流程名称
绩效考核管理流程
总经理
人力资源部
各职能部门
员工个人
开始
企业战略目标
部门战略目标
员工职业目标
拟定绩效考核计划
职位设置和工作标准，确定考核指标、方法、范围等，制定考核实施方案
提出意见
审批
汇总、修改
下达考核计划
监督和记录员工绩效信息
员工个人表现
组织实施绩效考核活动
开展考核工作
对员工工作进行考核
自我评价
审批
汇总考核成绩
填写考核表
公布考核结果
考核结果反馈与绩效面谈
考核结果运用
考核成绩归档
结束
编修部门
签发人
签发日期

13.5 人事业务流程优化案例

13.5.1 员工奖惩业务流程优化

1. 优化前的流程

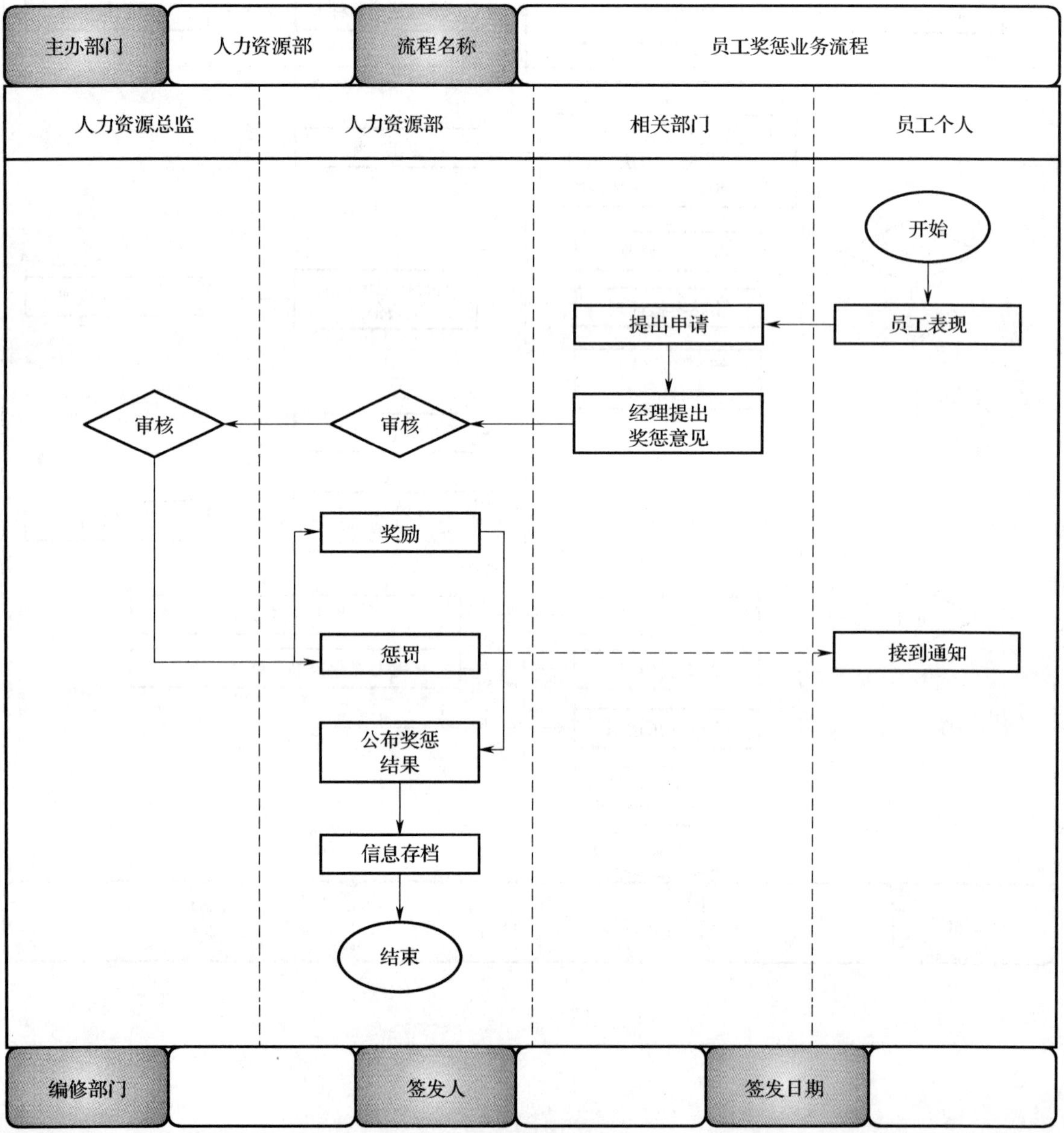

2. 流程优化分析

员工奖惩业务流程优化分析总表

业务问题分析	1. 协同差、效率低 ☐ 2. 权责分配不合理 ☐ 3. 不适应技术变革 ☐ 4. 不适应组织变革、目标变化 ☐ 5. 程序过于烦琐或简单 ☑ 6. 业务流程早已过时 ☑ 7. 制度、操作标准变化对流程的影响 ☐
业务优化思路	1. 重新分配权责：重新分配流程活动承担者的权责，使得权责清晰并匹配 2. 加强环节衔接：消除对流程的人为分割，防止各自为政造成浪费 3. 重新梳理程序：对流程要素的逻辑关系重新排序，或重新安排工作程序和步骤 4. 加强关键节点控制：对关键环节进行内容细化或权责细分，加强对关键节点的监督和控制 5. 重新确立业务执行标准：修改过时的、落后的、过于严苛的业务执行标准，以免影响业务流程的执行效果 6. 重新审视组织目标：明确组织运作目标及方式，重新进行职能分解，提高流程执行效率
业务节点把控	节点 1：提出奖惩申请。各相关部门根据员工的真实的工作表现提出奖惩申请 节点 2：人力资源部须对各部门的奖惩申请进行核查，调查后送交人力资源总监审批 节点 3：公布奖惩结果。人力资源部根据人力资源总监的批示，公布奖惩结果 节点 4：人力资源部实施奖励或罚款后，将奖励或惩罚的结果存人员工档案
下次优化重点	1. 组织变化：重新审视组织目标，根据组织变化进行流程变革或调整 2. 职责清晰：明确每一业务活动的管理者、监督者、执行者以及各级责任人的具体职责 3. 关键步骤：细化并凸显关键环节和步骤，以引起重视并提供执行标准 4. 部门配合：对需其他部门或人员配合的业务，需进一步明确，以促进部门间的沟通协作顺畅，并在流程相关运作部门间形成共识 5. 政策变化：根据企业政策调整优化业务流程，确保相关政策与战略能在业务层面得以有效地执行和实现

3. 优化后的流程

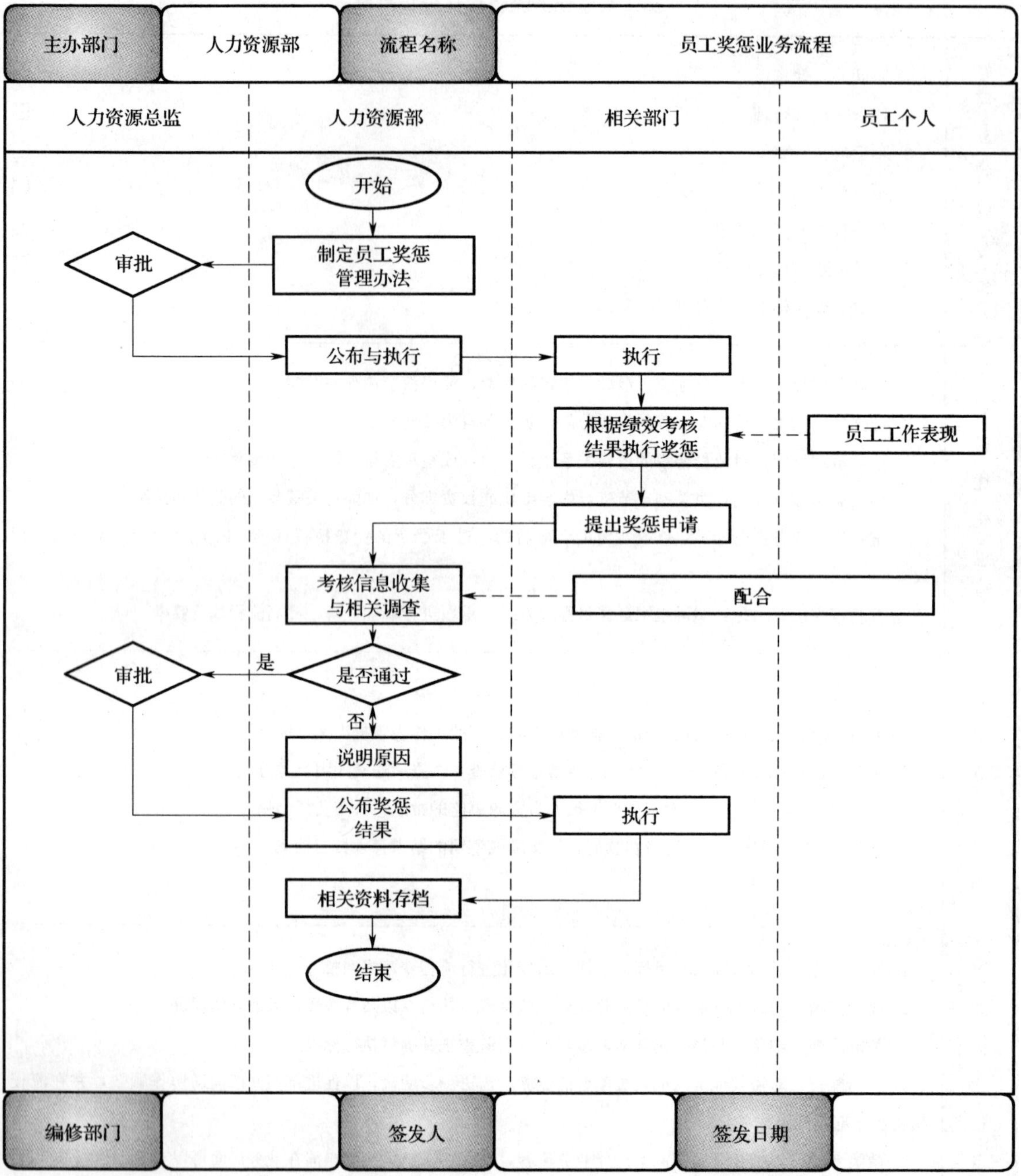
主办部门
人力资源部
流程名称
员工奖惩业务流程
人力资源总监
人力资源部
相关部门
员工个人
开始
制定员工奖惩管理办法
审批
公布与执行
执行
根据绩效考核结果执行奖惩
员工工作表现
提出奖惩申请
考核信息收集与相关调查
配合
是
是否通过
审批
否
说明原因
公布奖惩结果
执行
相关资料存档
结束
编修部门
签发人
签发日期

13.5.2　员工离职业务流程优化

1. 优化前的流程

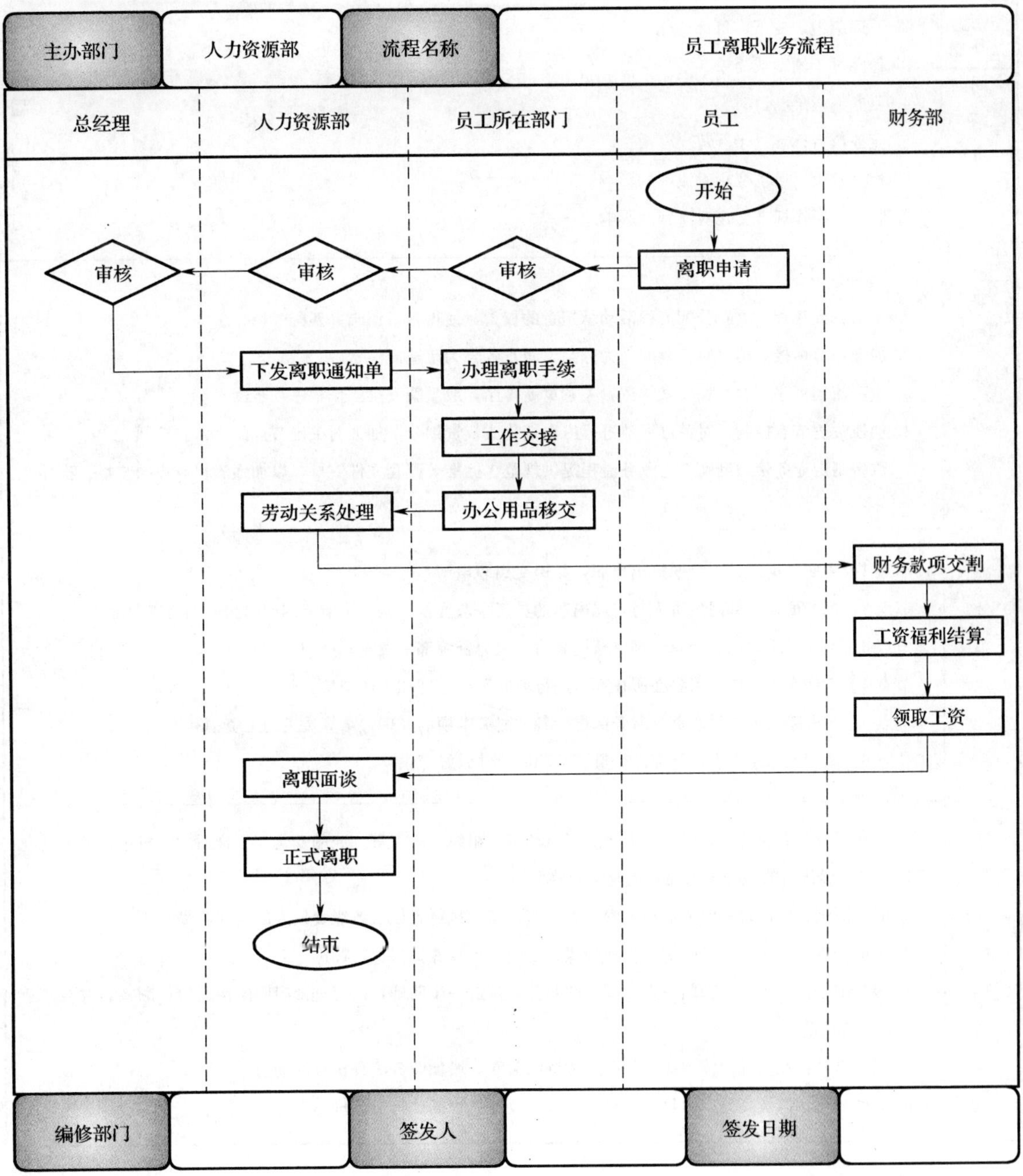

2. 流程优化分析

员工离职业务流程优化分析总表

业务问题分析	1. 协同差、效率低 ☑ 2. 不适应组织变革、目标变化 ☐ 3. 程序过于烦琐或简单 ☑ 4. 业务流程早已过时 ☐ 5. 业务执行标准过于严苛 ☐ 6. 相关政策、市场变化对流程的影响 ☐ 7. 制度、操作标准变化对流程的影响 ☑
业务优化思路	1. 重新分配权责：重新分配流程活动承担者的权责，使得权责清晰并匹配 2. 加强环节衔接：消除对流程的人为分割，防止各自为政造成浪费 3. 重新梳理程序：对流程要素的逻辑关系重新排序，或重新安排工作程序和步骤 4. 加强关键节点控制：对关键环节进行内容细化或权责细分，加强对关键节点的监督和控制 5. 重新制定业务管理制度：为业务流程提供规范、标准等配套文件支持，以加强流程业务的监督、指导
业务节点把控	节点1：离职申请。员工自愿提出离职，并递交离职申请 节点2：挽留面谈。部门负责人对自愿离职的员工采取挽留面谈，了解原因同时报告人力资源部 节点3：确认员工离职。经总经理审核同意后，人力资源部下发离职通知单 节点4：工作交接。员工需要在所在部门进行离职手续办理和工作交接 节点5：收取赔偿金支付薪资。财务部进行各种财务事项的办理，结算员工的工资福利 节点6：离职面谈。人力资源部进行员工离职面谈并做好记录
下次优化重点	1. 优化时间：企业管理人员应根据企业经营环境、组织、政策等相应的变化，于合适的时机进行流程优化工作，以使优化后的流程大力提升企业运营效率 2. 职责清晰：明确每一业务活动的管理者、监督者、执行者以及各级责任人的具体职责 3. 关键步骤：细化并凸显关键环节和步骤，以引起重视并提供执行标准 4. 部门配合：对需其他部门或人员配合的业务，需进一步明确，以促进部门间的沟通协作顺畅，并在流程相关运作部门间形成共识 5. 绩效提升：在流程中体现业务与绩效考核的关联，增加业务流程执行的动力 6. 标准变化：以提高效率为目标和原则，优化业务流程的执行及评价标准

3. 优化后的流程

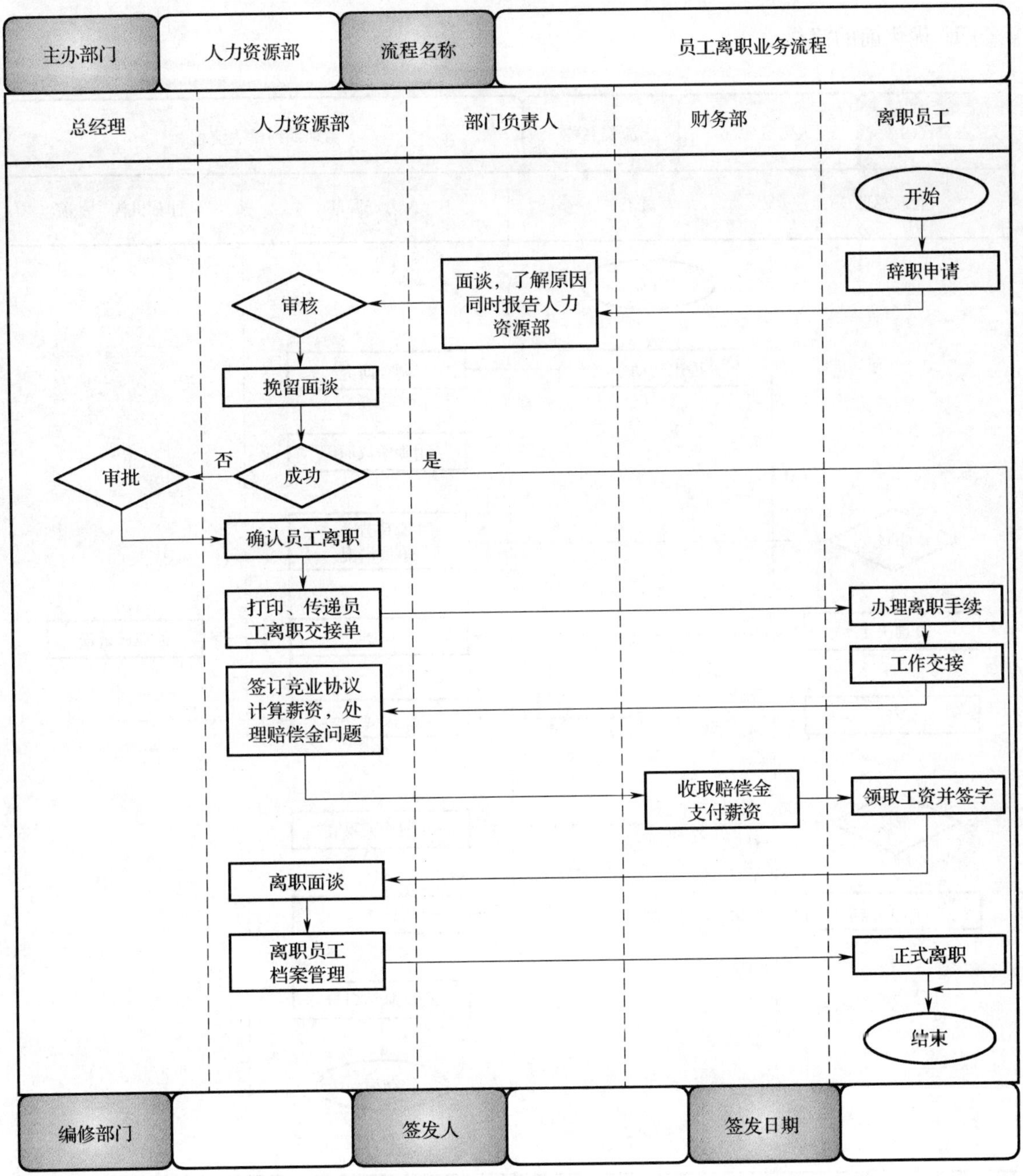
主办部门
人力资源部
流程名称
员工离职业务流程
总经理
人力资源部
部门负责人
财务部
离职员工
开始
辞职申请
面谈，了解原因同时报告人力资源部
审核
挽留面谈
成功
否
是
审批
确认员工离职
打印、传递员工离职交接单
办理离职手续
工作交接
签订竞业协议计算薪资，处理赔偿金问题
收取赔偿金支付薪资
领取工资并签字
离职面谈
离职员工档案管理
正式离职
结束
编修部门
签发人
签发日期

13.5.3 劳动纠纷解决流程优化

1. 优化前的流程

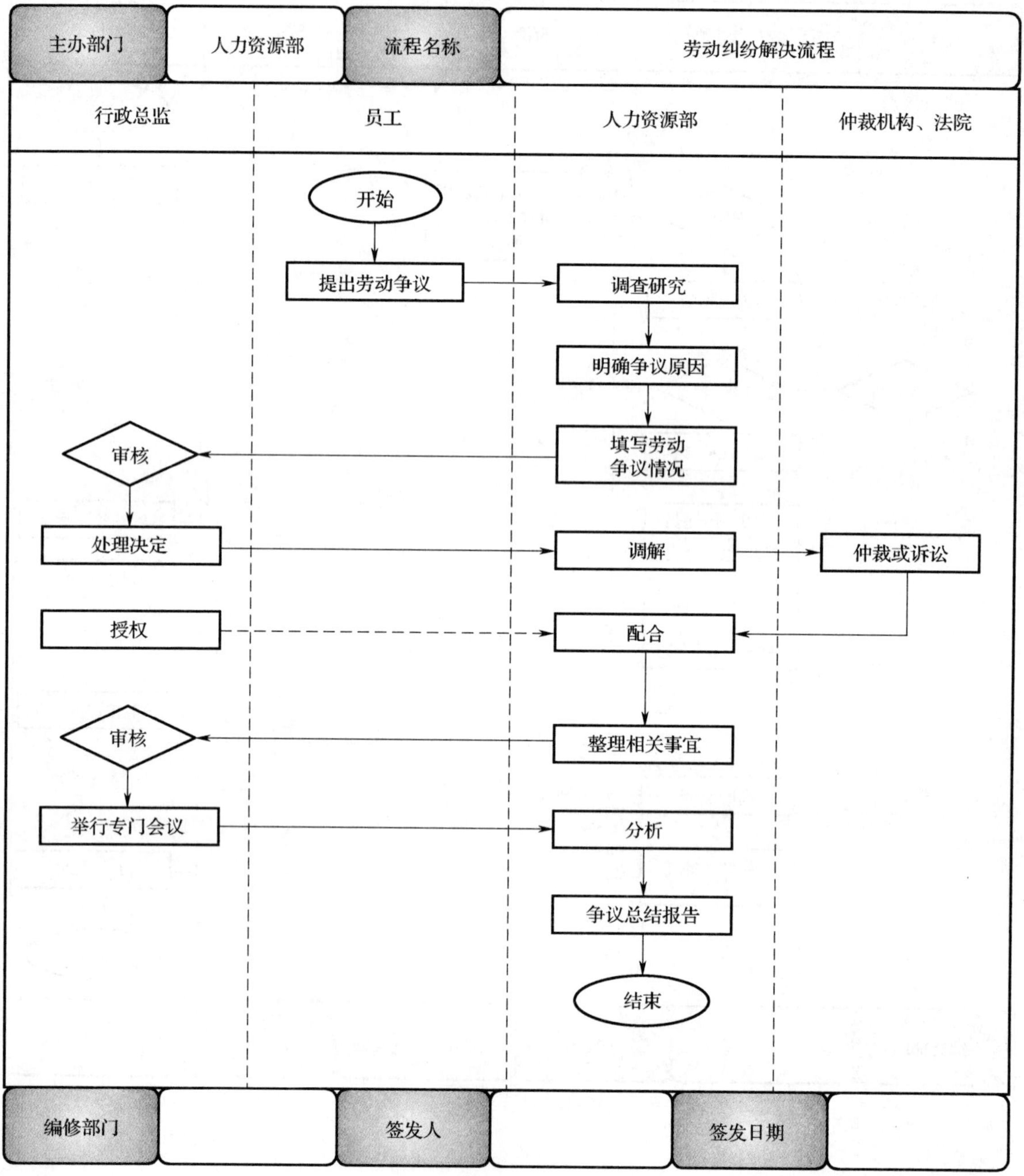

2. 流程优化分析

劳动纠纷解决流程优化分析总表

业务问题分析	1. 协同差、效率低 ☑ 2. 缺少管理者支持 ☑ 3. 不适应组织变革、目标变化 □ 4. 程序过于烦琐或简单 ☑ 5. 业务流程早已过时 □ 6. 制度、操作标准变化对流程的影响 ☑
业务优化思路	1. 重新分配权责：重新分配流程活动承担者的权责，使得权责清晰并匹配 2. 重新梳理程序：对流程要素的逻辑关系重新排序，或重新安排工作程序和步骤 3. 加强关键节点控制：对关键环节进行内容细化或权责细分，加强对关键节点的监督和控制 4. 重新制定业务管理制度：为业务流程提供规范、标准等配套文件支持，以加强流程业务的监督、指导 5. 根据市场变化做出相应的调整：随着市场变化、业务调整以及现有业务的承接和延续性而对业务流程进行优化调整
业务节点把控	节点 1：员工向公司提出劳动争议，企业判断劳动争议是否属实，如果内容属实，企业进行调解 节点 2：人力资源部与员工进行沟通，寻求解决方式。若双方协调一致，将达成谅解；如双方调解不一致，则交由仲裁机构裁决 节点 3：人力资源部在仲裁机构发放受理通知书后，提交相关的资料 节点 4：仲裁机构对其进行调查，并做出争议处理的结果。如果双方有一方不服从裁决，可在 15 日内向法院提交诉讼
下次优化重点	1. 优化时间：企业管理人员应根据企业经营环境、组织、政策等相应的变化，于合适的时机进行流程优化工作，以使优化后的流程大力提升企业运营效率 2. 职责清晰：明确每一业务活动的管理者、监督者、执行者以及各级责任人的具体职责 3. 部门配合：对需其他部门或人员配合的业务，需进一步明确，以促进部门间的沟通协作顺畅，并在流程相关运作部门间形成共识 4. 绩效提升：在流程中体现业务与绩效考核的关联，增加业务流程执行的动力 5. 政策变化：根据企业政策调整优化业务流程，确保相关政策与战略能在业务层面得以有效地执行和实现

3. 优化后的流程

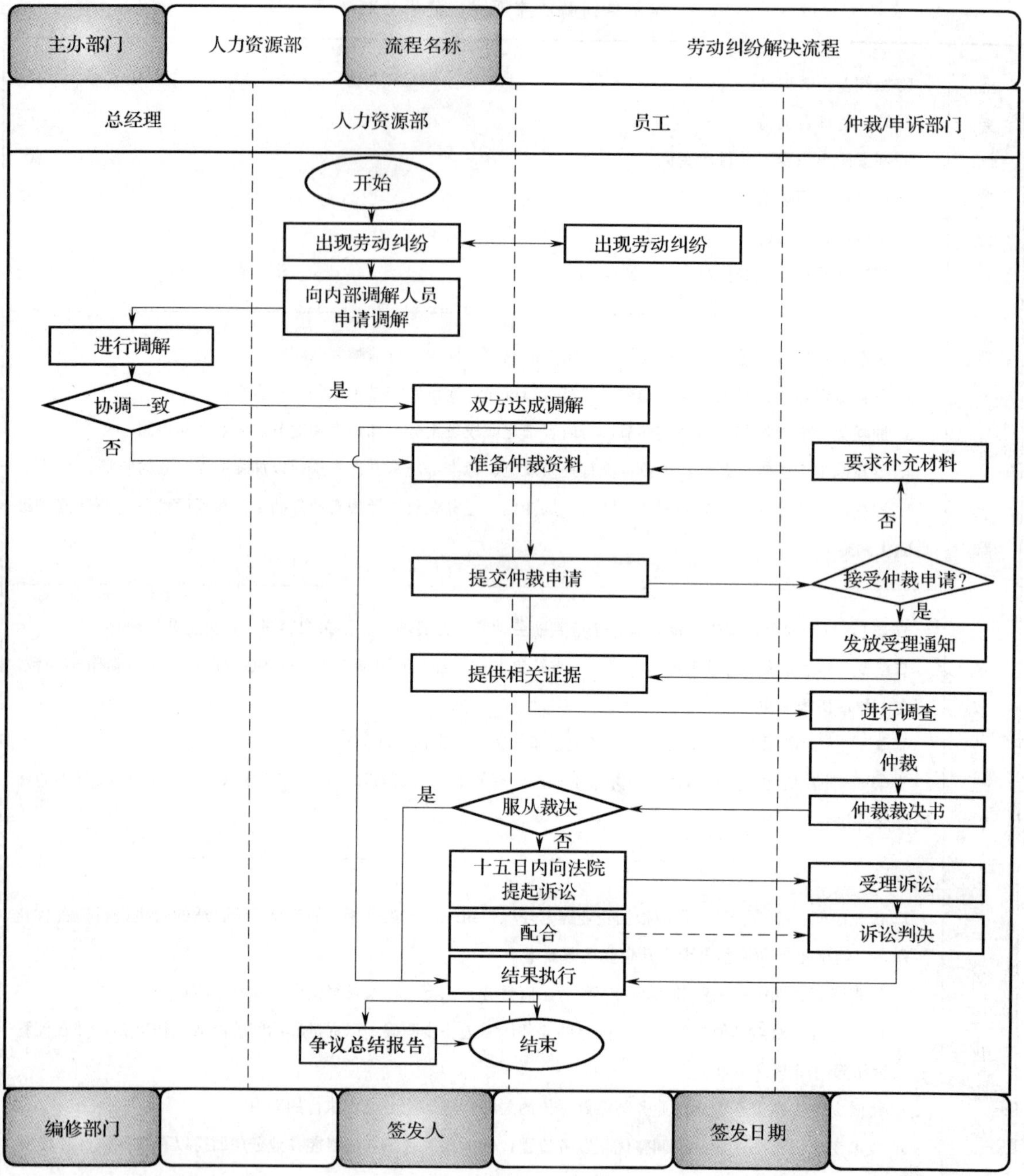
主办部门
人力资源部
流程名称
劳动纠纷解决流程
总经理
人力资源部
员工
仲裁/申诉部门
开始
出现劳动纠纷
出现劳动纠纷
向内部调解人员申请调解
进行调解
协调一致
是
否
双方达成调解
准备仲裁资料
要求补充材料
否
提交仲裁申请
接受仲裁申请?
是
发放受理通知
提供相关证据
进行调查
仲裁
是
服从裁决
否
仲裁裁决书
十五日内向法院提起诉讼
受理诉讼
配合
诉讼判决
结果执行
争议总结报告
结束
编修部门
签发人
签发日期